Jens Rosenbaum

Der politische Einfluss von Rating-Agenturen

Jens Rosenbaum

Der politische Einfluss von Rating-Agenturen

VS VERLAG FÜR SOZIALWISSENSCHAFTEN

Bibliografische Information der Deutschen Nationalbibliothek
Die Deutsche Nationalbibliothek verzeichnet diese Publikation in der Deutschen Nationalbibliografie; detaillierte bibliografische Daten sind im Internet über <http://dnb.d-nb.de> abrufbar.

Inaugural-Dissertation
zur Erlangung des akademischen Grades eines Doktors der Philosophie
am Fachbereich III der Universität Trier
im Fach Politikwissenschaft
vorgelegt am 27.06.2008 von
Diplom-Volkswirt Jens Rosenbaum, M.A.
1. Berichterstatter: Prof. Dr. Sebastian Heilmann, Universität Trier
2. Berichterstatter: PD Dr. Jörn-Carsten Gottwald, University College Cork/Irland
Tag der mündlichen Prüfung: 22.09.2008

1. Auflage 2009

Lektorat: Frank Schindler

VS Verlag für Sozialwissenschaften ist Teil der Fachverlagsgruppe
Springer Science+Business Media.
www.vs-verlag.de

Umschlaggestaltung: KünkelLopka Medienentwicklung, Heidelberg
Druck und buchbinderische Verarbeitung: Rosch-Buch, Scheßlitz
Gedruckt auf säurefreiem und chlorfrei gebleichtem Papier
Printed in Germany

ISBN 978-3-531-16491-5

Vorwort

Nach der Asienkrise sowie den spektakulären Insolvenzen von Enron und Parmalat weckt die jüngste US-Finanzmarktkrise erneut große Zweifel an der Rolle von Rating-Agenturen auf den internationalen Kapitalmärkten. Angesichts diverser Interessenkonflikte und offenkundiger Defizite ihrer Bewertungsmethoden müssen sich die Rating-Agenturen kritische Fragen zu ihrer Mitverantwortung beim Entstehen spektakulärer Blasen gefallen lassen, in deren Folge private und institutionelle Investoren Vermögenswerte in Milliardenhöhe verloren haben und einzelne Staaten in finanzielle Bedrängnis geraten sind. In politischen Debatten, journalistischen Leitartikeln und einzelnen wissenschaftlichen Beiträgen wächst daher der Unmut über die Marktmacht der Rating-Agenturen, die sie auf Grund ihres Einflusses auf die globalen Kapitalströme und des Einsatzes von Ratings zu Regulierungszwecken besitzen. In diesem Zusammenhang wird ebenfalls erörtert, inwiefern Regierungen, die sich über die Emission von Staatsanleihen am Kapitalmarkt finanzieren, selbst von dem Bonitätsurteil der Rating-Agenturen abhängen und daher ihre Politik an deren Meinungen und Interessen ausrichten. Diese Fragestellung steht auch im Mittelpunkt des vorliegenden Buches, das einen fundierten Einblick in die ökonomische Bedeutung von Rating-Agenturen gibt und ihren direkten und indirekten politischen Einfluss in Deutschland und den USA analysiert. Es ermöglicht dadurch ein neues Verständnis der vielschichtigen Wechselwirkungen zwischen globalen Finanzmärkten und den autonomen Handelsmöglichkeiten nationaler Regierungen.

Dieses Buch ist eine leicht aktualisierte Fassung meiner im Juni 2008 von der Universität Trier angenommen Dissertationsschrift im Fach Politikwissenschaft. Prof. Dr. Sebastian Heilmann (Universität Trier) und PD Dr. Jörn-Carsten Gottwald (University College Cork/ Irland) möchte ich an dieser Stelle für ihre sehr gute Betreuung, die interessanten Diskussionen und vor allem für ihre unkomplizierte, hilfreiche Art während des gesamtem Promotionsprozesses ganz herzlich danken. Die von ihnen geleitete Forschungsgruppe REGEM (Research Group on Equity Market Regulation) hat mein Interesse an der politikwissenschaftlichen Analyse von Finanzmärkten geweckt und mir die genuin politische Relevanz vermeintlich rein technischer Fragen der Kapitalmarktregulierung vor Augen geführt.

Danken möchte ich ferner Johannes Pfeifer für die vielfältigen inhaltlichen Anregungen insbesondere zum theoretischen Teil der Dissertation sowie Andrea Rungg für ihre wertvollen Hinweise zu aktuellen finanzmarktpolitischen Entwicklungen. Der Begabtenförderung der Konrad-Adenauer-Stiftung möchte ich dafür danken, vor Aufnahme meiner derzeitigen beruflichen Tätigkeit ein Promotionsstipendium erhalten zu haben.

Zu großem Dank verpflichtet bin ich schließlich meinen Eltern, Gabriele und Klaus Rosenbaum, die nicht nur während des Studiums und der Promotion unzählige Manuskripte Korrektur gelesen haben, sondern mich auch sonst in jeder Hinsicht voll und ganz unterstützt haben. Ihnen ist dieses Buch gewidmet.

Saarbrücken, im Oktober 2008 Jens Rosenbaum

Inhaltsverzeichnis

Abbildungsverzeichnis

1 Der Einfluss globaler Finanzmärkte auf die nationale Politikgestaltung

Die weltweiten Auswirkungen der US-Immobilienkrise haben nicht nur den Glauben vieler Investoren in die Professionalität und Sorgfalt von Banken, Fonds und Rating-Agenturen[1] erschüttert, sondern auch das weit verbreitete Misstrauen gegenüber globalen Finanzmärkten verstärkt. So haben amerikanische Banken angesichts steigender Immobilienpreise leichtfertig Hypotheken an Kunden vergeben, die über eine fragwürdige Bonität verfügten; mit Hilfe komplexer Finanzprodukte konnten die Banken diese Risiken jedoch weiterverkaufen.[2] Da Rating-Agenturen die Finanzprodukte zu lange zu gut bewertet haben und weltweit Banken und Fonds diese mit zweitklassigen Hypotheken besicherten Anleihen erwarben, wurde die Kreditvergabe solange ausgedehnt, bis diese spekulative Blase platzte, weil immer mehr Immobilienbesitzer ihre Kredite nicht mehr bedienen konnten und die Immobilienpreise rasant fielen.

Die US-Immobilienkrise steht beispielhaft für die destruktive Kraft globaler Finanzmarktspekulationen, die innerhalb kürzester Zeit Vermögenswerte in Milliardenhöhe vernichten und ehemals mächtige Traditionsunternehmen wie Kartenhäuser zum Einsturz bringen kann – sofern nicht Regierungen und Notenbanken gerade diejenigen Finanzkonzerne mit Milliardensummen unterstützen, deren Repräsentanten ansonsten beherzt für Deregulierung, Privatisierung und einen Rückzug des Staates aus der Wirtschaft werben.

In den Vereinigten Staaten veränderte die Krise den Kapitalmarkt in einem Umfang, wie es zuletzt in Folge des Börsencrashs 1929 und der anschließenden Weltwirtschaftskrise geschehen ist. Nicht nur mehrere kleine Regionalbanken mussten Insolvenz anmelden, sondern auch große Finanzinstitute wie der kali-

---

[1] Gemäß der IOSCO, der Internationalen Organisation der Wertpapieraufsichtsbehörden, lassen sich Rating-Agenturen definieren als „[…] entities whose business is the issuance of credit ratings for the purposes of evaluating the credit risk of issuers of debt and debt-like securities." [The Technical Committee of the International Organizations of Securities Commissions (2004): Code of Conduct Fundamentals for Credit Rating Agencies, S. 3, http://www.iosco.org/library/pubdocs/pdf/IOSCOPD180.pdf, Zugriff am 02.04.08] Ebenda wird ein Rating beschrieben als „[…] an opinion regarding the creditworthiness of an entity, a credit commitment, a debt or debt-like security or an issuer of such obligations, expressed using an established and defined ranking system." Sofern nicht anders erwähnt, konzentriert sich diese Arbeit auf die Bewertung von Anleihen durch die Rating-Agenturen.

[2] Vgl. Osman, Yasmin (2008a): Wie S&P seine Ratings reformieren will, in: FTD vom 07.02.2008, http://www.ftd.de/boersen_maerkte/aktien/314013.html?mode=print [Zugriff am 11.06.08]

fornische Hypothekenfinanzierer Indymac oder die Bausparkasse Washington Mutual, die Einlagen im Wert von 188 Milliarden Dollar verwaltete, brachen zusammen oder wurden von ihren Konkurrenten aufgekauft.[3] Zum Symbol der Krise wurde der Niedergang der Investmentbanken, den einstigen Aushängeschildern des Wall-Street-Kapitalismus[4]: Bear Stearns wurde von J.P. Morgan Chase zu einem Bruchteil ihres früheren Wertes übernommen – allerdings erst, als sich die amerikanische Notenbank bereit erklärte, für bis zu 29 Milliarden Dollar an Verbindlichkeiten geradezustehen; Lehman Brothers hingegen erhielt keine ähnliche Unterstützung und musste im 158. Jahr seines Bestehens Insolvenz anmelden; angesichts eines drohenden Kollaps flüchtete Merrill Lynch in die Arme der Bank of America und die beiden verbliebenen der fünf größten Wertpapapierhäuser, Goldman Sachs und Morgan Stanley, gaben ihren regulatorischen Sonderstatus als Investmentbanken auf und wurden so zu gewöhnlichen überregionalen Geschäftsbanken.[5] Im marktwirtschaftlichen Musterland USA kam es in Folge der Immobilienkrise überdies zu spektakulären Verstaatlichungen.[6] Anfang September 2008 übernahm die amerikanische Regierung zunächst die beiden weltgrößten Hypothekenaufkäufer Fannie Mae und Freddie Mac; den amerikanischen Steuerzahlern dürfte dies schätzungsweise bis zu 300 Milliarden Dollar kosten. Eine Woche später gewährte die amerikanische Notenbank der größten Versicherung des Landes, der American International Group (AIG), einen Kredit in Höhe von 85 Milliarden Dollar und erhielt im Gegenzug rund 80 Prozent der Anteile des Konzerns. Ursache für die Verstaatlichung war die Verschlechterung der Bonitätsbewertung von AIG: Nachdem die Rating-Agentur Standard and Poor´s (S&P) die Bonität des Versicherers in einem Zug um drei Stufen herabgesetzt hatte, benötigte AIG auf Grund von Regulierungsvorschriften kurzfristig 13 Milliarden Dollar an zusätzlichen Sicherheiten, was dem Un-

---

[3] Vgl. o.V. (2008): Washington Mutual bricht zusammen, in: FTD vom 26.09.08, http://www.ftd.de/unternehmen/finanzdienstleister/:Milliardenpleite-der-gr%F6%DFten-US-Bausparkasse-Washington-Mutual-bricht-zusammen/418638.html [Zugriff am 03.10.08]

[4] Vgl. o.V. (2008): 85-jährige Bank in zehn Minuten aufgelöst, in: Manager-Magazin vom 30.05.2008, http://www.manager-magazin.de/geld/artikel/0,2828,556731,00.html [Zugriff am 07.06.08]; Kuls, Norbert (2008): Tod der Investmentbanken, in: FAZ vom 20.09.08, Frankfurt a.M., S.12.

[5] Als überregionale Geschäftsbanken unterstehen Goldman Sachs und Morgan Stanley zwar der strengeren Aufsicht durch die amerikanischen Notenbank und dürfen fortan weniger risikoreiche Geschäfte eingehen wie als Investmentbank, können sich allerdings nun auch im Privatkundengeschäft – z.B. durch die Einrichtung von Girokonten – engagieren; vor allem aber erhalten sie in der Übergangszeit zusätzliche Kredite der Notenbanken. Vgl. o.V. (2008): Goldman Sachs und Morgan Stanley werden normale Geschäftsbanken, in: Spiegel-Online vom 22.09.08, http://www.spiegel.de/wirtschaft/0,1518,druck-579553,00.html [Zugriff am 03.10.08]

[6] Vgl. Bräuer, Sebastian/ Fromme, Herbert (2008): US-Regierung verstaatlicht AIG, in: FTD vom 17.09.08, http://www.ftd.de/unternehmen/versicherungen/:Milliardenhilfe-f%FCr-Versicherer-US-Regierung-verstaatlicht-AIG/414728.html [Zugriff am 27.09.08]

ternehmen nur durch den Eingriff der Regierung gelang. Darüber hinaus stimmte der amerikanische Kongress einem – im Laufe der kontroversen Beratungen modifizierten – Plan des Finanzministers zu, im Umfang von 700 Milliarden Dollar den Banken faule Kredite und problembehaftete Wertpapiere abzukaufen, um eine weitere Verschärfung der Finanzkrise zu verhindern.[7]

Zu Verstaatlichungen und staatlichen Rettungsaktionen kam es allerdings nicht nur in den USA. In Großbritannien konnten die Hypothekenbanken Northern Rock und Bradford & Bingley nur durch eine Verstaatlichung vor dem Zusammenbruch bewahrt werden.[8] Die Regierungen von Belgien, den Niederlanden und Luxemburg übernahmen für zusammen 11,2 Milliarden Euro knapp die Hälfte der Anteile des angeschlagenen Allfinanzkonzerns Fortis.[9] Nachdem Irland angesichts der wachsenden Unsicherheit unter den Anlegern eine Bürgschaft von bis zu 400 Milliarden Euro für sämtliche Einlagen der sechs großen Banken des Landes gab, folgten mehrere europäische Staaten diesem Beispiel und sprachen ebenfalls staatliche Garantien für alle Spareinlagen aus; in Deutschland entspricht diese Garantiesumme 568 Milliarden Euro.[10] In Island übernahm die Regierung für 600 Millionen Euro 75 Prozent von Glitnir, der drittgrößten Bank des Landes. Für die isländischen Steuerzahler ging die finanzielle Belastung allerdings über den Kaufpreis hinaus, denn in unmittelbarer Reaktion auf die Bankenrettung senkte S&P die Bonität des Inselstaates zum zweiten Mal innerhalb eines Jahres und verteuerte so die staatliche Kreditaufnahme.[11] Auch in Deutschland musste die Regierung Banken vor dem Zusammenbruch retten: Die Mittelstandsbank IKB wurde vom Bund, der staatseigenen KfW und den Bankenverbänden mit 8,5 Milliarden Euro unterstützt und der

---

7 Vgl. o.V. (2008): Bush unterzeichnet Rettungspaket, in: FAZ vom 04.10.08, http://www.faz.net/s/Rub58241E4DF1B149538ABC24D0E82A6266/Doc~EFB87DC7A4C424A48A6A383127F7718E8~ATpl~Ecommon~Scontent.html [Zugriff am 04.10.08]

8 Vgl. Schulz, Bettina (2008): Britischer Staat übernimmt zweite Hypothekenbank, in FAZ vom 29.09.08, http://www.faz.net/s/RubEC1ACFE1EE274C81BCD3621EF555C83C/Doc~EA5526427AA8545CDBFFE3BB7D333830A~ATpl~Ecommon~Scontent.html [Zugriff am 03.10.08]

9 Vgl. o.V. (2008): Benelux-Staaten retten Versicherer Fortis, in: FTD vom 29.09.08, http://www.ftd.de/boersen_maerkte/:Beinahe-Kollaps-Benelux-Staaten-retten-Versicherer-Fortis/419654.html [Zugriff am 03.10.08]

10 Vgl. o.V. (2008): Dublin gibt 400-Milliarden-Bürgschaft, in: Spiegel-Online vom 30.09.08, http://www.spiegel.de/wirtschaft/0,1518,581575,00.html [Zugriff am 01.10.08]; o.V. (2008): Staatsgarantie für sämtliche Einlagen, in: FAZ vom 06.10.08, Frankfurt a.M., S.1.

11 Vgl. Osman, Yasmin/ Robisch, Karsten (2008): Finanzkrise bringt Island in Gefahr, in: FTD vom 30.09.08, http://www.ftd.de/politik/international/:Wegen-Bankenschieflage-Finanzkrise-bringt-Island-in-Gefahr/420188.html?mode=print [Zugriff am 04.10.08]

Immobilienfinanzierer Hypo Real Estate erhielt eine Ausfallgarantie des Bundes in Höhe von rund 26,5 Milliarden Euro.[12]

Während Bankmitarbeiter, Investoren und Steuerzahler zu den Leidtragenden der Finanzmarktkrise zählen, mussten allerdings nur wenige Manager persönliche Konsequenzen aus ihrem Fehlverhalten ziehen; und diejenigen, die es taten, wurden mit einem „goldenen Handschlag" verabschiedet: So erhielt der ehemalige Vorstandvorsitzende von Merrill Lynch eine Abfindung in Höhe von 161 Millionen Dollar, obwohl das Unternehmen unter seiner Führung zuvor neun Milliarden Dollar verloren hatte; nachdem der Börsenwert der Citigroup innerhalb weniger Monate um rund 100 Milliarden Dollar geschrumpft war, wurde ihr Chef mit 40 Millionen Dollar Prämie plus Büro, Sekretärin und Chauffeur verabschiedet; und selbst der erfolglose Bankdirektor von Northern Rock erhielt immerhin 955.000 Euro als Abfindung.[13]

Die US-Immobilienkrise reiht sich ein in Ereignisse, die seit geraumer Zeit das öffentliche Bild von globalen Finanzmärkten und damit auch der Globalisierung insgesamt prägen. Es ist ein Bild, welches das Weltfinanzsystem als „Monster" (Horst Köhler), als Gefahr für die soziale Stabilität erscheinen lässt, weil durch die Globalisierung der Profit das Maß aller Dinge ist. So verkünden Großunternehmen zeitgleich mit dem Vermelden von Rekordgewinnen den Abbau tausender Arbeitsplätze, um ihre Kapitalrendite weiter zu verbessern. Für die Banken und Fonds, den wichtigsten Apologeten des ständigen Blicks auf die Rendite, scheinen hingegen Sorgfalt und Effizienz nur von untergeordneter Bedeutung zu sein. Denn Manager erhalten Millionengehälter, selbst wenn sie versagen, und mangels ausreichender interner Kontrollen schafft es – wie am Beispiel der Société Générale zu erkennen – ein einzelner Börsenhändler, einer Bank durch Fehlspekulationen einen Verlust von 4,9 Milliarden Euro zu bringen.[14]

Dieses Missverhältnis zwischen den ungleich verteilten Chancen und Risiken der Finanzmärkte macht die Welt des „Casino-Kapitalismus" (Susan Strange) für viele so bedrohlich. Es ist das Missverhältnis zwischen astronomischen, kaum durch wirkliche Leistung begründbaren Profite für einige wenige, während die Risiken aus dem Verhalten dieser Privilegierten eine Vielzahl Unbeteiligter

---

[12] Vgl. o.V. (2008): Milliardenverlust trotz Rettung, in: Manager-Magazin vom 27.05.08, http://www.manager-magazin.de/geld/artikel/0,2828,555568,00.html [Zugriff am 04.10.08]; o.V. (2008): Rettung in letzter Minute für Hypo Real, in: FTD vom 06.10.08, http://www.ftd.de/unternehmen/finanzdienstleister/:Neuer-Milliarden-Kredit-Rettung-in-letzter-Minute-f%FCr-Hypo-Real/422295.html [Zugriff am 06.10.08]

[13] Vgl. Hornig, Frank (2008): Die Bank-Räuber, in: Der Spiegel 13/2008 vom 22.03.08, S.72; o.V. (2008): Northern-Rock-Chef bekommt eine Million Euro, in: Spiegel-Online vom 31.03.08, http://www.spiegel.de/wirtschaft/0,1518,druck-544507,00.html [Zugriff am 07.06.08]

[14] Vgl. Hornig, Frank (2008), a.a.O.

treffen und der Allgemeinheit hohe finanzielle Belastungen aufbürden. Und es ist der Eindruck, dass selbst reiche Industriestaaten dieser globalen Entwicklung ohnmächtig gegenüber stehen. Die globalisierte Ökonomie wird nämlich nicht als Segen, sondern eher als Fluch wahrgenommen. So verbinden laut einer Umfrage des Eurobarometers von April/ Mai 2007 lediglich 46 Prozent der Europäer mit dem Begriff der Globalisierung etwas Positives.[15] Diese negative Wahrnehmung liegt u.a. darin begründet, dass die meisten Befragten zuerst an die Verlagerung von Arbeitsplätzen ins Ausland denken.[16] Wie sich bereits in den politischen Diskussionen der Vorwahlen des amerikanischen Präsidentschaftswahlkampfs 2008 gezeigt hat, nimmt auch in den USA die Sorge um den Verlust des Arbeitsplatzes und die Angst vor dem sozialen Abstieg zu.[17] Die alltägliche Erfahrung mit der Globalisierung zeigt sich für viele Menschen in den Industrienationen zudem nicht in billigeren Textilen oder günstigeren Elektronikartikeln, sondern auf Grund der gestiegenen Nachfrage der Schwellenländer in höheren Preisen für Lebensmittel und Energie – und dies trotz der Tatsache, dass insbesondere prominente „Globalisierungs-Kritiker“ seit langem zu bedenken geben, dass der „Schatten der Globalisierung“ vor allem auf die Entwicklungsländer fällt.[18]

Vor diesem Hintergrund gewinnen Entwicklungen der globalisierten Wirtschaft eine immer stärkere politische Bedeutung, weil sie die Frage aufwerfen, wie autonom Regierungen angesichts der zunehmenden wirtschaftlichen Verflechtungen tatsächlich handeln können. Dies gilt insbesondere für die globalen Finanzmärkte. Ihr Einfluss auf die Vermögensverteilung und die makroökonomische Stabilität eines Landes sind allerdings nicht die einzigen Gründe, warum Kapitalmärkte berechtigterweise als „Zentralnervensystem moderner politischer Ökonomien“[19] gelten. Denn es zeigt sich nicht erst in Finanzmarktkrisen, die zu einer Gefahr für die soziale und politische Stabilität eines Landes werden, dass

---

[15] Vgl. Europäische Kommission (2007): Eurobarometer 67. Die öffentliche Meinung in der Europäischen Union, S.58-60, http://ec.europa.eu/public_opinion/archives/eb/eb67/eb67_de.pdf [Zugriff am 10.05.08]

[16] Vgl. Europäische Kommission (2007), a.a.O., S.154-157.

[17] Vgl. Mattauch, Christine (2008): Ab morgen geschlossen!, in: Zeit Online 9/2008, unter http://www.zeit.de/2008/09/Protektionismus-US-Wahlkampf [Zugriff am 20.05.08]

[18] Vgl. Stiglitz, Joseph (2002): Der Schatten der Globalisierung, Bonn, S.17-36. So verweist Stiglitz darauf, dass die Wirtschaftspolitik der Industrienationen und vor allem die Vorgehensweise der internationalen Organisationen wie der Weltbank und des Internationalen Währungsfonds (IWF) ärmere Länder zum Abbau ihrer Handelsschranken drängten, während die Industrienationen selber Handelshemmnisse (v.a. im Agrarsektor) aufbauten; ebenso nütze die von IWF und Weltbank propagierte Liberalisierung des Finanzsektors in den Entwicklungs- und Schwellenländern vor allem den westlichen Finanzkonzernen.

[19] Heilmann, Sebastian (2003): Kapitalmarktreformen als wirtschaftlicher und politischer Prozess, S.1-3, in: Regem Analysis 1, Mai 2003, Universität Trier, www.regem.org [Zugriff am 10.05.08]

Kapitalmärkte von hoher politischer Relevanz sind. Vermeintlich „technische" Fragen der Kapitalmarktregulierung werden dezidiert politisch, weil jede politische Intervention in Märkte das Kräfteverhältnis zwischen unterschiedlichen politischen und wirtschaftlichen Interessengruppen berührt.[20] Weil der Zustrom von Kapital die wirtschaftliche Entwicklung fördert, finanzielle Ressourcen für technologische Innovationen sicherstellt und bei der Reform der sozialen Sicherungssysteme oft auf die (private) Kapitaldeckung zurückgegriffen wird, haben Regierungen insbesondere in Zeiten des verstärkten internationalen Standortwettbewerbs ein elementares Interesse daran, möglichst viel (ausländisches) Kapital zu attrahieren.

Politikwissenschaftlich wird kontrovers diskutiert, inwiefern Finanzmärkte auf Grund ihrer ökonomischen und politischen Wichtigkeit die nationale Politikgestaltung beeinflussen: So wird argumentiert, Regierungen müssten ihre Politik nicht mehr nur gegenüber den eigenen Wählern rechtfertigen, sondern nun auch gegenüber den Finanzmärkten; bestimmte Politiken, insbesondere im Sozialbereich, seien darum nicht mehr durchführbar.[21] Um zu überprüfen, ob und weshalb die souveränen Handlungsspielräume von Regierungen durch die vermeintliche Macht der Finanzmärkte eingeschränkt werden, ist es allerdings notwendig, den abstrakten Begriff „Markt" zu konkretisieren, denn Märkte selber können nicht handeln: „Die Märkte sind bloß die Institutionen, die den Rahmen bilden für die Handlungen realer Akteure: Unternehmen, Staaten, Organisationen, einzelne Menschen."[22] In der Öffentlichkeit, aber bisweilen auch in der Politikwissenschaft, mangelt es oft am Wissen über die spezifische Rolle dieser Akteure. Im Mittelpunkt dieser Arbeit steht daher eine bestimmte Gruppe von Finanzmarktakteuren, deren Entscheidungen vielfältige Auswirkungen auf das Handeln von Unternehmen, institutionellen Investoren und Regierungen besitzt: Die Rating-Agenturen. Indem sie die Bonität von Anleihen bewerten, beeinflussen sie die Kapitalkosten von Unternehmen und Staaten. Außerdem setzen Rating-

---

[20] Vgl. Heilmann, Sebastian (2003), a.a.O., S.3.

[21] Zur Debatte über die politischen Folgen der Globalisierung vgl. Hall, Peter A./ Soskice, David (2001): An Introduction to Varieties of Capitalism, S. 55 in: Hall, Peter A./ Soskice, David (eds., 2001): Varieties of Capitalism: the institutional foundations of comparative advantage, Oxford; Helleiner, Eric (1994): From Bretton Woods to Global Finance: A World Turned Upside Down, S. 173, in: Stubbs, Richard/ Underhill, Geoffrey R.D. (eds., 1994): Political Economy and the Changing Global Order, London, S.163-175; Weiss, Linda (1999): The Myth of the Powerless State, Ithaca; Hay, Colin (2005): Globalization´s impact on states, S.239-248, in: Ravenhill, John (Hg., 2005): Global Political Economy, Oxford, S.235-262; Brown, Garret Wallace (2008): Globalization is What We Make if It: Contemporary Globalization Theory and the Future Construction of Global Interconnection, in: Political Studies Review, 2008, Vol. 6 (1), S.42-53.

[22] Gottwald, Jörn-Carsten (2003): Finanzmärkte und staatliche Regelsetzung. Warum Finanzmärkte für Politik und Politikwissenschaft so wichtig sind, REGEM Analysis No.2, May 2003, Trier University, S. 3. www.regem.org [Zugriff am 10.05.08]

Agenturen mit ihrem Urteil Standards, die wegen diverser Regulierungsvorschriften direkt und indirekt die Entscheidungsspielräume anderer Finanzmarktakteure einschränken, Auswirkungen auf die Kapitalflüsse zwischen einzelnen Staaten haben und die Vermögenssituation privater Investoren beeinflussen. Durch die zunehmende Ausdifferenzierung und Spezialisierung moderner Finanzmärkte gewinnen die Entscheidungen dieser nicht-staatlichen Akteure weiter an Relevanz für die ökonomische, soziale und politische Situation der Industrienationen sowie der Entwicklungs- und Schwellenländer.

1.1 Die Wichtigkeit von Ratings für moderne Finanzmärkte

In Folge der Liberalisierung der Finanzmärkte seit den 1970er Jahren und der Schaffung neuer, komplexer Finanzinstrumente traten immer mehr Akteure auf die Finanzmärkte hinzu und es kam zu einer erheblichen Ausdehnung der zwischen ihnen gehandelten Finanzprodukte. Insbesondere durch die stärkere Rolle von institutionellen Investoren wie Versicherungen, Pensions- und Investmentfonds und deren zunehmend globale Anlagehorizont wuchs der Bedarf an zuverlässigen Informationen und Risikoeinschätzungen über die Bonität der Emittenten von Anleihen und anderen Wertpapieren.[23] Rating-Agenturen als „[...] Massenproduzenten auf dem Informationsmarkt [...]“[24] ersparen Investoren aufwendige Recherchen und liefern ihnen standardisierte, qualitative Informationen.

Die Nachfrage nach Ratings ist auch deshalb seit mehreren Jahrzehnten ansteigend, weil im Unternehmenssektor die Finanzierung mit Anleihen zu Lasten von Bankkrediten (Disintermediation) einen Bedeutungszuwachs erfährt.[25] Denn im Gegensatz zu einer Finanzierung mittels Bankkredit, bei der das Kreditinstitut selber ausführlich die Bonität des Kapitalnehmers prüft und somit das Risiko relativ gut einschätzen kann, verfügen bei einer Kapitalbeschaffung durch die Emission von Wertpapieren die vielen verschiedenen Kapitalgeber nicht über die notwendigen Informationen bzw. sie könnten diese nur unter verhältnismäßig hohen Kosten gewinnen. Anhand von Ratings können nun Investoren ohne gro-

---

[23] Vgl. Gras, Isabelle (2003): The Power to Rate. Eine Untersuchung zur Rolle der Ratingagenturen auf den internationalen Finanzmärkten, REGEM Analysis No.6, May 2003, Trier University, S.11. unter www.regem.org [Zugriff am 10.05.08].

[24] Windolf, Paul (2005): Was ist Finanzmarktkapitalismus?, S.44, in: Windolf, Paul (Hrsg., 2005): Finanzmarktkapitalismus. Analysen zum Wandel von Produktionsregimen, Wiesbaden, S.20-57.

[25] Vgl. Paul, Manfred (1996): Rating als Instrument des Finanzmarketing, S.386f, in: Büschgen, Hans E./ Everling, Oliver (Hrsg., 1996): Handbuch Rating, Wiesbaden, S.373-422.

ßen Aufwand die Bonitätsrisiken von Emittenten vergleichen, ohne sich dabei vertiefte Kenntnisse aneignen zu müssen.[26]

Vorteile bieten Ratings aber auch für Organisationen, die Kapital benötigen. Denn mit einem Rating können Kapitalnehmer gegenüber potentiellen Investoren ihre Kreditwürdigkeit signalisieren. Dies ermöglicht z.B. Unternehmen eine Alternative zum Bankkredit und kann so zu einer Senkung der Finanzierungskosten führen.[27] Die Bedeutung von Rating-Agenturen ist außerdem dadurch gewachsen, dass im Vergleich zu den 1970er und 1980er Jahren immer mehr Staaten – insbesondere auch Schwellenländer – sich durch die Emission von Anleihen finanzieren.[28]

1.2 Die Arbeitsweise und Bewertungskriterien der Rating-Agenturen

Das Geschäft der Rating-Agenturen hat seinen Ursprung in den USA. Dort gründete John Moody 1909 die weltweit erste Rating-Agentur, welche die Bonität von Anleihen bewertete und diese Informationen an Investoren verkaufte.[29] Zusammen mit Standard & Poor's (S&P) und Fitch Ratings dominiert Moody's den weltweiten Ratingmarkt, denn auf diese drei Agenturen entfallen schätzungsweise 92 Prozent aller weltweiten Einnahmen des Geschäfts mit Ratings.[30] Die Rating-Agenturen finanzieren sich heute allerdings im Wesentlichen durch Gebühren, die sie den Emittenten für das Rating in Rechnung stellen und die vom Emissionsvolumen abhängen.

Anhand einer Buchstaben-Skala beschreiben Rating-Agenturen das Risiko, dass der Emittent seinen Zins- und Tilgungsverpflichtungen nicht nachkommt: Das bestmögliche Rating ist ein „AAA" („Triple A") bei S&P bzw. ein „Aaa" bei Moody's; Wertpapiere mit einem extrem hohen Ausfallrisiko werden mit einem „C" bezeichnet (vgl. Anhang). Anleihen, die ein Rating von mindestens BBB- bzw. Baa3 besitzen, gelten als „investment grade", während solche mit

---

[26] Vgl. Berblinger, Jürgen (1996): Marktakzeptanz des Rating durch Qualität, S.45, in: Büschgen, Hans E./ Everling, Oliver (Hrsg., 1996): Handbuch Rating, Wiesbaden, S.21-110.

[27] Vgl. Berblinger, Jürgen (1996), a.a.O., S.48.

[28] Vgl. Partnoy, Frank (1999): The Siskel and Ebert of Financial Markets?: Two Thumps Down for the Credit Rating Agencies, S. 650, in: Washington University Law Quarterly, Vol. 77, No. 3, Washington, S. 619-714.

[29] Vgl. Sylla, Richard (2001): A Historical Primer on the Business of Credit Ratings, New York , S.2f.

[30] Moody´s und S&P haben dabei einen ähnlich hohen Marktanteil; auf sie fallen zusammen 77 Prozent der Einnahmen; Fitch hat einen Markteinteil von rund 15 Prozent. Vgl. Dittrich, Fabian (2007): The Credit Rating Industrie: Competition and Regulation, Dissertation, Universität Köln, S.17-18.

einem Rating von BB+ (Ba1) oder schlechter „speculative grade“ oder auch „junk bonds“ („Ramschanleihen“) genannt werden.

Die ordinale Skalierung nach Buchstaben bietet einen großen Vorteil: „ The simplicity of this ranking allows even a relatively unsophisticated investor the means to compare the relative credit risk of a wide variety of debt instruments.”[31] Darüber hinaus lässt sich in empirischen Studien feststellen, dass das Ausfallrisiko („default risk“) mit schlechterem Rating zunimmt.[32]

Der Zusammenhang zwischen Ratingstufe und Kreditrisiko erklärt die je nach Rating unterschiedlichen Finanzierungskosten, denn wenn Investoren die Wahl zwischen einer sicheren und einer risikoreichen Anlage haben, wählen sie nur dann die letztere, wenn das höhere Risiko durch eine höhere Gewinnchance kompensiert wird. Folglich müssen Emittenten den Investoren als Risikoprämie umso höhere Zinsen zahlen, je schlechter das Rating ist.

Freilich sind es nicht die Rating-Agenturen selbst, welche die Zinshöhe festsetzen. Die Kapitalmarktzinsen bilden sich vielmehr aus dem Angebot und der Nachfrage nach Staatsanleihen, d.h. die Kurse bestimmen die Zinssätze.[33] So bieten Staaten als Kapitalnehmer den Kapitalgebern für die zeitliche Überlassung ihres Kapitals eine finanzielle Entschädigung in Form eines feststehenden Zinsertrages, der so genannten Kuponzahlung. Diese bezieht sich auf den Nennwert der Anleihe, z.B. ein Kupon von jährlich 6 EUR für jede Anleihe mit dem Nennwert von 100 EUR. Kaufen Investoren diese Anleihe zum Nennwert (d.h. zum Kurs von 100 EUR), beträgt ihre jährliche Rendite 6 Prozent. Ist die Nachfrage nach dieser Anleihe aber so hoch, dass der Kurs auf 120 EUR steigt, erhalten Investoren, die für diesen Preis die Anleihe kaufen, zwar weiterhin 6 EUR an Kuponzahlung; bei diesem höheren Kurs beträgt die Rendite dann allerdings nur noch 5 Prozent. Umgekehrt gilt, dass bei sinkender Nachfrage – z.B. bei einem Kursrückgang auf 80 EUR in Folge einer Rating-Herabstufung – die Rendite steigt, in diesem Beispiel auf 7,5 Prozent. Rating-Agenturen legen folglich nicht die Zinszahlungen fest, sondern sie gehören zu den Faktoren, die das Angebot und die Nachfrage nach Anleihen beeinflussen.

---

[31] Bank for International Settlements (BIS, 2000): Credit Ratings and Complementary Sources of Credit Quality Information, S.126 in: Basel Committee on Banking Supervision Working Papers No. 3, Basel.

[32] So lässt sich bei der Analyse mehrerer Tausend bewerteter Anleihen von S&P und Moody's im Zeitraum von 1981-1998 feststellen, wie hoch genau das Kreditrisiko für jede Stufe ist. So kam es beispielsweise bei „AAA“-bewerteten Anleihen nach fünf Jahre gerade einmal in 0,15 Prozent der Fälle zu einem default, während der Anteil von „BBB“-bewerteten Investments bei 1,39 Prozent lag. Bei allen investment-grade Anleihen von S&P zusammen lag das Riskio bei 0,71 Prozent gegenüber 16,08 Prozent bei junk bonds. Vgl. BIS (2000), a.a.O., S. 127.

[33] Vgl. Spreemann, Klaus (2002): Zinsen, Anleihen, Kredite, München u.a., S.69.

Wenn ein Kapitalnehmer ein Rating beantragt, kommt es zu einem umfassenden Konsultationsprozess zwischen der Agentur und dem Antragssteller, bei dem öffentliche und nicht-öffentliche Informationen über den Emittenten herangezogen werden, um mit qualitativen und quantitativen Methoden zu einer von einem Ratingkomitee zu treffenden Entscheidung zu gelangen.[34] Darüber hinaus kann es auch zu nicht-beantragten Ratings kommen, bei denen die Agenturen nicht bezahlt werden. Bei diesen „unsolicited ratings" kommt es meistens ebenfalls zu einer Mitwirkung des Emittenten, da dieser ein Interesse hat, von den Rating-Agenturen vorgebrachte Punkte, welche die Bonität negativ beeinflussen könnten, zu entkräften. Ratings, die nur auf öffentlich zugänglichen Informationen beruhen oder nicht beantragt wurden, werden von S&P und Moody's besonders gekennzeichnet.[35]

Während bei unsolicited Ratings die Bewertung aus rein öffentlich zugänglichen Quellen resultiert, findet bei beantragten Sovereign Ratings (Ratings von Staatsanleihen) anlog der Vorgehensweise bei Corporate Ratings (Ratings von Unternehmensanleihen) zusätzlich ein direkter Informationsaustausch zwischen Rating-Agentur und Regierungsvertretern statt. Neben regelmäßigen Kontakten zwischen beiden Parteien kommt den jährlichen Besuchen der Ratinganalysten – bei Schwellenländern finden die Besuche in der Regel sogar mehrmals jährlich statt – eine besondere Bedeutung zu. Bei diesen mehrtägigen Treffen konsultieren die Analysten Entscheidungsträger in Ministerien und der Zentralbank sowie Politiker, Manager und andere Experten des jeweiligen Landes.[36]

Um das relative Zahlungsausfallrisiko zu bestimmen, verwenden die Agenturen qualitative und quantitative Methoden, welche die ökonomische, politische und soziale Situation eines Landes bewerten.[37] Die einzelnen Indikatoren werden dann mit bestimmten Faktoren gewichtet, um zu einem Gesamturteil zu gelangen. Um einen Einblick in die Methodik der Agenturen zu gewinnen, wird im Folgenden der Bewertungsansatz von S&P für Staatsanleihen vorgestellt. Zur Bestimmung der Sovereign Ratings berücksichtigt S&P – aber auch die anderen Rating-Agenturen – verschiedene politische und ökonomische Gesichtspunkte. Während die ökonomischen Kriterien primär auf die Zahlungsfähigkeit abzielen,

---

[34] Vgl. Gras, Isabelle (2003), a.a.O., S.8f.

[35] Vgl. Smith, Roy/ Walter, Ingo (2001): Rating Agencies: Is There an Agency Issue?, New York, S.36-39. http://www1.worldbank.org/finance/html/credit_report_references.html [Zugriff am 24.03.2008]

[36] Vgl. Kräussl, Roman (2003): Sovereign Risk, Credit Ratings and the Recent Financial Crises in Emerging Markets. Empirical Analysis and Policy Implications, Frankfurt a.M., S.19.

[37] Vgl. Everling, Oliver (1991): Credit Rating durch internationale Agenturen. Eine Untersuchung zu den Komponenten und instrumentalen Funktionen des Rating, Wiesbaden, S.143.

misst das politische Risiko die Zahlungswilligkeit der Staaten.[38] Bei der Bewertung politischer Risiken kommt der Transparenz, Berechenbarkeit und Stabilität politischer Institutionen eine hohe Bedeutung zu.[39]

Die ökonomischen Kriterien umfassen sowohl mikroökonomische Faktoren (z.B. Arbeitsmarktflexibilität) als auch makroökonomische, die binnenwirtschaftliche (z.B. Geldwertstabilität) und außenwirtschaftliche (z.B. Zahlungsbilanz) Aspekte einbeziehen. Bei Betrachtung der ökonomischen Kriterien wird ersichtlich, dass diese konjunkturell beeinflusst werden. Gleichwohl erheben die Agenturen den Anspruch, ihr Rating über den Konjunkturzyklus hinweg zu verfassen, so dass rein zyklische Schwankungen keinen Einfluss auf das von ihnen gemessene *relative* Bonitätsrisiko haben. Dem widerspricht nicht, dass wegen konjunktureller Schwierigkeiten das *absolute* Bonitätsrisiko sich ändern kann, denn selbst unter weniger günstigen wirtschaftlichen Rahmenbedingungen ist zu erwarten, dass die besser bewerteten Staaten mit einer geringeren Wahrscheinlichkeit in Zahlungsschwierigkeiten geraten als die schlechter bewerteten.[40]

Wie aus ihrer Bewertung der Einkommens- und Wirtschaftsstruktur von Ländern hervorgeht, befürwortet S&P eindeutig eine marktwirtschaftliche Ordnung, denn „[…] due to its decentralised decisionmaking processes, a market economy, with legally enforceable property rights, is less prone to policy error and more respectful of the interests of creditors than one where the state dominates."[41] Ebenso begrüßt die Agentur ein Steuersystem mit einer breiten Bemessungsgrundlage und niedrigen Steuersätzen.

Ein besonderes Augenmerk legt S&P auf die Staatsverschuldung, da höhere Schulden naturgemäß die Gefahr des Zahlungsausfalls erhöhen. Darüber hinaus betrachtet die Rating-Agentur auch die potentiellen Verbindlichkeiten, die sich aus der wirtschaftlichen Situation des privaten Sektors für den Staat ergeben. So verweist S&P auf die Asienkrise und bezieht insbesondere die Stabilität des Finanzsektors in das Sovereign Rating mit ein, denn in der Vergangenheit kam es nicht selten zu umfangreichen finanziellen Unterstützungen von staatlicher Seite für marode Banken und Versicherungen, die das Budget stark belasten können.[42]

---

[38] Allerdings ist zu beachten, dass sich beide Kategorien gegenseitig beeinflussen können, d.h. eine politische Instabilität folgt einem wirtschaftlichen Abschwung und ein wirtschaftlicher Abschwung folgt einer politischen Krise.

[39] Beers, David/ Cavenaugh, Marie/ Ogawa, Takahira (2002): Sovereign Credit Ratings: A Primer, in: Standard & Poor's: RatingsDirect (03.04.2002), London u.a., S.4.

[40] Vgl. Kräussl, Roman (2003), a.a.O., S.23f.

[41] Beers, David/ Cavenaugh, Marie/ Ogawa, Takahira (2002), a.a.O., S.5.

[42] Vgl. Beers, David/ Cavenaugh, Marie/ Ogawa, Takahira (2002), a.a.O., S.8.

1.3 Rating-Agenturen als private Akteure mit öffentlicher Regulierungsfunktion

Neben der bislang erläuterten elementaren Rolle der Rating-Agenturen für das Funktionieren moderner Finanzmärkte besitzt ihr Bonitätsurteil für Investoren zudem eine Relevanz, die über eine unverbindliche Orientierungshilfe bei Anlageentscheidungen weit hinausgeht. Vielmehr sind sie in bestimmten Fällen darauf angewiesen, dass ein Investment ein gewisses Mindestrating besitzt, damit sie dieses überhaupt erwerben oder in ihrem Portfolio behalten dürfen.[43] Aus Gründen des Anlegerschutzes schreiben nämlich viele Staaten den Banken, Versicherungen, Pensions- oder Investmentfonds vor, dass sie bei bestimmten Anlageformen (z.B. der privaten Altersversorgung) ganz oder teilweise nur „sichere“ Wertpapiere kaufen dürfen, beispielsweise Staats- oder Unternehmensanleihen von A+ oder besser.[44] Für Länder mit einen schlechten Rating kann es dadurch – vor allem in Zeiten wirtschaftlicher oder politischer Krisen – schwierig werden, an ausreichend ausländisches Kapital zur Finanzierung ihres Staatshaushaltes zu gelangen. Speziell für Banken kommt oft hinzu, dass sie bei der Zentralbank zur Erfüllung ihrer Mindestreservepflichten ebenfalls nur Anleihen mit einem bestimmten Mindestrating hinterlegen dürfen. Außerdem bestimmen die „Basel-II“-Eigenkapitalrichtlinien die Höhe der erforderlichen Kapitalrückstellungen nach dem spezifischen Risiko der Anlage, das auf Grund anerkannter bankinterner Ratingverfahren oder dem Urteil der Rating-Agenturen gemessen wird.

Rating-Agenturen erfüllen mit ihrer Bonitätsbewertung somit ebenfalls eine öffentliche Regulierungsfunktion. Ähnlich wie eine staatliche Regulierungsbehörde oder ein sonstiges amtliches Aufsichtsgremium schränken Rating-Agenturen die Handlungsspielräume anderer Finanzmarktakteure ein, weil ihr Urteil als Maßstab für die Sicherheit von Anlagen gilt. Regierungen delegieren damit den Schutz der materiellen Interessen eines großen Teils der Bevölkerung an private Unternehmen – eine Entwicklung, die ihren Ursprung in der us-amerikanischen Kapitalmarktpolitik der 1930er Jahre hat.[45] Der Einfluss der Rating-Agenturen auf die Vermögenssituation anderer wird ferner dadurch ver-

---

[43] In den Kapiteln 4 und 5 werden diese Regulierungsvorschriften am Beispiel der USA bzw. Deutschlands näher erläutert.

[44] Der Begriff „investment grade“ für Anleihen ab einem Rating von mindestens BBB- zeigt ebenfalls, dass es eine kritische Schwelle gibt, die eine Anleihe erfüllen muss, damit sie aus rechtlichen Gründen für den großen Kreis der institutionellen Investoren in Betracht kommt.

[45] Zu näheren Erläuterungen zur Rolle von Rating-Agenturen in der amerikanischen Kapitalmarktregulierung vgl. Rosenbaum, Jens (2004):Der Einsatz von Rating-Agenturen zur Kapitalmarktregulierung in den USA. Ursachen und Konsequenzen, REGEM Analysis No. 8, February 2004, www.regem.org. [Zugriff am 02.04.08]

stärkt, dass auf zivilrechtlicher Basis das Unterschreiten eines bestimmten Ratings vertragliche Verpflichtungen auslösen kann.[46]

1.4 Der nicht legitimierte politische Einfluss der Rating-Agenturen

Wer den Prozess der Globalisierung und seine Auswirkungen auf die nationale Politikgestaltung wirklich verstehen will, muss mit der Rolle der Rating-Agenturen vertraut sein. Auf Grund ihres umfangreichen Einsatzes zu Regulierungszwecken, ihrer fundamentalen Bedeutung für die Koordination weltweiter Kapitalströme und ihres Einflusses auf die Finanzierungskosten von Unternehmen und Staaten gehören die Rating-Agenturen zu den wichtigsten Akteuren der globalen Finanzmärkte. Obwohl Rating-Agenturen in der politikwissenschaftlichen Globalisierungs-Literatur bislang nur eine untergeordnete Rolle spielen, weisen einige Autoren seit längerem vehement darauf hin, dass Rating-Agenturen von genuin politischer Bedeutung sind.[47] Der Vorwurf, Staaten in ihren souveränen Entscheidungen auf nicht legitimierte Weise einzuschränken, trifft damit nicht mehr nur abstrakte Marktmechanismen oder pauschal „das Kapital", sondern konkrete, weltweit operierende Unternehmen.

Der politische Einfluss der Rating-Agenturen zeigt sich dabei auf verschiedene Weise.[48] So werden die Agenturen als treibende Kräfte gesehen, die im Rahmen der wachsenden politischen und ökonomischen Bedeutung der Finanzmärkte das relative Kräfteverhältnis zwischen Kapitalgebern einerseits und sonstigen Interessengruppen anderseits weiter zugunsten der ersten Gruppe verschieben. Für Staaten, die Anleihen emittieren, bedeutet dies, dass die Höhe ihrer Finanzierungskosten im hohen Maße von dem Bonitätsurteil der Rating-

[46] In besonders drastischer Weise ist dieser „Trigger-Effekt" bei der Insolvenz von Enron sichtbar geworden. Denn das Unternehmen geriet in gravierende Liquiditätsprobleme, als nach verschiedenen Herabstufungen einige Großinvestoren von ihrem vertraglich vereinbarten Recht Gebrauch machten und von Enron die kurzfristige Zurückzahlung der offenen – längerfristig ausgerichteten – Verbindlichkeiten verlangten. Vgl. Securities and Exchange Commission (2003): Report on the Role and Function of Credit Rating Agencies in the Securities Markets, S.29, http://www.sec.gov/news/studies/credratingreport0103.pdf, [Zugriff am 14.05.08]

[47] Vgl. Sinclair, Timothy J. (1994): Between state and market: Hegemony and institutions of collective action under conditions of international capital mobility, in: Policy Science, Vol. 27, No. 4, o.O., S.447-466; Kerwer, Dieter (1999): Credit Rating Agencies and the Governance of Financial Markets, Bonn, http://www.sase.org/conf1999/papers/dieter_kerwer.pdf [Zugriff am 15.08.2003]; Hillebrand, Ernst (2001): Schlüsselstellung im globalisierten Kapitalismus. Der Einfluss privater Rating-Agenturen auf Finanzmärkte und Politik, in: Martens, Jens (Hg.): Die Privatisierung der Weltpolitik. Entstaatlichung und Kommerzialisierung im Globalisierungsprozess, Bonn, S. 150-171.

[48] Eine genaue Analyse der sozialwissenschaftlichen Literatur zu Rating-Agenturen findet sich in Kapitel 2.1. Dort werden die Ansätze mehrerer Autoren aus den Bereichen der Soziologie, Politikwissenschaft und Ökonomie ausführlich diskutiert.

Agenturen abhängt. Da die vermeintlich „neo-liberalen“ Agenturen hohe Staatsausgaben im Allgemeinen und Sozialausgaben im Besonderen als tendenziell bonitätsgefährdend ansähen, würden sie – so der Vorwurf – als Interessenvertreter der Kapitalgeber die Regierungen unter Druck setzen, die Steuern zu senken und die Sozialpolitik zurückzuführen, damit der bewertete Staat ein gutes Rating erhält. Weil zudem auch die Kriterien der Unternehmensbewertung primär nach anglo-amerikanischen Maßstäben verfasst seien, würden die Rating-Agenturen zu einer Konvergenz der verschiedenen Nationalstaaten hin zum angelsächsischen, „neo-liberalen“ Gesellschafts- und Marktmodell beitragen.

Darüber hinaus wird kritisiert, dass die Rating-Agenturen in Wahrheit keinen wirksamen Beitrag zum Anlegerschutz oder zur makroökonomischen Stabilität leisten. Wie an zahlreiche Krisen erkennbar geworden, seien Ratings wegen ungeeigneter Bewertungsmethoden, unvermeidbarer Interessenkonflikte und mangelnder Sorgfalt der Agenturen kein zuverlässiges Instrument der Kapitalmarktregulierung.[49] Regierungen, die an die Rating-Agenturen öffentliche Regulierungsaufgaben delegieren, würden so die materiellen Interessen ihrer Bevölkerung gefährden. Bedenklich sei vor allem, dass durch das (falsche) Bonitätsurteil der Agenturen die wirtschaftliche und politische Stabilität ganzer Länder gefährdet werden könne.

Trotz gewisser Plausibilität leiden die dargestellten Argumentationen über den politischen Einfluss von Rating-Agenturen an einer zentralen Schwäche: Aus vermeintlichen Sachzwängen, denen sich Regierungen auf Grund der wachsenden ökonomischen und politischen Bedeutung der Finanzmärkte gegenüber stehen, leiten sie unabwendbare Handlungszwänge der Regierung ab. Wer so argumentiert, übersieht jedoch, dass in Demokratien Regierungen nach wie vor zu aller erst gegenüber ihren Wählern rechenschaftspflichtig sind, denn diese können mit ihren Stimmen Regierungen wählen oder abwählen. Da Regierungen wieder gewählt werden möchten, können sie die Präferenzen der Wähler – etwa in der Sozialpolitik – nicht in eklatanter Weise dauerhaft missachten. Und gerade wenn die Wähler – wie eingangs beschrieben – der Globalisierung so kritisch gegenüber stehen, werden Regierungen mit globalökonomisch begründeter Verzichtsrhetorik kaum punkten können. Den Argumentationen, die auf die potentiell negativen Folgen der Regulierung mittels Ratings hinweisen, mangelt es zudem an einer präzisen Beschreibung, wann genau und wie dadurch politisch relevante Konsequenzen ausgelöst werden. Dies weist allerdings auf einen gemeinsamen Schwachpunkt aller bislang diskutierten Ansätze zum politischen Einfluss der Rating-Agenturen hin: Es fehlt ein theoretisches Modell, das der

---

49 Kritisiert werden die Rating-Agenturen hierbei insbesondere hinsichtlich ihrer Ratings im Vorfeld der Asienkrise, der Insolvenzen von Enron und Parmalat sowie der Krise auf dem amerikanischen Hypothekenmarkt im Jahr 2007.

komplexen Rolle der Rating-Agenturen auf den Finanzmärkten gerecht wird und zugleich das Spannungsverhältnis zwischen Rating-Agenturen und Regierungen fundiert und präzise beschreibt. Die vorliegende Arbeit wird diese Lücke in der politikwissenschaftlichen Forschung schließen.

1.5 Methodische Vorgehensweise und Aufbau der Arbeit

Diese Dissertationsschrift möchte die Leser sowohl für den bislang in der Politikwissenschaft vernachlässigten politischen Einfluss der Rating-Agenturen sensibilisieren als auch ihnen verdeutlichen, dass zum realistischen Verständnis dieses vielschichtigen Einflusses ein völlig neuer analytischer Ansatz erforderlich ist. Der Aufbau dieser Arbeit ist dementsprechend gestaltet (vgl. Übersicht 1.5).

In Kapitel 2 werden die Leser mit Theorie und Empirie des Forschungsgegenstandes vertraut gemacht. In Kapitel 2.1 werden daher zunächst diejenigen ökonomischen, soziologischen und politikwissenschaftlichen Studien dargestellt und bewertet, die politisch relevante Aspekte der Rolle von Rating-Agenturen thematisieren. Hierbei werden die Ungereimtheiten und die mangelnde Kohärenz der bisherigen Literaturansätze zur realitätsnahen Erklärung des politischen Einflusses von Rating-Agenturen offen gelegt. Im Anschluss skizziert Kapitel 2.2 die politischen Diskussionen über das Rating der USA und Deutschlands; da die EU keine Anleihen emittiert, können die Rating-Agenturen mit ihrem Bonitätsurteil auf EU-Ebene keinen Einfluss nehmen. Relevant für die EU-Ebene sind die Rating-Agenturen allerdings wegen ihres Einsatzes zu Regulierungszwecken. Des Weiteren werden in Kapitel 2.2 die politischen Initiativen der USA, Deutschlands und der EU zur stärkeren Regulierung der Rating-Agenturen dargestellt [Stand: September 2008]. Es wird deutlich, dass die USA und die EU als die beiden größten weltweiten Finanzmärkte von entscheidender Bedeutung für Fragen der Kapitalmarktregulierung sind und dass Deutschland seine Mitwirkung in Regulierungsfragen vor allem im Rahmen der EU sieht.

Übersicht 1.5: Methodischer Aufbau und politikwissenschaftliche Relevanz dieser Arbeit

Kapitel	Fragestellungen	Politikwissenschaftliche Relevanz
2.1	Wie sinnvoll ist der Einsatz von Ratings zu Regulierungszwecken? Wie zuverlässig und objektiv ist das Bonitätsurteil der Agenturen? Bevorzugen die Rating-Kriterien ein bestimmtes wirtschaftliches oder politisches System? Inwiefern schränken Rating-Agenturen die Handlungsspielräume von Regierungen ein? Welche ökonomischen, sozialen und politischen Folgen haben Herabstufungen von Staatsanleihen?	Umfassende Darstellung und Bewertung der wissenschaftlichen Literatur (Fächer: Ökonomie, Soziologie und Politikwissenschaft) zur politischen Rolle der Rating-Agenturen. Offenlegung der Ungereimtheiten und mangelnden Kohärenz der bisherigen Literaturansätze zur realitätsnahen Erklärung des politischen Einflusses von Rating-Agenturen.
2.2	Gab es eine politische Debatte über das Rating der USA bzw. Deutschlands? Wie wird die Rolle der Rating-Agenturen (v.a. zur Kapitalmarktregulierung) dort und auf EU-Ebene bewertet? Inwiefern findet sich die wissenschaftliche Debatte (aus Kapitel 2.1) in der Realität wieder?	Vergleichende Analyse der politischen Diskussion über Rating-Agenturen in den USA, Deutschland und der EU; Darstellung der politischen Initiativen zur stärkeren Regulierung der Rating-Agenturen als Beispiel für die Notwendigkeit des international bzw. supranational abgestimmten Verhaltens in Fragen der Kapitalmarktregulierung.
3	Inwiefern können Rating-Agenturen Einfluss nehmen auf die nationale Politikgestaltung? Welche Effekte haben dabei insbesondere ihr umfangreicher Einsatz zu Regulierungszwecken, ihre Bedeutung für die Koordination weltweiter Kapitalströme und ihr Einfluss auf die Vermögenssituation der Bevölkerung und auf die Finanzierungskosten von Unternehmen und Staaten? Von welchen spezifisch nationalen Faktoren des politischen und wirtschaftlichen Systems hängt dieser Einfluss ab?	Entwicklung eines innovativen Modells der Neuen Politischen Ökonomie zur Erklärung des komplexen und differenzierten politischen Einflusses von Rating-Agenturen auf die nationale Politikgestaltung bei Berücksichtigung vielschichtiger politischer und ökonomischer Variablen.

4 u.5	Welche strukturellen politischen und ökonomischen Variablen bestimmen den politischen Einfluss der Rating-Agenturen in den USA und Deutschland? Wie stark sind diese von dem konkreten historischen Kontext abhängig? Wie wichtig ist das Bonitätsurteil der Agenturen für das politische Kalkül von Regierungen, die wieder gewählt werden möchten? Inwiefern könnten Veränderungen des Ratings Wahlergebnisse beeinflussen?	Theoriegeleitete Untersuchung des politischen Einflusses der Rating-Agenturen am Beispiel der US-Präsidentschaftswahlen 1992 und 2004 bzw. der Bundestagswahlen 1994 und 2005; Aufzeigen der praktischen Anwendbarkeit des neuen Modells und dessen wissenschaftlichen Mehrwerts.
6	Was sind die zentralen Resultate dieser Arbeit? Wie wird sich die Debatte um Rating-Agenturen weiterentwickeln?	Zusammenfassung der wichtigsten Ergebnisse; Ausblick auf die künftige Rolle der Rating-Agenturen.

Der aus politikwissenschaftlicher Sicht bedeutsamste Teil dieser Arbeit ist Kapitel 3. Dort wird ein innovatives Modell der Neuen Politischen Ökonomie zur Erklärung des komplexen und differenzierten politischen Einflusses von Rating-Agenturen auf die nationale Politikgestaltung entwickelt. Im Mittelpunkt steht dabei das Verhalten von Regierungen, die wieder gewählt werden wollen. Dieses neue Modell berücksichtigt eine Vielzahl politischer und ökonomischer Variablen. Anders als die bisherigen wissenschaftlichen Ansätze ist es daher in der Lage, die jeweiligen nationalen Besonderheiten des wirtschaftlichen und politischen Systems ebenso in die Analyse einzubeziehen wie die grundlegenden Einflussmöglichkeiten der Rating-Agenturen auf Grund ihres umfangreichen Einsatzes zu Regulierungszwecken, ihrer Bedeutung für die Koordination weltweiter Kapitalströme und ihres Einflusses auf die Vermögenssituation der Bevölkerung und auf die Finanzierungskosten von Unternehmen und Staaten.

Das Modell lehnt sich an abstrakten Modellen an, wie sie vorrangig aus der Ökonomie bekannt sind, die aber auch von Wissenschaftlern wie Anthony Downs zur Erklärung politischer Zusammenhänge verwendet werden. Diese Abstraktheit ist bewusst gewählt, denn so wird der Kerngedanke des Modells besonders transparent: Wie auch immer im Einzelnen die Rating-Agenturen politischen Einfluss nehmen – die Regierungen bleiben die entscheidenden politischen Akteure und sie werden bei ihren Handlungen sehr genau abwägen, welche Folgen diese für ihre Wiederwahlchancen haben. Im Gegensatz zu manchen ökonomischen Modellen verliert sich das in Kapitel 3 neu entwickelte Modell nicht in einer formal-abstrakten, tendenziell realitätsfernen Eleganz, sondern ist in der Lage, durch Einbeziehung gängiger politikwissenschaftlicher Konzepte den politischen Prozess eines Landes konkret zu analysieren und die genaue Wirkungsweise des politischen Einflusses der Rating-Agenturen differenziert darzustellen.

Die praktische Anwendbarkeit des Modells und seinen wissenschaftlichen Mehrwert erkennt der Leser vor allem in den Kapiteln 4 und 5. Erläutert wird dort, welche strukturellen politischen und ökonomischen Variablen den politischen Einfluss der Rating-Agenturen in den USA bzw. Deutschland bestimmen. Um zu verstehen, welche Rolle der jeweilige historische Kontext dabei spielt und inwiefern Veränderungen von Ratings Auswirkungen auf Wahlergebnisse haben könnten, werden die US-Präsidentschaftswahlen 1992 und 2004 bzw. die Bundestagswahlen 1994 und 2005 untersucht.[50]

Für die Länderauswahl spricht, dass es sich bei beiden Staaten um etablierte, stabile Demokratien mit marktwirtschaftlichen Systemen handelt. Ihre hoch entwickelten Volkswirtschaften gehören zu den wichtigsten der Welt und ein erheblicher Anteil aller international gehandelten Anleihen stammt von Emittenten aus diesen beiden Ländern.[51] Die Bonitätsurteile der Rating-Agenturen über amerikanische und deutsche Unternehmens- und Staatsanleihen haben daher spürbares Gewicht für die internationalen Finanzmärkte. Neben diesen strukturellen Ähnlichkeiten repräsentieren sie allerdings zwei verschiedene „Kapitalismusvarianten“: Deutschland gilt im Sinne von Hall und Soskice als „Coordinated Market Economy“ während die USA ein Prototyp der „Liberal Market Economy“ ist.[52] Wegen dieses Unterschieds lässt sich mit der Länderauswahl die in

---

[50] Da bislang weder die Bonität der USA noch die der BRD herabgestuft worden ist, bedienen sich die Analysen des politischen Einflusses von Rating-Agenturen im Vorfeld der genannten Wahlen der kontrafaktischen Methode. Auf diese Weise ist es möglich, in einem Gedankenexperiment durch Veränderung der Variable „Rating“ und Konstanthaltung aller sonstigen Faktoren – also unter idealen „Laborbedingungen“ – die Wirkungen der Rating-Agenturen zu einem konkreten Zeitpunkt im Rahmen des Modells zu erklären. Zu den Möglichkeiten und Grenzen der kontrafaktischen Methode in der Politikwissenschaft vgl. Fearon, James D. (1991): Counterfactuals and Hypothesis Testing in Political Science, in: World Politics, Vol.43, No.1 (January 1991), S.169-195; Tetlock, Philip/ Belkin, Aaron (Hg., 1996): Counterfactual Thought Experiments in World Politics. Logical, Methododical, and Psychological Perspectives, Princeton/ New Jersey.

[51] So entfielen im Dezember 2007 von den insgesamt ausstehenden internationalen Anleihen in Höhe von 21,63 Billionen Dollar 4,7 Billionen Dollar auf Emittenten aus den USA und 2,07 Billionen Dollar auf Emittenten aus Deutschland – zusammen also knapp ein Drittel der internationalen Anleihen. Vgl. Bank for International Settlements (BIS, 2008): Securities statistics and syndicated loans, Basel, S. 93. http://www.bis.org/publ/qtrpdf/r_qa0803.pdf#page=85 [Zugriff am 20.05.08]

[52] Vgl. Hall, Peter A./ Soskice, David (2001), a.a.O. Die Autoren stellen systematische Unterschiede zwischen den (westlichen) Marktwirtschaften hinsichtlich der internen Struktur der Unternehmen und ihren Arbeitsbeziehungen, der Aus- und Weiterbildung, den Beziehungen zwischen den Unternehmen sowie der Corporate Governance und dem Finanzsystem fest. Für diese Arbeit ist dabei der

Kapitel 3 aufgestellte These überprüfen, dass die politische Relevanz der Rating-Agenturen strukturell nicht nur durch Variablen des politischen Systems, sondern auch durch ökonomische, finanzmarktbezogene Faktoren beeinflusst wird.[53]

Im abschließenden Kapitel 6 werden die wesentlichen Ergebnisse dieser Arbeit zusammengefasst und es wird ein Ausblick auf die künftige Rolle der Rating-Agenturen in den internationalen Finanzmärkten genommen.

---

letztgenannte Bereich relevant: Hierbei besteht ein wichtiger Unterschied zwischen den beiden „Kapitalismusvarianten" darin, dass in der „Coordinated Market Economy" engere Bindungen zwischen Banken und Unternehmen bestehen („Hausbankprinzip") und auch wegen der – allerdings abnehmenden – Industriebeteilungen von Banken der Investitionshorizont längerfristig ausgelegt ist. In der „Liberal Market Economy" hingegen spielt der Kapitalmarkt eine größere Rolle bei der Unternehmensfinanzierung, feindliche Übernahmen sind nichts Ungewöhnliches und wegen der Relevanz des „shareholder values" herrscht ein allgemein eher kurzfristiger Anlagezeitraum.

[53] Im Falle Deutschlands wird bei der Analyse der politischen Variablen auch die EU-Ebene einbezogen. Da die EU im Gegensatz zu ihren Mitgliedsländern oder anderen Nationalstaaten aber keine eigenen Steuern erhebt oder Anleihen emittiert, können Rating-Agenturen nicht – wie ihnen bisweilen in der Literatur unterstellt wird – Einfluss auf die Budgetgestaltung nehmen. Aus diesem Grund verzichtet diese Arbeit auf ein eigenständiges Kapitel, das den politischen Einfluss der Rating-Agenturen in der EU untersucht.

2 Rating-Agenturen: Stand der Forschung und politische Debatte

In der wissenschaftlichen Literatur und in der politischen Debatte der letzten Jahre wurden Rating-Agenturen vermehrt zum Gegenstand des Interesses. Das folgende Kapitel widmet sich diesen Entwicklungen und gibt einen systematischen und kritischen Überblick über den aktuellen Forschungsstand und stellt an den Beispielen der USA, Deutschlands und der EU dar, wie und aus welchen Gründen Rating-Agenturen zum Gegenstand politischer Auseinandersetzung wurden. Das Ziel dieses Kapitels ist es zu zeigen, dass die bisherigen Ansätze der wissenschaftlichen Literatur kein ausreichendes Analyseraster bieten, um der komplexen Wirkungsweise der Rating-Agenturen in der politischen Realität gerecht zu werden.

2.1 Rating-Agenturen als Forschungsobjekt

Als wichtige Akteure auf den internationalen Finanzmärkten finden Rating-Agenturen seit längerem wissenschaftliche Beachtung. Wegen des Fortschreitens der Ausdifferenzierung und Integration der internationalen Finanzmärkte sowie ihrer Funktion für die Kapitalmarktregulierung stoßen Rating-Agenturen seit den 1990er Jahren auf zunehmend größeres akademisches Interesse. Jedoch war es vor allem die Asien-Krise 1997, in der die Rating-Agenturen für ihre Bonitätsbewertung stark kritisiert wurden, welche eine Vielzahl wissenschaftlicher Studien über Rating-Agenturen initiierte. Die überwältigende Mehrheit der Rating-Literatur hat jedoch einen rein ökonomischen Fokus; mit Hilfe ökonometrischer Methoden möchten diese Autoren z.B. untersuchen, inwiefern Ratings tatsächlich neue und zuverlässige Bonitätsinformationen für die anderen Marktteilnehmer liefern oder welchen Einfluss Veränderungen des Ratings auf die Zinsen haben.[54] Trotz ihres primär ökonomischen Blickwinkels haben einige dieser Studien auch eine politische Dimension, selbst wenn diese in den einzelnen Artikeln nicht explizit angesprochen wird. In Kapitel 2.1.1 werden diese Studien und ihre implizit politische Fragestellung deshalb näher erläutert. Darüber hinaus gibt

[54] Für einen knappen Überblick über die gängigen ökonomischen Forschungsfragen vgl. Dittrich, Fabian (2007): The Credit Rating Industrie: Competition and Regulation, Dissertation, Universität Köln, S.12-14 u. 156-163.

es auch einige wenige wissenschaftliche Untersuchungen, die den Rating-Agenturen politischen Einfluss zuschreiben und ihre Rolle auf den Finanzmärkten kritisch beurteilen. Kapitel 2.1.2 beschäftigt sich daher ausführlich mit der wissenschaftlichen Literatur, die Rating-Agenturen unter explizit politischen Fragestellungen analysiert.

2.1.1 Wissenschaftliche Literatur mit implizit politischer Fragestellung

Wie aus Übersicht 2.1.1 hervorgeht, tangieren einige wissenschaftliche Analysen zum Thema Rating-Agenturen Problembereiche, die politische Relevanz besitzen, selbst wenn diese von den Autoren nicht explizit genannt wurde.[55]

Der Anknüpfungspunkt für die politische Dimension bildet – wie in Kapitel 1 beschrieben – das wechselseitige Spannungsverhältnis zwischen Politik und Wirtschaft wegen der Rolle der Finanzmärkte als „Zentralnervensysteme moderner politischer Ökonomien."

Die politische Relevanz von Studien, die sich mit dem methodischen Vorgehen von Rating-Agenturen beschäftigen, ergibt sich aus den Ergebnissen dieser Analysen. Eine weit verbreitete Kritik an der Effektivität der Agenturen findet sich nämlich in dem Vorwurf, Ratings lieferten den Investoren keine neuen Informationen, da sich die Agenturen mit ihrer Bonitätseinschätzung „prozyklisch" verhielten. Am Beispiel der Asienkrise und der Analyse der Ratings von Schwellenländern untermauern mehrere Autoren diese Sichtweise mit empirischen Studien.[56] Mit dem Begriff „prozyklisches Verhalten" verweisen die Autoren darauf, dass die Rating-Agenturen in konjunkturell guten Zeiten die Staaten besser bewerteten als es die ökonomischen Fundamentaldaten vermuten ließen, während umgekehrt in konjunkturell schlechten Zeiten das Rating weitaus schlechter sei als ökonomisch zu erwarten wäre. Ebenso erfolgten Veränderungen des Ratings generell zu spät, so dass die Agenturen die Einschätzung anderer Marktteilnehmer lediglich widerspiegelten, anstatt neue Informationen zu generieren. Dadurch verstärkten die Agenturen die jeweiligen Trends der Finanzmärkte und erhöhten die Gefahr des „Herdenverhaltens".[57] Da diese Ergebnisse den Informationsgehalt und die Zuverlässigkeit von Ratings in Frage stellen, erscheinen damit Zweifel am Nutzen von Ratings für die Kapitalmarkt-

---

[55] Die in Übersicht 2.1.1. dargestellte politische Relevanz entspricht somit nicht immer den Ausführungen der genannten Autoren, sondern ist eine Bewertung des Verfassers dieser Arbeit, die über den teilweise rein ökonomischen Blickwinkel der jeweiligen Autoren hinausgeht.

[56] Vgl. Ferri,G /Liu, L/ Stiglitz, J (1999): The Procyclical Role of Rating Agencies: Evidence from the East Asian Crisis, in: Economic Notes, Vol. 28, no.3, Oxford, S.335-355; Eliasson, Ann-Charlotte (2002): Sovereign credit ratings, in: Deutsche Bank Research. Research Notes in Economics & Statistics, No. 02-1, Frankfurt a.M.; Kräussl, Roman (2003), a.a.O.

[57] Vgl. Ferri,G /Liu, L/ Stiglitz, J (1999), a.a.O., S. 353.

Übersicht 2.1.1: Wissenschaftliche Literatur über Rating-Agenturen (R.A.) mit implizit politischer Fragestellung

Problembereich	These	Politische Relevanz	Autoren
Methodik der R.A.	R.A. bewerten pro-zyklisch und erhöhen so die Gefahr des „Herdenverhaltens"	Der Nutzen der Kapitalmarktregulierung mittels R.A. erscheint zweifelhaft; R.A. könnten zur Verschärfung ökonomischer Krisen beitragen	Ferri/ Liu/ Stiglitz (1999); Eliasson (2002); Kräussl (2003)
Interessenkonflikte der R.A.	Damit die R.A. möglichst viele Aufträge von Unternehmen erhalten, werden sie das Bonitätsrisiko bewusst unterschätzen	Der Nutzen der Kapitalmarktregulierung mittels R.A. erscheint zweifelhaft	Smith/ Walter (2001)
	Die R.A. geben bei nicht-beantragten Ratings bewusst schlechtere Bewertungen, um so die Attraktivität von beantragten Ratings zu erhöhen	Volkswirtschaftliche Nachteile durch Wettbewerbsverzerrungen	Poon (2003)
Gewinnorientierung der R.A.	Da die R.A. als private Unternehmen ihren Gewinn maximieren wollen, sparen sie bei ihrer Analyse	Wegen möglicher Qualitätsdefizite erscheint der Nutzen der Kapitalmarktregulierung mittels R.A. zweifelhaft	Ederinton/ Yawitz/Roberts (1987)
Oligopolistische Struktur des Rating-Marktes	Wegen der Bedeutung der Reputation für den Geschäftserfolg von R.A. gibt es zu hohe Markteintrittsbarrieren für neue R.A.	Mangelnder Wettbewerb könnte zu Lasten der Qualität der Ratings gehen und dadurch den Nutzen der Kapitalmarktregulierung mittels R.A. mindern	White (2001); Cantor/ Packer (1995)
	Die etablierten R.A. werden nicht wegen ihrer Reputation, sondern auf Grund ihrer regulativen Zertifizierungsfunktion nachgefragt	Die Verwendung von Ratings zur Kapitalmarktregulierung geht zu Lasten des Wettbewerbs und der Qualität von Ratings	Partnoy (1999)
Ökonomische Folgen eines Downgrades	Eine Herabstufung der staatlichen Bonität hat negative Konsequenzen für das Rating inländischer Unternehmen	Ein Downgrade von Staatsanleihen wirkt nicht nur auf die staatlichen Finanzierungskosten, sondern auch auf die Vermögenssituation der privaten und institutionellen Investoren	Borensztein/ Cowan/ Valenzuela (2007)
	Eine Herabstufung der staatlichen Bonität hat negative Konsequenzen für den inländischen Aktienmarkt		Brooks/ Faff / Hillier, D./ Hillier, J. (2004)

Quelle: Eigene Darstellung

regulierung angebracht. Angesichts der Wechselwirkung zwischen ökonomischer und politischer Stabilität eines Landes hat das Resultat, dass die Rating-Agenturen mit ihrem Bonitätsurteil zur Verschärfung ökonomischer Krisen beigetragen haben, eine klare politische Relevanz.

Ein anderer Kritikpunkt mehrerer Autoren betrifft die möglichen Interessenkonflikte von Rating-Agenturen. Da sich die Agenturen durch die Gebührenzahlungen der freiwillig bewerteten Emittenten finanzieren, könnte daraus eine Abhängigkeit in Form des „Rating-Shoppings" entstehen: Weil Kapitalnehmer ein Interesse an einer guten Bewertung besitzen, werden sie sich für diejenigen Rating-Agenturen entscheiden, welche sie besonders gut bewerten. Um Aufträge zu erhalten, hätten die Agenturen einen Anreiz, das Bonitätsrisiko herunterzuspielen.[58] Dies ginge zu Lasten der Kapitalgeber, aber auch zu Lasten der Aussagekraft von Ratings als Instrument der Kapitalmarktregulierung.

Bei den „unsolicited ratings", die nicht von den Emittenten bezahlt werden, kann genau das Gegenteil kritisiert werden: Die Agenturen bewerten die nichtbeantragten Ratings schlechter als die beantragten, damit Emittenten einen Anreiz besitzen, künftig die Agenturen für ihr Rating zu bezahlen. In einer empirischen Studie, die das Rating von 256 Firmen aus 15 Ländern im Zeitraum von 1998-2000 untersucht, kommt Poon zu dem Ergebnis, dass die unsolicited ratings systematisch niedriger sind als die beantragten: „Although this difference in ratings can be explained by significant self-selection bias, unsolicited ratings are still lower than solicited ratings after controlling differences in sovereign risk and key financial characteristics."[59] Wenn Unternehmen so faktisch vor der Wahl stehen, ein Rating in Auftrag zu geben oder ansonsten Wettbewerbsnachteile wegen schlechterer Finanzierungsmöglichkeiten zu erleiden, sind volkswirtschaftliche Nachteile auf Grund dieser Wettbewerbsverzerrungen nicht ausgeschlossen.

Generell lassen sich zwei Hauptansätze in der Literatur finden, mit denen das Auftreten der obigen Kritikpunkte erklärt wird. Der erste Ansatz sieht die Ursache der vermeintlichen Defizite der Agenturen in ihrer erwerbswirtschaftlichen Ausrichtung. Das Ziel der unternehmerischen Gewinnmaximierung führe zu einer bewussten Minderanstrengung bei der Analyse, um Kosten zu sparen.[60] Wenn dem so wäre, böten Ratings keine hinreichende Qualität, um sie in diversen Regulierungsvorschriften anzuwenden.

---

[58] Vgl. Smith, Roy/ Walter, Ingo, a.a.O. S.40f.

[59] Poon, Winnie P.H. (2003): Are unsolicited credit ratings biased downward?, S.613, in: Journal of Banking & Finance, Vol. 27, No. 4, o.O., S. 593-614.

[60] Vgl. Ederington, Louis H./, Yawitz, Jess/ Roberts, Brian E. (1987): The Informational Content of Bond Ratings, in: Journal of Financial Research, Vol. 10, No.3, (Fall 1987), S.221-226.

Der andere Ansatz sieht die Ursache für die Qualitätsdefizite nicht im Wettbewerb als solchen, sondern in einem Mangel an Wettbewerb in der Rating-Branche. Grund dafür ist die oligopolistische Struktur des Marktes mit den drei dominierenden Agenturen S&P, Moody's und Fitchs. Dass dieses Oligopol entstehen konnte, wird hauptsächlich an zwei Faktoren festgemacht. Zum einen an der hohen Bedeutung der Reputation der Agenturen für den Geschäftserfolg. Ein Rating wird nur dann freiwillig nachgefragt, wenn die Emittenten damit ein glaubwürdiges Signal an potentielle Investoren richten können, dass das Bonitätsrisiko der Anlage akkurat wiedergeben wird.[61] Diesem Signal schenken die Kapitalgeber nur Glauben, wenn sie wissen, dass die Analyse sorgfältig gemacht wurde. Anhand der vergangenen Performance der Rating-Agentur misst sich deren Reputation. Neueinsteiger in den Markt können keine Zuverlässigkeit signalisieren, so dass sie Schwierigkeiten haben, sich am Markt zu behaupten. Die Reputation ist demnach eine Markteintrittsbarriere des Rating-Geschäfts. Um dieses Problem zu lösen, wird seit längerem die Gründung einer europäischen Rating-Agentur vorgeschlagen, die in Wettbewerb zu den drei etablierten treten soll.[62]

Zum anderen kann der Gebrauch von Ratings zur Kapitalmarktregulierung als eine weitere Ursache des Oligopols angesehen werden. Nach Auffassung von Partnoy werden Ratings nicht mehr nachgefragt, weil sie eine wertvolle Information liefern, sondern nur noch, weil sie einen notwendigen Regulierungstatbestand zertifizieren.[63] Reformansätze stellen – wie Partnoy – die bisherige Verwendung von Ratings zur Regulierung in Frage oder fordern einen Verhaltenskodex für die Arbeitsweise der Agenturen.

Wie in Kapitel 1 erläutert, führt ein Downgrade in der Regel zu höheren Zinsen für Staatsanleihen. In verschiedenen empirischen Studien wurden weitere ökonomische Folgen einer Herabstufung der staatlichen Bonität festgestellt. So verursacht ein Downgrade von Staatsanleihen höhere Zinsen von Unternehmensanleihen in dem betreffenden Land.[64] Dieser Zusammenhang resultiert aus dem Konzept des „Sovereign Ceilings": Rating-Agenturen geben Unternehmen in einem Land maximal so gute Bonitätsnoten wie dem jeweiligen Nationalstaat.

---

[61] Vgl. White, Lawrence (2001): The Credit Rating Industry: An Industrial Organization Analysis, New York, S. 4; http://papers.ssrn.com/sol3/papers.cfm?abstract_id=267083#PaperDownload [Zugriff am 29.03.08]; Cantor, Richard/ Packer, Frank (1995): The Credit Rating Industry, S.14, in: The Journal of Fixed Income, Vol. 5, No. 3, o.O., S.10-34.

[62] Vgl. Breuer, Rolf E. (1991): Gründung einer europäischen Rating-Agentur. Eine Notwendigkeit in einem sich entwickelten europäischen Kapitalmarkt, in: Bank-Archiv, Nr. 8/91, Wien, S.547-550.

[63] Vgl. Partnoy, Frank (1999), a.a.O., S. 623f.

[64] Vgl. Borensztein, Eduardo/ Cowan, Kevin/ Valenzuela, Patricio (2007): Sovereign Ceilings „Lite"? The Impact of Sovereign Ratings on Corporate Ratings in Emerging Marktes Economies, IMF Working Paper, WP/07/75, April 2007.

Dieses Konzept wurde von den Rating-Agenturen seit 1997 zwar leicht modifiziert, aber es gilt in der Regel weiter; zudem lässt sich dieses Konzept auch ökonomisch begründen: Eine Herabstufung der staatlichen Bonität kann die wirtschaftliche Lage eines Landes – und damit auch die finanzielle Situation der dortigen Unternehmen – negativ berühren; außerdem könnten Staaten politische Maßnahmen (z.B. Steuererhöhungen, Kapitalverkehrskontrollen) ergreifen, die zu Lasten der Unternehmen bzw. Besitzer von Unternehmensanleihen gehen, aber der Regierung bei der Rückzahlung ihrer Verbindlichkeiten helfen.[65]

Des Weiteren zeigen andere Autoren, dass ein Downgrade von Staatsanleihen auch negative Auswirkungen auf den jeweiligen Aktienmarkt des Landes hat.[66] Sie erklären diesen Zusammenhang damit, dass eine Herabstufung ein wichtiges Signal an institutionelle Investoren darstellt, ihr Anlageportfolio zu überprüfen und gegebenenfalls Umschichtungen vorzunehmen, die zu Lasten desjenigen Marktes gehen, dessen sovereign rating herabgestuft wurde.[67] Die negativen Konsequenzen einer Herabstufung von Staatsanleihen für das Rating von Unternehmensanleihen bzw. den inländischen Aktienmarkt haben politische Relevanz. Denn Regierungen benötigen (in Demokratien) die Unterstützung der Wähler, um im Amt bleiben zu können. Müssen die privaten Akteure finanzielle Einbußen hinnehmen, weil ihr Heimatland herabgestuft wird, ist es wahrscheinlich, dass die betroffenen Unternehmen und Investoren die Regierung dafür verantwortlich machen und aus Protest nicht wieder wählen. Auf diesen wichtigen Zusammenhang wird später näher eingegangen.

2.1.2 Wissenschaftliche Literatur mit explizit politischer Fragestellung

Neben den bisher erläuterten Studien gibt es auch Autoren, die sich mit Rating-Agenturen unter explizit politischen Gesichtspunkten auseinandersetzen (vgl. Übersicht 2.1.2).[68]

---

[65] Vgl. Borensztein, Eduardo/ Cowan, Kevin/ Valenzuela, Patricio (2007), a.a.O., S.3-4.

[66] Vgl. Brooks, Robert/ Faff, Robert W./ Hillier, David/ Hillier, Joseph (2004): The national market impact of sovereign rating changes, in: Journal of Banking and Finance, Vol. 28 (2004), S.233-250.

[67] Vgl. Brooks, Robert/ Faff, Robert W./ Hillier, David/ Hillier, Joseph (2004), a.a.O., S.249.

[68] Die in Übersicht 2.1.2 dargestellte politische Relevanz entspricht nicht immer den Ausführungen der genannten Autoren, sondern ist z.T. eine Bewertung des Verfassers dieser Arbeit, die über den Blickwinkel der jeweiligen Autoren hinausgeht.

Übersicht 2.1.2: Wissenschaftliche Literatur über Rating-Agenturen (R.A.) mit explizit politischer Fragestellung

Problembereich	**These**	**Politische Relevanz**	**Autoren**
Rolle der R.A. bei der internationalen Kapitalallokation	R.A. beeinflussen, wie private Akteure weltweit Kreditrisiken wahrnehmen und bewerten	Regierungen müssen ihre Politik so gestalten, dass sie nicht in Kontrast zu den Bewertungskriterien der R.A. geraten; Privatisierung, Deregulierung und Haushaltskonsolidierung werden so für die Regierungen zu unverzichtbaren politischen Maßnahmen	Sinclair (1994, 2000, 2001, 2004); Kerwer (1999, 2005); Strulik (2000); Willke (2001); Nölke (2005)
Ökonomische Folgen eines Downgrades	R.A. entscheiden mit ihrer Bonitätsbewertung über die Finanzierbarkeit und Durchführbarkeit von Politiken	Regierungen sind in ihrer Entscheidungsfreiheit eingeschränkt und können nur die Politik betreiben, die im Sinne der Rating-Agenturen ist	Hildebrand (2001); Datz (2004)
Methodik der R.A.	Die Bewertungskriterien der R.A. beruhen vorrangig auf anglo-amerikanischen Maßstäben	Wettbewerbsnachteile für z.B. deutsche Unternehmen; R.A. tragen zur möglichen Konvergenz zum anglo-amerikanischen Wirtschaftsmodell bei	Strulik (2000); Willke (2001); Nölke (2005)
	(Bestimmte) politische Risiken haben keinen Einfluss auf das Rating eines Landes; nur ökonomische Faktoren sind entscheidend	Der finanzielle Handlungsspielraum von Regierungen wird durch (bestimmte) wichtige politische Ereignisse nicht verändert.	Haque/ Mark/ Mathieson (1998); Archer/ Biglaiser/ DeRouen (2007)
	Demokratische Staaten werden von R.A. nicht systematisch besser bewertet als undemokratische Staaten	Demokratische Reformen als normative politische Ziele finden (zumindest nicht automatisch) die Unterstützung der Kapitalmärkte	Archer/ Biglaiser/ DeRouen (2007); Saiegh (2005)

Quelle: Eigene Darstellung

Diese Autoren widmen sich – mit Ausnahme derjenigen, die sich ausschließlich mit der Rating-Methodik beschäftigen – den Rating-Agenturen mit einem politikwissenschaftlichen bzw. soziologischen Blickwinkel. Wie im Folgenden deutlich wird, gehören sie damit zu der überschaubaren Schar von Wissenschaftlern ihrer Fachdisziplinen, die ausführlich die politische Rolle von Rating-Agenturen analysieren; in vielen anderen Fällen weisen Politologen und Soziologen lediglich recht allgemein auf die zunehmende finanzmarktpolitische Bedeutung der Rating-Agenturen hin oder übernehmen kritiklos die Argumentationslinie der in Übersicht 2.1.2 genannten Autoren.

Timothy Sinclair hingegen war einer der ersten Politikwissenschaftler, der sich systematisch mit der politischen Rolle der Rating-Agenturen auseinander gesetzt hat; seine Analysen bilden den Referenzpunkt für einen Großteil der sozialwissenschaftlichen Debatten zu diesem Thema.[69] Nach seiner Auffassung beeinflussen die Rating-Agenturen, auf welche Weise Kreditrisiken von privaten Investoren wahrgenommen und definiert werden. Dadurch zwängen die Agenturen die Regierungen, sich diesen Kriterien anzupassen. Ähnlich argumentieren – auf Sinclair aufbauend – auch Kerwer[70], Strulik[71], Willke[72] und Nölke[73].

Folgt man dieser Sichtweise, sind Rating-Agenturen keine neutrale Instanz zur Verbesserung der Markttransparenz, sondern private Akteure, welche durch das Setzen von Standards eine strukturelle Macht auf den internationalen Kapitalmärkten gewinnen, der sich weder Unternehmen noch Staaten entziehen können.[74] Die Rating-Agenturen sind für Sinclair ein „embedded knowledge network (EKN)", deren Expertenwissen und lokales Wissen eine Benchmark für andere Akteure darstellt, die ihr Verhalten an der EKN orientieren.[75] Gleichsam sehen es auch Willke, der die Agenturen in Anlehnung an Strange als „knowledge structure" bezeichnet,[76] sowie Strulik und Kerwer, die den Agenturen eine

---

[69] Vgl. Sinclair, Timothy J. (1994), a.a.O; Sinclair, Timothy J. (2000): Reinventing authority: embedded knowledge networks and the new global finance, in: Environment and Planning C: Government and Policy, Vol. 18, T.4, London, S.487-502; Sinclair, Timothy J. (2001): The Infrastructure of Global Governance: Quasi-Regulatory Mechanisms and the New Global Finance, in: Global Governance, Vol. 7, No.4, Boulder (USA), S.441-451; Sinclair, Timothy J. (2005): The New Masters of Capital. American Bond Rating Agencies and the Politics of Creditworthiness, Ithaka und London.

[70] Kerwer, Dieter (1999), a.a.O.

[71] Strulik, Torsten (2000): Funktionen und Folgen privater Rating-Agenturen im Kontext der Regulierung globaler Finanzmärkte, in: Soziale Welt, 51.Jg., S.443-462.

[72] Willke, Helmut (2001): Atopia. Studien zur atopischen Gesellschaft, Frankfurt a.M.

[73] Vgl. Nölke, Andreas (2005): Governance by Coordination Service Firms: The Private Infrastructure of Financial Capitalism, Amsterdam, http://www.arccgor.nl/uploads/File/Governance%20by%20Coordination%20Service%20Firms.doc [Zugriff am 25.03.08].

[74] Vgl. Sinclair, Timothy J. (2005), a.a.O., S.15.

[75] Vgl. Sinclair, Timothy J. (2000), a.a.O., S. 490.

[76] Vgl. Willke, Helmut (2001), a.a.O., S.165f.

„autoritative Expertise“[77] bzw. ein „monopoly of expertise“[78] zuschreiben, mit denen die Rating-Agenturen die Entscheidungen anderer Akteure beeinflussen.

Laut Sinclair zeigt sich der Einfluss der EKN auf zweierlei Weise: „First, they control, by constraining thinking to a specific range of acceptable possibilities, and as a consequence shape what market actors do. On occasion, EKNs rule, or exercise veto over options, often leading to sudden changes in the markets.”[79] Dadurch verstärkten die Agenturen die Wahrnehmung von Privatisierung, Deregulierung und Haushaltsdisziplin als wichtige Voraussetzung für eine bessere Kreditwürdigkeit, mit der Konsequenz, dass Regierungen sich diesen Politiken verschreiben.[80] Die Rating-Agenturen üben so einen „subtilen Druck“ auf Regierungen – aber auch auf Unternehmen – aus, nur solch eine Politik bzw. Geschäftsstrategie zu verfolgen, die ein gutes Rating verspricht.[81] Das Ergebnis: Rating-Agenturen „[…] discipline states [.] by conducting surveillance and sending signals about policy and performance to internationally mobile capital. Sovereign rating (specifically downgrades) […] is best seen as a transmission belt through which government and business practices (and policy) is internationalized in accord with the interest of globalizing elites.”[82] Besonders betroffen von dem „subtilen Druck“ der Agenturen seien Länder, die eine andere Gesellschaftsordnung als die USA hätten, nämlich korporatistische Traditionen, starke Gewerkschaften und einen ausgebauten Wohlfahrtstaat; solche Länder werden nach Ansicht von Kerwer nämlich mit einem schlechteren Rating abgestraft.[83]

Darüber hinaus würden nach Ansicht einiger Autoren die Rating-Agenturen auf Grund ihres Expertisemonopols Einfluss auf die Wirtschaftsordnung eines Landes nehmen. Als Konsequenz drohe eine Konvergenz zum angelsächsischen Wirtschaftsmodel.[84] Der Grund dafür liege in den von den Rating-Agenturen verwendeten Kriterien ihrer Bonitätsanalyse. Diese seien vorrangig nach angloamerikanischen Maßstäben verfasst und begünstigten dadurch Unternehmen aus diesen Ländern. Besonders die Art der Unternehmensfinanzierung sei davon betroffen, denn die Rating-Agenturen lieferten Anreize zu eher kurzfristigen, kapitalmarktorientierten Finanzierungsformen; Länder mit einem anderen Wirt-

---

[77] Strulik, Torsten (2000), a.a.O., S.451.
[78] Kerwer, Dieter (1999), a.a.O., S.8.
[79] Sinclair, Timothy J. (2001), a.a.O., S.443.
[80] Vgl. Kerwer, Dieter (1999), a.a.O., S.8; Sinclair, Timothy J. (2000), a.a.O., S.498.
[81] Vgl. Kerwer, Dieter (2005): Holding Global Regulators Accountable: The Case of Credit Rating Agencies, S.465, in: Governance: An International Journal of Policy, Administration, and Institutions, Vol. 18, No.3, July 2005, S.453-475.
[82] Sinclair, Timothy J. (2000), a.a.O., S. 498.
[83] Vgl. Kerwer, Dieter (2005), a.a.O., S.469-470.
[84] Vgl. Strulik, Torsten (2000), a.a.O., S.455; Willke, Helmut (2001), a.a.O., S.166; Nölke, Andreas (2005), a.a.O., S.16.

schaftssystem – wie etwa die Bundesrepublik Deutschland mit ihrer sozialen Marktwirtschaft – gerieten mit ihrer eher langfristig, bankenorientierten Unternehmensfinanzierung unter starken Anpassungsdruck. Allgemein würden Rating-Agenturen nämlich eine Sichtweise verfolgen, „[...] welche der Tendenz nach den ‚shareholder value' gegenüber einem sozial verantwortlichen und kreativen Unternehmertum bevorzugt."[85]

Während in den vorgestellten Ansätzen der politische Einfluss der Rating-Agenturen hauptsächlich mittelbar erfolgt – nämlich durch die Beeinflussung der Investoren –, gehen einige Autoren auch von einer unmittelbaren Einflussmöglichkeit der Agenturen aus. Für Hillebrand[86] und Datz[87] besteht der Einfluss der Agenturen in der Herabsetzung der staatlichen Bonitätsbewertung, mit der die Agenturen eine von ihnen nicht gewünschte Politik sanktionieren könnten. Somit entschieden sie über die Möglichkeit der Kreditaufnahme und die Finanzierungskosten. Hillebrands Kernthese: „Sie [die Rating-Agenturen] entscheiden mit ihrer Bewertung über die Finanzierbarkeit von Politiken und über deren Durchführbarkeit. Angesichts dieses Abhängigkeitsverhältnisses sind Politiker in Staaten der Dritten Welt zu einer Art vorauseilenden Gehorsam und zur Formulierung von Politiken gezwungen, von denen sie vermuten, dass sie das Wohlwollen der Rating-Agenturen finden."[88] Hillebrand und Datz gehen davon aus, dass die Agenturen politisch voreingenommen sind, weil sie eine „neoliberale" Wirtschafts- und Sozialpolitik vertreten würden. Sollten Staaten eine andere Politik betreiben, würden die Agenturen die Anleihen herabstufen. Dadurch seien die Regierungen gezwungen, dieser „neo-liberale" Politik zu folgen. [89] So ist sich Hillebrand sicher: „Kapitalhungrige souveräne Regierungen haben kaum eine andere Wahl, als sich in ihrer Wirtschafs- und Sozialpolitik den Vorstellungen neo-liberaler Orthodoxie anzunähern, um die Gütesiegel der Rating-Agenturen zu erhalten."[90]

Bedauerlicherweise definiert er nicht, was er genau unter „neo-liberal" versteht und welche andere Wirtschafts- und Sozialpolitik dafür weichen müsse. Aus dem Kontext seiner Argumentation und der heutigen vorwiegend negativen Konnotation dieses Begriffes erscheint es plausibel, dies mit einer Reduzierung

---

[85] Willke, Helmut (2001), a.a.O., S.166.

[86] Vgl. Hillebrand, Ernst (2001), a.a.O.

[87] Vgl. Datz, Giselle (2004): Reframing development and accountability: the influence of sovereign credit ratings on policy making in developing countries, in: Third World Quarterly, Vol. 25, No.2, London, S.303-318.

[88] Hillebrand, Ernst (2001), a.a.O., S. 165. An anderer Stelle seines Artikels (S.151) macht er deutlich, dass der Einfluss der Agenturen nicht auf Entwicklungsländer begrenzt ist, sondern alle Staaten betreffe.

[89] Vgl. Hillebrand, Ernst (2001), a.a.O., S.166; Datz, Giselle (2004), a.a.O., S. 311f.

[90] Hillebrand, Ernst (2001), a.a.O., S.166.

sozialstaatlicher Leistungen und der Betonung marktwirtschaftlicher Reformen, insbesondere der Deregulierung des Arbeitsmarktes, gleichzusetzen. Ähnlich argumentieren zumindest andere Autoren, die sich mit den Rating-Agenturen allerdings nur recht allgemein auseinandersetzen, aber ihnen konkreten Einfluss auf die Politikgestaltung zuschreiben. So vertritt Sarah Brooks in einer Untersuchung über Rentenreformen die These: „Regional economic agreements and sovereign credit rating systems also placed important limits on the ability of many governments to finance the transitional costs of deep structural reform, such as that of pensions."[91] Einen konkreten Beleg für politische Konflikte mit Rating-Agenturen bei Strukturreformen liefert sie allerdings nicht in ihrem Artikel. Auch Schirm verzichtet in seinem Lehrbuch zur Internationalen Politischen Ökonomie auf Beispiele oder eine Erläuterung, wie genau Rating-Agenturen durch ihre vermeintliche Drohung mit einem Downgrade die Wirtschafts- und Sozialpolitik von Entwicklungs- und Industrieländern beeinflussen; dass sie es tun, scheint für ihn freilich ohne Zweifel der Fall zu sein.[92] Selbst in offiziellen wissenschaftlichen Berichten internationaler Organisationen wie z.B. der von der IAO [Internationale Arbeitsorganisation] eingesetzten „Weltkommission zur sozialen Dimension der Globalisierung" wird ohne nähere Begründung davon ausgegangen, dass Rating-Agenturen und andere private Finanzakteure eine „[...] gewaltige Macht über die Wirtschaftspolitik der Entwicklungsländer [...]"[93] ausüben.

Die von mehren Autoren geäußerte Vermutung, die Rating-Agenturen würden von den Staaten eine „neo-liberale" Politik einfordern, lässt sich allerdings empirisch nicht belegen. Denn das jeweilige Rating eines Landes lässt sich anhand einiger ökonomischer Indikatoren gut erläutern, die für sich genommen keine bestimmte (Sozial-)Politik präjudizieren. Für diese Interpretation spricht zumindest das Ergebnis einer Studie von Afonso, der die Korrelation zwischen den Ratings von Moody´s und S&P und ausgewählten ökonomischen Indikatoren untersucht.[94] Grundlage hierfür sind die Ratings beider Agenturen von 81 Ländern im Juni 2001, die ein Rating zwischen Aaa (AAA) und B3 (B-) besaßen. Insgesamt kommt er zu dem Ergebnis, dass das BIP pro Kopf, die Aus-

[91] Brooks, Sarah (2002): Social Protection and Economic Integration. The Politics of Pension Reform in an Era of Capital Mobility, S.496, in: Comparative Political Studies, Vol.35, No.5, June 2002, S.491-523.

[92] Vgl. Schirm, Stefan (2004): Internationale Politische Ökonomie. Eine Einführung, Baden-Baden, S.284.

[93] Internationale Arbeitsorganisation (IAA, Hg., 2004): Eine faire Globalisierung. Chancen für alle schaffen. Weltkommission für die soziale Dimension der Globalisierung, Genf, S.37.

[94] Vgl. Afonso, Antonio (2003): Understanding the Determinants of Sovereign Debt Ratings: Evidence for the Two Leading Agencies, in: Journal of Economics and Finance, Vol. 27, No.1, Middle Tennessee State University, S.56-74.

landsverschuldung als Prozent des Exports, der Grad der ökonomischen Entwicklung, die Häufigkeit eines vorangegangen Zahlungsausfalls eines Staates, die Wachstumsrate des BIP und die Inflationsrate gute Indikatoren darstellen, anhand derer statistisch signifikant das Rating beider Agenturen erklärt werden kann.[95] Wie bei allen statistischen Untersuchungen ist zu beachten, dass keine Kausalität, sondern nur Korrelationen festgestellt werden können. Die Ergebnisse deuten aber darauf hin, dass auch ohne die Einbeziehung politischer Risiken und der Betrachtung einzelner politischer Maßnahmen Ratings gut erklärt werden können. Folglich ist zu vermuten, dass einzelne wirtschafts- und sozialpolitische Maßnahmen nur eine geringe Erklärungskraft besitzen.

Zu ähnlichen Ergebnissen kommen auch Haque, Mark und Mathieson, die politische Faktoren in ihre Analyse einbeziehen.[96] Sie untersuchen den Effekt, wenn politische Variablen zur Erklärung der Länderratings des Institutional Investor, Euromoney und der Economist Intelligence Unit einbezogen werden. Sie bauen damit auf einer früheren Studie auf, in der sie gezeigt haben, dass mit einigen ökonomischen Variablen die Ratings des Institutional Investor zu 97 Prozent, von Euromoney zu 78 Prozent und der Economist Intelligence Unit zu 86 Prozent erklärt werden können.[97] Diese ökonomischen Variablen wurden von den Autoren um politische ergänzt, die sich negativ auf ein Rating auswirken: Staatsstreiche, politische Morde, Generalstreiks, Guerillakämpfe, große Regierungskrisen ohne Gewaltanwendung, politische „Säuberung" (Tötung; Inhaftierung) von Oppositionellen; Straßenunruhen, Revolutionen, Demonstrationen gegen die Regierung.[98] Die Autoren kommen zu dem Ergebnis, dass ihre politischen Indikatoren keinen signifikanten Einfluss auf die Ratings haben. Selbst wenn man annimmt, dass die verwendeten politischen Variablen einfach die falschen sind, ändert dies nichts an der Feststellung, dass alleine durch einige ökonomische Variablen sich Ratings statistisch erklären lassen.

Gleichwohl zeigen auch weitere Untersuchungen, die andere und differenzierte politische Indikatoren verwenden, dass Ratings vor allem auf Grund ökonomischer Faktoren beeinflusst werden. Archer, Biglaiser und DeRouen über-

---

[95] Vgl. Afonso, Antonio (2003), a.a.O., S.72.

[96] Vgl. Haque, Nadeem U./ Nelson, Mark/ Mathieson, Donald J. (1998): The Relative Importance of Political and Economic Variables in Creditworthiness Ratings, in: International Monetary Fund Working Paper 98/46, Washington.

[97] Vgl. Haque, Nadeem U./ Nelson, Mark/ Mathieson, Donald J. (1998), a.a.O., S.6-8. Die verwendeten ökonomischen Variablen waren zur Messung externer Schocks die Terms of Trade und die Zinsen für dreimonatige US-Staatsanleihen; zur Messung der Performance des Außensektors das Exportwachstum, die Zahlungsbilanz, das Verhältnis von Devisenreserven zum Import, die Auslandsschulden als Prozent des BIP sowie der Wechselkurs; zur Messung der Performance der inländischen Wirtschaft das Wirtschaftswachstum und die Inflationsrate.

[98] Zur genauen Operationalsierung der Variable vgl. Haque, Nadeem U./ Nelson, Mark/ Mathieson, Donald J. (1998), a.a.O., S.7-8.

prüfen in einer empirischen Studie die Sovereign Ratings von Moody's, S&P und Fitch Ratings für 50 Entwicklungsländer zwischen 1987 und 2003.[99] Sie testen darin drei Hypothesen[100]: Erstens, ob es eine positive Korrelation zwischen guten Ratings und Demokratie gibt, weil auf Grund der höheren Zahl von Veto-Spielern und der höheren Transparenz demokratischer Regierungen Demokratien glaubwürdiger ihre Schulden zurückzahlen würden als Diktaturen. Zweitens, ob andere politische Faktoren (Wahlzyklen, Ideologie der Regierung, parteipolitische Übereinstimmung zwischen Regierung und Parlamentsmehrheit(en), Amtsdauer der Regierungspartei) das Rating beeinflussen. Drittens, inwiefern mit ökonomischen Faktoren (u.a. Inflation, Grad der ökonomischen Entwicklung, bisherige Ausfallrate von Staatsanleihen) das Rating erklärt werden kann. Die Autoren kommen zu dem Ergebnis, dass weder der Regimetype noch die anderen politischen Variablen das Rating signifikant beeinflussen, sondern lediglich die ökonomischen Variablen Erklärungskraft besitzen.

Darüber hinaus kommt Saiegh bei einer Untersuchung der Ratings von 80 Entwicklungsländern zwischen 1971 und 1997 ebenfalls zu dem Ergebnis, dass Demokratien keinen Finanzierungsvorteil gegenüber Diktaturen haben.[101] Genau wie die Autoren der vorigen Studie widerlegt er damit eine populäre Annahme der jüngeren sozialwissenschaftlichen Forschung.[102] Bemerkenswert ist zudem ein weiteres Resultat: Da demokratische Regierungen eher als Diktaturen dazu neigen, mit ihren Kreditgebern Umschuldungsvereinbarungen anzustreben oder ihre Schulden nicht zu bedienen, müssen sie auf Grund dieser Faktoren sogar höhere Schuldzinsen zahlen. Saiegh vermutet, dies liege daran, dass demokratische Regierungen auf ihre Wähler Rücksicht nehmen müssen.[103] Folgt man dieser Sichtweise konsequent, lässt sich daraus eine Gegenposition zu der Argumentation von Sinclair, Hillebrand u.a. entwickeln: Regierungen werden keineswegs aus „vorauseilendem Gehorsam" vor den Rating-Agenturen eine bestimmte Politik verfolgen, sondern bei ihrem Handeln immer auch die Auswirkungen auf

[99] Vgl. Archer, Candace C./ Biglaiser, Glen/ DeRouen Jr., Karl (2007): Sovereign Bonds and the „Democratic Advantage": Does Regime Type Affect Credit Rating Agency Ratings in the Developing World", in: International Organization, Vol.61, Spring 2007, S.341-365.

[100] Vgl. Archer, Candace C./ Biglaiser, Glen/ DeRouen Jr., Karl (2007), a.a.O., S.350.

[101] Vgl. Saiegh, Sebastian M. (2005): Do Countries have a „Democratic Advantage"? Political Institutions, Multilateral Agencies and Sovereign Borrowing.", in: Comparative Political Studies, Vol. 38, No.4, May 2005, S.366-387. Leider gibt der Autor keine Begründung dafür, warum er seinen Analysezeitraum ausgerechnet 1997 – dem Jahr der Asienkrise – beendet und inwiefern dies die Ergebnisse seiner Untersuchung beeinflusst.

[102] Zu der These, dass Demokratien einen Finanzierungsvorteil gegenüber Diktaturen hätten, vgl. Schultz, Kenneth A./ Weingast, Barry A. (2003): The Democratic Advantage: Institutional Foundations of Financial Power in International Competition, in: International Organization, Vol.57, No.1, Winter 2003, S.3-42.

[103] Vgl. Saiegh, Sebastian M. (2005), a.a.O., S.385.

ihre Wiederwahlchancen bedenken. Dieser Gedanke wird im Laufe des folgenden Kapitels weiter vertieft.

2.1.3 Bewertung des wissenschaftlichen Forschungsstandes

Die Bonitätsbewertung der Rating-Agenturen besitzt nicht nur ökonomische, sondern auch politische Relevanz – dies ist das klare Ergebnis der Ausführungen der Kapitel 2.1.1 und 2.1.2. Die politische Dimension ist jedoch sehr vielschichtig und zum Teil auch widersprüchlich. Dies liegt zum einen daran, dass ein Teil der Literatur einen primär ökonomischen Fokus hat. Dieser Forschungszweig analysiert etwa die volkswirtschaftlichen Aspekte von Ratingentscheidungen, legt die Interessenkonflikte der Agenturen offen, verweist auf die Ursachen und Folgen der oligopolistischen Struktur des Rating-Marktes oder belegt empirisch die Korrelationen zwischen Veränderungen des Ratings von Staats- und Unternehmensanleihen bzw. des jeweiligen Aktienmarktes. Mit Hilfe dieser Untersuchungen wird zwar das Verständnis über die Wirkungsweise von Ratings erhöht und auch die zunehmende Bedeutung von Rating-Agenturen auf den Finanzmärkten wird transparent. Allerdings versäumen es einige dieser Autoren, über ihren ökonomischen Tellerrand hinauszuschauen und die politische Rolle der Rating-Agenturen zu beleuchten: Denn Rating-Agenturen beeinflussen – vor allem in Krisensituationen – den wirtschaftlichen Wohlstand eines Landes; auf Grund des Einsatzes von Ratings zu Regulierungszwecken hängt die tatsächliche Effektivität des Anlegerschutzes von der Qualität der Ratings ab und mit ihrem Bonitätsurteil wirken sie auf die Vermögenssituation von privaten und institutionellen Investoren ein. Die gesellschaftspolitische Dimension dieser ökonomischen Wachstums- und Verteilungsfragen besteht in ihrer Wechselwirkung mit dem politischen System: Wie werden die Wähler reagieren, wenn sie merken, dass auf Grund eines Downgrades der Bonität ihres Landes auch ihre persönlichen Ersparnisse weniger Wert sind? Wird die Regierung dafür verantwortlich gemacht, dass der Anlegerschutz nicht ausreichend war? Lassen sich noch politische Mehrheiten organisieren, die einen Umbau der umlagefinanzierten Sozialsysteme hin zur stärkeren Kapitaldeckung anstreben? Welche Auswirkungen haben die verschlechterten Finanzierungsmöglichkeiten von Unternehmen auf ihre Wettbewerbsfähigkeit und die Zahl ihrer angebotenen Arbeitsstellen? Oder ist sogar im Falle großer ökonomischer Verwerfungen die Stabilität des politischen Systems in Gefahr? Es sind diese oder ähnliche Konsequenzen eines Downgrades, welche die implizit politische Relevanz vermeintlich rein ökonomischer Fragestellungen verdeutlichen. Sie ins wissenschaftliche und öffentliche Bewusstsein zu rücken, sollte das Ziel künftiger Abhandlungen zum Thema Rating-Agenturen sein.

Gleichwohl verdeutlicht Kapitel 2.1.2, dass es bereits jetzt einige Soziologen und Politikwissenschaftler gibt, die sich dieses Themas angenommen haben. Sie verweisen zu Recht darauf hin, dass Rating-Agenturen mit ihrer Tätigkeit nicht bloß die Effizienz von Kapitalmärkten verbessern, sondern auf Grund ihrer Bewertungskriterien, ihrer Regulierungsfunktion und ihrer Beeinflussung der Finanzierungskosten von Staaten und Unternehmen eine politische Rolle übernehmen. Allerdings ist ihre Argumentation nicht in allen Punkten überzeugend. So ist es zweifelhaft, dass Rating-Agenturen Regierungen wirklich darin hindern, bestimmte politische Maßnahmen umzusetzen. Wie in Kapitel 2.1.2 bereits dargestellt, lässt sich empirisch eine vermeintlich „neo-liberale" Präferenz der Agenturen nicht feststellen. Auch Mosley hat durch Interviews und empirische Untersuchungen herausgefunden, dass eine andere Gruppe wichtiger Akteure auf den Finanzmärkten – nämlich die Analysten – bei der Betrachtung von OECD-Ländern ebenfalls vorrangig auf einige makroökonomische Indikatoren wie Inflation und Verschuldung achtet, während mikroökonomische (Arbeitsmarkt, Steuersystem) und politische (Regierung und Wahlen) kaum eine Rolle spielen. Mosley kommt zu dem Ergebnis: „[V]ery few market actors examine how governments allocate their spending across functional categories or even look at the total size of government. To a great extent, if governments are able to finance expenditure through revenue (rather than through borrowing), markets are quite unconcerned about the size of government."[104]

Zu hinterfragen ist ebenfalls die These, die Bewertungskriterien der Rating-Agenturen würden zur Konvergenz aller marktwirtschaftlichen Wirtschaftsordnungen hin zum anglo-amerikanischen Marktmodell beitragen. Seit mehreren Jahren gibt es nämlich einen breiten sozialwissenschaftlichen Forschungszweig, der bezweifelt, ob und inwiefern sich im Rahmen der Globalisierung einzelne „Kapitalismusvarianten" tatsächlich einem bestimmten Wirtschaftsmodell annähern.[105]

Positiv hervorzuheben an der bisherigen Literatur zum politischen Einfluss von Rating-Agenturen ist ihr Beitrag zum differenzierten Blick auf den Globalisierungsprozess: Rating-Agenturen sind ein gutes Beispiel dafür, dass nicht abstrakte „Märkte" einen vermeintlichen Druck auf „Staaten" oder „die Wirtschaft" ausüben, sondern ganz konkrete Akteure mit ihrer spezifischen Funktion und mit ihren einzelnen Entscheidungen die Rahmenbedingungen für das Handeln anderer Akteure wie Regierungen oder Unternehmen verändern. Die in Kapitel 2.1.2

---

[104] Mosley, Layna (2000): Room to Move: International Financial Markets and National Welfare States, S. 749, in: International Organization, Vol. 54, No.4, San Diego, S.737-774.

[105] Vgl. Hall, Peter A./ Soskice, David (eds., 2001), a.a.O; Lütz, Susanne (2002): Der Staat und die Globalisierung der Finanzmärkte, Frankfurt a.M.; Schmidt, Vivien (2002): The Futures of European Capitalism, New York.

genannten Soziologen und Politikwissenschaftler verfolgen diesen Gedanken allerdings nicht konsequent zu Ende. Indem sie umfangreich auf die „strukturelle Macht“ der Rating-Agenturen verweisen, blenden sie die individuelle Handlungsebene der beteiligten Akteure mit ihren jeweiligen Interessen aus. Selbst wenn es so wäre, dass die Rating-Agenturen „neo-liberale“ Politiken besser bewerten und auch im Unternehmenssektor nur anglo-amerikanische Bewertungskriterien verwenden, kann daraus nicht abgleitet werden, dass sich Regierungen und Unternehmen diesen Kriterien zwangsläufig beugen. Dass Regierungen aus Angst vor höheren Finanzierungskosten in Folge eines drohenden Downgrades eine Politik betreiben, die sie eigentlich ablehnen, ist nicht plausibel. Denn Regierungen müssen in Demokratien ihr Handeln immer vor den Wählern rechtfertigen; ihnen droht die Abwahl, wenn sie den erklärten Willen der Wähler missachten. Insofern ist es schon erstaunlich, dass gerade diejenigen Autoren, die eine Aushöhlung der Demokratie durch die Rating-Agenturen befürchten, den Wähler als den entscheidenden Akteur in einer Demokratie außer Acht lassen. Nicht die Rating-Agenturen entscheiden darüber, welche Politik gemacht wird, sondern – bei aller praktischen Autonomie von Regierungen bei ihrem täglichen Handeln – sind es immer noch die Wähler. Der politische Einfluss der Rating-Agenturen besteht vielmehr darin, dass sie durch ihre Wirkung auf Wachstum und Verteilung eines Landes die Rahmenbedingungen für das Handeln von Wählern, Regierung, Investoren und Unternehmen ändern. Bislang fehlt es in der wissenschaftlichen Literatur allerdings an einem kohärenten Modell, das diese Zusammenhänge darstellt. In Kapitel 3 wird daher der Versuch unternommen, diese wissenschaftliche Lücke zu schließen.

2.2 Rating-Agenturen als Gegenstand politischer Debatten

Das folgende Kapitel fasst die politischen Debatten über Rating-Agenturen in den USA, Deutschland und der EU zusammen. Dargestellt ist zunächst, wie die Rating-Agenturen die staatliche Bonität bewerten und ob das Rating zu Diskussionen geführt hat. Darüber hinaus werden die politischen Initiativen zu einer stärkeren Regulierung der Agenturen erläutert. Ziel des Kapitels ist es zu zeigen, inwiefern sich die wissenschaftliche Debatte über die Rolle von Rating-Agenturen in der politischen Praxis wieder findet.

2.2.1 Die politische Debatte um Rating-Agenturen in den USA

Die amerikanischen Bundesregierungen müssen sich seit Jahrzehnten keine großen Sorgen über ihr Rating machen, da S&P und Moody´s die USA mit ihrer

Bestnote bewerten. Alle Äußerungen der Agenturen der letzten Jahre deuten darauf hin, dass das „Triple A“ in den nächsten Jahren nicht gefährdet ist. Insofern wurden den Rating-Agenturen von Bundespolitikern überwiegend kein politischer Einfluss zugeschrieben; politische Debatten mit Rekurs auf publizierte oder möglich erscheinende Äußerungen der Agenturen fanden nicht statt. Ebenso wenig wurde lange Zeit die Rolle der Agenturen öffentlich nicht in Frage gestellt. Wie im Folgenden gezeigt wird, führte erst der „Enron-Skandal“ ab 2001 zu einem Umdenken auf Bundesebene. Hingegen gab es in einzelnen Regionen bereits vorher zum Teil heftige Kritik an den Rating-Agenturen.[106]

In einer Studie von Oktober 2004 vergleicht S&P die fünf G7-Staaten, die über ein „Triple A“ verfügen (Deutschland, Frankreich, Großbritannien, Kanada, USA).[107] Alle Staaten „[…] have stable, predictable governments, and well-established legal frameworks that protect private property and civil liberties.“[108] In dieser Analyse werden weiterhin die relativen Stärken und Schwächen Amerikas gegenüber den anderen Staaten deutlich gemacht. So profitiere das Rating der USA von dem überdurchschnittlichen Wachstum der amerikanischen Wirtschaft, das S&P u.a. den flexibleren und mobileren Arbeitskräften, der höheren Produktivität auf Grund längerer Arbeitszeiten und der geringen Steuerbelastung zuschreibt.[109] Positiv bewertet die Rating-Agentur den relativ geringen prozentualen Anteil der Staatsausgaben am BIP in den USA, denn dies reflektiere eine bessere Kapitalverwendung. In Verbindung mit niedrigeren Steuern erlaube dies weiterhin der Regierung eine größere Flexibilität, gegebenenfalls die Steuern oder die Ausgaben zu erhöhen. S&P argumentiert: „Therefore, the ability to undertake counter-cyclical fiscal policy is greater in the three Anglo-Saxon sovereigns than in France and Germany, with the greatest flexibility afforded the U.S. because of its smaller public sector and the dollar´s status as the world´s primary reserve currency.”[110] Nach Ansicht des Verfassers dieser Arbeit kann die größere fiskalische Flexibilität der USA auf zweifache Weise interpretiert werden. Zum einen ökonomisch: Bei einer relativ niedrigen steuerlichen Ausgangsbasis führen Steuererhöhungen noch nicht zu einer „Überdrehung“ der Steuerschraube, d.h. die Gesamteinnahmen des Staates gehen nach einer Steuererhöhung nicht zu-

---

[106] Zu denken ist etwa an Philadelphia oder Detroit, die herabgestuft wurden. In Folge mussten die Städte erhebliche Einschnitte in ihr Budget vornehmen. Vgl. Sinclair, Timothy (2005), a.a.O, S.97-103 u. 104-108.

[107] Vgl. Sachs, Philippe u.a. (2004): Degrees of Excellence: Comparing and Contrasting the Five ’AAA’ Rated G7 Economies, in: Standard and Poors RatingsDirect (17.10.2004), Singapore u.a. http://www2.standardandpoors.com/NASApp/cs/ContentServer?pagename=sp/Page/FixedIncomeBrowsePg&r=1&l=EN&b=2&s=17 [Zugriff am 21.10.04].

[108] Sachs, Philippe u.a. (2004), a.a.o., S.1

[109] Vgl. Sachs, Philippe u.a. (2004), a.a.o., S.1-2.

[110] Sachs, Philippe u.a. (2004), a.a.o., S.6.

rück.[111] Zum anderen sind Steuererhöhungen in diesem Fall politisch auch eher durchsetzbar, weil das Belastungsniveau der Bürger noch vergleichsweise moderat ist.

Interessanterweise erwähnt S&P das seit 2001 gestiegene Haushaltsdefizit zwar, kritisiert es aber nicht explizit.[112] Darüber hinaus stellt S&P fest: „Although the U.S., France and Germany have comparable net debt levels, they pose a moderately larger risk to the creditworthiness of France and Germany because of the fiscal flexibility of the U.S. government. Moreover, due to its better growth prospects, the U.S. can more easily grow its way to a smaller debt burden than France and Germany."[113]

Kritisch sieht die Rating-Agentur allerdings die seit Jahren hohe negative Zahlungsbilanz der USA, verbunden mit einer hohen Auslandsverschuldung: „The heavy reliance on foreign capital could pose a risk to the U.S. economy. Should capital flows slow suddenly, interest rates will rise and undercut growth."[114] Die möglichen Gefahren aus diesem Zustand werden aber dadurch abgeschwächt, dass der Dollar die internationale Rerservewährung ist und die Auslandschulden der USA in Dollar kalkuliert sind; eine Abwertung hat für die USA somit weniger starke Auswirkungen.[115]

In langfristiger Sicht sieht S&P das „AAA" der USA und dasjenige anderer Industrienationen (Deutschland, Frankreich, Großbritannien und Italien) durchaus in akuter Gefahr. Die Ursache liegt in den mit der demographischen Entwicklung verbundenen steigenden Kosten für die Renten bzw. Pensionen, das Gesundheitswesen und anderen von der Altersstruktur der Gesellschaft abhängigen Ausgaben.[116] Die Rating-Agentur entwirft für alle Länder verschiedene Szenarien, um eine vereinfachte Aussage über die theoretischen Ratings der Zukunft (bis 2050) treffen zu können. In dem ersten Szenario, dem „fiscal autopilot", beschreibt S&P den „worst case": Die Regierungen betreiben in der Zukunft eine Haushaltspolitik wie zwischen 2000 und 2004, d.h. das allgemeine Haushaltsdefizit des jeweiligen Landes wird fortgeschrieben. Darüber hinaus unternehmen die Länder keine zusätzlichen Maßnahmen, um auf die finanziellen Folgen der demographischen Entwicklung zu reagieren. In diesem Fall würden die USA ab dem Jahr 2025 nur noch über ein Rating von „BBB+" verfügen, der letzten Ka-

[111] Es treten also nicht im nennenswerten Umfang Crowding-Out-Effekte oder Ausweichreaktionen (z.B. Schwarzarbeit oder Substitutionseffekte) auf.
[112] Sachs, Philippe u.a. (2004), a.a.o., S.4.
[113] Sachs, Philippe u.a. (2004), a.a.o., S.7.
[114] Sachs, Philippe u.a. (2004), a.a.o., S.8.
[115] Vgl. Sachs, Philippe u.a. (2004), a.a.o., S.9.
[116] Vgl. S&P (2005): In The Long Run, We Are All Debt: Aging Societies And Sovereign Ratings, http://www2.standardandpoors.com/servlet/Satellite?pagename=sp/Page/FixedIncome-BrowsePg&r=1&b=2&f=2&s=17&ig=&i=&l=EN&fr=1&fs=17&fig=&ft=4 [Zugriff am 22.03.05]

tegorie im Investment-Grade-Bereich. Ab 2035 wären amerikanische Staatsanleihen sogar „junk bonds".[117] Den jeweiligen Ratings liegt eine Staatsverschuldung von 101 Prozent des BIP im Jahr 2025 bzw. 151,3 Prozent (2035) und 239,3 Prozent (2050) zu Grunde.[118]

In dem zweiten Szenario, dem „balanced budget scenario", untersucht S&P den isolierten Effekt der demographischen Entwicklung auf das Rating. Hierbei unterstellt die Rating-Agentur, dass es den Staaten ab 2005 gelingt, ihren Haushalt ohne Berücksichtigung der demographischen Entwicklung auszugleichen, d.h. die Staatsdefizite entsprechen ausschließlich den höheren Kosten der veränderten Bevölkerungsstruktur. In diesem Fall verlieren die USA zwar 2025 ebenfalls ihr „Triple A", allerdings erhalten sie dann noch mit „AA+" ein sehr gutes Rating im Investment-Grade-Bereich. 2035 ist allerdings mit einem weiteren Downgrade auf „A" zu rechnen und ab 2050 gelten amerikanische Bonds als spekulative Anleihen.[119] Diese Ratings korrespondieren mit einem angenommenen Schuldenstand von 49,3 Prozent des BIP (2025) bzw. 72 Prozent (2035) und 119,8 Prozent (2050).

S&P weist in dieser Studie mehrfach darauf hin, dass diese Szenarien keine Prognose der künftigen Ratings darstellen, weil sie weniger Variablen bei der Bestimmung des Ratings berücksichtigen als ansonsten üblich und plausible Reaktionen der Regierungen auf die finanziellen Folgen der demographischen Entwicklung ausblenden. Für die Rating-Agentur steht vielmehr fest: „The simulation illustrates underlying tendencies of what could happen in the unlikely event of complete government complacency. The message is unambiguous: without strong and sustained reform, the high credit ratings on these governments could be lost due to demographic spending pressures, starting in the 2010s."[120]

Letztere Aussage macht deutlich, dass Konflikte über die Bonität der USA zwischen Rating-Agenturen und der amerikanischen Regierung entgegen den Erfahrungen aus der Vergangenheit in der Zukunft nicht unwahrscheinlich sein dürften. Ob diese Konflikte stattfinden und wie intensiv sie geführt werden, dürfte von dem Reformwillen der Regierung abhängen, auf die fiskalischen Folgen der demographischen Entwicklung adäquat zu reagieren. Die Reformbereitschaft wiederum wird das Resultat des wahltaktischen Kalküls der Regierung sein und davon abhängen, wie wichtig den Wählern ein Haushaltsausgleich ist.

[117] Dies gilt auch für die anderen Staaten mit Ausnahme Italiens. Italien ist nämlich das einzige Land, dem eine *Verbesserung* seines Ratings (von AA- in 2005) auf AAA (ab 2015) prognostiziert wird.
[118] Vgl. S&P (2005), a.a.O., S.11.
[119] Vgl. S&P (2005), a.a.O., S.11.
[120] S&P (2005), a.a.O., S.11.

Bis 2001 gab es keine offenen Konflikte zwischen den Rating-Agenturen und amerikanischen Bundespolitikern. So wurde auch die Rolle von Ratings zur Kapitalmarktregulierung ausgedehnt. Zwar unternahmen die SEC bereits 1994 erste Schritte, um es neuen Rating-Agenturen leichter zu machen, den Status einer NRSRO zu erlangen, damit die Ratings zu Regulierungszwecken anerkannt werden. Allerdings unternahmen die etablierten Rating-Agenturen laut Sinclair intensives Lobbying, so dass diese Initiative nicht weiterverfolgt wurde.[121] 1997 schlug die SEC darüber hinaus vor, den Securities Exchange Act von 1934 zu ändern, um klare Kriterien zu benennen, nach denen eine Agentur den NRSRO-Status erhält. Auch diese Initiative wurde nicht zu Ende gebracht.[122]

Erst der „Enron-Skandal" führte zu einer neuen Debatte über die Rolle von Rating-Agenturen und den NRSRO-Status.[123] Der Zusammenbruch von Enron, dem ehemaligen Vorzeigekonzern und siebtgrößten amerikanischen Unternehmen, das ursprünglich in der Energiebranche tätig war aber nach und nach seine Geschäftsfelder ausgeweitet hatte und dadurch eher zu einem „[...] hedge fund with a gas pipeline on the side [...]"[124]geworden war, stürzte im November 2001 den US-Kapitalmarkt in eine schwere Krise. Auslöser war das Eingeständnis von Enron, seine Gewinne der letzten fünf Jahre 600 Millionen Dollar zu hoch ausgewiesen zu haben, und die Tatsache, dass weder Enrons Rechnungsprüfungsfirma Artur Anderson, noch Wall-Street Analysten und noch die Rating-Agenturen ihre Kontrollfunktionen erfüllten; als Folge sank das Vertrauen der Investoren in den amerikanischen Finanzmarkt rapide.[125] Für politische Brisanz sorgten überdies die engen persönlichen Beziehungen des Vorstandsvorsitzenden Kenneth Lay zur Familie Bush und die seit 1990 insgesamt 5,9 Millionen Dollar Wahlkampfspenden Enrons an 71 der 100 Mitglieder des US-Senates.[126]

Um das Vertrauen wieder herzustellen, wurde 2002 das Sarbanes-Oxley-Gesetz verabschiedet, welches stärkere interne Kontrollen der Unternehmen über die Finanzberichterstattung, harte Strafen bei unrichtigen Angaben in der Bilanz und eine Beeidigung der Bilanz durch den Vorstand vorschreibt.[127] Unmittelbar

---

[121] Vgl. Sinclair, Timothy (2005), a.a.O, S.45.

[122] Vgl. Sinclair, Timothy (2005), a.a.O, S.45-46.

[123] Vgl. Rosenbaum, Jens (2004), a.a.O.

[124] o.V. (2001): Upended, in: The Economist (Online Ausgabe) vom 29.11.01, S.1. http://www.economist.com/re.../PrinterFriendly.cfm?Story_ID=886899&subjectID=96515 [Zugriff am 29.08.03]

[125] Vgl. o.V. (2001): Wasted Energy. Lessons must be learnt from America's largest corporate bankruptcy, in: The Economist vom 06.12.2001.

[126] Vgl. o.V. (2002): Four Committees in search of a scandal, in: The Economist vom 17.01.02.

[127] Vgl. o.V.: Sarbanes-Oxley-Gesetz bei vielen Betroffenen unbekannt, in: FAZ vom 11.08.2003, Frankfurt, S.17. Nach Schätzungen der SEC müssen die börsennotierten Unternehmen zur Einhaltung der neuen Regeln 1,5 Milliarden Dollar aufwenden (vgl. dazu o.V: Milliarden für Sarbanes-Oxley, in: FAZ vom 31.07.2003, Frankfurt, S.17.)

betroffen von dem Gesetz waren auch die Rating-Agenturen: Section 702(b) fordert von der SEC einen umfassenden – im Januar 2003 fertig gestellten – Bericht über die Rolle und Funktionen der Rating-Agenturen für den Wertpapiermarkt.[128] In diesem Bericht werden sehr ausführlich die grundsätzlichen Probleme dargestellt, die sich mit Ratings ergeben; in ähnlicher Weise sind sie in Kapitel 2.1.1 beschrieben.

Des Weiteren untersuchte das „Senate Committe on Governmental Affairs" die Rolle der SEC und anderer „private sector watchdogs"[129]. Ebenso wurden umfangreiche Anhörungen vor dem Senat unternommen. Die Ergebnisse sind ein Schlag ins Gesicht der Rating-Agenturen. Der Senatsausschuss kommt nämlich zu dem Ergebnis: „[...] the agencies did not perform a thorough analysis of Enron's public filings; did not pay appropriate attention to allegations of public fraud; and repeatedly took company officials at their word, without asking probing, specific questions – despite indications that the company had misled the rating agencies in the past."[130] Darüber hinaus wird die Effektivität von Rating-Agenturen generell in Frage gestellt, Unternehmen kritisch zu überwachen.[131]

Zwar hat es schon zu früheren Zeiten Kritik an Rating-Agenturen gegeben und es wurde ihr Einsatz zur Regulierung in Frage gestellt[132]; ebenso war Enron nicht die erste Krise, in der die Rating-Agenturen versagt haben.[133] Jedoch blieb vor Enron die Kritik innenpolitisch (bezogen auf die USA) folgenlos.

Als hingegen nur wenige Monate nach den traumatischen Ereignissen des 11. Septembers 2001, der den Amerikanern die Grenzen ihrer militärischen Sicherheit aufgezeigt hatte, mit dem Zusammenbruch eines Großkonzerns auch die wirtschaftliche Sicherheit vieler Menschen und das Vertrauen der Investoren in den US-Kapitalmarkt gefährdet war, sah sich die amerikanische Politik eines diffusen Gefühls der Unzufriedenheit und Unsicherheit ausgesetzt. Die Kongresswahlen 2002 vor Augen, mussten sowohl Demokraten wie Republikaner Handlungsfähigkeit demonstrieren. Da große Teile der Wall-Street-Lobby einschließlich der Rating-Agenturen durch die Krise geschwächt waren, konnte leichter eine Politik angestrebt werden, die deren Interessen zuwiderläuft. Darüber hinaus kann man vermuten, dass es für einige Politiker angenehmer war, auf das Versagen der „private sector watchdogs" hinzuweisen, als lange Diskussionen über die Unbedenklichkeit von Wahlkampfspenden zu führen. In diesem

[128] Vgl. Report of the Staff to the Senate Committee on Governmental Affairs ("Watchdogsreport", 2002): Financial Oversight of Enron: The SEC and Private Sector Watchdogs, Washington D.C, S.1, http://www.senate.gov/~govt-aff/100702watchdogsreport.pdf [Zugriff am 02.04.08]
[129] „Watchdogsreport"(2002), a.a.O., S.1-2.
[130] „Watchdogsreport"(2002), a.a.O., S.108.
[131] Vgl. „Watchdogsreport"(2002), a.a.O., S.126.
[132] Vgl. Cantor, Richard/ Packer, Frank (1995), a.a.O., S. 31.
[133] Zu denken ist dabei insbesondere an die Asien-Krise.

Sinne argumentiert auch Gottwald: „Somit kann die politische Gestaltung des amerikanischen Finanzmarktes zu Recht als Skandal getriebenes, extensives Krisenmanagement bezeichnet werden. Während im Alltagsbetrieb eine mächtige Verteilungskoalition die Pfründe der großen Finanzmarktunternehmen sichert, beweist das Regulierungsregime im Angesicht existentieller Krisen seine Fähigkeit, schnell und durchgreifend zu reagieren.“[134]

Die herausragende Bedeutung des amerikanischen Finanzmarktes machte aus dem nationalen Finanzskandal „Enron“ eine internationale Dimension. Die Kritik an den Rating-Agenturen beschäftigte so auch die „International Organization of Securities Commissions (IOSCO).“ Im September 2003 veröffentlichte die IOSCO – ähnlich wie die SEC ein dreiviertel Jahr zuvor – einen Bericht über die Rolle von Rating-Agenturen auf den Finanzmärkten.[135] Darin stellte die I-OSCO nicht nur die vielfältige Bedeutung von Ratings für Investoren und deren Verwendung für Regulierungszwecke dar, sondern behandelte auch die seit dem Enron-Skandal verstärkt aufkommenden Kritikpunkte an den Rating-Agenturen. Zeitgleich publizierte die IOSCO „Prinzipien“, die als Grundlage für Regulierungsvorschriften von Aufsichtsbehörden, freiwillige Verhaltenskodizes oder interne Richtlinien der Rating-Agenturen dienen sollten.[136] Diese „Prinzipien“ behandeln die wesentlichen Kritikpunkte an der Arbeitsweise der Rating-Agenturen hinsichtlich der Qualität des Rating-Prozesses, der Unabhängigkeit der Agenturen und ihren potentiellen Interessenkonflikte, der Transparenz der Ratings sowie hinsichtlich des Umgangs der Agenturen mit vertraulichen Informationen ihrer Mandanten. Werden die vorgeschlagenen Prinzipien befolgt, können nach Ansicht der IOSCO die aufgeführten Probleme gelöst werden. Auf Grundlage dieser Prinzipien entwickelte die IOSCO einen im Dezember 2004 veröffentlichten Verhaltenskodex für Rating-Agenturen.[137] Dieser ist weitaus ausführlicher als die 2003 publizierten „Prinzipien“ und listet diverse konkrete Richtlinien auf, die im Wesentlichen auf den Arbeitsprozess der Rating-Agenturen abzielen.

Selbst nachdem der „Enron-Skandal“ aus den politischen Schlagzeilen verschwunden war, wurde über die Rolle von Rating-Agenturen in den USA weiter

---

[134] Gottwald, Jörn-Carsten (2005): Die politische Gestaltung des europäischen Finanzmarktes, Habilitationsschrift, Universität Trier, S.92.

[135] Vgl. The Technical Committee of the International Organizations of Securities Commissions (2003a): Report on the Activities of Credit Rating Agencies, http://www.iosco.org/library/pubdocs/pdf/IOSCOPD153.pdf [Zugriff am 02.04.08]

[136] Vgl. The Technical Committee of the International Organizations of Securities Commissions (2003b): IOSCO Statement of Principles Regarding the Activities of Credit Rating Agencies, http://www.iosco.org/library/pubdocs/pdf/IOSCOPD151.pdf [Zugriff am 02.04.08]

[137] Vgl. The Technical Committee of the International Organizations of Securities Commissions (2004), a.a.O.

auf politischer Ebene diskutiert. Vor allem seitens des Kongress wurde kritisch verfolgt, dass sich neue Rating-Agenturen wegen des NRSRO-Status nur äußerst schwer auf dem Markt etablieren konnten. Der Unmut der Abgeordneten richtete sich dabei auch an die SEC, die nach ihrer Auffassung auch zwei Jahre nach Inkrafttreten des Sarbanes-Oxeley-Acts zuwenig unternommen hat, um ein erneutes Versagen der Rating-Agenturen wie bei Enron in Zukunft zu verhindern. Führende republikanische und demokratische Mitglieder des Finanzausschuss des Repräsentantenhauses drohten deshalb im September 2004 der SEC, ihr möglicherweise die Zuständigkeit für Rating-Agenturen zu entziehen und sie stattdessen der Notenbank zu übertragen.[138] Die SEC reagierte auf diese Kritik und bat im März 2005 den Kongress, sie zu ermächtigen, die Rating-Agenturen zu überwachen oder sie stärker regulieren zu dürfen und dabei die Gewährung des NRSRO-Status zu reformieren. Gleichzeitig gab die SEC bekannt, dass die Rating-Agentur A.M. Best als NRSRO anerkannt wird – neben den bereits seit 1975 diesen Status besitzenden „Platzhirschen" S&P, Moody´s und Fitchs sowie der erst 2003 anerkannten Dominion Bond Rating Service.[139]

In den folgenden Monaten unternahmen beide Häuser des Kongresses Anhörungen zu einer Reform der Regulierung von Rating-Agenturen und einzelne Abgeordnete sowie die SEC brachten konkrete Reformkonzepte in die Diskussion ein.[140] Zwischen den einzelnen Konzepten gab es in manchen Fragen große Unterschiede. So schlug Michael G. Fitzpatrick, ein republikanischer Abgeordneter des Repräsentantenhauses und maßgeblicher Initiator der Gesetzesinitiativen, die Abschaffung des NRSRO-Status vor. Stattdessen sollten sich alle rund 130 us-amerikanischen Rating-Agenturen bei der SEC registrieren lassen. Wenn sie bestimmte Kriterien nicht erfüllen, müssten sie das Rating-Geschäft aufgeben. Hingegen wollte die SEC den NRSRO-Status beibehalten und alternativ die Kriterien transparenter und nachvollziehbarer machen, nach denen sie Rating-Agenturen diesen Status verleiht.

Den Rating-Agenturen, insbesondere S&P und Moody´s, waren diese politischen Initiativen ein Dorn im Auge; schließlich wurden sie nach dem Enron-Skandal massiv kritisiert und stellten sich öffentlichen Anhörungen im Kongress, mussten allerdings selbst im Zuge des Sarbanes-Oxley-Acts keine direkten negativen gesetzgeberischen Konsequenzen erleiden. Die beiden Agenturen wollten daher drei Jahre später eine Verschärfung der Gesetzgebung verhindern: Sie

---

[138] Vgl. Hume, Lynn (2005a): Goldschmid Wants New Powers; Aims for Rating Agency Oversight, in: The Bond Buyer vom 04.03.2005, New York, S.1.

[139] Vgl. Hume, Lynn (2005a), a.a.O.

[140] Vgl. Hume, Lynn (2005b): SEC Lays Out Possible Regulatory Regime for Rating Agencies, in: The Bond Buyer vom 24.06.2005, New York, S.4.

gaben zusammen rund 540 000 Dollar für diesbezügliche Lobbyarbeit aus und arbeiteten mit der SEC an der Entwicklung freiwilliger Verhaltensstandards.[141]

Gleichwohl ging der Gesetzgebungsprozess voran, und nach mehrmonatiger Debatte verabschiedete das Repräsentantenhaus am 12.07.2006 mit 255 zu 166 Stimmen den von Fitzpatrick eingebrachten „Credit Rating Agency Duopoly Relief Act."[142] Besonders die Demokraten äußerten Kritik an diesem Gesetzentwurf, denn nur 31 von ihnen stimmten zu. Nach ihrer Auffassung legte das Gesetz einen zu großen Schwerpunkt auf die Quantität der Rating-Agenturen; ebenso wichtig wie ein Erhöhung der Zahl der von der SEC anerkannten Agenturen sei eine Verbesserung der Qualität der Ratings.

Trotz ihrer mehrheitlichen Ablehnung des Gesetzes im Repräsentantenhaus setzten sich die Demokraten im Senat für eine ähnliche Gesetzesinitiative ein. So brachte der demokratische Senator Paul Sarbanes im Bankenausschuss des Senats den „Credit Rating Agency Reform Act" ein. Dieser Antrag wurde mit leichten Änderungen Anfang August 2006 einstimmig vom Senatsausschuss verabschiedet und diente so als Kompromiss beider großen Parteien. Infolgedessen stimmten Ende September sowohl der Senat wie das Repräsentantenhaus mit großer Mehrheit diesem Gesetzentwurf zu, und nachdem Präsident Bush wenige Tage später das Gesetz unterzeichnete, trat der „Credit Rating Agency Reform Act of 2006" am 29. September 2006 in Kraft.[143] Unterstützung fand dieses Gesetz von wichtigen Interessengruppen und Unternehmen des Finanzsektors (The Bond Market Association, the Investment Company Institute, the Financial Services Roundtable, Fidelty Investments), von Gewerkschaften (the American Federation of Labor and Congress of Industrial Organizations, AFL-CIO) und auch von Verbraucherschützern (the Consumer Federation of America); die Rating-Agenturen blieben freilich bei ihrer Kritik.[144]

Der „Credit Rating Agency Reform Act of 2006" brachte zahlreiche Änderungen für die Rating-Agenturen mit sich. Das System, das nur die Ratings von solchen Agenturen für Regulierungszwecke akzeptiert werden, die von der SEC als NRSRO anerkannt wurden, wird beibehalten; der Prozess der Anerkennung durch die SEC wird allerdings wesentlich transparenter.[145] So kann jede Rating-Agentur, die seit mindestens drei Jahren Ratings vergibt, bei der SEC eine Re-

---

[141] Vgl. Block, Donna (2006): The rating game, in: The Deal vom 04.08.2006, New York; Hume, Lynn (2005b), a.a.O., S.4.

[142] Vgl. Block, Donna (2006), a.a.O.

[143] Vgl. Hume, Lynn (2006b): Congress Approves Credit Rating Agency Reform Act of 2006, in: The Bond Buyer vom 28.09.2006, New York, S.6.

[144] Vgl. Hume, Lynn (2006a): Senate Panel Oks Amended Rating Agency Bill, in: The Bond Buyer vom 03.08.2006, New York, S.1.

[145] Vgl. White, Lawrence (2007): A New Law for the Bond Rating Industry, in: Regulation, Vol. 30, No. 1, Spring 2007, Washington D.C, S.48-52.

gistrierung als NRSRO beantragen; die bislang anerkannten NRSROs müssen ebenfalls eine Registrierung beantragen. Bei der Beantragung müssen die Rating-Agenturen ihre Arbeitsprozesse und Methodik transparent machen. Sie müssen daher u.a. die kurz-, mittel- und langfristige Performance ihrer Ratings mittels Statistiken nachweisen, ihre Organisationsstruktur darstellen und zudem ihre Richtlinien erläutern, mit denen sie den Missbrauch vertraulicher Informationen ihrer Mandanten verhindern. Außerdem müssen die Agenturen mögliche Interessenkonflikte offenbaren. Darüber hinaus müssen sie auf vertraulicher Basis der SEC ihre 20 größten Emittenten und Abonnenten ihrer Informationsdienste mitteilen. Des Weiteren benötigen sie eine Bescheinigung von mindestens zehn institutionellen Investoren, dass diese ihre Ratings seit mindestens drei Jahren für ihre Investitionsentscheidungen nutzen. Die SEC ist zudem verpflichtet, innerhalb von 90 Tagen nach der Beantragung mitzuteilen, ob eine Anerkennung als NRSRO verweigert wird oder nicht. Wenn eine Rating-Agentur von der SEC anerkannt wird, muss sie jährlich bei der SEC bestätigen, dass sie nach wie vor alle notwendigen Voraussetzungen für diesen Status erfüllt.

Nach dem Inkrafttreten des Gesetzes erarbeitete die SEC die exakten Richtlinien und die Formulare für den neuen NRSRO-Registrierungsprozess. Ende Mai 2007 veröffentlichte sie dann die fertigen Regeln – ein 284-seitiges Dokument.[146] Noch kurz vor der Implementierung der neuen Regeln gab die SEC bekannt, dass die japanische Rating-Agentur „Rating and Investment Information" als sechste NRSRO anerkannt wurde; zwei Tage nach der Veröffentlichung der neuen Richtlinien wurde „Japan Credit Rating Agency" ebenfalls als NRSRO anerkannt – die vierte Neuzulassung seit der Kritik am NRSRO-Prozess im Zuge des Enron-Skandals. Ende Juni 2007 teilte die SEC mit, dass alle bisherigen sieben NRSROs auch unter dem neuen Schema als solche anerkannt wurden.[147]

Mit dem „Credit Rating Agency Reform Act of 2006" ist eine jahrelange politische Debatte über die Regulierung von Rating-Agenturen allerdings nur vorläufig zu Ende gegangen, denn die Agenturen gerieten wenig später erneut in die Kritik. Wegen des Anstiegs der langfristigen Zinsen kamen nämlich viele Hausbesitzer und Verleiher im Frühsommer 2007 unter finanziellen Druck; dies gilt insbesondere für die „subprime loans", die an Hauskäufer mit schlechter Bonität ausgegeben wurde und schon dadurch hohe Zinsen erfordern. Die Kre-

---

146 Vgl. Securities and Exchange Commission (2007a): Final Rule: Oversight of Credit Rating Agencies Registered as Nationally Recognized Statistically Rating Organizations, http://www.sec.gov/rules/final/2007/34-55857.pdf [Zugriff am 19.07.2007]

147 Vgl. Securities and Exchange Commission (2007b): Press Release: Credit Rating Agencies Apply for Registration as Nationally Recognized Statistical Rating Organizations, 28.06.2007, http://www.sec.gov/news/press/2007/2007-124.htm [Zugriff am 19.07.2007]

ditgeber finanzieren ihre Kredite nämlich mittels der Ausgabe von Hypothekendarlehen. Weil relativ viele Kreditnehmer wegen der höheren Zinszahlungen in Zahlungsschwierigkeiten geraten sind, haben die Rating-Agenturen seit Anfang Juni 2007 kurzfristig Hypothekenanleihen im Wert von mehreren Milliarden Dollar herabgestuft.[148] Die Rating-Agenturen wurden daher ähnlich wie bei Enron erneut mit dem Vorwurf konfrontiert, ihre Ratings nicht sorgfältig genug verfasst und aus Rücksichtnahme vor den hohen Einnahmemöglichkeiten durch das Rating dieser „strukturierten Finanzprodukte“ viel zu spät erst mit der Überprüfung ihrer Bonitätseinschätzung reagiert zu haben.[149] Als Folge unternahm der Bankenausschuss im September 2007 Anhörungen über die Rolle der Rating-Agenturen bei dieser Krise und auch die SEC sowie ein von Präsident Bush einberufener Arbeitskreis unter Führung von Finanzminister Paulson berieten über mögliche Konsequenzen.[150] Im besondern Blickwinkel der Kritik standen dabei zwar die Bewertungsmethoden der Agenturen hinsichtlich Hypothekenanleihen und anderer strukturierter Finanzprodukte, aber auch die im Vorfeld des „Credit Rating Agency Reform Act of 2006“ ausführlich diskutierten Punkte der Marktmacht und Interessenkonflikte der Rating-Agenturen kamen erneut zu Sprache. Um das Vertrauen in die Qualität ihrer Arbeit wieder herzustellen und eine weitere gesetzliche Regulierung zu verhindern, nahmen S&P und Moody´s von sich aus verschiedene Änderungen bei ihren Bewertungssystemen und ihren internen Managementprozessen vor.[151] Darüber hinaus initiierte auch die SEC im Juni 2008 Änderungen und Ergänzungen einzelner Regulierungsvorschriften des „Credit Rating Agency Reform Act of 2006“, in denen die Kritikpunkte an der Bewertung der strukturierten Finanzprodukte aufgegriffen und den Rating-Agenturen weitere Vorgaben zur Sicherstellung der Qualität, Unabhängigkeit und Transparenz ihrer Arbeitsweise gemacht wurden.[152]

---

[148] Vgl. Piper, Nikolaus (2007): Hypothekenkrise in den USA verschärft sich, in: Süddeutsche Zeitung vom 19.06.2007, München, S.30.

[149] Vgl. o.V. (2007): Strukturierte Anleihen. Leichen im Keller des Verbriefungsmarktes, in: FAZ vom 04.06.2007 (Online-Ausgabe), http://www.faz.net/s/Rub09A305833E12405A808EF01024D15375/Doc~E80105275351441C597EF76EEB1A4B70F~ATpl~Ecommon~Scontent.html [Zugriff am 19.07.2007]; o.V.(2007): Scharfe Kritik an den Rating-Agenturen. Späte Reaktion auf die Kursverluste im <<Subprime>>-Sektor, in: NZZ Online vom 12.07.2007, http://www.nzz.ch/nachrichten/wirtschaft/boersen_und_maerkte/scharfe_kritik_an_den_rating-agenturen_1.526746.html [Zugriff am 19.07.2007]

[150] Vgl. Labaton, Stephen (2007): S.E.C. Inquiry Looks for Conflicts in Credit Rating, in: The New York Times vom 27.09.2007, Washington, http://www.nytimes.com/2007/09/27/business/27credit.html?sq=&pagewanted=print [Zugriff am 03.04.08]

[151] Vgl. o.V. (2008): Restructured products, in: The Economist vom 07.02.2008, http://www.economist.com/finance/PrinterFriendly.cfm?story_id=10655009 [Zugriff am 03.04.08]

[152] Vgl. Securities and Exchange Commission (2008): Summary Report of Issues Identified in the Commission Staff's Examinations of Select Credit Rating Agencies, http://www.sec.gov/news/studies/2008/craexamination070808.pdf [Zugriff am 04.10.08]

Anders als man auf Grund früherer Äußerungen der Rating-Agenturen hätte erwarten können, führte die staatliche Übernahme der Hypothekenfinanzierer Fannie Mae und Freddie Mac nicht zu einem offenen Konflikt zwischen der amerikanischen Regierung und den Rating-Agenturen. Mehrere Monate vor der Verstaatlichung hatte S&P noch gewarnt, dass eine solch teure Rettungsaktion das erstklassige Rating der USA bedrohen könnte.[153] Nach der staatlichen Übernahme blieb die Bonitätsbewertung indes unverändert. Einen Verlust des „AAA"-Ratings müssen die Vereinigten Staaten ebenfalls nicht wegen des vom Kongress gebilligten Rettungsprogramms für die Finanzindustrie in Höhe von 700-Milliarden Dollar befürchten. Nach Einschätzung von Moody's würden massive Steuerausfälle in Folge einer nicht abgewendeten Rezession das erstklassige Rating der USA nämlich stärker bedrohen als die Ausweitung der Verschuldung auf Grund des Rettungsprogramms.[154]

2.2.2 Die politische Debatte um Rating-Agenturen in der EU

Die Europäische Union darf sich nicht selbst verschulden, sondern wird aus Mitteln ihrer Mitgliedsstaaten finanziert. Daher verfügt sie über kein eigenes Rating und es kann somit dementsprechende Kontroversen mit den Agenturen auf EU-Ebene nicht geben. Vielmehr dient die EU den Mitgliedsstaaten als Diskussions- und Koordinationsforum, um beim Thema Rating-Agenturen gemeinsame Strategien zu entwickeln und so prinzipiell auf „Augenhöhe" mit den USA sein zu können. Handlungsparameter sind ihre Kompetenzen in der Finanzmarktregulierung, wobei hier dem Ausschuss der europäischen Wertpapierregulierungsbehörden (Committee of European Securities Regulators, CESR) eine zentrale Funktion zukommt.

Auf europäischer Ebene begann die Diskussion über die Rolle von Rating-Agenturen bei dem informellen Treffen des Ecofin-Rates in Oviedo im April 2002. Thematisiert wurde das Versagen der Rating-Agenturen während der Insolvenz von Enron. Die Europäische Kommission versprach daraufhin, sich dieses Problems anzunehmen.[155]

An Intensität gewann die Diskussion um Rating-Agenturen mit einem Bericht des Wirtschafts- und Währungsausschuss des Europäischen Parlamentes

---

[153] Vgl. Osman, Yasmin (2008b): S&P sieht AAA-Rating der USA bedroht, in: FTD vom 16.04.08, http://www.ftd.de/boersen_maerkte/aktien/343317.html?mode=print [Zugriff am 18.06.08]

[154] Vgl. o.V. (2008): Amerikas Rating ist nicht in Gefahr, in: FAZ vom 24.09.08, Frankfurt a.M., S.12.

[155] Vgl. The Committee of European Securities Regulators [CESR] (2005): CESR's technical advice to the European Commission on possible measures concerning credit rating agencies, CESR/ 05-139b, Paris, 56.

vom 6. Oktober 2003.[156] Dieser Bericht gibt einen Überblick über die Geschichte, Methodik und ökonomische Relevanz der Rating-Agenturen sowie den Einsatz von Ratings zu Regulierungszwecken. Im Mittelpunkt steht freilich die Kritik an den Agenturen. Diese betrifft sowohl die Konflikte zwischen einzelnen Unternehmen und den Rating-Agenturen über ihre Bonitätseinschätzung als auch die Vorwürfe, die Agenturen agierten zu pro-zyklisch, sie hätten eine zu amerikanische Sichtweise und sie seien bei ihrer Analyse nicht sorgfältig genug, erkennbar an Enron oder der Asien-Krise. Darüber hinaus gibt der Bericht einen Überblick über die politische Debatte in den USA und den bis zu diesem Zeitpunkt erfolgten Initiativen von Kongress und SEC. Politisch am relevantesten sind die Empfehlungen an das Europäische Parlament hinsichtlich Rating-Agenturen. So empfiehlt der Ausschuss, eng mit dem US-Kongress zusammenzuarbeiten und die Agenturen für ihre Analysen rechenschaftspflichtig zu machen. Zudem müssten sie alle potentiellen Interessenkonflikte offenbaren. Auch müsse eine internationale Aufsicht über die Rating-Agenturen geprüft und eventuell zur Belebung des Wettbewerbs eine europäische Rating-Agentur gegründet werden. Schließlich sollte vertieft untersucht werden, inwiefern sich die Agenturen tatsächlich pro-zyklisch verhalten.

Die Kritik an den Rating-Agenturen auf europäischer Ebene wurde durch die Insolvenz des italienischen Lebensmittelkonzerns Parmalat weiter verstärkt. Bei Parmalat versagten die Rating-Agenturen nämlich ähnlich spektakulär wie bei Enron.[157] Über viele Jahre hinweg bewertete S&P das Unternehmen mit einem jährlichen Umsatz in Milliardenhöhe, ohne dabei die von Parmalat gemachten Angaben über seine finanzielle Situation ernsthaft zu prüfen.[158] Erst als es dem Unternehmen am 8. Dezember 2003 nicht gelang, eine Bond-Tranche im Wert von 150 Mio Euro zurückzukaufen, obwohl das Unternehmen in seinen Büchern über ausreichende Liquidität verfügte, wurde die Rating-Agentur skeptisch und senkte das Rating einen Tag später von BBB- auf B+. Doch bereits am nächsten Tag folgte eine weitere Herabstufung auf CC. Als dann am 19. Dezem-

---

[156] Vgl. European Parliament, Committee on Economic and Monetary Affairs (2003): Working document on rating agencies.

[157] Für eine detaillierte politikwissenschaftliche Analyse des Parmalat-Skandals und dessen Folgen für die italienische Finanzmarktaufsicht vgl. Pfeifer, Johannes (2008): Die Finanzmarktaufsicht Italiens: Eine Analyse ihres Entwicklungspfades und ihres Versagens im Parmalat-Skandal, REGEM Analysis No.18, August 2008, Trier University, www.regem.org [Zugriff am 30.09.08]

[158] Vgl. Kappner, Fred/ Roberts, Adrienne (2003): S&P accuses Parmalat of issuing misleading figures, in: FT vom 11.12.2003, S. 15; Kohlmann, Patrick (2004): Mögliche Lehren aus der Parmalat-Krise, in: Börsenzeitung vom 8. Januar 2004, S. 11; Fromm, Thomas (2004): Polizei durchsucht Büros von Standard & Poor's wegen Parmalat; Rating-Agentur sieht sich als Opfer der Konzernpleite; in: FTD vom 23. Januar 2004, S. 19.

ber ein weiterer Schwindel Parmalats aufflog, stufte S&P das Unternehmen auf „default" herab.

In derselben Sitzungswoche, in der das Europäische Parlament in einer Resolution die Rating-Agenturen wegen des Parmalat-Skandals kritisierte, verabschiedete es im Februar 2004 auf der Grundlage des Berichts des Wirtschafts- und Wahrungsausschusses mit überwältigender Mehrheit eine Entschließung zur Regulierung von Rating-Agenturen.[159] Genau wie zuvor der Ausschuss sieht das Parlament die Notwendigkeit, mehr Transparenz und Objektivität bei Ratings zu erreichen. Hierfür müsse Europa eng mit den USA und internationalen Organisationen wie IOSCO zusammenarbeiten. Hingegen lehnt das Europäische Parlament sowohl die Schaffung einer Europäischen Rating-Agentur wie auch die Einführung einer neuen europäischen Behörde ab, bei der sich die Rating-Agenturen registrieren lassen müssen. Darüber hinaus fordert das Parlament die Agenturen auf, nicht-beantragte Ratings als solche bei der Veröffentlichung zu kennzeichnen. Zudem sollten in Europa solche Agenturen gefördert werden, welche die spezifischen Bedürfnisse kleiner und mittelständischer Unternehmen beachten. Des Weiteren spricht sich das Parlament dafür aus, dass die Verwendung von Ratings in privaten Verträgen („Rating-Triggers") transparent gemacht wird.

Vor allem aber ersucht das Parlament „[…] die Kommission, den CESR und den Europäischen Banken-Ausschuss (EBC), spezifische Empfehlungen auf der Grundlage etwaiger Schlussfolgerungen des Forums für Finanzstabilität, des Berichts der IOSCO über die Rating-Agenturen sowie der Erfahrungen und der Reform der Zulassung der Rating-Agenturen durch die US-Securities and Exchange Commission im Hinblick auf die Kriterien, die erforderlich sind, um eine größere Transparenz der Tätigkeiten der Rating-Agenturen zu gewährleisten, und auf die Notwendigkeit einer Überprüfung eines Regulierungsmechanismus bis 31. Juli 2005 und danach in regelmäßigen Zeitabständen, abzugeben."[160]

Am 30. März 2005 erhielt die Kommission den „technischen Ratschlag" von CESR, um den sie auf Grundlage der Entschließung des Europäischen Parlamentes von Februar 2004 gebeten hatte.[161] In diesem 93-seitigen Dokument unternimmt CESR eine umfassende Abwägung möglicher Handlungsoptionen zu den von der Kommission und dem Parlament angesprochenen Fragestellungen hinsichtlich des Umgangs mit Rating-Agenturen. Die Kernaussage von CESR

[159] Vgl. Europäisches Parlament (2004): Bericht über die Rolle und Methoden von Rating-Agenturen, (2003/2081(INI)), 10.02.2004.

[160] Vgl. Europäisches Parlament (2004): Bericht über die Rolle und Methoden von Rating-Agenturen, (2003/2081(INI)), 10.02.2004, S.7.

[161] Vgl. The Committee of European Securities Regulators [CESR] (2005): CESR´s technical advice to the European Commission on possible measures concerning credit rating agencies, CESR/ 05-139b, Paris.

lässt sich indes kurz fassen: Wenn der IOSCO-Code konsequent umgesetzt wird, ist keinerlei neue europäische Regulierung erforderlich. Dementsprechend sollen Interessenkonflikte und mangelnde Sorgfalt vermieden werden, wenn die Agenturen ihre Geschäftsprozesse und Methoden gemäß den Anforderungen des Verhaltenskodex hinsichtlich Transparenz und Objektivität nachkommen. Ebenso müsste die Rating-Analyse organisatorisch von allen anderen möglichen Geschäftsbereichen, insbesondere von Beratungsdienstleistungen, getrennt werden. Außerdem müssten die Rating-Agenturen den IOSCO-Code dahingehend anwenden, dass sie publizieren, ob ein Rating vom Emittenten beantragt wurde und ob die Agenturen Zugang zu nichtöffentlichen Informationen hatten. Darüber hinaus hält CESR die europäische „Market Abuse Directive" (MAD) für ausreichend, um potentiellen Missbrauch von Rating-Agenturen auf Grund von Insider-Informationen entgegenzuwirken. Des Weiteren spricht sich CESR dafür aus, jeweils im Einzelfall zu überprüfen, inwiefern Ratings künftig für Regulierungszwecke in Europa eingesetzt werden sollen. Hinsichtlich möglicher Probleme durch die Verwendung von Ratings in privaten Verträgen („Rating-Trigger") hält CESR ebenfalls keine weiteren Regulierungen für notwendig, weil die bisherigen europäischen Rechtsvorschriften den Marktteilnehmern ausreichend Transparenz diesbezüglich garantierten. Ferner glaubt CESR nicht, dass durch irgendwelche Regulierungen mehr Wettbewerb auf den oligopolistischen Rating-Markt hergestellt werden kann und rät deshalb von möglichen Experimenten ab. Schließlich lehnt CESR auch den Vorschlag ab, dass sich Rating-Agenturen in Europa bei einer (eventuell neu zu gründenden) Behörde registrieren lassen müssen.

Ein Jahr nach der Empfehlung von CESR veröffentlichte die Kommission am 11.03.2006 ihre Entscheidung über mögliche Maßnahmen zur Regulierung von Rating-Agenturen.[162] Ihr Kommuniqué ist zwar weitaus weniger detailliert als der Bericht von CESR, übernimmt aber dessen relevante Empfehlung, keine weiteren europäischen Regulierungsvorschriften einzuführen und stattdessen auf die Umsetzung des IOSCO-Verhaltenskodex zu achten. So kommt die Kommission mit Blick auf die bereits existierenden finanzmarktpolitischen Vorschriften zu dem Ergebnis: „There are already three new financial services Directives which cover credit rating agencies. The Commisision is confident that these Directives – when combined with self-regulation by the credit rating agencies themselves on the basis of the newly adopted IOSCO Code – will provide an answer to all the major issues of concern raised by the European Parliament." Darüber hinaus weist die Kommission explizit darauf hin, dass sie die Besorgnis des Europäischen Parlamentes hinsichtlich des mangelnden Wettbewerbs in der

---

[162] Vgl. Commission of the European Communities (2006): Communication from the Commission on Credit Ratings Agencies , in: Official Journal of the European Union, 11.03.2006, 2006/C 59/02.

Rating-Branche nicht teilt, sondern im Gegenteil eine größere „Fragmentierung" dieses Marktes nicht für wünschenswert erachtet, weil es dadurch eher zu Gefälligkeits-Ratings kommen könnte. Ferner macht die Kommission darauf aufmerksam, dass sie die Entwicklungen der Rating-Agenturen weiter beobachten wird und nicht ausschließt, zu einem späteren Zeitpunkt Regulierungen in Angriff zu nehmen, insbesondere wenn dies in anderen Teilen der Welt ebenfalls geschieht. Als weitere Verfahrensweise schlägt die Kommission vor, dass CESR die Anwendung des IOSCO-Codes überwacht und künftig jährlich der Kommission darüber berichtet.

In dem ersten Bericht von Dezember 2006 stellt CESR fest, dass die Geschäftsprozesse der Rating-Agenturen zum größten Teil den Anforderungen des IOSCO-Verhaltenskodex entsprechen und sie auf diejenigen Bereiche, bei denen das nicht der Fall ist, in ihrem nächsten Report einen besonders Augenmerk richten wird.[163]

Die Krise auf dem amerikanischen Hypothekenmarkt entfachte auch in der EU erneut die Debatte über Rating-Agenturen. So brachte im Juli 2007 Binnenmarktkommissar Charlie McCreevy bei einem Gespräch mit Vertretern von S&P seine Sorge über die späte Reaktion der Agenturen zum Ausdruck; innerhalb der Kommission wurden zudem Überlegungen bekannt, weitere gesetzliche Regelungen zur Arbeit der Rating-Agenturen auf den Weg zu bringen.[164] Auch die EU-Finanzminister vereinbarten auf ihrem Treffen im September 2007 eine Überprüfung der Rating-Agenturen.[165] CESR wurde beauftragt, einen weiteren Bericht über Rating-Agenturen anzufertigen und dabei speziell ihre Rolle bei der Bewertung strukturierter Finanzprodukte zu überprüfen. In diesem im Mai 2008 veröffentlichten Bericht regte CESR eine noch stärkere internationale Abstimmung über die Arbeitsweise der Rating-Agenturen an, vorzugsweise im Rahmen der IOSCO; sollte sich eine schnelle internationale Zusammenarbeit mit Beteiligung der Marktteilnehmer verzögern, könnte nach Auffassung von CESR auch die EU durch Regulierung auf die Qualität des Ratingprozesses Einfluss nehmen. Darüber hinaus bescheinigte CESR den führenden Rating-Agenturen, dass sie im

---

[163] The Committee of European Securities Regulators [CESR] (2006): CESR's Report to the European Commission on the compliance of credit ratings agencies with the IOSCO Report, Paris, CESR/06-545.

[164] Vgl. Kazim, Hasnain (2007): Politik stellt Rating-Agenturen an den Pranger, in: Spiegel-Online vom 16.08.2007, http://www.spiegel.de/wirtschaft/0,1518,druck-500241,00.html [Zugriff am 03.04.08]

[165] Vgl. o.V.(2007): Die EU-Finanzminister denken schon an die nächste Krise, in: FAZ vom 04.04.08, Frankfurt a.M., S.12.

Großen und Ganzen den IOSCO-Verhaltenskodex befolgen und mahnte in den Bereichen, wo dies nicht geschieht, diesbezügliche Verbesserungen an.[166]

In seinem Gesetzentwurf von Juli 2008 ging McCreevy allerdings über die Vorschläge von CESR hinaus und plädierte für eine Regulierung der Rating-Agenturen, die deutlich schärfer ist als der freiwillige IOSCO-Verhaltenskodex und die Regulierung in den USA.[167] Nach dem Willen des Binnenmarktkommissars sollten die Rating-Agenturen ihre Methoden zur Bonitätsbewertung veröffentlichen und ihre Interessenkonflikte transparent machen. Zudem sollten Rating-Agenturen künftig auch strafrechtlich belangt werden können. Außerdem schlägt McCreevy eine europäische Registrierungspflicht für die Rating-Agenturen vor, damit im Falle von schwerwiegenden Fehlern den Agenturen ihre Zulassung für eine Tätigkeit in der EU entzogen werden kann. Zu diesem Zweck sollte entweder eine neue EU-Behörde gegründet werden oder die nationalen Aufsichtsbehörden sollten dies in Abstimmung mit CESR übernehmen. Des Weiteren sollte überprüft werden, bei welchen Vorschriften in der Kapitalmarktregulierung auf Ratings verzichtet werden kann.

Der Gesetzentwurf der Kommission stieß auf teilweise heftigen Widerspruch von Aufsichtsbehörden, einigen EU-Mitgliedsstaaten sowie Banken- und Versicherungsverbänden.[168] So kritisierten CESR, IOSCO sowie einige Banken- und Versicherungsverbände den angestrebten europäischen Alleingang bei der Regulierung der Rating-Agenturen und plädieren für ein international abgestimmtes Vorgehen – eine Position, die auch von der deutschen Bundesregierung, der Bundesanstalt für Finanzdienstleistungsaufsicht (Bafin) und des Bundesbank vertreten wird. Auf Unverständnis stieß gleichfalls die mögliche Neugründung einer EU-Behörde. CESR bemängelte außerdem die zu detaillierten Regulierungsvorschriften des Gesetzentwurfes, die zu unflexibel seien, um auf neue internationale Standards oder Marktentwicklungen reagieren zu können.[169]

---

166 Vgl. The Committee of European Securities Regulators [CESR] (2008a): CESR's Second Report to the European Commission on the compliance of credit rating agencies with the IOSCO Code and The role of credit rating agencies in structured finance, Paris, http://www.cesr-eu.org/index.php?page=groups&mac=0&id=43 [Zugriff am 05.10.08]

167 Vgl. European Commission (2008): Consultation by the Commission services on Credit Rating Agencies (CRAs), http://ec.europa.eu/internal_market/consultations/index_en.htm [Zugriff am 05.10.08]

168 Vgl. Hönighaus, Reinhard (2008): Geteiltes Echo auf EU-Pläne für Rating-Agenturen, in: FTD vom 08.09.08; Osman, Yasmin (2008c): Aufseher rebellieren gegen EU-Kommissar McCreevy, in: FTD vom 18.09.08.

169 Vgl. The Committee of European Securities Regulators [CESR] (2008b): CESR's response to the consultation document of the Commission on a draft proposal for a Directive/ Regulation on Credit Rating Agencies, Paris, http://www.cesr-eu.org/index.php?page=groups&mac=0&id=43 [Zugriff am 05.10.08]

2.2.3 *Die politische Debatte um Rating-Agenturen in Deutschland*

Der Enron-Skandal und die Finanzmarktkrise in den USA hatten ebenfalls Auswirkungen auf die deutsche Politik, denn auch in der Bundesrepublik wurde die Frage einer stärkeren Regulierung von Rating-Agenturen seitdem breit diskutiert. Wie im Folgenden gezeigt wird, standen anders als in den USA nationale Maßnahmen nicht zur Debatte; statt eigener Akzente zu setzten wiederholten deutsche Politiker die Argumentationspunkte der Debatte auf EU-Ebene und sprachen sich für ein gemeinsames Vorgehen innerhalb der EU aus. Darüber hinaus traten in Deutschland Konflikte zwischen den Agenturen und einzelnen Großunternehmen gleichfalls offen zu Tage. Im Gegensatz zu den USA und der EU wurde auch über einen möglichen Verlust des „Triple A"-Ratings der Bundesrepublik mehrfach diskutiert. Dieser Aspekt soll zunächst erläutert werden.

Der Benchmark-Status der deutschen Staatsanleihen bedeutete in der Vergangenheit einen klaren Finanzierungsvorteil des Bundes gegenüber anderen Staaten – selbst gegenüber solchen, die ebenfalls ein „Triple A" besaßen. Erkennbar war dies an den credit spreads, denn die Renditen der deutschen Staatsanleihe waren in der Regel geringer als diejenigen für US-amerikanische oder vergleichbare europäische Anleihen. Seit einigen Jahren ist allerdings ein Rückgang der credits spreads gegenüber europäischen Anleihen zu verzeichnen.[170] Der Hauptgrund dafür liegt in der Währungsunion: Die Konvergenzkriterien und der Stabilitäts- und Wachstumspakt sollen alle Länder, die der Währungsunion beitreten wollen, auf eine „Stabilitätskultur" verpflichten, wie sie in der Vergangenheit für Deutschland charakteristisch war. Die unabhängige, dem vorrangigen Ziel der Preisstabilität verpflichtete EZB nach Vorbild der Bundesbank institutionalisiert dies mit Beginn der Währungsunion. Zudem wird argumentiert, dass Investoren davon ausgehen, dass im Falle von Zahlungsschwierigkeiten eines Mitgliedslandes die EU für die Verbindlichkeiten aufkommt, obwohl dies ausdrücklich im EG-Vertrag (Art. 103) ausgeschlossen wird. Als Folge kam es schon vor Beginn der Währungsunion wegen des Rückgangs der Inflation und der Staatsverschuldung sowie des (antizipierten) Wegfalls des Währungsrisikos zu einem Rückgang der Zinsdifferenzen in Europa, auch wenn deutsche Staatsanleihen nach wie vor geringere Renditen aufweisen.

Vor diesem Hintergrund findet seit 2002 in unregelmäßigen Abständen in der Wirtschaftspresse eine Diskussion über einen möglichen Verlust des Benchmark-Status statt. Das hohe deutsche Haushaltsdefizit führte Ende 2002 zu einer breiten Diskussion über den Verlust des „Triple A" und des Benchmark-Status.

---

[170] Vgl. Bernoth, Kerstin/ von Hagen, Jürgen/ Schuknecht, Ludger (2004): Sovereign Risk Premia in the European Government Bond Market, in: European Central Bank Working Paper Series, No. 369/ June 2004, Frankfurt a.M., S.31.

So äußerte S&P, „[...] die unklare Linie der Regierungspolitik könnte ebenso zu einer Herabstufung führen wie eine Aufgabe der Haushaltskonsolidierung."[171] Darüber hinaus betrug zu diesem Zeitpunkt der Renditeabstand zu französischen Staatsanleihen lediglich vier Basispunkte, zu den damals „AA+" bewerteten spanischen Anleihen nur sechs Basispunkte.[172] Die Rating-Agenturen Moody's und S&P bestätigten jedoch das Rating der Bundesrepublik mit Verweis auf das weiterhin hohe Produktivitätswachstum, den Wohlstand und die gute Wettbewerbsfähigkeit.[173] Gleichzeitig bemängelten sie, dass Deutschland in wirtschaftlicher und fiskalischer Hinsicht hinter die anderen EU-Staaten zurückfiele. Zudem müsse das Rentensystem reformiert werden.[174] Eine Gefahr für das Rating sehen die Agenturen erst, „[...] wenn die Haushaltspolitik kollabiert und Fortschritte bei der Rückführung von Ausgaben für Gesundheit, Rente oder Subventionen ausbleiben."[175]

In ähnlicher Weise äußerten sich die Agenturen im Mai 2003, mahnten aber noch stärker zur Haushaltskonsolidierung und betonten, dass es wichtig sei, die Reformen der „Agenda 2010" zügig umzusetzen. Ansonsten könne es sein, dass mittelfristig das Rating überprüft werden müsse.[176]

Bei mehreren Gelegenheiten wiesen die Agenturen darauf hin, dass sich der Bruch des Stabilitätspaktes nicht auf das Rating auswirke, weil ihre Analyse langfristigen Charakter habe und in Deutschland eine Stabilitätskultur herrsche, die bereits vor dem Pakt bestanden habe.[177]

---

[171] o.V. (2002): Deutschland in der Bonitätsfalle?, in: Manager Magazin Online vom 13.12.2002, unter www.manager-magazin.de/unternehmen/artikel/0,2828,226847,00.html [Zugriff am 16.07.2007].

[172] Vgl. Becker, Anette (2002): Diskussion über Bonität Deutschlands nährt Zweifel am Benchmark-Status. Prämien für Liquidität und Futures-Märkte. Emissionskalender für 2003 steht ins Haus, in: Börsen-Zeitung vom 14.12.2002, Frankfurt, S.4

[173] Vgl. Mester, Volker (2002): Bestnoten für Deutschlands Kreditwürdigkeit. Noch gilt die Bundesrepublik als guter Schuldner. Doch Finanzminister Hans Eichel muss aufpassen, in: Hamburger Abendblatt vom 17.12.2002, Hamburg.

[174] Vgl. Mester, Volker (2002), a.a.O.; Wanner, Claudia (2002): Deutschlands Bonität bleibt erstklassig. Rating-Agenturen bemühen sich um Schadensbegrenzung. Moody's bestätigt Bestnote. Standard and Poor's fühlt sich missverstanden, in: Financial Times Deutschland vom 17.12.2002, Frankfurt u.a., S.21; o.V.(2002): Ratingagenturen und Welteke beruhigen die Gemüter, in: FAZ vom 17.12.2002, Frankfurt, S.23.

[175] Wanner, Claudia (2002), a.a.O.

[176] Vgl. Trost, Wolfram (2003): Moody's bestätigt stabilen Ausblick für Deutschland. Verschuldung trotz Belastungen der Wiedervereinigung im Rahmen, in: Financial Times Deutschland vom 22.05.2003, Frankfurt, S.19; o.V.(2003): Für deutsches „Aaa" sieht Moody's kaum Gefahr. Ratingagentur lobt traditionell vorsichtige Fiskalpolitik, in: Börsen-Zeitung vom 22.05.2003, Frankfurt, S.3; o.V. (2003): Gefahr für die Bonität des Bundes. Rating-Agenturen drohen mit Herabstufung, in: Welt am Sonntag vom 25.05.2003.

[177] Vgl. Trost, Wolfram (2003), a.a.O.; o.V.(2003): Der Schuldner Deutschland behält die Bestnote „AAA". Ratingagenturen läßt der Streit um den Stabilitätspakt kalt. „Höhere Schulden keine Trend-

Das Vorziehen der dritten Stufe der Steuerreform wurde von S&P zwar kritisiert, weil es ohne weitere Strukturreformen keine konjunkturellen Impulse leiste, allerdings machte die Rating-Agentur deutlich, dass sich dies nicht auf das Rating auswirken werde.[178] Ebenso hatten die im Mai 2004 bekannt gewordenen Steuerausfälle von 61 Milliarden Euro bis zum Jahr 2007 keine Auswirkung auf das Rating von S&P und Moody´s, weil „[...] Mindereinnahmen durch Steuererhöhungen und Subventionsabbau ausgeglichen werden könnten."[179] Die Agenturen kritisierten jedoch den „nachlassenden Sparwillen" der Bundesregierung und forderten, dass sich die Regierung um eine Reduzierung des Haushaltsdefizits bemühen sollte.

In einem Vergleich der fünf Staaten der G7-Gruppe, die ein „Triple A" besitzen, bekräftigte S&P im Oktober 2004 seine Einschätzung über die Stabilität des deutschen Ratings.[180] Das geringere Wirtschaftswachstum und die hohe Arbeitslosigkeit in Deutschland resultiert nach Auffassung der Rating-Agentur aus einer hohen Steuerbelastung und einem überregulierten Arbeitsmarkt mit zu großzügiger finanzieller Unterstützung für die Arbeitslosen. Ebenso sieht S&P in der geringen Profitabilität des deutschen Bankensektors eine vergleichsweise größere Gefahr. Gleichwohl seien die hohe Produktivität, der entwickelte Kapitalmarkt und die stabile Steuerbasis ein Garant dafür, dass Deutschland seinen Zahlungsverpflichtungen nachkommen werde.

Die Analysen zu den Begründungen des Ratings bestätigen die Einschätzung aus Kapitel 2.1.2, dass die Agenturen in der Regel auf einzelne politische Maßnahmen nicht mit einer Veränderung ihres Bonitätsurteils reagieren. Wegen ihrer eher langfristigen Bonitätseinschätzung hatten weder der Bruch des Stabilitätspakts noch das Vorziehen der Steuerreform, das S&P inhaltlich ablehnte, noch die Steuerausfälle eine Auswirkung auf das Rating. Darüber hinaus haben die Agenturen mehrfach ihre grundsätzliche Übereinstimmung zum Reformkurs der damaligen rot-grünen Bundesregierung ausgedrückt. Wenn man bedenkt, dass die „Agenda 2010" anfangs in der SPD heftig umstritten war, haben die Rating-Agenturen der Bundesregierung eher das Regierungshandeln erleichtert als erschwert.

Kurz nach der Bundestagswahl 2005 geriet die deutsche Bonität erneut in die Diskussion. Auslöser waren Äußerungen des geschäftsführenden Direktors

---

wende", in: FAZ vom 15.12.2003, Frankfurt, S.12; o.V.(2004): Deutschland behält die Note „AAA". S&P bestätigt Bewertung trotz des Streits um den Stabilitätspakt, in: FAZ vom 21.01.2004, Frankfurt, S.21.

[178] Vgl. o.V.(2003): Druck durch Steuerreform, in: FAZ vom 15.07.2003, Frankfurt, S. 21.

[179] Vgl. o.V.(2004): Deutschland sammelt als Schuldner Minuspunkte. Steuerausfälle und nachlassender Sparwille beschäftigen die Ratingagenturen. Bestnote ist mittelfristig aber nicht gefährdet, in: FAZ vom 15.05.2004, Frankfurt, S.13.

[180] Vgl. Sachs, Philippe u.a. (2004), a.a.O.

für Länderratings bei S&P, Konrad Reus, am Rande der Jahrestagung von Weltbank und IWF über eine mögliche Herabstufung Deutschlands und Italiens binnen der nächsten 18 Monate, falls diese Länder nicht die Ausgaben kürzen und das Schuldenniveau senken. Die neue Bundesregierung müsse deshalb eine „Trendwende" einleiten und entscheidende Haushaltsreformen voranbringen.[181] Kurze Zeit später relativierte Kai Stukenbrock, der zuständige S&P-Länderanalyst für Deutschland, allerdings diese Aussage und versicherte, dass S&P keinesfalls der Regierung drohen wollte und das Rating in den folgenden ein bis zwei Jahren stabil sei; hingegen müsste Deutschland seine Staatsfinanzen verbessern, damit die hervorragende Bonität auch „mittelfristig" gewährleistet bleibe. Diese Richtigstellung von S&P ist vermutlich auch vor dem Hintergrund erfolgt, dass die anderen führenden Rating-Agenturen Moody´s und Fitch keinen Grund sahen, das Rating für Deutschland zu ändern.[182]

Im Dezember 2005 kritisierte der Vorsitzende des Haushaltsausschusses des Deutschen Bundestages, Otto Fricke (FDP), die Finanzpolitik der neu gewählten Großen Koalition.[183] Er monierte, dass durch die Mehrwertsteuererhöhung mittelfristig die Inflation steigen werde und in Folge das Zinsniveau. Dadurch drohten dem Bundeshaushalt Milliardenbelastungen auf Grund höherer Zinszahlungen. Explizit wies Fricke auf die Gefahr hin, dass die Rating-Agenturen Deutschlands Bonität herabstufen könnten, wenn die Bundesregierung ihre Haushaltspolitik nicht ändern würde und stärker die Neuverschuldung senke. Darüber hinaus kritisierte er das Schuldenmanagement der Bundesregierung; die beabsichtigte Ausgabe einer inflationsindexierten Anleihe sowie die kurze Laufzeit der Staatsanleihen seien im Hinblick auf eine langfristig orientierte Haushaltspolitik zu riskant.

Das starke Wirtschaftswachstum seit 2006 und die damit verbundenen höheren Steuereinnahmen und geringere Neuverschuldung haben die Debatte über ein mögliches Downgrade der Bundesrepublik verstummen lassen. Es ist anzunehmen, dass es vom Erfolg der Haushaltskonsolidierungspolitik abhängen wird, ob beim nächsten Konjunktureinbruch die kritischen Stimmen zu einer drohenden Bonitätsverschlechterung erneut zu hören sind.

Neben der Debatte über die Haushaltspolitik waren es in den vergangenen Jahren besonders drei weitere Bereiche, an denen sich Diskussionen über Rating-Agenturen in Deutschland manifestierten: Basel II, Konflikte von Großunternehmen mit den Agenturen über ihr Rating sowie das Rating der Landesbanken.

---

[181] Vgl. Struve, Anja/ Wober, Cornelia (2005): Berlin verspielt Kredit, in: Die Welt vom 27.09.2005, Berlin, S.3.

[182] Vgl. Struve, Anja/ Wober, Cornelia (2005), a.a.O., Berlin, S.3.

[183] Vgl. o.V. (2005): "Erst steigt die Inflation, dann der Zins", in: FAZ vom 27.12.2005, Frankfurt a.M., S.11.

Mit der Umsetzung von Basel II gewinnen Rating-Agenturen im Kreditgeschäft weiter an Bedeutung, weil neben bankinternen Ratings auch die externen Ratings der Agenturen zur Berechnung des Bonitätsrisikos verwendet werden können. In Deutschland gab es insbesondere im Mittelstand die Befürchtung, dass sich mit den neuen Eigenkapitalvorschriften die Kreditkosten verteuern. Als Folge setzte sich die deutsche Bundesregierung für Verbesserungen für den Mittelstand ein.[184]

Während sich im obigen Beispiel die Kritik weniger auf die Agenturen an sich bezog, sondern eher an die höherer Bedeutung ihres Produktes, belegen andere Entwicklungen die direkte Konfrontation zwischen Unternehmen und den Rating-Agenturen. Mehrere Großunternehmen protestierten in der Öffentlichkeit über eine Herabstufung, weil sie die Bewertung für ungerechtfertigt hielten. Bei den Downgrades mehrerer privater Banken Ende 2002 äußerten die Kreditinstitute noch vergleichsweise moderate Kritik, dass die Agenturen sehr sorgfältig mit ihrer Macht umgehen müssten.[185] Größeren Unmut äußerten im ersten Halbjahr 2003 Thyssen-Krupp, Linde und die Deutsche Post nach ihrer Herabstufung.[186] Begründet wurden die Downgrades nämlich mit zu geringen Pensionsrückstellungen – einen Vorwurf, den die Unternehmen zurückwiesen und die Bewertungsmethoden der Agentur scharf kritisierten. Als Folge entbrannte im Mai 2003 ein Streit über eine möglicherweise zu amerikanische Sicht der Agenturen, die den Spezifika deutscher Unternehmen nicht gerecht werden.[187]

Das Downgrade des weltweit größten Rückversicherers Münchener Rück, das S&P mit einer zu niedrigen Kapitalbasis begründete, diente Ende August 2003 in der Wirtschaftspresse als regelrechter Katalysator für eine kritische Diskussion über die Rolle der Rating-Agenturen in der Wirtschaft.[188]

---

[184] Vgl. King, Michael R./ Sinclair, Timothy J. (2003): Private Actors and Public Policy: A Requiem for the New Basel Capital Accord, S. 351, in: International Political Science Review, Vol. 24, No. 3, London u.a., S. 345-362.

[185] Vgl. o.V. (2002): Sorgen über die deutschen Banken nehmen zu. Moody´s und S&P stellen schlechte Noten aus. BdB-Präsident Breuer kritisiert Ratingagenturen, in: FAZ vom 13.12.2002, Frankfurt, S.25.

[186] Vgl. o.V.(2003): S&P stuft Deutsche Post herab, in: FAZ vom 13.05.2003, Frankfurt, S. 21.

[187] Vgl. o.V.(2003): „Kultur hat kaum Einfluß auf Rating". Wissenschaftler hält europäische Vorwürfe gegen amerikanische Rating-Agenturen für unbegründet, in: FAZ vom 14.05.2003, Frankfurt, S.23; o.V.(2003): Kritik an Rating-Methoden von S&P. Streit über Bewertung von Pensionsverpflichtungen. Auftragsstudie wirft Agentur Diskriminierung vor, in: FAZ vom 02.12.2003, Frankfurt, S.23.

[188] Vgl. o.V. (2003): Herabstufung verstärkt Rating-Ärger. Münchener Rück reagiert nicht als einziger Emittent verstimmt. „Emotionale Diskussion", in: FAZ vom 29.08.2003, Frankfurt, S.19; Burgmaier, Stefanie (2003): Faust in der Tasche, in: Wirtschaftswoche Nr.37 vom 04.09.2003, Düsseldorf, S.68f.

Mitte November gaben die Rating-Agenturen S&P und Fitch bekannt, dass sie im Vorgriff auf die 2005 wegfallende Staatshaftung für die Landesbanken deren Rating bald ändern werden.[189] Im Ergebnis hätte dies für die Landesbanken eine Herabstufung bedeutet. Nach erheblicher öffentlicher Kritik der Landesbanken, des Sparkassen- und Giroverbandes, der Bundesbank und der Bafin verzichteten die Agenturen wenige Tage später allerdings auf eine Neubewertung des Ratings.[190]

Ähnlich wie in den USA gerieten auch in Deutschland die Rating-Agenturen selber in den Mittelpunkt politischer Diskussionen wegen ihrer Rolle bei der Insolvenz bei Enron sowie der oben aufgeführten Punkte. Die Debatte in Deutschland ist allerdings eng verknüpft mit ähnlichen Diskussionen in der EU. Wie die folgenden Abschnitte zeigen werden, zeichnet sich die politische Auseinandersetzung in Deutschland durch wenig Originalität aus: Die bereits in den USA und der EU vorgebrachten Kritikpunkte und Lösungsansätze werden quasi „importiert". Dabei ist auffallend, dass oft Themenkomplexe, die auf europäischer Ebene diskutiert wurden, kurze Zeit später im Deutschen Bundestag aufgegriffen wurden, umgekehrt aber die deutsche Debatte keine erkennbaren Impulse für die Diskussion in den europäischen Gremien geliefert hat. Zudem wird in Deutschland von allen Seiten betont, dass ein nationaler Alleingang nicht dazu geeignet ist, die Probleme mit den Rating-Agenturen zu lösen. Insofern belegt auch diese Debatte, dass finanzmarktpolitische Fragestellungen zunehmend europäisiert werden.[191]

In Deutschland reagierte die Bundesregierung mit ihrem Zehn-Punkte-Programm zur Verbesserung des Anlegerschutzes im Februar 2003 – also wenige Wochen nach der Veröffentlichung des SEC-Berichts über die Rolle und Funktionen von Rating-Agenturen für den Wertpapiermarkt – auf den Vertrauensverlust der Investoren in die Finanzmärkte infolge der amerikanischen Bilanzskandale. Einer dieser Punkte betraf auch die Rating-Agenturen: Die Bafin erhielt die Befugnis, die für das Basel-II-Verfahren notwendigen Anforderungen

---

[189] Vgl. Mußler, Hanno (2003): Landesbanken geraten immer stärker in die Defensive. Ratingagenturen drohen mit schlechten Als-ob-Ratings. Sparkassen-Gruppe erweitert ihr Haftungssystem, in: FAZ vom 17.11.2003, Frankfurt, S.13.

[190] Vgl. Dohmen, C./ Knipper, H./ Köhler, P. (2003). Sanio verstärkt Druck auf Ratingagentur. Präsident der Finanzaufsicht warnt vor Grenzüberschreitung. Kritik an verfrühten Bonitätsnoten für Landesbanken, in: Handelsblatt vom 21./22.11.2003, Düsseldorf, S.25; Einecke, Helga (2003): Ratingagentur wartet mit Einzelnoten. Nach harscher Kritik nennt Standard & Poor´s vorerst nur die Bandbreite der Bewertung, in: Süddeutsche Zeitung vom 25.11.2003, München, S. 20.

[191] Umfassend zu dieser Thematik vgl. Gottwald, Jörn-Carsten (2005), a.a.O.

an Ratings zu definieren. Damit erhielt sie zugleich das Recht, bestimmte Rating-Agenturen abzulehnen, die diesen Anforderungen nicht genügten.[192]

Im Rahmen der öffentlichen Anhörung zum Thema „Finanzplatz Deutschland“ beschäftigte sich der Finanzausschuss des Deutschen Bundestages am 4. Juni 2003 kurz mit den Rating-Agenturen.[193] Angesprochen wurden das Versagen der Rating-Agenturen bei der Enron-Insolvenz und die angeblich amerikanische Sichtweise der Agenturen. Hierbei übte der Präsident der Bundesanstalt für Finanzdienstleistungsaufsicht, Jochen Sanio, bittere Kritik an den Agenturen, die er als „[…] die größte unkontrollierte Machtstruktur im Weltfinanzsystem […]“[194] bezeichnete. Einen Monat später bat das Bundesfinanzministerium mehrere Verbände um eine Stellungnahme zur Tätigkeit von Rating-Agenturen und ihrer möglichen Regulierung.[195] Der Bundesverband der Deutschen Industrie (BDI) trat in diesem Zusammenhang mit der Forderung in die Öffentlichkeit, dass eine Schiedsstelle für Streitfälle mit den Rating-Agenturen eingerichtet werden solle.[196]

Der Bericht des Wirtschafts- und Währungsausschuss des Europäischen Parlamentes vom 6. Oktober 2003 beeinflusste auch die deutsche Politik. Denn eine Woche später, am 14.10.2003, stellte die CDU/CSU-Fraktion eine „Kleine Anfrage“ an die Bundesregierung zum Thema „Regulierung von Rating-Agenturen“, in der die meisten Fragestellungen des Ausschuss-Berichts aufgegriffen wurden und die Bundesregierung nach ihrer Haltung dazu bzw. ihren eigenen Aktivitäten befragt wurde. In ihrer Antwort auf die „Kleine Anfrage“ betont die Bundesregierung die Notwendigkeit der internationalen Zusammenarbeit und lehnt nationale Alleingänge entschieden ab.[197] Stattdessen verweist sie auf die Initiativen der EU und der IOSCO, an denen sie sich nach eigenen Angaben beteiligt. Der Gründung einer europäischen Rating-Agentur steht die Bundesregierung in der Antwort auf die Kleine Anfrage der CDU/CSU-Fraktion sehr

---

[192] Vgl. o.V. (2003): Einheitliche Börsenaufsicht geplant, in: Manager-Magazin Online vom 25.02.2002, www.manager-magazin.de/geld/artikel/0,2828,237658,00.html [Zugriff am 16.07.07]

[193] Deutscher Bundestag , 15. Wahlperiode, Finanzausschuss (7. Ausschuss, 2003): Protokoll Nr.20 (Wortprotokoll) über die öffentliche Anhörung zu den Anträgen a) der Fraktionen SPD und Bündnis 90/ Die Grünen „Finanzplatz Deutschland weiter fördern“ –Drucksache 15/930-, b) der Fraktion der CDU/CSU „Förderung des Finanzplatzes Deutschland“ – Drucksache 15/748, c) der Fraktion der FDP „Finanzplatz Frankfurt stärken“ – Drucksache 15/369- am 4. Juni 2003, Berlin.

[194] Deutscher Bundestag (2003), Finanzausschuss, a.a.O., S.29.

[195] Vgl. BVI (2003), a.a.O.; ZKA (2003), a.a.O.

[196] Vgl. o.V. (2003): Deutsche Industrie fordert Schiedsstelle mit Rating-Agenturen. Auch Sanktionen diskussionswürdig. Verbindliche Fixierung von Spielregeln erwartet, in: Börsenzeitung vom 12.08.2003, Frankfurt, S. 1.

[197] Deutscher Bundestag, 15. Wahlperiode (2003): Antwort der Bundesregierung auf die Kleine Anfrage der Abgeordneten Dr. Michael Meister, Heinz Seiffert, Stefan Müller (Erlangen), weiterer Abgeordneter und der Fraktion der CDU/CSU, Berlin, Drucksache 15/1860.

septisch gegenüber – was wenige Wochen später den Bundeswirtschaftsminister allerdings nicht daran hinderte, genau selbiges zu fordern.

Im März 2004 verabschiedete der Deutsche Bundestag mit breiter Mehrheit einen gemeinsamen Antrag von SPD, CDU/CSU, Grünen und FDP, der inhaltlich der Entschließung des Europäischen Parlamentes von Februar 2004 ähnelt.[198] Darin wird die Bundesregierung aufgefordert, „[...] international abgestimmte Verhaltensregeln für Rating-Agenturen zu fördern."[199] Hierbei ist vor allem die Anwendung und Weiterentwicklung des IOSCO-Verhaltenskodex gemeint. Darüber hinaus wird wie im Beschluss des Europäischen Parlamentes gefordert, die Transparenz, Unabhängigkeit und Aktualität der Ratings zu gewährleisten, Interessenkonflikte offen zu legen und mehr Wettbewerb auf dem Rating-Markt herzustellen.

Ein ganz anderer Aspekt hinsichtlich der Rolle von Rating-Agenturen wird in der Antwort der Bundesregierung auf eine „Kleine Anfrage" der FDP-Fraktion von Dezember 2004 deutlich.[200] Der Antragsteller fragte nämlich explizit nach dem Einfluss der Rating-Agenturen auf die Finanzierungskosten Deutschlands und den Benchmark-Status der deutschen Staatsanleihen. Die Bundesregierung misst den Agenturen hierbei nur eine sehr untergeordnete Bedeutung zu: „[...] Aufgrund der außer Zweifel stehenden hervorragenden Bonität des Bundes sind solche [nicht-beantragten] Ratings nicht ursächlich für die Wahrnehmung Deutschlands als internationaler Benchmark-Emittent. Insofern dürften diese Ratings auch nur einen äußerst geringen, nicht messbaren Einfluß auf die Konditionen für die Mittelaufnahme des Bundes haben."[201] Darüber hinaus hat die Bundesregierung deutlich gemacht, dass den Meinungen der Rating-Agenturen und ihren möglichen Handlungsempfehlungen keinen besonderen Stellenwert beimisst, sondern sie lediglich „zur Kenntnis nimmt".

In einem von SPD und Grünen eingebrachten Antrag zur Entwicklung der europäischen Finanzmarktintegration am 16.06.2005 wurde u.a. auch die Regulierung von Rating-Agenturen thematisiert.[202] Dieser Antrag bekräftigt die von der CESR zweieinhalb Monate zuvor ausgesprochene Empfehlung, keine zusätz-

---

[198] Deutscher Bundestag, 15. Wahlperiode (2004): Antrag der Fraktionen SPD, CDU/CSU, BÜNDNIS 90/ DIE GRÜNEN und FDP: Rating-Agenturen: Integrität, Unabhängigkeit und Transparenz durch einen Verhaltenskodex verbessern, Berlin, Bundestagsdrucksache 15/2815.

[199] Vgl. ebenda S.1.

[200] Vgl. Deutscher Bundestag, 15. Wahlperiode (2004): Antwort der Bundesregierung auf die Kleine Anfrage der Abgeordneten Otto Fricke, Dr. Volker Wissing, Carl-Ludwig Thiele, weiterer Abgeordneter und der Fraktion der FDP, Berlin, Bundestagsdrucksache 15/4543.

[201] Vgl. ebenda S.2.

[202] Vgl. Deutscher Bundestag, 15. Wahlperiode (2005): Antrag der Abgeordneten Dr. Hans-Ulrich Krüger (u.a.) und der Fraktion der SPD sowie der Abgeordneten Jutta Krüger-Jacob (u.a.) und der Fraktion der SPD: Europäische Finanzmärkte – Integration durch Wettbewerb und Vielfalt voranbringen, Berlin, Bundestagsdrucksache 15/5679.

liche europäische Regulierung der Rating-Agenturen vorzunehmen und stattdessen den IOSCO-Verhaltenskodex umzusetzen. Zudem wird die Bundesregierung aufgefordert, sich bei der EU-Kommission für die Umsetzung der CESR-Empfehlung einzusetzen.

Die jahrelange kritische politische Diskussion über Rating-Agenturen hat allerdings nichts daran geändert, dass Ratings nach wie vor als sinnvolles Instrument zur Stärkung des Anlegerschutzes verstanden werden; im Gegenteil: ihre diesbezügliche Rolle auf den Finanzmärkten nimmt eher zu als ab. So schlug im Juni 2006 Bundesbank-Vorstand Edgar Meister vor, dass sich Hedge-Fonds freiwillig von Rating-Agenturen bewerten lassen sollen, um so deren Risikoprofile transparenter zu machen; dieser Vorschlag stieß bei der EZB und dem Bundesfinanzministerium auf viel Sympathie.[203] Ebenso forderte im Mai 2007 die Bundestagsfraktion der Grünen in einem Antrag, dass ein bestimmtes Mindestrating die Voraussetzung dafür ist, dass ein Emittent Zertifikate anbieten darf.[204]

Allerdings führte auch in Deutschland die Hypothekenkrise in den USA zur erneuten Kritik an der Zuverlässigkeit der Rating-Agenturen. Geführt wurde diese Debatte aber nicht mehr nur wie in der Vergangenheit vorrangig von Fachpolitikern. Zwar beschäftigte sich der Finanzausschuss des Deutschen Bundestages mit dieser Thematik und lud Vertreter der Agenturen und Experten zu einer Anhörung ein.[205] Das Ausmaß und die globale Dimension der Krise – von der auch europäische Banken betroffen waren – führte aber dazu, dass sich auch Spitzenpolitiker öffentlich über Rating-Agenturen äußerten. So forderten Bundeskanzlerin Merkel und Frankreichs Staatspräsident Sarkozy bei einem gemeinsamen Treffen im September 2007 eine stärkere Kontrolle der Rating-Agenturen.[206] Zudem setzten sich bei einem Gipfeltreffen die Regierungschefs von Deutschland, Großbritannien, Frankreich und Italien sowie die Europäische Kommission für mehr Transparenz bei Rating-Agenturen ein.

---

[203] Vgl. o.V. (2006): „Ohne Transparenz können die Hedge-Fonds nicht weiterarbeiten", in: FAZ vom 16.06.2006, Frankfurt a.M., S.25; Liebert, Nicola (2007): Hedgefonds sollen an die lange Leine, in: TAZ vom 01.02.07, Berlin, S.8.

[204] Vgl. Deutscher Bundestag, 16. Wahlperiode (2007): Antrag der Abgeordneten Dr. Gerhard Schick, Bärbel Höhn (u.a.) und der Fraktion BÜNDNIS 90/ DIE GRÜNEN: Schutz der Anlegerinnen und Anleger bei Zertifikaten stärken, Berlin, Bundestagsdrucksache 16/5290.

[205] Vgl. o.V. (2008): „Je komplexer die Produkte, desto wichtiger werden Rating-Agenturen", in: hib-Meldung vom 13.02.08, http://www.bundestag.de/aktuell/hib/2008/2008_041/03.html [Zugriff am 04.04.08]

[206] Vgl. o.V. (2007): Merkel und Sarkozy sagen Rating-Agenturen den Kampf an, in: Spiegel-Online vom 10.09.07, http://www.spiegel.de/politik/deutschland/0,1518,druck-504829,00.html [Zugriff am 03.04.08]

2.2.4 *Bewertung der politischen Debatten*

Aus den Kapiteln 2.2.1, 2.2.2 und 2.2.3 wurde ersichtlich, dass in den USA, der EU und Deutschland über die Rolle von Rating-Agenturen ausführlich politisch diskutiert wurde. Da die EU sich nicht verschulden darf, konnte dort – im Gegensatz zu Deutschland – die Bonitätsbewertung nicht Gegenstand von Debatten sein. Hingegen gab es auch in den USA trotz hoher Haushaltsdefizite keine Warnhinweise der Rating-Agenturen, dass den Vereinigten Staaten kurz- oder mittelfristig eine Herabstufung drohen würde. Selbst Bonitätsgefährdungen durch die Finanzkrise sind unwahrscheinlich; nur langfristig drohen der USA – genau wie Deutschland und anderen Industrienationen – Herabstufungen wegen den sozialpolitischen und fiskalischen Folgen der demographischen Entwicklung.

Im Mittelpunkt der politischen Debatten über Rating-Agenturen stand vielmehr die ökonomische Relevanz von Ratings, ausgelöst von Zweifeln an der Transparenz, Objektivität und Zuverlässigkeit der Rating-Agenturen wegen deren Versagens bei Enron und der Hypothekenkrise. Weil im Zuge der Enron-Insolvenz das Vertrauen in- und ausländischer Investoren in den amerikanischen Finanzmarkt gestört war, handelten die amerikanischen Politiker – den nächsten Wahltermin fest im Auge – rasch und unternahmen zahlreiche Anhörungen und parlamentarische Initiativen, das Versagen der Rating-Agenturen offen zu legen. Mit dem Sarbanes-Oxley-Act bewies die amerikanische Finanzmarktpolitik ihre radikale Handlungskompetenz in Krisenzeiten; die Rating-Agenturen mussten allerdings neben dem erheblichen Imageschaden keine direkten Konsequenzen erleiden.

Jedoch wurden die amerikanischen Politiker durch Enron für die Kritik an den Rating-Agenturen sensibilisiert. Und so waren es nicht Aufsichtsbehörden wie die SEC, sondern einzelne Kongressabgeordnete die – sei es aus ernster fachlicher Besorgnis über die Verhaltensweise der Rating-Agenturen oder aus dem Antrieb, sich mit der Kritik an den Agenturen politisch profilieren zu können – auch Jahre nach dem Enron-Skandal die Rating-Branche nicht aus den Augen verloren haben. Sie brachten eine weitere Gesetzesinitiative in Gang, an deren Ende der gegen den Willen der Agenturen verabschiedete und von allen Parteien und wichtigen Interessengruppen befürwortete „Credit Rating Agency Reform Act of 2006“ stand. Die Tatsache, dass die Rating-Agenturen mit ihrer intensiven Lobbyarbeit nicht erfolgreich waren, spricht dafür, dass sie nicht als bedeutsame Interessengruppe gelten – insbesondere dann nicht, wenn es darum geht, ihre Interessen gegenüber den anderen Wall-Street-Akteuren und dem Reformeifer engagierter Kongressabgeordneter durchzusetzen. Ein – in der politikwissenschaftlichen Literatur nicht thematisierter – politischer Einfluss der Rating-Agenturen als Lobbyisten erscheint daher nicht wahrscheinlich.

Inhaltlich basiert der „Credit Rating Agency Reform Act of 2006“ auf dem IOSCO-Verhaltenskodex, der ebenfalls eine Reaktion auf die amerikanischen Finanzskandale war. Der Verhaltenskodex und vor allem der „Credit Rating Agency Reform Act of 2006“ versuchen, eine Antwort auf die seit der Enron-Insolvenz in Politik, Medien und in Wissenschaft geäußerten Kritikpunkte zu geben. Die Debatte und auch die Lösungsansätze entsprechen den in Kapitel 2.1.1 aufgeführten Punkten. Insofern gab es hinsichtlich der implizit politischen Rolle der Rating-Agenturen einen regen Austausch der Argumente zwischen Wissenschaft und Politik. Die in Kapitel 2.1.2 dargestellte explizit politische Kritik an dem politischen Einfluss der Rating-Agenturen findet dagegen praktisch keinen Widerhall in der politischen Realität. Allenfalls in Deutschland ist dies ansatzweise bei der Diskussion über das Rating des Bundes zu erkennen, wobei die Bundesregierung ausdrücklich die Rolle der Rating-Agenturen als sehr gering einstuft. Auch in der Bundesrepublik dominiert die Kritik an der Transparenz, Objektivität und Zuverlässigkeit der Rating-Agenturen. Hierbei zeigte sich, dass in Deutschland die Debatte überwiegend aus den USA und der EU-Ebene „importiert“ wurde. So nutzten deutsche Großunternehmen und die Landesbanken die Kritik an den Rating-Agenturen in den USA, um deren – für die betroffenen Unternehmen negativen – Bonitätsbewertungen in Zweifel zu ziehen. Die Beschlüsse des Bundestages geben im Wesentlichen nur das wieder, was das Europäische Parlament, die Kommission oder CESR bereits zuvor beschlossen bzw. angeregt haben. Für die deutsche Politik ist die EU der entscheidende Akteur, um gemeinsam mit den USA über die Probleme mit Rating-Agenturen zu diskutieren. Die Debatte in den europäischen Gremien ist ihrerseits wieder geprägt von der Vorgehensweise der IOSCO und der USA. Angesichts der globalen Bedeutung von Ratings dominiert in Deutschland und der EU das Streben nach internationaler Kooperation. Der Gesetzentwurf der Europäischen Kommission zur Verschärfung der Regulierung von Rating-Agenturen markierte allerdings einen Bruch mit diesem bewussten Verzicht auf einen europäischen Alleingang – und dementsprechend stark viel die Kritik von CESR, Bafin, Bundesbank, Bundesregierung sowie Banken- und Versicherungsverbänden aus.

Bis zum Beginn der Hypothekenkrise hätten die Ergebnisse der politischen Debatten – der „Credit Rating Agency Reform Act of 2006“ in den USA und der ISOCO-Verhaltenskodex als Ergänzung der bisherigen europäischen Finanzmarktrichtlinien – als eine adäquate Antwort auf die primär ökonomischen Zweifel an den Rating-Agenturen gelten können. Für die Rating-Agenturen gab es nun nämlich einen Maßstab, an dem sie sich messen lassen müssen. Sie hätten auch ein klares Eigeninteresse haben sollen, sich daran zu halten, denn der Credit

Rating Agency Reform Act of 2006“ hat ihnen vor Augen geführt, dass sie nicht in der Lage sind, mittels Lobbyarbeit eine Regulierung zu verhindern. Darüber hinaus hat sich bereits gezeigt, dass auch die SEC ihrerseits die Notwendigkeit erkannt hat, dass ein wirklicher Wettbewerb zwischen den Rating-Agenturen eine ausreichende Zahl von Rating-Agenturen voraussetzt. Die Kritik an der Arbeit der SEC dürfte mit dazu beigetragen haben, dass die Zahl der anerkannten NRSROs von lediglich drei im Jahr 2002 schrittweise bis Juli 2007 auf sieben anstieg. Die gesetzlichen und regulativen Voraussetzungen für einen stärkeren Wettbewerb auf dem Rating-Markt in den USA – und damit faktisch auch weltweit – sind durch den „Credit Rating Agency Reform Act of 2006“ gemacht worden. Natürlich lassen sich Defizite dieser Reform aufführen. So kritisiert etwa White, dass mit der Beibehaltung des NRSRO-Status die Regulierungsbehörden weiter die Risikobeurteilung über Finanzanlagen delegieren.[207] Zudem glaubt White, dass auch die neuen Vorschriften nicht den Wettbewerb zwischen den Rating-Agenturen fördern, sondern die bisherigen anerkannten NRSROs faktisch bevorzugen.

Die Hypothekenkrise verhinderte jedoch, dass der „Credit Rating Agency Reform Act of 2006“ zu einem Ende der Debatte über die politische Rolle der Agenturen geführt hat. Denn die Hypothekenkrise hat den Rating-Agenturen einen tiefen Schlag versetzt – den sie selbst zu verantworten haben. Sie haben nämlich offenkundig die Kritik an ihnen seit dem Enron-Skandal nicht ernst genommen und aus der Debatte über den „Credit Rating Agency Reform Act of 2006“ nichts gelernt. Andernfalls hätten sie die Reformgesetzgebung zum Anlass genommen, selbstkritisch all ihre Geschäftsfelder zu überprüfen und ihre Bewertungsmethoden insbesondere hinsichtlich der strukturierten Finanzprodukte frühzeitig zu modifizieren. Dann wären sie selber diejenigen gewesen, die auf die Risiken des Hypothekenmarktes hingewiesen hätten. Dieses freiwillige Eingeständnis von früheren Fehlern hätte ihre Glaubwürdigkeit vermutlich sogar erhöht. Stattdessen spielten die Rating-Agenturen auf Zeit und hofften vergeblich, dass andere Themen die finanzmarktpolitische Agenda bestimmen würden. Diese strategische Fehlentscheidung könnte schon bald zu einem radikalen Wandel der amerikanischen und europäischen Regulierungspraxis hinsichtlich der Rating-Agenturen führen.

[207] Vgl. White, Lawrence (2007), a.a.O., S.52.

3 Ein neues Modell der Neuen Politischen Ökonomie zur Erklärung des politischen Einflusses von Rating-Agenturen

Aus den vorangegangenen Kapiteln wurde deutlich, dass Ratings ein wichtiger Faktor bei der Beeinflussung der staatlichen Finanzierungskosten sind. Insofern besitzt das Urteil der Rating-Agenturen politische Relevanz, weil es die Rahmendaten für die Wirtschafts-, Finanz- und vor allem für die Haushaltspolitik entscheidend mitprägt. Es wurde ebenfalls dargestellt, dass die bisherigen sozialwissenschaftlichen Analysen allerdings keine überzeugende Analyse des politischen Einflusses von Rating-Agenturen bieten. In diesem Kapitel wird nun ein neues politikwissenschaftliches Modell entwickelt, das genau diesen Anspruch erhebt. Dieses neue Modell erklärt das Verhalten von Regierungen, wenn durch die Bonitätsbewertung der Rating-Agenturen die Kosten der staatlichen Kreditaufnahme verteuert werden. Systematisch wird analysiert, inwiefern die Staatsverschuldung sowie die Höhe und Struktur der Staatsausgaben von einem Rating abhängen.

Im Mittelpunkt der Untersuchung steht somit jene Form von politischem Handeln, die sich ausgabenwirksam im Staatshaushalt niederschlägt. Es geht folglich um den Effekt von Rating-Agenturen auf das Zusammenspiel von Regierung, den Staatseinnahmen in Form von Steuern oder Schulden sowie die Staatsausgaben. Im Einzelnen erläutert wird das Modell in Kapitel 3.2. Es ist theoretisch einzuordnen in die Neue Politische Ökonomie, denn sie befasst sich insbesondere mit dem strategischen Verhalten von Parteien bzw. Regierungen und deren Motive bei der Gestaltung der Staatseinnahmen und –ausgaben. Der folgende Abschnitt skizziert daher zunächst die für das neue Modell wesentlichen Grundgedanken der Neuen Politischen Ökonomie.

3.1 Theoretische Einordnung: Die Neue Politische Ökonomie

Unter dem Begriff „Neue Politische Ökonomie“ werden eine Vielzahl von Modellen, Varianten und Schulen zusammengefasst, die das Verhältnis von Politik und Wirtschaft erklären oder sich mit der Analyse kollektiver Entscheidungen beschäftigen. Insbesondere auf Grund des letztgenannten Forschungsgegenstandes gibt es zahlreiche Schnittmengen mit der „Neuen Institutionenökonomik“, die eine genaue Abgrenzung beider Theorieansätze erschweren.[208] Die „Neue Politische Ökonomie“ orientiert sich zum einen an Fragestellungen *innerhalb* eines politischen Systems. Im Fokus stehen beispielsweise das Verhalten einzelner Institutionen oder Akteure (z.B. die Rolle der Bürokratie[209] oder der Einfluss von Interessengruppen[210]) sowie Erklärungsansätze für die längerfristigen Entwicklungen in einem Politikfeld (z.B. der Finanzmarktpolitik[211].) Hinzu kommen Ansätze, welche die politischen Faktoren (v.a. die Rolle der Interessengruppen) des Wirtschaftswachstums identifizieren.[212] Zum anderen behandelt die „Neue Politische Ökonomie“ Themen, die eine *systemübergreifende,* internationale oder globale Dimension besitzen. Bei diesem Zweig der „Internationalen Politischen Ökonomie“ untersuchen Autoren wie Susan Strange die Auswirkungen der weltwirtschaftlichen Verflechtungen (besonders der Finanzmärkte) auf die nationale Politikgestaltung und das Verhältnis der Staaten zueinander.[213]

Im Allgemeinen versteht sich die „Neue Politische Ökonomie“ meist als „positive“ Wissenschaft, die beobachtbare Zusammenhänge beschreiben will und nicht einen Idealzustand entwerfen möchte. Trotz ihrer Unterschiede haben diese Schulen einen sehr spezifischen Erklärungsansatz gemeinsam, der sie von anderen politikwissenschaftlichen Denkmodellen unterscheidet. Der Politikprozess wird nämlich in Analogie zum wirtschaftswissenschaftlichen Marktmodell als ein „politischer Markt“ interpretiert. Dadurch ergibt sich eine sehr nüchterne, im Allgemeinen nicht-normativ fundierte Analyse der Politik. Deren Grundaussagen fasst Plümper pointiert zusammen: „Die [Neue] Politische Ökonomie beschreibt die reale Politik mitunter als schmutziges Geschäft: Politisch desinteressierte, opportunistische Politiker kleben an ihren Posten und Pöstchen und tauschen – um ihre Macht und Vergünstigungen dauerhaft sicherzustellen – politische Zugeständnisse gegen Unterstützung. Gleichzeitig aber verteilen sie die Steuergelder, die sie mit der linken Hand einnehmen, mit der rechten Hand als Wahlgeschenke

---

208 Zu nennen sind beispielsweise die Untersuchungen zur Ausgestaltung der Verfassungen von Staaten oder die vielfältigen Fragestellungen, die sich unter den Stichworten „Transaktionskosten“, „Property-Rights“ oder „Principal-Agency-Theorie“ zusammenfassen lassen. Für eine Übersicht vgl. Richter, Rudolf/ Furubotn, Erik G. (1999): Neue Institutionenökonomik: Eine Einführung und kritische Würdigung, Tübingen.

209 Vgl. Niskanen, William D. (1974): Bureaucracy and Representative Government, Chicago.

210 Vgl. Olson, Mancur (2004): Die Logik des kollektiven Handelns. Kollektivgüter und die Theorie der Gruppen, Tübingen.

211 Vgl. Gottwald, Jörn-Carsten (2005), a.a.O.

212 Vgl. Olson, Mancur (1991): Aufstieg und Niedergang von Nationen. Ökonomisches Wachstum, Stagflation und soziale Starrheit, Tübingen.

213 Für einen Überblick vgl. Schirm, Stefan (2004): Internationale Politische Ökonomie. Eine Einführung, Baden-Baden.

an Wechselwähler und Parteimitglieder."[214] Diese Sichtweise resultiert aus der Übertragung des in den Wirtschaftswissenschaften angewandten Konzepts der Eigennutzorientierung und begrenzten Rationalität der Individuen auf die Erklärung des politischen Prozesses.[215]

Einer der wichtigsten Theoretiker und zugleich Mitbegründer der Neuen Politischen Ökonomie ist Anthony Downs[216]. Seine Annahmen über die Beweggründe des Regierungshandelns liegen auch dieser Arbeit zu Grunde. Nach Downs besteht das Hauptinteresse der Regierung in einer Demokratie nämlich an ihrer Wiederwahl. Deswegen versucht jede Regierung „[...] die Zahl der für sie abgegebenen Stimmen zu maximieren, und sie behandelt ihr politisches Programm lediglich als Mittel zu diesem Zweck."[217]

Wesentlicher Handlungsparameter, um die Wiederwahl zu ermöglichen, ist der Staatshaushalt. Es ist daher nicht überraschend, dass sich ein großer Teil der theoretischen Ansätze der Neuen Politischen Ökonomie mit der Rolle der Staatsausgaben und der Staatseinnahmen beschäftigt. Viel Raum nimmt dabei die Frage ein, ob und unter welchen Bedingungen Demokratien wegen des Stimmenmaximierungskalküls der Politiker eine Tendenz zur Ausweitung der Staatsausgaben und der Staatsverschuldung besitzen.[218] Gleichfalls hohes Interesse finden Überlegungen zu einer für die Wiederwahl der Regierung „optimalen" Besteuerung.[219]

Für die Zwecke dieser Arbeit besonders relevant sind die Grundgedanken eines sehr prominenten Zweiges der Neuen Politischen Ökonomie, nämlich der Ökonomischen Theorie der Demokratie, zu deren Hauptvertreter Anthony Downs und Philipp Herder-Dorneich zählen. Auch bei der Ökonomischen Theorie der Demokratie gilt die Annahme der Eigennutzorientierung der Politiker und

---

[214] Plümper, Thomas (2003): Die positive Politische Ökonomie demokratisch verfasster Staaten. Eine Einführung in Mikrofundierung und Modelle, S. 40, in: Kittel, Bernhard (Hrsg.) u.a. (2003): Politische Ökonomie. Demokratie und wirtschaftliche Leistungsfähigkeit, Opladen , S. 9-45.

[215] Vgl. Behrends, Sylke (2001): Neue Politische Ökonomie, München, S. 4-8.

[216] Vgl. Downs, Anthony (1968): Ökonomische Theorie der Demokratie, Tübingen.

[217] Downs, Anthony (1968), a.a.O., S. 34.

[218] Vgl. Alesina, Alberto/ Perotti, Roberto (1994): The Political Economy of Budget Deficits, NBER Working Paper No.4637, Cambridge/MA; Buchanan, James M./ Rowley, Charles K./ Tollison, Robert D. (1987): Deficits, Oxford/ New York; Kraan, Dirk-Jan (1996): Budgetary decisions. A public choice approach, Cambridge; Wagschal, Uwe (1996): Staatsverschuldung. Ursachen im internationalen Vergleich, Opladen.

[219] Brennan, Geoffrey/ Buchanan, James M. (1980): The Power to Tax. Analytical Foundations of a Fiscal Constitution, Cambridge; Hettich, Walter/ Winer, Stanley (1999): Democratic Choice and Taxation. A Theoretical and Empirical Analysis, Cambridge; Pech, Gerald (1996): Besteuerung und Staatsverschuldung in der Demokratie: Zur dynamischen Analyse staatlicher Budgetpolitiken, Frankfurt a.M.; Gillespie, W. Irwin (1991): Tax, Borrow and Spend: Financing Federal Spending in Canada, 1867-1990, Ottawa.

Wähler.[220] Aus dem Machtstreben der Politiker folgt der konsequente Impetus, die eigenen Wahl- bzw. Wiederwahlchancen zu erhöhen, d.h. bei Wahlen möglichst viele Stimmen zu gewinnen. Diesem Bestreben ordnet sich der ganze Politikprozess unter – auch die Parteiprogramme. Dieser Zusammenhang ist entscheidend für die Grundannahme von Downs: „Die Politiker verwenden politische Konzepte und Aktionen einzig und allein als Mittel zur Verfolgung ihrer privaten Ziele, die sie nur dadurch erreichen können, daß sie gewählt werden. Auf diesen Überlegungen beruht die Grundhypothese unseres ganzen Modells: die Parteien treten mit politischen Konzepten hervor, um Wahlen zu gewinnen; sie gewinnen nicht die Wahlen, um mit politischen Konzepten hervortreten zu können."[221]

Mit seinem Modell bietet Downs eine konsequent auf der wirtschaftswissenschaftlichen Methodik beruhende Erklärung des politischen Prozesses in Demokratien. Durch ihre hohe Abstraktion und Vereinfachung lassen sich eindeutige Schlussfolgerungen ableiten. Trotz ihrer Komplexitätsreduktion ist sie – gegebenenfalls mit Hilfe ergänzender Überlegungen – in der Lage, die politische Realität plausibel zu erklären. In ihrer Grundform geht die Ökonomische Theorie der Demokratie vereinfachend von einem Zweiparteiensystem aus, aber ihre Aussagen bleiben auch – wie Downs selber ausführt – bei einem Mehrparteiensystem vom Grundsatz her richtig.[222]

Ebenfalls vereinfachend nimmt Downs an, dass sich der Parteienwettbewerb nur auf ein Problem konzentriert und sich alle Wähler in dieser Frage auf einer Skala von links nach rechts einordnen können.[223] Als Beispiel für solch eine eindimensionale Fragestellung nennt er den staatlichen Eingriff in die Wirtschaft. In dieser Skala ist der staatliche Einfluss umso höher, je weiter „links" die Position ist. Ganz links befindet sich dementsprechend null Prozent der Wirtschaft in privaten Händen, ganz rechts einhundert Prozent. In einem Zweiparteiensystem hängt das Stimmenmaximierungskalkül der Parteien im hohen Maße von der Präferenzverteilung der Wähler entlang dieses Links-Rechts-Kontinuums ab. Diesen Zusammenhang illustriert Grafik 3.1.1.

[220] Vgl. Downs, Anthony (1968), a.a.O., S.26f sowie ebenda S.37-39.
[221] Downs, Anthony (1968), a.a.O., S.27f.
[222] Vgl. Downs, Anthony (1968), a.a.O., S.122f.
[223] Vgl. Downs, Anthony (1968), a.a.O., S.112-114.

Grafik 3.1.1: Orientierung der Parteien an den Medianwähler bei normalverteilter Wählerstruktur

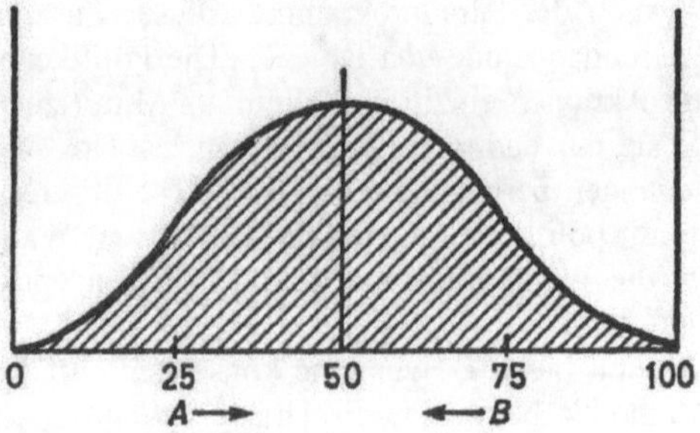

Quelle: Downs (1968), a.a.O., S.114.

Zu sehen ist die erwähnte Skala des Anteils der Wirtschaft in privaten Händen von 0 (ganz links) bis 100 (ganz rechts). Darüber ist eine Kurve gezeichnet, welche die Anzahl der Wähler darstellt, die sich für einen bestimmten Anteil der Wirtschaft in privaten Händen aussprechen. Diese Häufigkeitsverteilung entspricht einer Normalverteilung um den Mittelwert 50. Dementsprechend möchte die relative höchste Zahl an Wählern eine Wirtschaftsordnung, in der 50 Prozent im privaten und 50 Prozent im staatlichen Besitz ist. Darüber hinaus ist die Wählerschaft gespalten: Es gibt genauso viele Wähler, die einen geringeren privaten Anteil an der Wirtschaft befürworten – nämlich alle Wähler links vom Mittelwert 50 – wie es umgekehrt Wähler gibt, die sich für einen höheren privaten Anteil an der Wirtschaft aussprechen – nämlich alle rechts vom Mittelwert. Zu erkennen ist in der Grafik ferner der politische Standort der beiden Parteien in dieser Frage. Partei A vertritt eine linke Position (privatwirtschaftlicher Anteil von 25 Prozent), Partei B eine rechte (75 Prozent Privatwirtschaft). Die entscheidende Aussage von Downs ist, dass beide Parteien ein elementares Eigeninteresse haben, ihre bisherige Position aufzugeben und sich dem Mittelwert 50 anzunähern.[224] Denn beide Parteien verlieren durch die Hinwendung zum Zentrum eventuell extremistische Wähler an ihren Rändern, aber der Gewinn an Wählern in der Mitte ist sehr viel größer. Das Ergebnis dieses zentripetal wirkenden Wettbewerbs um Wählerstimmen ist eine Angleichung beider Parteiprogramme und zwei gleich große, programmatisch ähnliche (Volks-)Parteien der Mitte.

[224] Vgl. Downs, Anthony (1968), a.a.O., S.114f.

Bei einer anderen Verteilung der Wähler entlang des Links-Rechts-Schemas ändert sich allerdings dieser Prozess der parteilichen Angleichung (vgl. Grafik 3.1.2).

Grafik 3.1.2: Der zentrifugale Parteienwettbewerb bei einer bimodalen Wählerstruktur

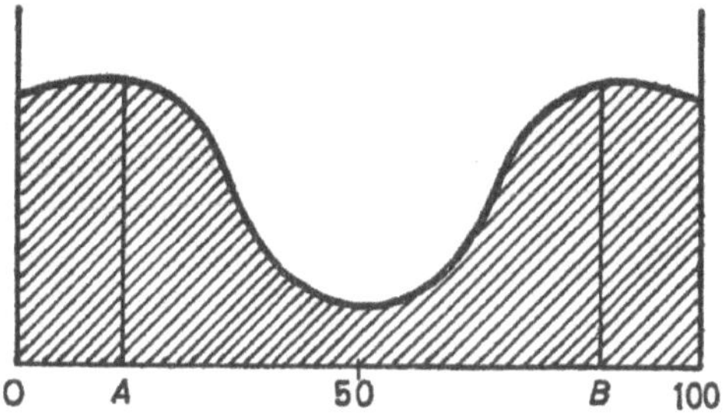

Quelle: Downs (1968), a.a.O., S.115.

Wenn die Präferenzen der Wähler bimodal an der Nähe der beiden Extreme verteilt sind, werden die beiden Parteien daran gehindert, ideologisch zu konvergieren.[225] Auch in diesem Beispiel vertritt Partei A die gleiche linke Position und Partei B die gleiche rechte Position hinsichtlich des Staatseinflusses auf die Wirtschaft.

Der entscheidende Faktor dieses zentrifugal wirkenden Parteienwettbewerbs ist die Weigerung der extremistischen Wähler, eine der beiden Parteien zu wählen, wenn sie sich ideologisch annähern – selbst wenn sie dann immer noch nicht identische Positionen besitzen.[226] Downs weist darauf hin, dass dieses Verhalten der Wähler nur scheinbar irrational ist. Zwar ist es so, dass – in diesem Schema – extremistischen linken Wählern eine linke Partei der Mitte inhaltlich näher steht als eine rechte Partei der Mitte und dass dies für extremistische rechte Wähler analog ebenfalls gilt. In dieser Logik wäre Stimmenenthaltung für beide extremistischen Wähler eigentlich irrational, weil sie immer noch das jeweils „kleinere Übel“ bestimmen können und damit ihren relativen Nutzen beeinflussen. Allerdings gilt dies nur bei einer sehr kurzfristigen Sichtweise. Nach Downs lassen sich die extremen Ränder bei ihrer Wahlenthaltung von langfristigen strategischen Motiven leiten: „[Extremistische Wähler] sind bereit, die schlechtere Partei heute gewinnen zu lassen, um die bessere Partei von einer Annäherung an das Zentrum abzuhalten, damit sie ihnen in künftigen Wahlen näher steht. Wenn sie

[225] Vgl. Downs, Anthony (1968), a.a.O., S.115f.
[226] Vgl. Downs, Anthony (1968), a.a.O., S.115.

dann gewinnt, ist ihr Sieg in den Augen dieser Wähler von größerem Wert. So wird die Stimmenthaltung zu einer Drohung, die man gegen die Partei richtet, die der eigenen Position am nächsten steht, um sie von der Mitte fernzuhalten."[227] Für Downs ist es gerade in Mehrparteiensystemen wahrscheinlich, dass die Parteien ihre ideologischen Unterschiede betonen und nicht zur Mitte konvergieren.[228]

Darüber hinaus bietet Downs' Modell nicht nur eine (statische) Erklärung des Wettbewerbs zwischen bereits bestehenden Parteien. Auch in einer dynamischen Betrachtungsweise erschließt sich mit ihm der politische Wettbewerb beim Auftreten neuer Parteien. Für Downs gibt es zwei verschiedene Ziele bei Parteigründungen. Im ersten Fall dient die Parteigründung nicht primär dem Gewinn von Wahlen. Stattdessen werden Parteien gegründet, um bestehende Parteien von einem Positionswechsel abzuhalten bzw. sie davon wieder abzubringen, in die Mitte zu konvergieren. Als Beispiel nennt er die Gründung der States' Rights Party 1948 in den USA, mit der die Demokraten in der Bürgerrechtsfrage von einer weiteren Liberalisierung abgehalten werden sollten.[229]

Dem gegenüber gibt es ein zweites Motiv von Parteigründungen, nämlich dem Wahlgewinn. Dies ist besonders dann möglich, wenn sich die Präferenzstruktur der Wähler entlang des Links-Rechts-Schemas plötzlich ändert. Dies geschieht nach Downs vor allem dann, wenn sich das Wahlrecht grundlegend ändert und bislang von diesem Recht ausgeschlossene Gruppen nun stimmberechtigt werden. Als Beispiel führt er die Gründung der Labour Party in Großbritannien an.[230] Die Verleihung des Wahlrechts an die Arbeiterklasse gegen Ende des neunzehnten Jahrhunderts führte zu einer deutlichen Linksverschiebung des Wählerspektrums. Die Labour Party artikulierte diese linken Positionen und konnte so das ehemalige reine Zweiparteiensystem von Liberalen und Konservativen aufbrechen. Diese beiden Parteien hatten sich vor der Wahlrechtsänderung ideologisch angenähert, wobei die Liberalen etwas links der Mitte und die Konservativen etwas rechts der Mitte waren. Selbst als die Liberalen nach der Wahlrechtsänderung etwas weiter nach links rückten, waren sie immer noch zu weit von dem linken Modalwert entfernt, den die Labour Party besetzte. Dadurch wurden die Liberalen von Labour auf der linken und den Konservativen von der rechten Seite aus eingezwängt und verloren so massiv an politischer Bedeutung.

Einige der genannten Annahmen von Downs Modell führen dazu, dass sein Konzept zwar an analytischer Schärfe gewinnt, aber an Kraft zur Erklärung der

[227] Downs, Anthony (1968), a.a.O., S.115f.
[228] Vgl. Downs, Anthony (1968), a.a.O., S.123.
[229] Vgl. Downs, Anthony (1968), a.a.O., S.124.
[230] Vgl. Downs, Anthony (1968), a.a.O., S.124f.

Realität verliert.[231] Dies gilt insbesondere für die Annahme, dass sich der ganze Parteienwettbewerb nur entlang einer einzigen Frage bewegt – nämlich beispielsweise der Intensität des staatlichen Eingriffes in die Wirtschaft – und sich die Unterschiede der Parteien auf einem einfachen Links-Rechts-Schema darstellen lassen.[232] Die politikwissenschaftliche Forschung hingegen verweist auf die Komplexität des politischen Wettbewerbs und bietet verschiedene Modelle an, die – trotz ihrer Unterschiede – gemeinsam haben, dass sich die Wählerpräferenzen nicht auf einer einfachen Linie von links nach rechts darstellen lassen, sondern allenfalls in einem mehrdimensionalen Koordinatensystem mit diversen Achsen, die verschiedene soziale und ökonomische Grundeinstellungen abbilden.[233] Auch viele Autoren der Neuen Politischen Ökonomie haben sich dieses Problems angenommen und komplexe Erweiterungen des Modells von Downs vorgenommen. Diese neuen Modelle sind entsprechend kompliziert und oft sehr mathematisch formuliert, bestätigen aber vom Grundsatz die Analyse von Downs.[234] Da diese Dissertationsschrift keinen quantitativen, sondern einen qualitativen Ansatz verfolgt, ist es nicht erforderlich, auf diese Modelle näher einzugehen. Stattdessen reicht es, auf die Ausführungen von Downs selber zu dieser Fragestellung hinzuweisen. Er bietet eine praktikable und für diese Arbeit ausreichende Möglichkeit, den Parteienwettbewerb auf mehrere Fragen auszudehnen.

Seine Grundidee ist, dass jede Partei jetzt zu mehreren Fragen Stellung nimmt und jede Position auf dem Links-Rechts-Schema von den Wählern eingeordnet werden kann.[235] Dabei ist es nicht notwendig, dass die Wähler alle exakt die gleiche Einschätzung der Positionen der Parteien besitzen, es genügt völlig, dass sie erkennen, dass z.B. Vorschlag 1 von Partei A „linker“ ist als Vorschlag 2 von Partei B. Die Wähler können dann den politischen Standort einer Partei

[231] Da die folgende Arbeit keine detaillierte Auseinandersetzung mit den Prämissen von Downs zum Ziel hat, wird auf die Kritik an Downs nur ansatzweise in Teilbereichen kurz eingegangen. Einen guten Überblick über die Stärken und Schwächen des Ansatzes von Downs bietet das Sammelband von Grofman, Bernard (Hg., 1995): Information, Participation and Choice. An Economic Theory of Democracy in Perspective, Ann Arbor.

[232] Vgl. Kirsch, Guy (1997): Neue Politische Ökonomie, Düsseldorf, S.249ff.

[233] Ausgangspunkt dieser Überlegungen ist die These von Lipset und Rokkan, dass die Parteien Ausdruck sozialstruktureller Konfliktlagen (cleavages) sind. Diese beruhen insbesondere auf den Konflikten zwischen Arbeit und Kapital, Stadt und Land, Kirche und Staat sowie Zentrum und Peripherie (vgl. Lipset, Seymour/ Rokkan, Stein (1967): Party Systems and Voter Alignements, New York). Einen Überblick über die Relevanz dieser mehrdimensionalen Konfliktlinien, das Entstehen neuer Cleavages und verschiedene Möglichkeiten einer grafischen Darstellung findet sich bei Alemann, Ulrich von (2001): Das Parteiensystem der Bundesrepublik Deutschland, Bonn, S.95-110.

[234] Vgl. als Überblick über einige dieser mehrdimensionalen Modelle Herder-Dorneich, Philipp/ Groser, Manfred (1977): Ökonomische Theorie des politischen Wettbewerbs, Stuttgart, S.135-145.

[235] Vgl. Downs, Anthony (1968), a.a.O., S.128f.

(„Nettoposition") aus der Summe ihrer Einzelvorschläge ableiten. Je nach Einschätzung der Wähler variiert dann die genaue absolute Nettoposition der Partei auf dem Links-Rechts Schema, der relative Standort bleibt aber allgemein erkennbar, d.h. Partei A liegt in den Augen der Wähler immer links von Partei B. Für die Parteien ergibt sich daraus der Anreiz, eine möglichst breite Anzahl von Vorschlägen anzubieten, um möglichst viele Wähler aus dem ganzen Spektrum zu erreichen. Als Folge verlieren die Parteien an Anziehungskraft bei den Wählern, weil diese sehen, dass die eigentlich ihnen nahe stehende Partei auch Positionen vertritt, die sie ablehnen. Downs leitet daraus ab, dass das Urteil der Wähler über die Parteipräferenz immer zweidimensional sein muss: Die Wähler müssen die Nettoposition der Partei (der Durchschnitt ihrer Positionen) mit der Varianz ihrer Vorschläge (die Breite ihres Spektrums) bewerten.[236]

Die Tatsache, dass Parteien zu sehr verschiedenen politischen Fragen Stellung nehmen und jeder Wähler für sich selbst ein Wahlurteil aus Nettoposition und Spektrum der einzelnen Wahlversprechen bilden muss, beeinflusst auch das Stimmenmaximierungskalkül der Parteien.[237] Da es in der Realität für Parteien kaum möglich ist, die genauen Präferenzen eines Wählers zu erfassen, behandeln sie diese als Gruppen und richten ihre Wahlvorschläge dementsprechend an bestimmten Gruppeninteressen aus. Downs nennt als Beispiel die Gruppe der Arbeiter und die Gruppe der Landwirte. In bestimmten Bereichen habe diese bei derselben Frage völlig konträre Vorstellungen, etwa bei der Neugestaltung des Landwirtschaftsgesetzes und bei der Neugestaltung des Arbeitsgesetzes. Für die Gruppe der Bauern hat die Neuregelung des Landwirtschaftsgesetzes allerdings eine höhere Bedeutung als die Neuregelung des Arbeitsgesetzes, für die Arbeiter verhält es sich genau umgekehrt. Will eine Partei ihre Wahlchancen erhöhen, nimmt sie in der Frage des Landwirtschaftsgesetzes eine Position zu Gunsten der Bauern und bei der Frage des Arbeitsgesetzes eine Position zu Gunsten der Arbeiter ein. Durch diese Klientelpolitik ist sie insgesamt sowohl für Bauern wie auch für Arbeiter wählbar.[238]

---

[236] Vgl. Downs, Anthony (1968), a.a.O., S.129.

[237] Vgl. Downs, Anthony (1968), a.a.O., S.130-133.

[238] Im engen Zusammenhang mit der Klientelpolitik steht der politische Einfluss von Interessengruppen, denn diese artikulieren die Interessen beispielsweise ihres Berufsstandes oder ihrer Branche gegenüber den politischen Entscheidungsträgern und gegenüber der (medialen) Öffentlichkeit. In der Neuen Politischen Ökonomie spielen Erklärungsansätze, wie und unter welchen Bedingungen die Interessen von Gruppen organisationsfähig sind [vgl. Olson, Mancur (2004), a.a.O.] und inwiefern die Organisations- und Konfliktfähigkeit gesellschaftlicher Interessen für deren politische Repräsentation verantwortlich ist [vgl. Offe, Claus (1969): Politische Herrschaft und Kassenstrukturen: Zur Analyse spätkapitalistischer Gesellschaftssysteme, in: Kress, Gisela/ Senghaas, Dieter (Hrsg., 1969): Politikwissenschaft: Eine Einführung in ihre Probleme, Frankfurt a.M., S.155-189.] eine wichtige Rolle. Für die Zwecke dieser Arbeit – in der das Handeln von Regierungen im Mittelpunkt steht – ist aber eine vertiefte Analyse der Interessengruppen nicht notwendig, da diese selber keine politischen

Downs Überlegungen, dass Parteien ihre Wahlprogramme gezielt auf bestimmte Gruppen zuschneiden, um ihre Wahlchancen zu erhöhen, werden von Herder-Dorneich und Groser aufgegriffen und in einem eigenen Modell stärker differenziert. Sie entwerfen ein „komplexes Modell“, um „[...] die Verhaltensweisen rationaler Politiker im Wettbewerb um die Wählerstimmen zu skizzieren.“[239] Gegenüber Downs sind zwei Erweiterungen besonders relevant, weil sie die Analyse noch stärker auf die politische Realität fokussieren: Die Rolle des Zeitfaktors und die Unterscheidung zwischen Parteimitgliedern, Stammwählern und „Grenzwählern“. Insbesondere die Einführung der zeitlichen Dimension erhöht die Aussagekraft, denn dadurch lassen sich strategische Verhaltensweisen der Parteien bei der konkreten Umsetzung ihres Stimmenmaximierungskalküls ableiten. Herder-Dorneich und Groser unterteilen ihre Analyse in drei Zeitphasen, beginnend unmittelbar nach einer Wahl und endend vor dem nächsten Wahltermin (vgl. Grafik 3.1.3). Je nach Zeitphase werden gewählte Regierungen die Wohltaten und die notwendigen Belastungen der Bürger unterschiedlich verteilen.[240] Hierbei unterscheiden sie nicht nur zwischen Parteimitgliedern, Stammwählern und „Grenzwählern“ (Wechselwähler), sondern auch zwischen organisierten und nichtorganisierten Wählern innerhalb dieser Gruppen. Die Kernidee ist dabei, dass Belastungen im Allgemeinen von den Wählern umso weniger negativ aufgefasst werden, je weiter sie vom künftigen Wahltermin entfernt liegen.

Entscheidungen treffen können. Sie müssen nämlich immer Regierungen dazu bringen, im Interesse der spezifischen Gruppe zu handeln, sei es durch Überzeugung, finanzielle Vergünstigungen (Wahlkampfspenden) oder öffentlichen Druck (z.B. Anzeigenkampagnen, Streiks).

[239] Herder-Dorneich, Philipp/ Groser, Manfred (1977), a.a.O., S.213-216.

[240] Vgl. Herder-Dorneich, Philipp/ Groser, Manfred (1977), a.a.O., S.214-216.

Grafik 3.1.3: Das „komplexe Modell“ von Herder-Dorneich/ Groser

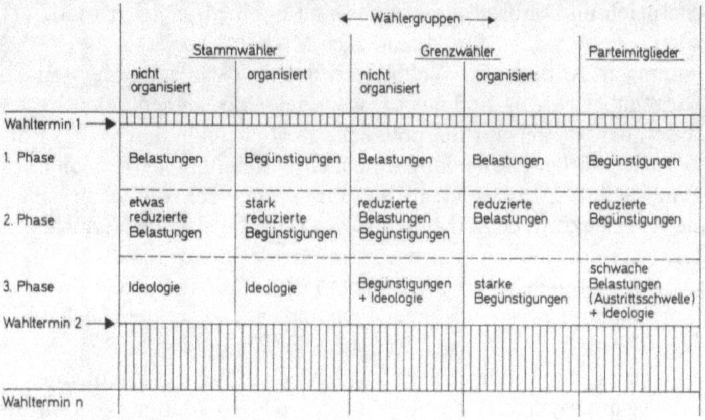

Quelle: Herder-Dorneich/ Groser (1977), a.a.O., S.215

Unmittelbar nach der Wahl in Phase 1 werden die nichtorganisierten Wähler (finanziell) belastet, weil diese Gruppe nach den Wahlen praktisch keine Sanktionsmöglichkeiten (d.h. Stimmenentzug) besitzt. Hingegen werden die organisierten Stammwähler und die Parteimitglieder begünstigt, weil die Politiker vor der Wahl Verpflichtungen eingegangen sind, die jetzt eingelöst werden, um die Loyalität dieser Wähler auch bei künftigen Wahlen zu sichern.

Phase 2 ist durch eine Übergangsstrategie charakterisiert. Daraus folgt nach Herder-Dorneich und Groser: „Vorangegangene Belastungen und Begünstigungen werden teilweise reduziert und die Fronten für die entscheidende 3. Phase vorbereitet.“[241] Weil die Parteimitglieder zu diesem Zeitpunkt durch den Nominierungsprozess Einfluss auf die Kandidatenaufstellung nehmen, werden sie in dieser Phase nicht belastet.

In der letzten Phase werden die Wählergruppen nun besonders deutlich nach dem „Vergessensfaktor“ differenziert. Herder-Dorneich und Groser argumentieren, dass die nichtorganisierten Stammwähler die Belastungen größtenteils vergessen haben und nun durch ideologische Appelle zur Unterstützung der Regierung aufgerufen werden. Bei den organisierten Stammwählern spielen solche Appelle ebenfalls eine Rolle; durch ihre Organisation werden sie zudem an die Begünstigungen der Anfangsphase erinnert. Besonders relevant für den Wahlerfolg sind freilich die in der Regel große Anzahl von „Grenzwählern“. Die nicht-

[241] Herder-Dorneich, Philipp/ Groser, Manfred (1977), a.a.O., S.214.

organisierten Grenzwähler werden ihre Belastungen zum Teil vergessen haben und sollen durch ideologische Appelle, vor allem aber durch materielle Vergünstigungen zur Stimmabgabe für die Regierung bewogen werden. Die organisierten Grenzwähler werden hingegen ihre Belastungen nicht vergessen haben und müssen daher stärker mit Begünstigungen umworben werden, welche in ihrem Umfang die früheren Belastungen überkompensieren sollen. Schwache Belastungen werden in der 3. Phase von den Parteimitgliedern abverlangt. Diese Gruppe wird vor allem durch starke ideologische Appelle motiviert und an ihre besondere Bedeutung im Wahlkampf erinnert, um so auch die Opfer zu rechtfertigen.

3.2 Ein Modell zur Erklärung des politischen Einflusses von Rating-Agenturen

In den folgenden Abschnitten wird ein neues politikwissenschaftliches Modell entwickelt, mit dem der Einfluss von Rating-Agenturen erklärt wird. Es baut dabei auf den obigen Ausführungen zur Neuen Politischen Ökonomie auf und knüpft vor allem an Downs und Herder-Dorneich an. Gewählt wurde ein didaktischer Aufbau: Zuerst wird ein etwas abstrakteres Grundmodell dargestellt, um die Kernaussagen deutlich zu machen. In den dann folgenden Abschnitten wird dieses Grundmodell schrittweise erweitert, um seine Erklärungskraft der Realität zu erhöhen.

3.2.1 Das Grundmodell

Im Mittelpunkt der Betrachtungen steht die Regierung eines demokratischen Systems, die wieder gewählt werden möchte und im Parlament eine stabile Mehrheit besitzt. Hierbei wird vorausgesetzt, dass die Parlamentswahlen wirklich frei, allgemein, unmittelbar und geheim sind, die Wähler zwischen konkurrierenden Parteien oder Kandidaten auswählen können und bei jeder Wahl auch tatsächlich die Machtfrage gestellt wird. Um die Analyse zu vereinfachen, werden bis auf weiteres Regierung und Regierungsfraktion als einheitlicher und kohärenter Akteur angesehen, d.h. es gibt keinerlei Differenzen innerhalb der Regierung und zwischen der Regierung und der sie tragenden Fraktion.

Im Rahmen des Modells ist der Staatshaushalt die einzige Möglichkeit, mit der die Regierung ihre Wiederwahlchancen selber beeinflussen kann. Wie im Verlaufe dieses Kapitels deutlich wird, ist diese Annahme absolut zwingend, um den politischen Einfluss von Rating-Agenturen analysieren zu können. Höhe und Struktur des Budgets bestimmen den Wahlerfolg der Regierung. Insofern wird (zunächst) ebenfalls angenommen, dass die Wähler ihre Wahlentscheidung ausschließlich davon abhängig machen, wofür die Regierung wie viel Geld ausgibt. In dem Grundmodell sind folglich Regierung und Wähler eigennutzorientierte, rational denkende Akteure: Das Regierungsprogramm hat den Zweck, möglichst viele Wählerstimmen zu gewinnen und der Staatshaushalt ist ein Mittel zur Umsetzung dieses Zweckes. Die Wähler ihrerseits haben keine langfristigen (soziokulturell oder ideologisch begründeten) Parteipräferenzen, sondern stimmen für diejenige Partei, deren Programm ihren Eigeninteressen am besten entgegenkommt.

In Anlehnung an Downs und Herder-Dorneich/ Groser verhalten sich Regierungen wie „politische Unternehmer": Ihre Kunden sind die Wähler, ihr Produkt sind die im Staatshauhalt realisierten politischen Maßnahmen und die Währung, in der bezahlt wird, sind die Wählerstimmen. So wie Unternehmen ihren pekuniären Gewinn maximieren wollen, streben Regierungen nach der Maximierung der Wählerstimmen, denn dies ermöglicht ihre Wiederwahl.

Um ein Produkt herstellen zu können, benötigt jedes Unternehmen bestimmte Ressourcen, die als Produktionsfaktoren in den Produktionsprozess eingehen. Je mehr produziert wird, desto größer ist der Ressourcenverbrauch. Dieser Zusammenhang wird in den Wirtschaftswissenschaften mit so genannten Produktionsfunktionen grafisch dargestellt. Diese zeigen an, wie sich die Produktionsmenge (auch Ausbringung, Ertrag oder Output genant) in Abhängigkeit der eingesetzten Produktionsfaktoren (Arbeit, Kapital oder Boden) ändert. Eine häufig verwendete Produktionsfunktion ist die Cobb-Douglas-Produktionsfunktion. Zu deren wichtigen Eigenschaften gehört, dass die Erhöhung der Einsatzmenge eines Produktionsfaktors immer zu einer höheren Ausbringung führt, aber der mit zunehmenden Faktoreinsatz erzeugte Ertrags*zuwachs* abnimmt. Wird die Einsatzmenge eines Faktors beispielsweise verdoppelt, steigt der Ertrag um weniger als das Doppelte, wird aber niemals negativ.

Die in Grafik 3.2.1.1 dargestellte Funktion entspricht dem Verlauf einer Cobb-Douglas-Produktionsfunktion, bei der ein Produktionsfaktor variiert wird.

Grafik 3.2.1.1: Der politische Ertrag von Staatsausgaben

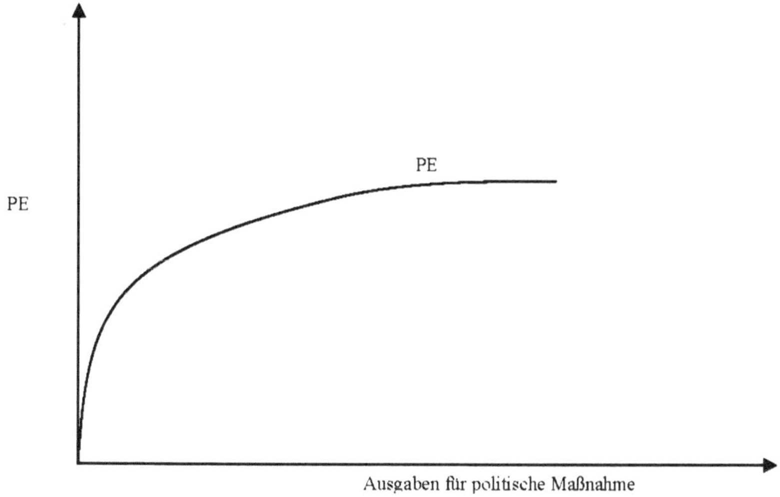

Quelle: Eigene Darstellung

Mit steigender (d.h. auf der X-Achse weiter nach rechts gehender) Einsatzmenge erhöht sich der Output (d.h. höherer Punkt auf der Y-Achse), aber der Ertragszuwachs wird mit steigender Einsatzmenge geringer. Die Beschriftung an den Achsen verrät, dass diese Cobb-Douglas-Produktionsfunktion einen politischen Zusammenhang darstellen möchte. Genauer gesagt ist sie der Ausgangspunkt für die Entwicklung eines neuen politikwissenschaftlichen Modells zur Erklärung des politischen Einflusses von Rating-Agenturen. Grafik 3.2.1.1 illustriert die eingangs getroffene Annahme, dass Regierungen mit der Höhe und Struktur des Staatshaushaltes ihre Wiederwahlchancen beeinflussen können. Der Staatshaushalt liefert als Quasi-Produktionsfaktor der Regierung einen bestimmten *politischen Ertrag (PE)* in Form von Wählerstimmen. Der politische Ertrag entspricht der *absoluten Höhe der Wählerstimmen, die Regierungen wegen ihrer Ausgaben für politische Maßnahmen erhalten.* Je mehr Geld (als Einsatzmenge auf der X-Achse) die Regierung für bestimmte politische Maßnahmen ausgibt, desto größer ist der politische Ertrag in Form von Wählerstimmen (als Outputmenge der Y-Achse). Dieser grundsätzliche Zusammenhang ist sehr plausibel und zeigt sich in vielfacher Hinsicht in der politischen Praxis: Regierungen wollen die Stimmen von Eltern gewinnen, in dem sie ihnen z.B. Kindergeld zahlen oder vergünstigte Betreuungsangebote schaffen; Landwirte erhalten staatliche Prämien zur Bewirtschaftung ihrer Anbauflächen; Start-Up-Unternehmen kommen in den Genuss von subventionierten Krediten staatlicher Banken; für die Bewohner einer bestimmten Region wird eine neue Fernstraßenverbindung geschaffen etc. Höhere Staatsausgaben ermöglichen mehr Wohltaten und somit höhere Stimmengewinne. Regierungen wollen daher möglichst viel Geld ausgeben, um möglichst jedes Klientel zu bedienen. Dieser Zusammenhang lässt sich mit Hilfe von Grafik 3.2.1.2 präzisieren. Sie beschreibt den Verlauf der politischen Grenzertragsfunktion. Der *politische Grenzertrag (PGE)* entspricht dem *zusätzlichen Ertrag an Wählerstimmen pro zusätzlich ausgegebener Geldeinheit.*[242] Die politische Grenzertragsfunktion ergibt sich unmittelbar aus der politischen Ertragsfunktion, wie sie in Grafik 3.2.1.1 dargestellt wurde. Mathematisch entspricht sie der ersten Ableitung der Ertragsfunktion.[243]

Grafik 3.2.1.2: Der politische Grenzertrag von Staatsausgaben

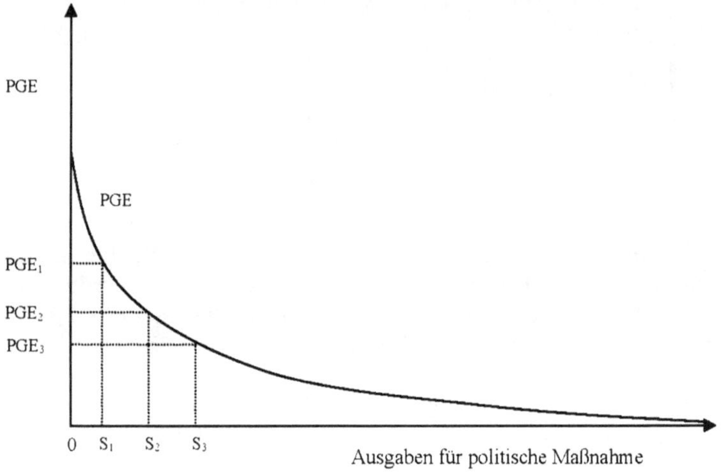

Quelle: Eigene Darstellung

[242] Die Übertragung von ökonomischen Kerngedanken wie den des Grenzertrages auf politische Entscheidungen unternehmen auch Hettich und Winer, die sich mit den Auswirkungen der Steuerpolitik auf die Wahlchancen von Regierungen auseinandersetzen. In ihrem formalen Modell entspricht der politische Grenzertrag ebenfalls dem durch Staatsausgaben erzeugten zusätzlichen erwarteten Gewinn an Wählerstimmen. Vgl. Hettich, Walter/ Winer, Stanley (1999), a.a.O., S.44-48.

[243] Da die in dieser Arbeit verwendeten Grafiken allesamt zur Illustration eines neuen theoretischen Konzeptes dienen und nicht zur Berechnung eines bestimmten Kausalzusammenhanges, wird auf eine mathematische Darstellung verzichtet. Auch die Grafiken selber sind nicht mathematisch berechnet, sondern gezeichnet. Insofern ist Grafik 3.2.1.2 keine mathematisch exakte Ableitung von Grafik 3.2.1.1., sondern nur eine Annäherung. Die Aussagekraft des Modells wird davon nicht berührt.

Anhand der PGE-Kurve lässt sich eine wichtige Eigenschaft der politischen Ertragsfunktion noch besser erkennen: Der politische Ertrags*zuwachs* nimmt mit steigenden Staatsausgaben ab, wird aber niemals negativ. So führt eine an der Stelle S_1 ausgegebener Euro (bzw. jede andere Geldeinheit) für eine politische Maßnahme zu zusätzlichen Wählerstimmengewinnen in Höhe von PGE_1. Je mehr Geld dann weiter für dieselbe politische Maßnahme ausgegeben wird, desto geringer sind die zusätzlichen Stimmengewinne, die mit dem gleichen Geldbetrag erzeugt werden. Demzufolge führt ein Euro an der Stelle S_2 nur noch zu neuen Stimmengewinnen in Höhe von PGE_2, im Punkt S_3 beträgt der Stimmenzuwachs aus einem Euro sogar nur PGE_3. Da die PGE-Kurve immer oberhalb der X-Achse verläuft, wird der politische Grenzertrag niemals negativ. Die *absolute* Stimmenzahl wächst daher mit steigenden Ausgaben für eine bestimmte politische Maßnahme weiter.

Ein Beispiel zu Subventionen in der Landwirtschaft vergegenwärtigt die praktische Relevanz der obigen abstrakten Ausführungen zum Verlauf der PGE-Kurve. An Hand der Subventionszahlungen wird der Zusammenhang deutlich. Regierungen profitieren davon, wenn sie z.B. der Landwirtschaft eine neue Subvention bewilligen. Weil Subventionen das Einkommen der Landwirte erhöhen, handelt die Regierung im Interesse der Landwirte und kann eine höhere Zustimmung dieser Klientel bei der nächsten Wahl erwarten. Die Regierung zahlt deswegen beispielsweise Subventionen im Umfang von 10 Millionen Euro. Hierdurch erhält sie von 700 Landwirten ihre Stimme (vgl. Grafik 3.2.1.3).

Grafik 3.2.1.3: Der politische Grenzertrag von landwirtschaftlichen Subventionen

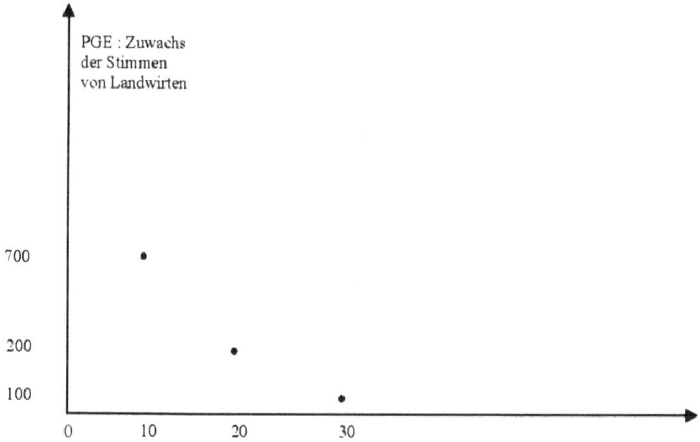

Quelle: Eigene Darstellung

Allerdings ist anzunehmen, dass einige Landwirte diese 10 Millionen Euro als zu gering erachten, um die Belastungen durch andere Maßnahmen des Wahlprogramms – auch außerhalb des landwirtschaftlichen Bereichs – zu kompensieren. Erst wenn die Subvention auf 20 Millionen erhöht wird, ist diese kleinere Gruppe im Umfang von 200 Personen bereit, ihre Stimme der Regierung zu geben. Diese *zusätzlichen* Ausgaben von 10 Millionen Euro werden dafür aber nur einen kleineren zusätzlichen Gewinn an Wählerstimmen erbringen (nämlich 200) als die Zahlung der ersten 10 Millionen Euro, die zu 700 Wählerstimmen führte. Ähnliches gilt für weitere Erhöhungen der Subventionen auf 30 Millionen Euro, wodurch die Regierung 100 neue Stimmen erhält und so insgesamt auf 1000 Stimmen von Landwirten kommt.

Die Abnahme des politischen Grenzertrages erstreckt sich nicht nur auf Subventionen, sondern auf alle budgetwirksamen politischen Maßnahmen. So dürften sich die Bewohner und Unternehmer einer abgelegenen Region sicherlich sehr darüber freuen, wenn die Regierung die Verkehrsverbindung ihrer Region deutlich verbessert. Wenn die Regierung beispielsweise eine neue Bundesstraße für 10 Millionen Euro verspricht, gewinnt sie damit 3000 Stimmen der Einwohner bei der nächsten Wahl (vgl. Grafik 3.2.1.4).

Grafik 3.2.1.4: Der politische Grenzertrag von Straßenbaumaßnahmen

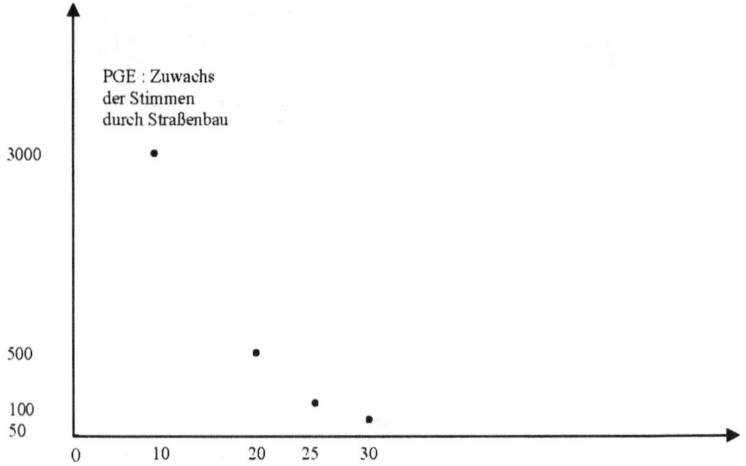

Quelle: Eigene Darstellung

Hingegen würden 500 andere Bürger dieser Region die Regierung erst dann wählen, wenn sie nicht nur eine Bundesstraße, sondern für 20 Millionen Euro eine Autobahn baut. Schließlich könnten sie dann mit mehr als 100 km/h auf dieser neuen Strecke fahren, was diesen eiligen Bürgern eine tägliche Zeitersparnis einbringt. 100 andere Bürger wären damit immer noch nicht zufrieden. Sie erwarten, dass die Autobahn für zusätzliche 5 Millionen Euro dreispurig in jede Richtung gebaut wird, denn in diesem Fall müssen sich nicht ständig die Spur wechseln, wenn sie schleichende LKW überholen oder für rasende PKWs Platz machen müssen. Selbst diese Variante ist für 50 andere Bürger nicht ausreichend. Sie werden der Regierung ihre Stimme nur geben, wenn die Auf- und Abfahrten der Autobahn beleuchtet werden. Dies kostet (mit langfristigen Folgekosten) weitere 5 Millionen Euro, dient aber in den Augen dieser Bürger der Verkehrssicherheit und sieht gut aus. Insgesamt erhält die Regierung dann 3650 Stimmen auf Grund der Investitionen in die Verkehrsinfrastruktur.

Neben dem Straßenbau und der Subventionierung der Landwirtschaft ließen sich weitere Beispiele aufzeigen, bei denen deutlich wird, dass Regierungen umso mehr Stimmen erhalten, je mehr sie für eine bestimmte Maßnahme ausgeben, aber die Stimmenzuwächse dabei abnehmen. Dieser Zusammenhang ist relevant für das Gesamtbudget des Staates, das die Summe der Einzelmaßnahmen ist. Der Staatshaushalt definiert nämlich die zur Verfügung stehenden Finanzmittel, mit denen die Regierung ihre Wiederwahlchancen beeinflussen kann. Somit vollzieht sich das Stimmenmaximierungskalkül der Regierung immer bei einer bestimmten Geldsumme. Die Regierung muss entscheiden, welchen Teil der Gesamtsumme sie für die einzelnen Maßnahmen ausgeben will. Wird beispielsweise vereinfachend angenommen, dass der Staatshaushalt ein Volumen von 30 Millionen Euro habe und die Regierung nur Geld für Landwirtschaftssubventionen oder Straßenbau ausgeben könnte, ist das Stimmenmaximierungskalkül leicht ersichtlich.

Verwendet die Regierung sämtliche Gelder für die Landwirtschaft, kann sie mit 1000 Wählerstimmen rechnen. Gibt sie alle Budgetmittel für den Straßenbau aus, erhält sie 3650 Stimmen. Die meisten Stimmen bekommt sie jedoch wegen des Prinzips des abnehmenden politischen Grenzertrags bei einer Kombination aus beiden Maßnahmen: Zahlt sie den Landwirten 10 Millionen Euro an Subventionen und baut sie für 20 Millionen eine Autobahn (jeweils zweispurig, ohne Beleuchtung), erwirbt sie sich damit die Zustimmung von insgesamt 4200 Wählern (s. Grafik 3.2.1.5).

Grafik 3.2.1.5: Die optimale Ausgestaltung des Staatsbudgets

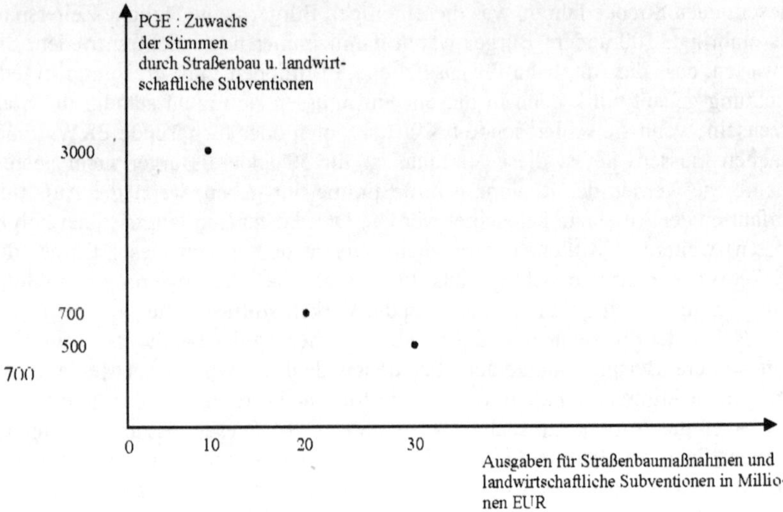

Quelle: Eigene Darstellung

Während bei den Beispielen „landwirtschaftliche Subventionen" und „Straßenbau" die Regierung nur wenige Kombinationsmöglichkeiten bei der Aufstellung ihres Haushaltes besitzt[244], ist diese Beschränkung in der Realität nicht gegeben: Weil der Staatshaushalt die Summe vieler verschiedener Einzelmaßnahmen ist, lassen sich prinzipiell unendlich viele Variationen vorstellen, so dass jede Veränderung des Ausgabenvolumens auch eine Veränderung der Stimmergebnisse bewirkt.[245] Hierbei können die Erkenntnisse der Grafiken 3.2.1.3 bis 3.2.1.5 verallgemeinert werden. Wird die gleiche Summe Geld entweder nur für die politische Maßnahme A oder nur für die politische Maßnahme B verwendet, kann die Regierung in beiden Fällen mit weniger Wählerstimmen rechnen, als wenn sie das Geld optimal zwischen beiden Maßnahmen aufteilt. Dieser Zusammenhang gilt für beliebig viele Einzelmaßnahmen. Eine optimale Aufteilung liegt dann vor, wenn die politischen Grenzerträge aus allen Einzelmaßnahmen gleich sind, d.h. der zuletzt ausgegebene Euro für Maßnahme A liefert genauso viele Stimmen wie der zuletzt ausgegebene Euro für die Maßnahmen B, C und

---

[244] In den Grafiken 3.2.1.3 bis 3.2.1.5 wird dies dadurch ausgedrückt, dass keine (stetigen) PGE-Kurven existieren, sondern es lediglich einzelne Punkte gibt, die einzelnen Ausgabensummen bestimmte Stimmenzuwachse zuordnen.

[245] In diesem Fall existieren unendlich viele Punkte, so dass die Funktion stetig wird – es also eine PGE-Kurve gibt wie in Grafik 3.2.1.2.

alle anderen. Festzuhalten ist an dieser Stelle nochmals, dass sowohl Höhe als auch Struktur des Staatshaushaltes die Parameter sind, mit denen Regierungen ihre Wiederwahlchancen selber beeinflussen können.

Die ausschließliche Fixierung auf die politische Grenzertragskurve ist freilich nicht ausreichend, um das Regierungshandeln zu erklären, denn ansonsten müssten alle Regierungen im Interesse ihrer Wiederwahl zu allen Zeiten eine sehr expansive Haushaltspolitik betreiben. Diese Vorstellung ist nicht nur empirisch nicht haltbar,[246] sondern widerspricht auch der dem Modell zu Grunde liegenden Methodik. Die Analogie zur Ökonomie macht das deutlich. Unternehmen wollen nicht ihre Produktion maximieren, sondern ihren Gewinn. Dieser ergibt sich aus der Differenz zwischen Erlös und Kosten. Insofern dürfen Regierungen als „politische Unternehmer" die Kostenseite ebenfalls nicht außer Acht lassen. Der folgende Teil des Kapitels beschäftigt sich deswegen mit den politischen Kosten. Wie sich zeigt, kommen an dieser Stelle auch die Rating-Agenturen ins Spiel.

Jeder Geldbetrag, den die Regierung für eine politische Maßnahme ausgibt, muss zunächst finanziert werden. Dies geht mittels Steuern[247] oder Schulden. In beiden Fällen übernehmen die Steuerzahler die Kosten. Bei der Steuerfinanzierung fallen die Kosten unmittelbar in der Gegenwart an und werden aus dem laufenden Einkommen aller Steuerzahler (private Haushalte und Unternehmen) finanziert. Im Falle der Verschuldung wird die Finanzierung in die Zukunft verlagert, denn die Schulden der Gegenwart sind die Steuern der Zukunft. Um die Analyse mit Hilfe des Modells zu vereinfachen, soll zunächst angenommen werden, dass Steuerzahler und Wähler zwei identische Gruppen sind. Für den Unternehmenssektor impliziert dies eine Identität zwischen Unternehmen und Unternehmer. Unternehmer sind demnach Wähler, deren Einkommen aus unternehmerischer Tätigkeit entsteht.[248] In dem Umfang, in dem die Wähler den Staatshaushalt finanzieren, müssen sie auf ihren privaten Konsum bzw. ihre Ersparnis in der Gegenwart oder in der Zukunft verzichten. Jede budgetwirksame politische Maßnahme führt daher unabhängig von ihrem politischen Ertrag zu einer finanziellen Belastung des Wählers. Weil diese Belastungen den individuellen Gestaltungsspielraum und damit die Freiheit jedes Steuerzahlers beschränken, verringern sie die Wiederwahlchancen der Regierung. Die Finanzierung politischer

---

[246] Man denke nur an die vielfältigen politischen Debatten, die unter den Stichworten „Haushaltskonsolidierung" und „Sparpaket" geführt werden.

[247] Sofern nicht anders aufgeführt, wird in dieser Arbeit nicht zwischen Steuern, Abgaben und Gebühren unterschieden.

[248] Ausländische Kapitalgesellschaften oder Personengesellschaften von Unternehmern ohne inländische Staatsbürgerschaft werden daher zunächst nicht beachtet. Ein Unternehmen, dass einigen Besitzern gehört die es gemeinsam leiten (z.B. mehrer Gesellschafter einer deutschen GmbH) wird in die Analyse einbezogen.

Maßnahmen verursacht folglich *politische Kosten (PK)* in Form von *Wählerstimmenverlusten.* Grafik 3.2.1.6 veranschaulicht den Zusammenhang von Staatsausgaben und Wählerstimmenverlusten mit Hilfe der politischen Kostenfunktion. Die PK-Kurve zeigt die kumulierten Wählerstimmenverluste auf Grund der Finanzierung der Staatsausgaben. Je höher die Ausgaben, desto größer die Wählerstimmenverluste.

Grafik 3.2.1.6: Der Verlauf der politischen Kostenfunktion

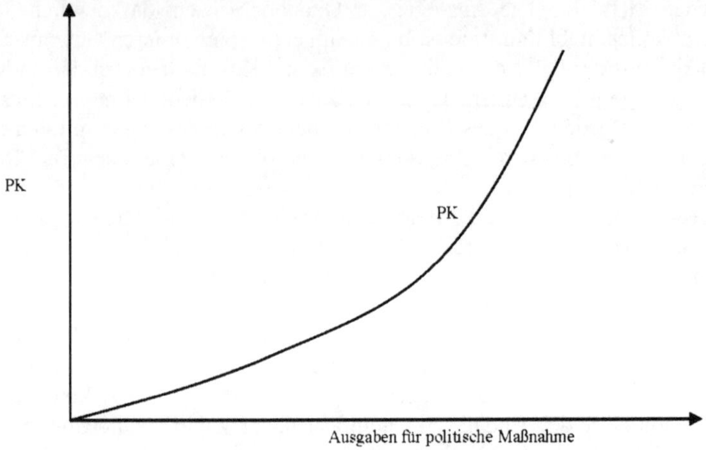

Quelle: Eigene Darstellung

Grafik 3.2.1.7 zieht die Parallele zur politischen Grenzertragsfunktion, indem sie die politische Grenzkostenfunktion darstellt. *Politische Grenzkosten (PGK)* werden definiert als *zusätzlicher Rückgang an Wählerstimmen pro zusätzlich ausgegebener Geldeinheit.* Wie am Verlauf der PGK-Kurve zu erkennen ist, wird der Anstieg der Wählerstimmenverluste mit zunehmenden Ausgaben immer größer. Dies bedeutet, dass der erste Cent, den die Bürger von jedem Euro Einkommen an Steuern (in der Gegenwart oder Zukunft) zahlen müssen, einen geringeren Nutzenverlust darstellt als z.B. der vierzigste Cent, und letztere einen geringeren Nutzenverlust beinhaltet als etwa der sechzigste Cent Steuern pro ein Euro Einkommen usw.

Grafik 3.2.1.7: Der Verlauf der politischen Grenzkostenfunktion

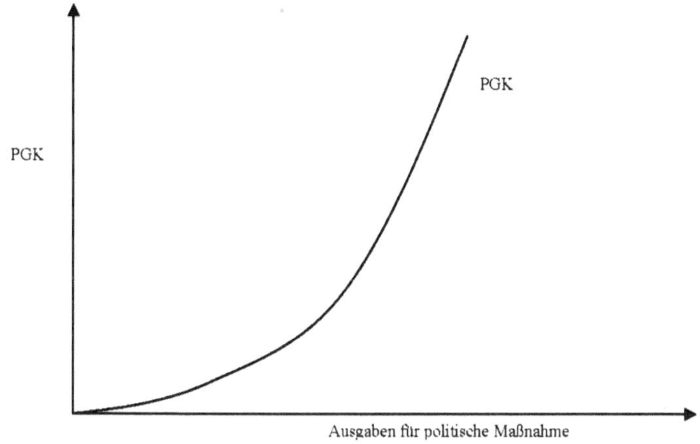

Quelle: Eigene Darstellung

Wie bereits erwähnt, erzeugen Staatsausgaben deswegen politische Kosten, weil jede Ausgabe entweder in der Gegenwart bezahlt werden muss (Besteuerung des laufenden Einkommens) oder die Bürger die Kosten in der Zukunft übernehmen müssen (Rückzahlung der Verbindlichkeiten aus der Staatsverschuldung). Festzuhalten ist deshalb, dass nicht die Staatsausgaben per se politische Kosten verursachen, sondern die zur Begleichung der Staatsausgaben notwendigen finanziellen Belastungen der Bürger in Form von Steuern oder Schulden. Jede stärkere Besteuerung des Einkommens in der Gegenwart und jede höhere Verschuldung erhöht somit die politischen Kosten. Erhöht die Regierung die direkten oder indirekten Steuern, verliert sie Wählerstimmen. Nimmt sie mehr Schulden auf, verschlechtert sie ebenfalls ihre Wiederwahlchancen. Bei der Finanzierung der Staatsausgaben muss die Regierung entscheiden, wie viel Prozent der Ausgabensumme sie mittels Steuern und wie viel mittels Verschuldung finanziert. Wie in Kapitel 3.1 dargestellt wurde, liefern die verschiedenen Ansätze der Neuen Politischen Ökonomie kein einheitliches Bild über den anzustrebenden Grad der Verschuldung. So lässt sich pauschal nicht beurteilen, ob Schulden höhere politische Kosten verursachen als Steuern. Es ist auch gut möglich, dass die jeweilige Kostenhöhe sich im Zeitverlauf ändert und von Land zu Land unterschiedlich ist.[249] Plausibel ist jedoch, dass sowohl die politischen Grenzkosten der Verschuldung als auch die politischen Grenzkosten der Besteuerung jeweils mit zunehmenden Ausgaben steigen und daher eine Kombination aus Steuern

[249] In Kapitel 3.2.3 wird dieser Aspekt ausführlich behandelt.

und Schulden weniger Wählerstimmenverluste erzeugt als eine reine Finanzierung der Ausgaben durch Steuern bzw. Schulden. Für die Zwecke dieser Arbeit ist eine genaue Aussage über die Verteilung von Steuern und Schulden nicht notwendig, da an die Ergebnisse von Hettich/Winer und Gillespie angeknüpft werden kann. In Anlehnung an ihre Ausführungen wird angenommen, dass Regierungen als rationale, Eigennutz orientierte Akteure das jeweils für sie optimale Verhältnis von Steuern und Schulden realisieren können, d.h. diejenige Kombination durchführen, welche die Wählerstimmenverluste minimiert.[250] Dieses Optimalverhältnis ist dann erreicht, wenn die politischen Grenzkosten der Verschuldung den politischen Grenzkosten der Steuererhöhung entsprechen, d.h. ein zusätzlicher Euro Schulden zu genauso vielen Wählerstimmenverlusten führt wie ein zusätzlicher Euro Steuereinnahmen. Ebenso gilt, dass die Regierung innerhalb des Steuersystems die politischen Kosten minimiert. Sie wird dabei entscheiden müssen, welche Steuern sie in welchem Umfang erhebt und welche Personen hierbei in welchem Umfang belastet werden. Wenn eine Regierung sich dafür entscheidet, die Steuern zu erhöhen, muss sie gleichfalls überlegen, ob sie den relevanten Finanzierungsbetrag beispielsweise aus der Einkommens- oder der Umsatzsteuer erbringt. Die politischen Kosten sind am niedrigsten, wenn die politischen Grenzkosten aller Steuern gleich sind. In dem genannten Beispiel würde ein zusätzlicher Euro aus der höheren Einkommenssteuer zu genauso vielen Wählerstimmenverlusten führen wie ein zusätzlicher Euro aus der Umsatzsteuererhöhung. Allgemein bleibt festzuhalten, dass jede Veränderung von dem Optimalverhältnis von Steuern zu Schulden – unabhängig davon, wie dieses im Einzelfall aussieht – die Wiederwahlchancen der Regierung reduziert.

Die politischen Kosten steigen aber nicht nur, wenn Steuern oder Schulden steigen, sondern auch, wenn die Regierung für die gleiche Schuldensumme mehr Zinsen zahlen muss, denn höhere Zinsen sind eine weitere finanzielle Belastung. Alle Faktoren, welche die staatlichen Zinszahlungen erhöhen, führen daher zu einem Anstieg der politischen Kosten. Da die Rating-Agenturen mit ihrem Bonitätsurteil auf den Prozess von Angebot und Nachfrage nach Staatsanleihen einwirken, beeinflussen sie die staatlichen Finanzierungskosten – und folglich die politischen Kosten! Weil eine Herabstufung des Ratings eines Landes in der Regel die Renditen für diese Staatsanleihen erhöht – die staatliche Verschuldung also teurer macht – steigen auch die politischen Kosten.[251] Ein Downgrade verschlechtert folglich die Wiederwahlchancen der Regierung.

---

[250] In Kapitel 3.2.5. wird zudem untersucht, was passiert, wenn Regierungen nach dieser Verhaltensregel handeln wollen, aber von anderen Akteuren (Veto-Spielern) daran gehindert werden.

[251] Die Interpretation von Ratings als Einflussfaktor der politischen Kosten findet sich erstmals bei Gillespie, W. Irwin (1991), a.a.O., S.25-26. Er argumentiert, dass die politischen Kosten von der

Die Interpretation von Ratings als Einflussfaktor der politischen Kosten ermöglicht die Analyse der politischen Bedeutung von Rating-Agenturen in einem kohärenten theoretischen Modell und bietet eine sinnvolle Alternative zur bisherigen Sichtweise in der Literatur, wie sie in Kapitel 2.1 ausführlich dargestellt wurde. Für die dort genannten Autoren wird politisches Handeln von den Finanzierungskosten determiniert und es wird ein unmittelbarer kausaler Zwang zum Politikwechsel unterstellt, wenn sich das Rating eines Landes ändert. Die Finanzierungskosten werden isoliert von den Interessen der Regierung, der Struktur des politischen Systems und der wechselseitigen Dynamik des politischen Prozesses betrachtet; ein theoretischer Rahmen ist nicht zu erkennen. Die ökonomischen Argumente werden der Rolle der Rating-Agenturen auf den Finanzmärkten nicht gerecht, da die Agenturen zwar ein sehr wichtiger – aber eben nicht der einzige Faktor – sind, der die Zinsen für Staatsanleihen beeinflusst. Mit dem nun unterbreiteten Vorschlag, Ratings als einen Einflussfaktor für die Höhe der politischen Kosten anzusehen, können sowohl weitere ökonomische Variablen in die Analyse mit einfließen als auch die Interessen der Regierung, die Struktur des politischen Systems und die Dynamik des politischen Prozesses berücksichtigt werden und diejenigen deterministischen Erklärungsansätze der bisherigen politikwissenschaftlichen Rating-Agentur überwunden werden, die lediglich die Finanzierungskosten berücksichtigen. Um den Einfluss von Rating-Agenturen verstehen zu können, müssen nämlich alle Faktoren, welche die politische Ertragsfunktion und die politische Kostenfunktion beeinflussen, im Zusammenhang betrachtet werden.

Zu diesem Zweck fasst Grafik 3.2.1.8 die wesentlichen Elemente zusammen, welche die Regierung bei ihrem Stimmenmaximierungskalkül leiten. Zu erkennen ist in der Grafik der jeweilige Verlauf der politischen Grenzertragsfunktion (PGE) und der politischen Grenzkostenfunktion (PGK) in Abhängigkeit von den Staatsausgaben. Beide Kurven entsprechen dem oben erläuterten Verlauf: Bei der PGE-Kurve nimmt der politische Grenzertrag bei steigenden Ausgaben ab, bei der PGK-Kurve steigen die politischen Grenzkosten mit Ausweitung des Budgets.

Höhe der Zinsen abhängen und das Rating eines Landes deswegen von Bedeutung ist: „Other things being equal, we would expect to find a government relying more on borrowing when interest rates are low than when interest rates are high. We would expect to find a government anxious to achieve and maintain a good credit standing among lenders since this credit rating will help in maintaining favourable (low) interest charges.“ Aus diesen Überlegungen leitet Gillespiel folgende Hypothese ab (ebenda): „The political costs of borrowing when interest rates are low are less than they are when interest rates are high. These political cost curves are inversely related to the good credit standing of the nation.“

Grafik 3.2.1.8: Das Stimmenmaximierungskalkül von Regierungen

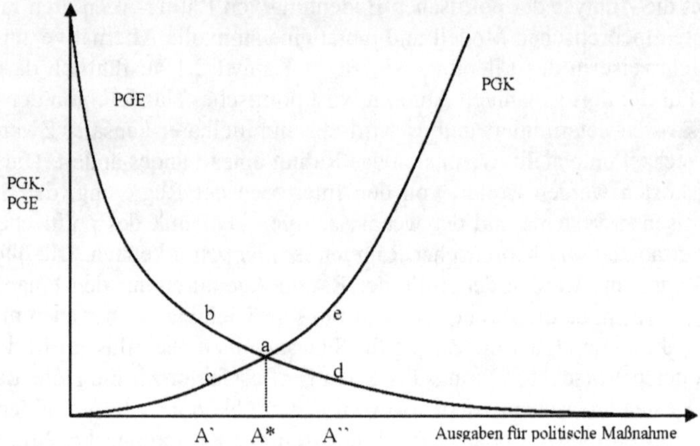

Quelle: Eigene Darstellung

Um ihre Wiederwahlchancen zu maximieren, muss die Regierung ein Budget im Umfang von A* aufstellen. Bei dieser Ausgabensumme schneiden sich nämlich die PGK-Kurve und die PGE-Kurve im Punkt a, d.h. der politische Grenzertrag entspricht dort genau den politischen Grenzkosten. Mit dem zuletzt ausgegebenen Euro gewinnt die Regierung folglich genauso viele Wählerstimmen wie sie gleichzeitig auf Grund der politischen Kosten wieder verliert. Bei keiner anderen Ausgabensumme kann sie netto mehr Wählerstimmen erreichen als bei dieser. Würde die Regierung wie im Fall A` weniger Geld ausgeben als das Optimalbudget A*, wären ihre Wiederwahlchancen suboptimal. An dieser Stelle A` erzielt die Regierung nämlich einen politischen Grenzertrag in Höhe von b, der oberhalb der politischen Grenzkosten c liegt. Sie gewinnt also mehr Stimmen als sie verliert. Allerdings gilt dies auch für alle Budgets rechts von A`bis zum Optimalbudget A*. Insofern bedeutet jeder Staatshaushalt, der ein geringeres Volumen hat als A*, einen Verzicht auf Netto-Wählerstimmengewinne. Umgekehrt schmälert die Regierung ihre Wiederwahlchancen, wenn sie mehr Geld ausgibt als im Fall von A*. Bei einer Ausgabensumme von A`` übersteigen die politischen Grenzkosten (Punkt e) nämlich den politischen Grenzertrag (Punkt d). Die Regierung verliert an dieser Stelle wegen der aus den Staatsausgaben resultierenden finanziellen Belastungen mehr Wähler als sie durch die mit den Ausgaben ermöglichten Wohltaten gewinnt. Netto-Wählerstimmenverluste treten für alle zusätzlichen Ausgaben immer auf, wenn diese das Optimalbudget überschreiten.

Allgemein formuliert zeichnet sich das *optimale Budget* folglich durch zwei Eigenschaften hinsichtlich seiner Struktur und seiner Höhe aus: Zum einen ist es derjenige Staatshaushalt, dessen Einnahme- und Ausgabenstruktur so gestaltet ist, dass *eine gegebene Einnahmeseite zu den geringst möglichen politischen Kosten finanziert wird und eine gegebene Ausgabenseite den größtmöglichen politischen Ertrag liefert.* Zum anderen definiert sich das Optimalbudget dadurch, dass *die zuletzt ausgegebene Geldeinheit exakt so viele Wählerstimmen bringt wie kostet, da der politische Grenzertrag den politischen Grenzkosten entspricht.* Jede andere Struktur und Höhe des Staatshaushaltes liefert geringere Wählerstimmengewinne, so dass die Wiederwahlchancen einer Regierung mit der Realisierung des Optimalbudgets maximiert werden. In der politischen Praxis dürfte das Optimalbudget kaum von einer Regierung erreicht werden können, da dies eine völlige Autonomie und Flexibilität der Regierung hinsichtlich ihrer Haushaltsgestaltung voraussetzt – ein Problem, auf das in späteren Abschnitten noch näher eingegangen wird.[252] Gleichwohl wird jede Regierung versuchen, den Staatshaushalt möglichst ähnlich wie das Optimalbudget zu gestalten.

Die Erkenntnis, dass eine Regierung ihre Wiederwahlchancen optimiert, wenn der politische Grenzertrag der Staatsausgaben genau den politischen Kosten der Finanzierung dieser Ausgaben mittels Steuern oder Schulden entspricht, stimmt im Grundsatz auch mit Überlegungen von Downs überein. Nach seiner Auffassung lässt sich die Regierung bei der Gestaltung ihres Staatshaushaltes von folgendem Prinzip leiten: „[D]ie Ausgaben werden solange gesteigert, bis der durch die letzte ausgegebene Geldeinheit erreichte Stimmengewinn dem Stimmenverlust gleich ist, der durch die letzte, aus den staatlichen Finanzquellen entnommene Geldeinheit verursacht ist."[253]

Grafik 3.2.1.9 ermöglicht nun eine Beschreibung der politischen Konsequenzen einer Verschlechterung der staatlichen Bonität. Ausgangspunkt ist das in der vorigen Grafik erläuterte Stimmenmaximierungskalkül der Regierung mit dem Optimalbudget A*. Kommt es nun zu einer Verschlechterung des Ratings, verschlechtern sich die Kreditkonditionen des Landes und die an die Investoren

[252] Neben verfassungsrechtlichen Einschränkungen, die in späteren Teilen dieser Arbeit thematisiert werden, wird die Autonomie und Flexibilität demokratischer Regierungen in einem Rechtsstaat auch durch die politischen Entscheidungen ihrer Vorgängerregierungen begrenzt, da diese z.B. Schulden aufgenommen haben oder Ausgabenprogramme durchgeführt haben, deren Verpflichtungen noch andauern. In der Neuen Politischen Ökonomie vertreten einige Autoren auch die Auffassung, dass manche Regierungen aus strategischen Gründen bestimmte Ausgaben und Schulden nur tätigen, um damit die Politikoptionen nachfolgender Regierungen zu beschränken. Vgl. Alesini, Alberto/ Perotti, Roberto (1994), a.a.O., S.16-22.

[253] Downs, Anthony (1968), a.a.O., S.50. Downs verzichtet allerdings auf eine genaue Herleitung seiner Überlegungen zu diesem Optimierungsprinzip und verzichtet auch auf eine diesbezügliche grafische Darstellung.

zu zahlende Risikoprämie steigt. Der Anstieg der Renditen dieser Staatsanleihen verteuert die künftige Emission dieser Wertpapiere, so dass die Regierung selbst bei gleicher Schuldensumme mehr Zinsen zahlen muss. Als Konsequenz steigen die politischen Kosten, erkennbar an einer Veränderung der ursprünglichen PGK-Kurve zur neuen Kurve PGK`.

Grafik 3.2.1.9: Der Einfluss einer Rating-Herabstufung auf das Stimmenmaximierungskalkül von Regierungen

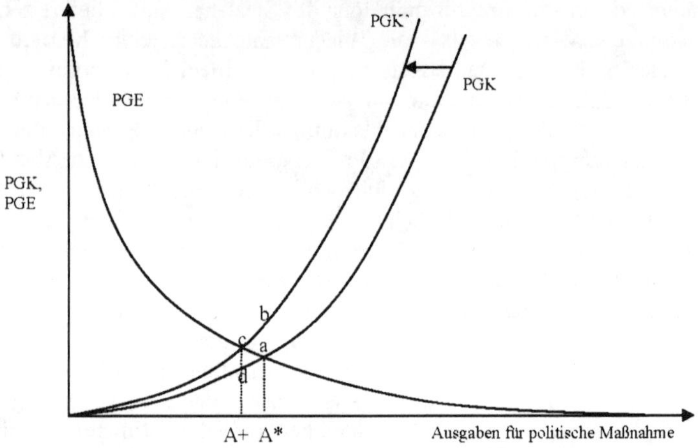

Quelle: Eigene Darstellung

Auf den Anstieg der politischen Kosten muss die Regierung mit einer Ausgabenkürzung reagieren, wenn sie ihre Wiederwahlchancen unter diesen neuen Gegebenheiten optimieren will. Behält sie das alte Ausgabenniveau von A* bei, erzielt sie nach wie vor einen politischen Grenzertrag von a, allerdings liegen die politischen Grenzkosten nun oberhalb davon in Punkt b und sie erleidet dort somit Netto-Wählerstimmenverluste.

Will die Regierung dies verhindern, muss sie ihr Budget auf A+ reduzieren, denn an dieser Stelle entsprechen die „neuen“ politischen Grenzkosten dem politischen Grenzertrag (Punkt c). Bei der Ausgabensumme A+ gewinnt die Regierung weniger Stimmen durch politische Maßnahmen als bei dem Budget A*, aber die Wählerstimmenverluste auf Grund der gestiegenen politischen Grenzkosten sind in A+ ebenfalls geringer als in A*, so dass die Gesamtstimmenzahl nach dem Downgrade am höchsten in Punkt A+ sind. Freilich hat die Herabstufung des Ratings insgesamt die Wiederwahlchancen der Regierung verschlechtert, denn vor dem Downgrade konnte die Regierung mehr Wählerstimmen erreichen. Erkennbar ist dies im neuen Optimalbudget A+: Wären die politischen Grenzkosten wegen des Downgrades nicht gestiegen, stünden dem politischen Grenzertrag von c in diesem Fall nicht politische Grenzkosten von c entgegen, sondern lediglich in Höhe von d.

Wie aus den obigen Ausführungen ersichtlich wird, kann mit Hilfe des Modells die politische Rolle von Rating-Agenturen systematisch erklärt werden. Mit ihrer Beeinflussung der politischen Kosten liefern sie relevante Rahmendaten für den politischen Prozess. Allerdings – und das ist der gravierende Unterschied zur bisherigen Literatur – handeln Regierungen niemals im „vorauseilendem Gehorsam" vor den Rating-Agenturen. Zwar ist es richtig, dass eine Verschlechterung des Ratings tendenziell zu Ausgabenkürzungen führt. Allerdings sind diese Kürzungen nichts Erzwungenes, sondern liegen im Eigeninteresse der Regierung, die dadurch ihre Wiederwahlchancen unter den neuen gegebenen Umständen verbessern will. In den folgenden Abschnitten werden die wesentlichen Bestandteile dieses Modells erweitert, um zu zeigen, dass trotz seiner Abstraktheit das Modell sehr differenziert und konkret die Realität erklären kann.

3.2.2 Das Grundmodell mit veränderten Determinanten des politischen Ertrages

In dem obigen Grundmodell konnte mit der politischen Ertragsfunktion dargestellt werden, wie hoch die Stimmengewinne für die Regierung bei der Durchführung verschiedener politischer Maßnahmen sind und wie sich diese auf Grund des Prinzips des abnehmenden Grenzertrages verändern. Die politische Ertragsfunktion ist somit ein zentraler Gradmesser für die Reaktion der Wähler auf budgetäre politische Maßnahmen. Im folgenden Abschnitt wird dieser Aspekt weiter vertieft und erläutert, welchen Einfluss die Wählerstruktur auf die politische Grenzertragsfunktion ausübt und wie nicht-bugetwirksame politische Maßnahmen in das Modell integriert werden können.

Die politische Grenzertragsfunktion, so wie sie bislang in dieser Arbeit illustriert wurde, entspricht vom Grundsatz der „normalverteilten" Wählerstruktur von Downs (vgl. Grafik 3.1.1): Die meisten Wähler konzentrieren sich in und um die Mitte, die politischen Ränder sind nur schwach ausgeprägt. Weil die Wähler größtenteils nicht ideologisch sind, machen sie ihre Wahlentscheidung ganz pragmatisch von den einzelnen Vorschlägen der Parteien abhängig und entscheiden sich dann für diejenige Partei, von der sie sich den größten individuellen Nutzen erhoffen. Als Konsequenz versprechen sich die Parteien besonderen Erfolg, wenn sie den Wählern finanzielle Wohltaten versprechen. Für eine Regierung gilt dies analog: Mit ihrem Staatsbudget kann sie effektiv ihre Wiederwahlchancen beeinflussen.

Im Gegensatz dazu wird bei einer „bimodalen“ Wählerstruktur (vgl. Grafik 3.1.2) das Stimmenmaximierungskalkül der Politiker weniger stark durch finanzielle Versprechungen determiniert sein. Dies spiegelt sich auch im Verlauf der politischen Grenzertragsfunktion wider, wie in Grafik 3.2.2.1 zu erkennen ist. Dargestellt ist zum Vergleich die politische Grenzertragskurve bei einer „normalverteilten“ Wählerstruktur (PGE_N) und bei einer bimodalen Wählerstruktur (PGE_B). Entsprechend der allgemeinen Eigenschaften der Grenzertragsfunktionen nimmt der Stimmenzuwachs bei beiden Kurven mit steigenden Ausgaben ab, wird aber niemals negativ. Es fällt auf, dass bei PGE_B die Stimmenzuwächse viel gravierender zurückgehen als bei PGE_N und sich die erstgenannte Kurve viel früher an die X-Achse anschmiegt als PGE_N.

Grafik 3.2.2.1: Der Verlauf der politischen Grenzertragsfunktion bei „normalverteilter“ und bei bimodaler Wählerstruktur

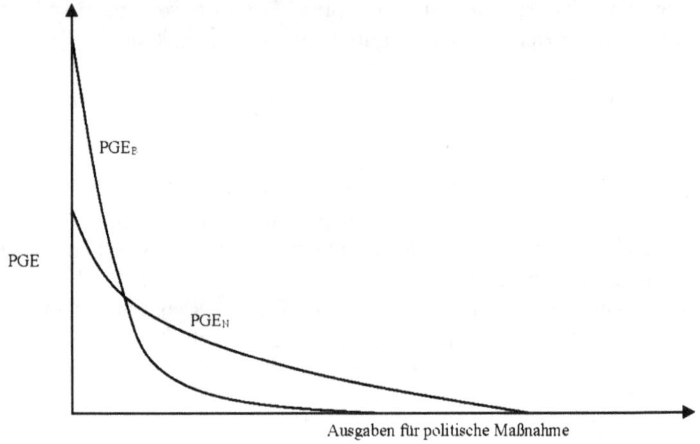

Quelle: Eigene Darstellung

Dafür beginnt PGE_B deutlich oberhalb von PGE_N. Für das Stimmenmaximierungskalkül der Regierung heißt das: Ist die Wählerstruktur „normalverteilt“ (PGE_N) ist der Staatshauhalt der mit Abstand wichtigste Parameter, mit dem die Regierung ihre Wiederwahlchancen erhöhen kann, denn praktisch aller Wähler lassen sich durch bestimmte Maßnahmen für die Regierung gewinnen. Bei einer bimodalen Wählerstruktur ist dies anders: Ein Großteil der Bürger macht ihre Wahlentscheidung primär nicht von materiellen Gesichtspunkten abhängig, sondern entscheidet sich aus anderen, „ideologischen“ Gründen im weitesten Sinne. Dies erkennt man in Grafik 3.2.2.1 daran, dass bei PGE_B mit nur sehr geringen

Ausgaben ein sehr hoher Stimmengewinn erzielt wird. Gleichfalls gilt, dass ein bestimmter Teil der Wähler, die einer anderen Ideologie anhängen, selbst durch hohe materielle Zuwendungen nicht davon überzeugt werden kann, für die Regierung zu stimmen, denn PGE_B schmiegt sich sehr früh an die X-Achse an und alle weiteren Staatsausgaben führen zu praktisch keinen zusätzlichen Wählerstimmen. Beispiele für eine solche bimodale Wählerstruktur lassen sich vor allem in Gesellschaften finden, in denen bestimmte große Konfliktlinien wie ethnische Zugehörigkeit, Klasse, Religion oder Konfession die Politik dominieren. In einem Vielvölkerstaat etwa ist es gut möglich, dass jede Volksgruppe von einer bestimmten Partei repräsentiert wird und diese in der Regel unabhängig von deren konkretem Programm wählt und niemals für eine Partei der anderen Volksgruppe stimmen würde. So kann beispielsweise in solch einer Situation eine Partei mit der Forderung nach Unabhängigkeit viele Wähler gewinnen, ohne hierfür nennenswerte Staatsausgaben tätigen zu müssen. Sucht man Beispiele für bimodale Wählerstrukturen in etablierten Demokratien, findet man sie ansatzweise in Belgien (Konflikt zwischen Flamen und Wallonen), Nordirland (Konflikt zwischen Katholiken und Protestanten) oder Spanien (Unabhängigkeitsbestrebungen des Baskenlandes).

Grafik 3.2.2.2: Die politischen Konsequenzen eines Downgrades in Abhängigkeit der Wählerstruktur

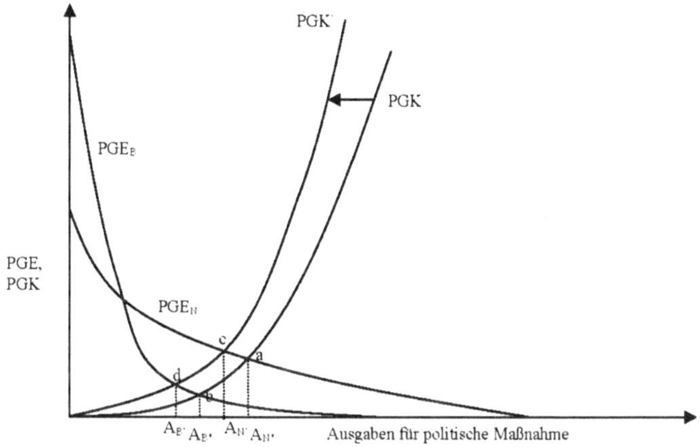

Quelle: Eigene Darstellung

Aus der Tatsache, dass Regierungen bei einer „normalverteilten" Wählerstruktur ihre Wiederwahlchancen im stärkeren Umfang durch budgetäre Maßnahmen beeinflussen können als bei einer bimodalen Wählerstruktur, ergibt sich eine

Tendenz zu höheren Budgets bei einem zentripetal orientiertem Parteienwettbewerb (vgl. Grafik 3.2.2.2).

In Grafik 3.2.2.2 ist dies erkennbar daran, dass das Optimalbudget A_N* bei einer „normalverteilten" Wählerstruktur höher ist als das Optimalbudget A_B* bei einer bimodalen Wählerstruktur. Dieses relative Verhältnis der Budgets ändert sich auch nicht nach einer Rating-Herabstufung, denn der Staatshaushalt A_N`ist ebenfalls höher als $A_B$`.

Allerdings sind die Wählerstimmenverluste bei einer Reduzierung des Budgets von A_N* auf A_N` größer als bei der Reduzierung von $A_B$* nach $A_B$`. Infolgedessen ist eine Rating-Herabstufung für die Wiederwahlchancen von Regierungen, die eine hohe Anzahl ihrer Wähler auf Grund von nicht-budgetären ideologischen Vorschlägen erhalten, tendenziell weniger gefährlich als für Regierungen, die mit ihrer Ausgabenpolitik die hohe Anzahl von unideologischen Wählern umwerben.

An dieser Stelle muss erneut betont werden, worin der Unterschied zwischen PGE_N und PGE_B besteht: Bei PGE_B entscheiden sich die Wähler im großen Umfang unabhängig von dem Staatshaushalt für eine bestimmte Partei; diese Beweggründe wurden pauschal als „ideologisch" bezeichnet, um sie von den primär materiellen Interessen der Wähler bei einer „normalverteilten" Wählerstruktur zu unterscheiden. Allerdings sollte daraus nicht der falsche Schluss gezogen werden, dass ideologisch handelnde Regierungen generell weniger Geld ausgeben. Immer dann, wenn „ideologisch" motivierte politische Maßnahmen auch Geld kosten, werden sie solange ausgeführt bis der politische Grenzertrag den politischen Grenzkosten entspricht. Ein Extrembeispiel macht dies deutlich: Setzt sich eine Regierung eines Gliedstaates in einem Vielvölkerstaat für dessen Unabhängigkeit ein, kann eine massive militärische Aufrüstung das Mittel zur Durchsetzung dieses „ideologischen" – d.h. ethnischen – Zieles sein; eine Erhöhung des Staatshaushaltes wäre die Folge.

Die Erklärungskraft der Unterscheidung zwischen „ideologischen" und „materiellen" politischen Maßnahmen wird höher, wenn man sich von den beiden Extremmodellen von einerseits einer völlig materiellen Wählerstruktur und einer völlig ideologisch gespaltenen Wählerschaft anderseits trennt. Dies entspricht auch stärker der Intention von Downs und vor allem von Herder-Dorneich. Realistischer ist nämlich eine „normalverteilte" Wählerstruktur, bei der die Wähler zwar sehr stark bei ihrer Wahlentscheidung ihren persönlichen materiellen Nutzen beachten, aber dies auch im Rahmen bestimmter „ideologischer" Wertvorstellungen tun. Sind diese Wertvorstellungen bei einigen besonders ausgeprägt, gehören diese zu den Stammwählern einer Partei und sind vielleicht sogar Parteimitglied. Diese Stammwähler und Parteimitglieder können bei Wahlen mit relativ geringen budgetären Mitteln zur Stimmabgabe motiviert werden. So kann eine Regierung der „rechten Mitte“ etwa ihren treuen Kern der Stammwähler mit einer ablehnenden Haltung zur Lockerung des Abtreibungsrechtes zufrieden stellen – eine Maßnahme, die den Staatshaushalt praktisch nicht belastet. Umgekehrt können Regierungen der „linken Mitte“ ihr Stammklientel mit einer Verschärfung des Kündigungsschutzes bedienen. Beide Maßnahmen dienen der Wiederwahl der jeweiligen Regierung, schlagen sich nicht im Staatshaushalt nieder und hängen daher auch in keiner Weise von dem Bonitätsurteil der Rating-Agenturen ab.

3.2.3 Das Grundmodell mit erweiterten Determinanten der politischen Kosten

Das obige Modell (Kapitel 3.2.1) hat ausführlich erklärt, inwiefern mit dem Konzept der politischen Kosten und des politischen Ertrages das Stimmenmaximierungskalkül von Regierungen analysiert werden kann. Wesentliche Elemente der politischen Kosten waren die Steuerbelastung, die Schuldenhöhe und das Zinsniveau, welches unter anderem durch das Rating mit beeinflusst wird. Nachfolgend werden weitere Determinanten der politischen Kosten erläutert. Die Grundüberlegung ist dabei, dass – im Sinne der „Varieties of Capitalism“ (vgl. Kapitel 1.5) – die politischen Kosten von strukturellen Besonderheiten des jeweiligen marktwirtschaftlichen Systems eines Landes abhängen, von denen insbesondere das Rentensystem, die Art der Unternehmensfinanzierung, die Verschuldung der privaten Haushalte und der Einsatz von Ratings zu Regulierungszwecken relevant für die Höhe der politischen Kosten sind.

Bevor auf diese Faktoren näher eingegangen wird, sollte darauf hingewiesen werden, dass nur mittels einer detaillierten qualitativen Analyse die politische Kostenfunktion bestimmt werden kann. Eine bloße Addition rein quantitativer Indikatoren wie Steuerhöhe, Verschuldung oder Zinsniveau ist nicht in der Lage, das strategische Denken von Regierungen abzubilden. Entscheidend ist immer, welchen Einfluss diese Indikatoren nach Einschätzung der Regierung auf ihre Wiederwahlchancen haben. Ein Anstieg beispielsweise der politischen Kosten der Verschuldung bedeutet, dass die Regierung davon ausgeht, dass die Wähler auf eine höhere Verschuldung noch negativer reagieren. Die politischen Kosten ergeben sich somit nicht aus den ökonomischen Faktoren per se, sondern aus der antizipierten Wirkung dieser Faktoren auf die Wähler in den Augen der Regierung. Da Regierungen ein Eigeninteresse daran haben, die Präferenzen der Wähler auf die Steuer- und Verschuldungspolitik korrekt zu ermitteln, nutzen sie alle relevanten Informationskanäle wie persönliche Gespräche, Informationsveranstaltungen, Meinungsumfragen oder die vielfältigen Debatten in den Medien. Im Rahmen dieser Arbeit soll deswegen angenommen werden, dass Regierungen eine richtige Vorstellung von den Präferenzen der Wähler haben und die politischen Kosten – genau wie den politischen Ertrag – zutreffend ermitteln.

So muss eine *gesamtwirtschaftlich*[254] betrachtete Steuerquote A, die höher ist als die gesamtwirtschaftliche Steuerquote B, nicht zwangsläufig zu höheren politischen Kosten führen als die Steuerquote B. Dies resultiert aus dem Effekt der Struktur der Besteuerung. Für die Regierung ist nämlich nicht nur wichtig, wie viel die Bevölkerung insgesamt steuerlich belastet wird, sondern auch wie sich diese Belastung auf die verschiedenen gesellschaftlichen Gruppen verteilt. Diese Überlegung knüpft an die Ausführungen zur Klientelpolitik an, wie sie im vorigen Kapitel zum politischen Ertrag gemacht wurden. Genau wie Regierungen ein Interesse daran haben, die Staatsausgaben im Sinne der ihnen besonders nahe stehenden Gruppen zu verwenden, wollen Regierungen die finanziellen Belastungen auf diejenigen konzentrieren, von denen sie sich ohnehin wenig Stimmengewinne versprechen. So ist es aus Sicht von „linken" Regierungen vorteilhaft, so genannte „Besserverdiener" zu besteuern, um damit die unteren Einkommensgruppen steuerlich zu entlasten oder eine vermeintliche „Gerechtigkeitslücke" zu schließen.

In diesem Zusammenhang sei noch einmal daran erinnert, dass die politischen Kosten nie isoliert von dem politischen Ertrag betrachtet werden sollen. Wie das folgende Beispiel zeigt, kann mitunter derselbe politische Sachverhalt je nach konkreter Ausgestaltung Auswirkungen auf die politischen Kosten oder den politischen Ertrag haben. Beispielsweise können sich Regierungen von der Zahlung von Kindergeld politische Unterstützung von Familien erhoffen. Dieses Kindergeld ist budgetwirksam und somit Teil der politischen Ertragsfunktion. Wird das Kindergeld erhöht, steigen die Staatsausgaben und die Regierung erwartet Wählerstimmenzuwächse. Ihre Popularität bei Familien kann die Regierung gleichfalls auf andere Weise steigern, nämlich durch die Gewährung eines Steuerfreibetrages für Kinder. Dieser reduziert das zu versteuernde Einkommen der betreffenden Haushalte. Dieser materielle Gewinn der Familien wirkt sich positiv auf die Wiederwahlchancen der Regierung aus. Im Gegensatz zum Kindergeld wirken Kinderfreibeträge nicht auf der Ausgaben-, sondern auf der Einnahmeseite des Staatshaushaltes. Verringert sich die steuerliche Bemessungsgrundlage, sinken Steuerquote und politische Kosten. Die politisch prinzipiell gleiche Zielrichtung, Familien finanziell zu entlasten, kann somit zu einer Erhöhung des politischen Ertrages oder zu einer Verringerung der politischen Kosten führen.

Ein ausschließlich auf die politischen Kosten wirkender Effekt ist die Verschuldung der privaten Haushalte. Wenn sich die privaten Haushalte verschul-

---

[254] Gemessen als Anteil der Steuerbelastung am Bruttoinlandsprodukt.

den, hängt ihr Wohlstand im hohen Maße vom Zinsniveau ab. Alle Faktoren, die zu höheren Zinsen führen, vermindern das Einkommen der Schuldner bzw. erhöhen deren Schulden. Relevant ist dies vor allem bei den Immobilienkrediten, denn die meisten Menschen dürften sich wohl kaum in einer anderen Lebenssituation so hoch verschulden wie beim Erwerb von Wohneigentum. Verschuldete Haushalte bzw. diejenigen, die sich verschulden wollen oder müssen, haben im Allgemeinen ein großes Eigeninteresse an niedrigen Zinsen. Auf Ablehnung stoßen bei ihnen dementsprechend alle politischen Handlungen, die direkt oder indirekt zu höheren Zinsen führen. Da eine höhere Staatsverschuldung tendenziell zu einem Kursverlust der im Markt befindlichen Staatsanleihen und in Folge zu einem Renditeanstieg führt, stehen verschuldete Privathaushalte einer höheren Staatsverschuldung tendenziell negativ gegenüber. Eine höhere Verschuldung der privaten Haushalte führt also zu höheren politischen Grenzkosten; dies gilt umso mehr, je stärker die Verschuldung vom Kapitalmarkt abhängig ist. Ebenso würde eine Herabstufung der staatlichen Bonität wegen ihres Einflusses auf die Renditen der Staatsanleihen auch die privaten Finanzierungskosten in geschilderter Weise berühren. Ein Downgrade würde also bei einer hohen privaten Verschuldung besonders hohe politische Kosten bedeuten.

Dieser Zusammenhang ist aber nicht nur auf die Verschuldung der privaten Haushalte begrenzt. Die Unternehmensverschuldung wirkt in gleicher Weise auf die politischen Grenzkosten: Wegen des potentiellen „Crowding-Out-Effekts" einer höheren Staatsverschuldung – also höherer Renditen der Unternehmensanleihen oder höhere Zinsen für Unternehmenskredite auf Grund des Renditeanstiegs der Staatsanleihen – steigen die politischen Grenzkosten mit steigender Unternehmensverschuldung.[255] Die ohnehin schon höheren Wählerstimmenverluste durch ein niedrigeres Rating für Staatsanleihen fallen bei einer hohen Unternehmensverschuldung noch beträchtlicher aus.

Einfluss auf die politischen Grenzkosten haben allerdings nicht nur Höhe und Struktur der Verschuldung, sondern auch der Vermögensbildung. Einen bedeutenden Teil der Ersparnis – insbesondere für die private Altersvorsorge – wird von institutionellen Investoren verwaltet. Diese müssen nicht selten bestimmte Anlagevorschriften beachten, die ihnen seitens des Staates bzw. der zuständigen Regulierungsbehörden aus Gründen des Anlegerschutzes gemacht werden.[256] Darunter fallen auch Vorschriften, welche Investitionen nur in „sichere" Anlagen zulassen. Als Maß für Sicherheit dient hier ein bestimmtes Mindestrating. Die durch diese Regulierung verursachte Abhängigkeit der Anlagemöglichkeiten von einem bestimmten Rating ist die Verknüpfung zu den politi-

[255] Vgl. hierzu auch die Ausführungen aus Kapitel 2.1.1 zu den ökonomischen Folgen eines Downgrades für das Rating inländischer Unternehmen und den Aktienmarkt.

[256] In den beiden Länderstudien werden diese Punkte ausführlicher erläutert.

schen Kosten. Kommt es nämlich zu einer Herabstufung einer Anleihe, müssen Pensionsfonds und andere institutionelle Investoren wegen der Regulierungsvorschriften gegebenenfalls diese Anleihen verkaufen, weil das erforderliche Mindestrating unterschritten wurde. In diesem Fall führt die (massenhafte) Abstoßung dieser Anleihe zu kräftigen Kursverlusten und das Anlagevermögen der Investoren sinkt. Ein Downgrade hat somit negative Effekte auf den Wohlstand der privaten Investoren, wodurch die politischen Kosten steigen.

Die Höhe der politischen Grenzkosten hängt aber nicht nur von ökonomischen Variablen ab. Auch kulturelle und historische Faktoren spielen eine Rolle, denn diese prägen die Einstellungen der Bürger eines Landes zu den Vor- und Nachteilen einer Verschuldung. In diesem Sinne kann eine „Stabilitätskultur" einen dämpfenden Einfluss auf die Höhe der Staatsverschuldung besitzen, weil die Wähler neuen Schulden aus Erfahrung relativ kritisch gegenüber stehen. In diesem Fall führen höhere Schulden zu besonders hohen politischen Kosten. Ein Beispiel für diese Pfadabhängigkeit ist die Bundesrepublik Deutschland. Nach dem Zweiten Weltkrieg erlebten die Deutschen die zweite Hyperinflation innerhalb von rund 25 Jahren, die ganze Existenzen hinwegraffte. Als Konsequenz genoss in den folgenden Jahren die auf Preisstabilität ausgerichtete Politik der Deutschen Bundesbank eine hohe Zustimmung, weil sie wirksam die Inflation in Schach hielt und die D-Mark zur international musterhaften „harten Währung" machte. Da eine höhere Staatsverschuldung eine inflationsfördernde Wirkung besitzt, war der Staatshaushalt in den Anfangsjahren der BRD – also in einer Zeit, wo die Hyperinflation bei vielen noch in lebhafter Erinnerung war – ausgeglichen. Erst über zwanzig Jahre nach der letzten großen Inflation wurde mit dem Aufkommen keynesianischer Politiken Ende der 1960er und in den 1970er Jahren die Staatsverschuldung in Deutschland deutlich ausgeweitet. Darüber hinaus ist anzunehmen, dass in Ländern mit einer ausgeprägten Stabilitätskultur eine Rating-Herabstufung besonders negativ von der Bevölkerung aufgefasst wird, weil dieses Bonitätsurteil als Beleg für eine „unseriöse" – d.h. die Stabilität der Währung gefährdende – Haushaltpolitik der Regierung aufgefasst werden kann. Die politischen Kosten würden in diesem Fall bei einem Downgrade besonders stark steigen.

Abschließend soll darauf hingewiesen werden, dass es immer auch Sonderfaktoren gibt, die einen (kurzfristigen) Einfluss auf die Höhe der politischen Grenzkosten ausüben. Darunter sind alle Ereignisse gemeint, die eine höhere Besteuerung oder eine höhere Verschuldung in den Augen der Wähler besonders negativ erscheinen lassen. Ein gutes Beispiel für Sonderfaktoren, welche die politischen Kosten der Verschuldung deutlich erhöht haben, waren die Konvergenzkriterien bei der Einführung des Euro. Nur Staaten, die bestimmte Grenzwerte zur Inflation, Neuverschuldung und Schuldenstand einhielten, durften an der europäischen Währungsunion teilnehmen. In denjenigen Ländern, in denen die Bevölkerung die einheitliche Währung mehrheitlich befürwortete, gab es eine Akzeptanz für eine strikte Ausgabendisziplin. Da eine zu hohe Verschuldung den Euro-Beitritt akut gefährdet hätte, waren in diesen Länder die politischen Kosten der Verschuldung in den Jahren vor dem Beginn der Währungsunion besonders hoch. Die Tatsache, dass einige Länder zu einer höheren Verschuldung zurückgekehrt sind, nachdem sie Mitglied der Währungsunion waren, ist ein Beleg für den temporären Charakter dieses Sonderfaktors. Denn selbst die strikte Anwendung des Stabilitätspaktes entfaltet keine so hohe Drohung wie die frühere Sorge, wegen Nichterfüllung der Konvergenzkriterien von der Teilnahme an der Währungsunion ausgeschlossen zu werden.

3.2.4 Die Relevanz von Ratings in föderalen Systemen

Die bisherigen Ausführungen zur Rolle von Rating-Agenturen und deren Einfluss auf die politischen Grenzkosten bezogen sich auf Regierungen im Allgemeinen. In föderalen politischen Systemen existieren nicht nur Zentralregierungen, sondern neben der Bundesregierung weitere Kabinette auf Länder- bzw. Bundesstaaten-Ebene. Der folgende Abschnitt zeigt, dass die spezifische Ausgestaltung des Föderalismus einen entscheidenden Einfluss auf die politische Relevanz von Rating-Agenturen ausübt. Während im so genannten Trenn- bzw. Wettbewerbsföderalismus, bei denen die Gliedstaaten eine weitestgehende Autonomie in innenpolitischen Entscheidungen (insbesondere in der Haushalts- und Finanzpolitik) besitzen, die bisherigen Aussagen zur Rolle von Rating-Agenturen ohne Einschränkung weiterhin gelten, können Landesregierungen im Verbundföderalismus bei ihren politischen Entscheidungen die Rating-Agenturen praktisch ignorieren.

Regierungen eines Bundeslandes bzw. Bundesstaates in politischen Systemen, die konsequent nach den Prinzipien des Trennföderalismus organisiert sind, verhalten sich bei ihren wahlstrategischen Überlegungen analog zu den Bundesregierungen souveräner Staaten: Ihr Budget wird solange ausgeweitet, bis das der politische Grenzertrag den politischen Grenzkosten entspricht. Für diese Regierungen gilt nach wie vor, dass sie mit ihren Staatsausgaben Wählerstimmen gewinnen können, aber wegen der Finanzierung dieser Ausgaben mittels Steuern oder Schulden gleichfalls auch Wählerstimmen verlieren. Existieren weder ein vertikaler noch horizontaler Finanzausgleich noch andere rechtliche Beistandsverpflichtungen der anderen staatlichen Organe dieses Landes, führt die fiskalpolitische Autonomie der Landesregierung dazu, dass sie auch im Krisenfall nicht auf die Unterstützung der übergeordneten nationalen Ebene oder der Solidarität anderer Gliedstaaten zählen kann. Geriete in diesem Fall das Bundesland in akute Zahlungsschwierigkeiten, wäre die Landesregierung auf sich allein gestellt, ein „default“ ihrer Anleihen zu verhindern. Folglich orientieren sich die Rating-Agenturen bei ihrer Bewertung der Anleihen dieses Bundeslandes ausschließlich an der Bonität dieses Gliedstaates. Schätzen die Agenturen die Bonität des Bundeslandes schlechter ein, müssen die Landesregierungen vergleichsweise höhere politische Kosten in Kauf nehmen, da die Finanzierungskosten durch die Herabstufung gestiegen sind.

Im Verbundföderalismus – wie beispielsweise in der Bundesrepublik Deutschland – sind dagegen die einzelnen Bundesländer finanziell eng mit der Bundesebene verflochten. Neben originär landesspezifischen Obliegenheiten erbringt das Land bestimmte Aufgaben mit dem Bund gemeinsam oder muss in seinem Auftrag Angelegenheiten durchführen. Infolgedessen kann ein Bundesland nicht vollkommen autonom über seine Ausgaben entscheiden. Die politische Ertragsfunktion spiegelt damit nicht nur das wahltaktische Kalkül der Landesregierung wider, sondern ist ebenfalls von bundespolitischen Gegebenheiten mit bestimmt.

Das Überschneiden der Zuständigkeiten von Bund und Ländern geht oft einher mit einer Mischfinanzierung, d.h. das Steueraufkommen wird nach einem festen Schlüssel zwischen Bund und Ländern aufgeteilt und es gibt nur wenige Steuern, deren Einnahmen vollständig den Ländern oder dem Bund zufließen. Besitzen die Länder kein Zuschlags- oder Hebesatzrecht bei den Steuern, können die Bundesländer nicht vollkommen autonom über ihre Einnahmen bestimmen. Wenn die Bundes- oder Landesregierung die Steuerbelastung der Einwohner ihrer Gebietseinheit aber nicht vollständig selber festlegen können, verlieren sie einen wichtigen Gestaltungsparameter ihrer politischen Kostenfunktion.

Schon die bisherigen Ausführungen zum Föderalismus haben deutlich gemacht, dass die Regierungen im Verbundföderalismus wegen ihres eingeschränkten Einflusses auf ihre politischen Kosten- und Ertragsfunktion ihre Wiederwahlchancen weitaus schlechter optimieren können als Regierungen im Trennföderalismus. Schon alleine deshalb ist anzunehmen, dass der Einfluss von Rating-Agenturen im Verbundföderalismus geringer ist als im Trennföderalismus. Je nach konkreter Ausgestaltung des Verbundföderalismus kann er noch geringer werden; im Extremfall besitzen die Rating-Agenturen sogar gar keinen politischen Einfluss.

Dieser Zusammenhang wird verständlich, wenn man sich vergegenwärtigt, dass ein Rating immer eine spezifische Aussage über die individuelle Zahlungswilligkeit und Zahlungsfähigkeit eines Schuldners ist. Der Verbundföderalismus relativiert jedoch die individuelle Verantwortung des Schuldners auf seine Bonität, da ein Bundesland in finanziellen Krisensituationen auf die Unterstützung der übergeordneten Ebene bzw. auf die Solidarität der anderen Bundesländer hoffen kann. Die Intensität dieser Unterstützung ist freilich abhängig von der jeweiligen nationalen Ausgestaltung des Föderalismus. In jedem Fall nivelliert die Existenz eines solchen finanziellen Unterstützungssystems die Ratings innerhalb des Staates, denn sollten Gebietskörperschaften rechtlich verpflichtet sein, Bundesländern mit schlechter Haushaltssituation im Krisenfall beizustehen, sinkt die Gefahr des Zahlungsausfalls für dieses Land – vorausgesetzt, die anderen Gebietskörperschaften verfügen über eine bessere Haushaltssituation. In diesem Fall erhält das Bundesland ein besseres Rating und die politische Kostenfunktion dieses Landes verbessert sich. Folglich ist eine mögliche Herabstufung des Ratings eines Bundeslandes nur teilweise oder – im Extremfall – überhaupt nicht abhängig von der Haushaltspolitik dieses Bundeslandes, sondern von der Bonität der übergeordneten Ebene bzw. den anderen Ländern, die zur finanziellen Unterstützung im Krisenfall verpflichtet sind.

In der Bundesrepublik Deutschland – ein Beispiel für den Verbundföderalismus – gelangen selbst hoch verschuldete Bundesländer wie Berlin in den Genuss des „Triple A." So argumentierte 2003 der Geschäftsführer von Fitch, Jens Schmidt-Bürgel, dass Berlin zwar finanziell stark angeschlagen sei, aber das Ausfallrisiko wegen des föderalen Systems praktisch bei Null liege. Er begründete dies mit dem grundgesetzlichen Gebot der Gleichwertigkeit der Lebensbedingungen, das einen finanziellen Ausgleich zwischen den Ländern garantiere. Als Folge bewertet Fitch jedes Bundesland so wie den Bund.[257] Die beiden anderen großen Rating-Agenturen, S&P und Moody´s, gehen nicht ganz so weit. Sie nehmen leichte Abschläge bei der Bonität hoch verschuldeter Bundesländer vor, werten allerdings ebenfalls die potentielle finanzielle Unterstützung des Bundes und der anderen Länder zugunsten des Schuldners. Im Ergebnis kam aber beispielsweise Berlin immer noch auf die dritthöchste Bewertungsstufe.[258] S&P macht indes keinen Hehl daraus, dass nach ihrer Ansicht der deutsche Verbundföderalismus in dieser Hinsicht reformiert werden müsse, weil im bisherigen System die Bundesländer weder auf der Einnahme- noch auf der Ausgabenseite genügend finanzielle Flexibilität besitzen. Sollte es diesbezüglich zu einer grundlegenden Reform kommen – etwa im Rahmen der „Föderalismusreform II" – könnten sich die Differenzspanne zwischen den Ratings der deutschen Bundesländer ausweiten.[259]

Die USA stellen das Gegenbeispiel zum deutschen Verbundföderalismus dar. Im Trennföderalismus us-amerikanischer Prägung besitzen die Bundesstaa-

---

[257] Vgl. Wolff, Sebastian (2003): Berlin trotz Finanznot kreditwürdig. Rating-Agenturen billigen dem Land hohe Bonität zu, in: Berliner Zeitung vom 09.01.2001, S.28.
[258] Vgl. Wolff, Sebastian (2003), a.a.O., S.28.
[259] Vgl. S&P (2006): German Federalism Reform Plan Is An Important First Step, in: Rating Direct, Frankfurt, 13.06.2006.

ten eine hohe legislative Autonomie und können so sehr selbständig über ihre Steuerpolitik bestimmen. Ebenso können sich die Bundesstaaten – genau wie die Gemeinden – in einer extremen Haushaltsnotlage nicht auf eine Beistandspflicht des Bundes verlassen.[260] Zwar gibt es in Krisenfällen, z.B. bei großen Naturkatastrophen, oft logistische und finanzielle Hilfe des Bundes. Allerdings bleibt davon die grundsätzliche Eigenverantwortung der Länder und Gemeinden für ihre Haushaltspolitik unberührt. So lehnte 2005 der damalige amerikanische Bundesfinanzminister John Snow eine Garantie von Gemeindeanleihen der durch den Wirbelsturm Rita geschädigten Kommunen mit der Begründung ab, dass dadurch die Risikoprämien von US-Bundesanleihen ansteigen würden.[261]

Ingesamt zeigt sich also, dass der Einfluss von Rating-Agenturen nur im Zusammenhang mit der jeweiligen verfassungsrechtlichen Ausgestaltung eines politischen Systems beurteilt werden kann. Im Trennföderalismus müssen die Gliedstaaten selber für ihre Haushaltspolitik haften, so dass Ratings einen wichtigen Einfluss auf ihre politische Kostenfunktion ausüben. Im Verbundföderalismus gilt dies nicht bzw. nur eingeschränkt, weil auf Grund der finanziellen Beistandspflicht des Bundes die Ratings der Bundesländer ganz bzw. vorrangig von der Bonität des Bundes abhängen. Umgekehrt ist die politische Kostenfunktion des Bundes teilweise abhängig von der Haushaltspolitik der Länder, weil der Bund in einer Haushaltsnotlage ganz oder teilweise für deren Schulden aufkommen muss. Insofern ist anzunehmen, dass selbst bei gleicher Besteuerung und bei gleicher Verschuldung im Verbundföderalismus die politischen Kosten für die Bundesregierung leicht höher sind als im Trennföderalismus.

3.2.5 Die Rolle von Veto-Spielern

Die Ausführungen zum Föderalismus haben verdeutlicht, dass je nach institutioneller Ausgestaltung des politischen Systems unter Umständen Rating-Agenturen keinerlei politischen Einfluss haben. Der folgende Abschnitt widmet sich ebenfalls der Bedeutung von Institutionen und untersucht, welche Anpassungen an das Stimmenmaximierungskalkül der Regierung – wie es im Grundmodell in Kapitel 3.2.1 dargestellt wurde – auf Grund spezifischer konstitutioneller und politischer Gegebenheiten vorgenommen werden müssen. In den bisherigen Erläuterungen wurde nämlich davon ausgegangen, dass eine Regierung immer auch in der Lage ist, ihre Wiederwahlchancen zu optimieren, also ein Budget aufzustellen, das dem Schnittpunkt von politischer Ertrags- und Kosten-

---

[260] Vgl. Blankhart, Charles B. (2006): Föderalismus. Wer zuletzt zahlt, zahlt am meisten., in: Bundesverband deutscher Banken (Hg., 2006): Bankenbericht 2006, http://www.bankenbericht.de/html/channel-01/1.asp?channel=1111 [Zugriff am 26.05.07]

[261] Vgl. Blankhart, Charles B. (2006), a.a.O.

funktion entspricht. In der politischen Praxis ist dies aber nicht immer der Fall, da Regierungen z.B. die Zustimmung des Parlamentes benötigen, um den Staatshaushalt zu verabschieden. Mit Hilfe der Veto-Spieler-Theorie von Tsebelis lassen sich diese Umstände in das neu entwickelte Modell zur Erklärung des Einflusses von Rating-Agenturen integrieren. Die Veto-Spieler-Theorie lässt sich nämlich auf verschiedene politische Systeme anwenden.

Tsebelis' Kernthese lautet: „A veto player is an individual or collective actor whose agreement is necessary for change of the status quo.[...] A significant policy change has to be approved by all veto players, and it will be more difficult to achieve the larger the number of veto players and the greater the ideological distance among them."[262] Veränderungen werden ebenfalls umso schwerer, je größer die interne Kohäsion der Veto-Spieler ist.[263]

In parlamentarischen Demokratien zählt Tsebelis die Regierungsparteien, eine mögliche zweite Kammer des Parlaments und das Staatsoberhaupt dazu, obgleich er die beiden letzten Veto-Spieler nur in wenigen Ländern für relevant hält.[264] In präsidentiellen Systemen sind der Präsident und die Kammern des Parlamentes Veto-Spieler. Darüber hinaus können in beiden Systemen Gerichte, höhere Zustimmungsquoten als die einfache Mehrheit der Stimmen („super majorities"), Referenden, korporatistische Strukturen und die Kommunen als Veto-Spieler aufgefasst werden.[265] Rating-Agenturen sind freilich keine Veto-Spieler, denn Regierungen brauchen nicht ihre Zustimmung zu Änderungen an Umfang und Struktur des Staatshaushaltes.

Um die Stärke von Veto-Spielern in einem Land bestimmen zu können, reicht es aber nicht aus, alle entdeckten Veto-Spieler zu addieren, denn einzelne Veto-Spieler können sich gegenseitig „absorbieren". Existieren beispielsweise in beiden Kammern des Parlamentes dieselben parteipolitischen Mehrheiten, kann nur von einem Veto-Spieler gesprochen werden.[266]

Tsebelis Veto-Spieler-Theorie hat in den vergangenen Jahren in den Sozialwissenschaften hohen Zuspruch und Popularität, aber auch teilweise Kritik und Ergänzungen erfahren. So vertreten Crepaz und Moser die Auffassung, dass grundsätzlich zwischen kollektiven Veto-Spielern (collective veto players) und

---

[262] Tsebelis, George (1999): Veto Players and Law Production in Parliamentary Democracies: An Empirical Analysis, S.593, in: American Political Science Review, Vol. 93, No. 3, Washington, S.591-608.

[263] Vgl. Tsebelis, George (1995): Decision Making in Political Systems: Veto Players in Presidentialism, Parliamentarism, Muliticamerialism and Multipartyism, S. 293, in: British Journal of Political Science, Vol. 25, No. 3, Cambridge, S.289-325.

[264] Vgl. Tsebelis, George (1999), a.a.O., S.593f.

[265] Vgl. Tsebelis, George (1995), a.a.O., S.323.

[266] Vgl. Merkel, Wolfgang (2003): Institutionen und Reformpolitik: Drei Fallstudien zur Vetospieler-Theorie, in: Berliner Journal für Soziologie, Nr. 2/ 2003, Berlin, S. 255-274.

kompetetiven Veto-Spielern (competitive veto players) differenziert werden sollte.[267] Regierungskoalitionen zählen sie zu den kollektiven Veto-Spielern, weil sie sich politische Verantwortung teilen. Bei den kompetitiven Veto-Spielern dagegen gilt: „[…] power is diffused by means of institutional separation such as federalism and bicameralism where different political actors compete through separate institutions with mutual veto powers."[268]

Tsebelis Veto-Spieler-Theorie basiert darauf, dass die Präferenzen der rational handelnden Akteure exogen vorgegeben sind und nicht – wie z.B. im historical institutionalism – durch Institutionen beeinflusst werden.[269] Die Theorie macht aber keine Aussagen darüber, wie sich diese Präferenzen bilden, wann sie sich verändern können und wie sich überhaupt die Präferenzen der Veto-Spieler messen lassen.[270] In bestimmten Fällen (z.B. bei Minderheitsregierungen) bereitet alleine die Identifikation der relevanten Veto-Spieler schon Probleme.[271] Ferner unterstellt Tsebelis den Politikern vorrangig inhaltliche Motive für ihr Handeln („policy seeking") und blendet dabei die machtpolitischen Zielsetzungen („office seeking") und die Möglichkeit von politischen Tauschgeschäften weitestgehend aus.

Wie im Folgenden gezeigt wird, lassen sich trotz dieser Einwände die Grundgedanken von Tsebelis sehr gut in die bisherigen theoretischen Überlegungen zum politischen Einfluss von Rating-Agenturen einbeziehen. In Grafik 3.2.5.1 wird dies ersichtlich.

---

[267] Vgl. Crepaz, Markus M. L./ Moser, Ann W. (2004): The Impact of Collective and Competitive Veto Points on Public Expenditure in the Global Age, in: Comparative Political Studies, Vol. 37, No.3, Thousand Oaks, S.259-285.

[268] Crepaz, Markus M. L./ Moser, Ann W. (2004), a.a.O., S. 265. In empirischen Studien stellen die Autoren fest, dass kollektive Veto-Spieler mit höheren staatlichen Umverteilungsmaßnahmen korrelieren, während kompetetive Veto-Spieler einen bremsenden Effekt darauf ausüben.

[269] Vgl. Ganghof, Steffen (2003): Promises and Pitfalls of Veto Player Analysis, S. 3, in: Swiss Political Science Review, Vol.9, No. 2/2003, Zürich, S.1-25. Da Institutionen die Spielregeln bestimmen, aber nicht die Präferenzen beeinflussen, lässt sich Tsebelis' Theorie dem rational choice institutionalism zurechnen (ebenda S. 7).

[270] Vgl. Ganghof, Steffen (2003), a.a.O., S. 9-13.

[271] Vgl. Ganghof, Steffen (2003), a.a.O., S. 13-17.

Grafik 3.2.5.1: Der Einfluss von Veto-Spielern auf die Höhe des Staatshaushaltes

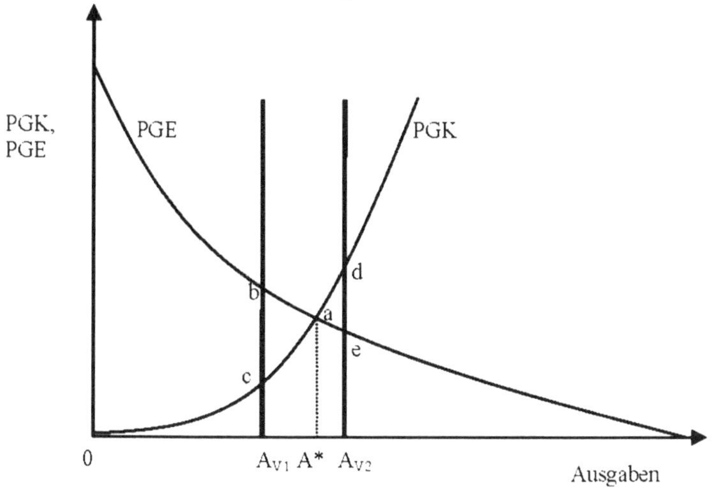

Quelle: Eigene Darstellung

Zu erkennen ist zunächst das gewohnte Stimmenmaximierungskalkül von Regierungen: Eine Regierung möchte ein Budget im Umfang von A* realisieren, weil bei diesem Ausgabenvolumen sich die PGK-Kurve und die PGE-Kurve in Punkt a schneiden, d.h. die Regierung gewinnt mit dem zuletzt ausgegeben EUR exakt so viele Wählerstimmen wie sie auf Grund der notwendigen finanziellen Belastungen der Bürger andererseits verliert. Die zwei senkrechten Balken in der Grafik symbolisieren zwei Fälle, in denen die Regierung von Veto-Spielern daran gehindert wird, ihr Optimalbudget zu verabschieden.

Im ersten Fall zwingt der Veto-Spieler die Regierung zu einer Kürzung der Staatsausgaben auf ein Volumen von A_{V1}. An dieser Stelle liegen die Stimmengewinne der Regierung (Punkt b) deutlich über den Stimmenverlusten (Punkt c). Weil dieser Sachverhalt für alle weiteren Ausgaben bis zum Budget im Umfang von A* ebenfalls zutrifft, entgehen der Regierung durch die erzwungene Ausgabenkürzung des Veto-Spielers viele Netto-Stimmengewinne. Der Veto-Spieler reduziert somit die Wiederwahlchancen der Regierung. In der politischen Praxis könnte eine solcher Einfluss des Veto-Spielers dann auftreten, wenn in einem präsidentiellen System der Präsident über keine Mehrheit im Parlament verfügt und die Legislative beispielsweise eine Konsolidierung des Staatshaushaltes präferiert während der Regierungschef höhere Sozialausgaben befürwortet. Letzteres würde am Veto des Parlamentes scheitern, weil es die Finanzmittel dafür nicht bewilligt. Ein anderes Beispiel für eine Ausgabenbeschränkung wegen eines Veto-Spielers können verfassungsrechtliche Vorgaben sein. So gibt es in vielen US-Bundesstaaten die verfassungsrechtliche Pflicht zu einem ausgeglichenen Staatshaushalt.[272] Diese Vorschriften können Regierungen dazu zwingen, weniger Geld auszugeben als es im Interesse ihrer Wiederwahlchancen ist.

In Grafik 3.2.5.1 ist aber auch ein zweiter Fall des Einflusses von Veto-Spielern auf den Staatshaushalt illustriert. Hier sorgt der Veto-Spieler dafür, dass die Regierung ein höheres Budget – nämlich im Umfang von A_{V2} – als ihre optimales A* aufstellen muss. Dieses Budget geht gleichfalls zu Lasten der Regierung, denn an der Stelle A_{V2} sind die zusätzlichen Stimmenverluste (Punkt d) höher als die zusätzlichen Stimmengewinne (Punkt e). Solch ein Ergebnis kann z.B. dann vorliegen, wenn die Regierung zwar eine parlamentarische Mehrheit besitzt, aber in bestimmten Fällen auf die Zustimmung einer „zweiten Kammer" angewiesen ist, die von der Opposition dominiert wird. Die Opposition wird ihre Zustimmung aber nur erteilen, wenn die Regierung für ein bestimmtes Projekt mehr Gelder ausgibt als von ihr beabsichtigt wird. Die Opposition kann diese Mehrausgaben später gegenüber ihrer Klientel als besonderen politischen Erfolg herausstellen.

Veto-Spieler können aber nicht nur auf die Höhe des Budgets Einfluss nehmen, sondern auch auf dessen Struktur. Dieser Sachverhalt ist in Grafik 3.2.5.2 dargestellt.

Zunächst ist erneut zu erkennen, wie sich Regierungen verhalten, wenn keine relevanten Veto-Spieler existieren. Sie stellen ein Budget im Umfang von A* auf, weil an dieser Stelle (Punkt a) der politische Grenzertrag exakt den politischen Grenzkosten entspricht. PGE* ergibt sich aus der von der Regierung gewünschten Struktur des Staatshaushaltes; PGK* reflektiert die präferierte Steuerbelastung und Verschuldung. Wenn die Regierung aber die Zustimmung eines Veto-Spielers (insbesondere des Parlaments) benötigt, um ihren Haushalt zu verabschieden, ist es sehr wahrscheinlich, dass dieser nicht nur an der Höhe der Staatsausgaben etwas ändern möchte, sondern auch an deren Struktur. Insbesondere wenn der Veto-Spieler nicht „absorbiert" ist, also etwa wenn in einem präsidentiellen System die Opposition über eine Parlamentsmehrheit verfügt, hat der Veto-Spieler ein klares Eigeninteresse an einer Änderung der Ausgabenstruktur. Hierdurch kann die Opposition als Veto-Spieler bewusst die Wiederwahlchancen der Regierung schwächen, eigene ideologische Zielsetzungen verfolgen und außerdem Wohltaten für ihre eigene Klientel erreichen.[273] Damit überhaupt ein

[272] Vgl. Wagschal, Uwe (2003): Wer ist Schuld an den Schulden?, S.304, in: Kittel, Bernhard (Hrsg.) u.a. (2003): Politische Ökonomie. Demokratie und wirtschaftliche Leistungsfähigkeit, Opladen , S.289-320.

[273] Diese Argumentation greift damit die Kritik an der Veto-Spieler-Theorie von Tsebelis auf und unterstellt dem Veto-Spieler sowohl Motive des „policy seeking" wie des „office seeking".

Haushalt zu Stande kommt, müssen Regierung und Opposition in Verhandlungen treten und sich auf Kompromisse einigen. Dadurch kann die Regierung verpflichtet werden, nicht alle ihre gewünschten Projekte im vollen Umfang zu realisieren und muss gegebenenfalls auch für Dinge Geld ausgeben, die überhaupt nicht in ihrem Interesse liegen. Als Folge verändert sich die politische Grenzertragsfunktion zu PGE_V. Sie verläuft unterhalb von PGE*, weil die Regierung mit gleicher Summe Geld weniger Stimmengewinne erzielt. In ähnlicher Weise beeinflusst der Veto-Spieler auch die Einnahmeseite des Haushaltes. In Kompromissen muss die Regierung Änderungen bei Art und Umfang der Besteuerung und der Höhe der Verschuldung hinnehmen. Als Folge erhöhen sich für die Regierung die politischen Kosten, d.h. PGK* steigt auf PGK_V. Will die Regierung unter diesen verschlechterten Rahmenbedingungen ihre Wiederwahlchancen optimieren, muss sie ein (niedrigeres) Budget in Höhe A_V durchsetzen, das sich aus dem Schnittpunkt der neuen politischen Grenzertrags- und der politischen Grenzkostenkurve im Punkt b ergibt.

Grafik 3.2.5.2: Der Einfluss von Veto-Spielern auf PGE und PGK

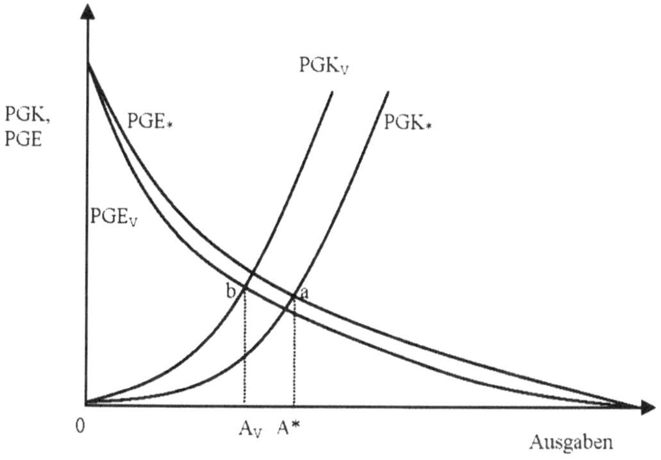

Quelle: Eigene Darstellung

In der Praxis dürften jedoch insbesondere Kombinationen aus Grafik 3.2.5.1 und Grafik 3.2.5.2 auftreten. Wenn es zu Verhandlungen zwischen Regierung und (v.a. oppositionellem) Veto-Spieler über den Staatshaushalt kommt, dürfte der Veto-Spieler sowohl Änderungen bei der Höhe als auch bei der Struktur des Budgets anstreben. Beide Ergebnisse werden in der folgenden Grafik 3.2.5.3.

berücksichtigt. Diese Grafik gibt außerdem Auskunft darüber, welchen Effekt eine Rating-Herabstufung auf die Wiederwahlchancen der Regierung hat, wenn diese von Veto-Spielern an ihrem Stimmenmaximierungskalkül gehindert wird. Angedeutet sind zunächst (in gestrichelter Form) die politische Grenzertragsfunktion (PGE*) und die politische Grenzkostenfunktion (PGK*) in dem Verlauf, wie sie sich ohne Veto-Spieler ergeben hätte.

Grafik 3.2.5.3: Der Effekt eines Downgrades auf die Wiederwahlchancen von Regierungen, die von Veto-Spielern an ihrem Stimmenmaximierungskalkül gehindert werden

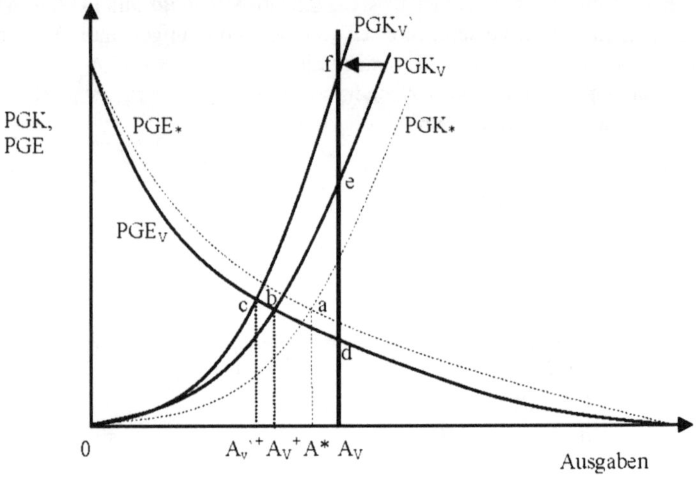

Quelle: Eigene Darstellung

In diesem Fall läge das Optimalbudget der Regierung im Schnittpunkt PGE* und PGK* (Punkt a), also an der Stelle A*. Bei Umfang und Struktur dieses Budgets wären die Wiederwahlchancen der Regierung maximiert. Die Veto-Spieler verhindern allerdings, dass die Regierung dies tatsächlich tun kann. Zur besseren Verständlichkeit der Analyse sei als Beispiel angenommen, dass einer „rechten" Regierung eine „linke" Parlamentsmehrheit gegenüber steht. Als Folge muss die Regierung Konzessionen bei der Struktur ihres Budgets machen. Damit der Veto-Spieler Parlament überhaupt dem Haushalt zustimmt, muss die „rechte" Regierung in ihr Budget bestimmte Ausgabenpositionen aufnehmen, die nicht ihren eigenen Präferenzen entsprechen, sondern der Klientelpolitik der „linken" Parlamentsmehrheit dienen – etwa eine staatliche Beschäftigungspolitik. Die politische Ertragsfunktion der Regierung reduziert sich daher auf PGE$_V$. Gleichzeitig hat die „linke“ Parlamentsmehrheit in den Budgetverhandlungen erreicht, dass aus vermeintlichen Gründen der sozialen Gerechtigkeit die Einkommenssteuer für „Reiche“ erhöht wird. Die politische Kostenfunktion verändert sich so von PGK* zu PGK_V. Will die Regierung unter diesen verschlechterten Rahmenbedingungen das beste aus ihrer Situation machen, optimiert sie ihre Wiederwahlchancen bei einem Budget in Höhe von A_V+, weil sich dort PGE_V und PGK_V schneiden (im Punkt b). Allerdings hindert der Veto-Spieler die Regierung auch daran. Der Grund: Die „linke“ Opposition hat mit ihrer Parlamentsmehrheit eine allgemeine Erhöhung der staatlichen Ausgaben auf A_V durchgesetzt, weil sie davon überzeugt ist, dass mit einer expansiven Fiskalpolitik die gesamtwirtschaftliche Nachfrage stimuliert und die Arbeitslosigkeit reduziert wird. Für die Regierung ist diese Situation zutiefst suboptimal, da bei einem Budget im Umfang von A_V lediglich ein politischer Grenzertrag von d erzielt wird, wohingegen die politischen Kosten deutlich darüber auf e liegen; als Konsequenz drohen massive Wählerstimmenverluste.

Kommt es jetzt in dieser Situation zu einer Herabstufung der staatlichen Bonität durch die Rating-Agenturen, gerät die Regierung in eine großes Dilemma. Weil das Downgrade – bei sonst gleichbleibenden Bedingungen – zu höheren Zinsbelastungen führt, erhöhen sich die politischen Kosten auf PGK_V'. Das aus Sicht der Regierung ohnehin zu hohe Budget müsste deutlich gekürzt werden, am besten auf Av′, denn dort entsprechen (im Schnittpunkt c) die neuen politischen Grenzkosten dem politischen Grenzertrag. Weil der „linke“ Veto-Spieler aber aus inhaltlicher Überzeugung und wahltaktischen Überlegungen einer Kürzung des Staatshaushaltes nicht zustimmt, bleibt es beim Budget A_V. Der relativ geringe politische Grenzertrag (Punkt d) hat sich durch das Downgrade nicht verändert, wohl aber die politischen Grenzkosten, die auf f angestiegen sind. Die Netto-Wählerstimmenverluste erhöhen sich damit weiter für die Regierung; ihre Wiederwahl ist dadurch akut gefährdet. Der politische Einfluss von Rating-Agenturen zeigt sich insofern in der Gestalt, dass sie mit ihrer Herabstufung die Regierung unter einen Handlungsdruck setzten, im Interesse ihrer Wiederwahl die Staatsausgaben zu senken. Weil die Regierung vom Veto-Spieler daran gehindert wird, verstärkt das Downgrade die Wählerstimmenverluste der Regierung und erhöht so die Wahrscheinlichkeit eines Machtwechsels.

3.2.6 Das Schuldenmanagement als strategische Variable

In den bisherigen Überlegungen wurde analysiert, wie das Stimmenmaximierungskalkül von Regierungen auf Veränderungen der politischen Grenzkostenkurve und der politischen Grenzertragskurve reagiert. Es wurde gezeigt, dass bei unveränderter PGE-Kurve und dem Fehlen von Veto-Spielern ein Anstieg der Finanzierungskosten die PGK-Kurve so verschiebt, dass Regierungen die Verschuldung reduzieren werden, um ihre Wiederwahlchancen zu erhöhen. In dieser Sichtweise waren die Finanzierungskosten bei gegebener Höhe der Verschuldung nicht von der Regierung beeinflussbar, sondern das Ergebnis von Ratings und anderer ökonomischer Faktoren, die sich auf die Anleihekurse auswirken.

Wie bereits in Kapitel 1.2. erwähnt wurde, beeinflussen Veränderungen der Nachfrage nach Staatsanleihen die Finanzierungskosten: Mit steigendem Wertpapierkurs sinken die Renditen, was geringere Finanzierungskosten zur Folge hat. Hieraus ergibt sich, dass alle Regierungen – diejenigen von Ländern mit schlechtem Rating sogar im besonderen Maße – ein Interesse an einer hohen Nachfrage nach ihren Staatsanleihen haben. Insofern ist es für Regierungen rational, aktiv die Nachfrage nach Staatsanleihen zu fördern oder weitere Anstrengungen zu unternehmen, um die Finanzierungskosten der jeweiligen Staatsverschuldung zu senken. Dies geschieht im Rahmen des politischen Schuldenmanagements, das im Mittelpunkt des folgenden Kapitels steht.[274]

Unter politischem Schuldenmanagement sollen alle Maßnahmen der Regierung verstanden werden, die darauf abzielen, bei gegebener Verschuldung und gegebenem Rating die politischen Kosten der Verschuldung zu reduzieren. Dazu zählen eine elaborierte Politik gegenüber den Investoren (Investor Relations Policy), die Ausbreitung des elektronischen Handels mit Staatsanleihen, eine Professionalisierung der für die Schuldenverwaltung zuständigen Administration und die Verwendung von Finanzinnovationen zur Risikominimierung.[275] Neben diesen „klassischen“ Methoden des Schuldenmanagements (Debt Management), wie es in den Wirtschaftswissenschaften aufgefasst wird, werden in dieser Arbeit unter politischem Schuldenmanagement auch regulative und steuerrechtliche Maßnahmen der Regierung aufgeführt, welche die Nachfrage nach Staatsanleihen beflügeln.

In einer Studie von 2002 untersuchte die OECD detailliert das Schuldenmanagement ihrer Mitglieder.[276] Das Ergebnis verdeutlicht, dass alle beteiligten Länder sowie Hong Kong in vielfältiger Weise moderne Instrumente des Schuldenmanagements verwenden, obgleich nationale Unterschiede darin bestehen.[277]

---

[274] Die Analyse beschränkt sich auf die Staatsverschuldung mittels der Emission von Anleihen.

[275] Vgl. Organisation For Economic Co-Operation And Development (OECD, 2002): Debt Management and Government Securities Markets in the 21st Century, Paris; Rehm, Hannes (2005): New Approaches to a Fiscally-Oriented Debt Management Strategy: Objectives, Instruments, and Risks, in: FinanzArchiv, Vol. 61 (2005), Issues no. 4, S.587-608.

[276] Vgl. OECD (2002), a.a.O.

[277] Das Schuldenmanagement von Deutschland und den USA wird in den beiden Länderstudien in den Kapiteln 4 und 5 näher erläutert.

In dieser Studie gaben 21 OECD-Mitglieder Auskunft über die Intensität ihrer Investor Relations Policy. Alle verfolgten damit das Ziel, einerseits Investoren ökonomische und fiskalische Informationen zu geben und auf die Marktkonditionen ihrer Staatsanleihen hinzuweisen sowie anderseits die Präferenzen der Anleger besser kennen zu lernen, um ihnen gegebenenfalls maßgeschneiderte Anleihen zu bieten. Aus beiden Faktoren entwickeln die OECD-Mitglieder dann eine Strategie, um die staatlichen Finanzierungskosten zu senken.[278]

Nach eigenen Angaben richten die Länder die Strategie ihres Schuldenmanagement eher langfristig aus und orientieren sich nicht an Marktschwankungen oder einer kurzfristig veränderten fiskalischen Position. Von zentraler Bedeutung für die vorliegende Arbeit ist folgende Aussage der OECD über die Beweggründe eines möglichen Wechsels in der Strategie des Schuldenmanagments: „In the main, it appeared that any changes would largely be driven by the need to explain large-scale changes in the government's fiscal position or to counter the negative impact of a credit rating downgrade [sic!]. Some felt investor relations activity would tend to diminish if budget surpluses reduced the need for active marketing of the debt programme."[279] Diese Aussage unterstützt die Annahme, dass das Schuldenmanagement eine aktive Strategie der Regierung zur Senkung der politischen Grenzkosten ist, die umso relevanter wird, je schlechter das Rating und umso höher die Verschuldung ist.

Regierungen haben in den letzten Jahren die Durchführung des Schuldenmanagements an *organisatorisch* eigenständige Behörden delegiert. Hierdurch haben sie vielfach die Möglichkeit, attraktivere Gehälter zu zahlen als allgemein im öffentlichen Dienst üblich sind, um mit den Einkommen der Finanzindustrie konkurrieren zu können und somit für hochqualifiziertes Personal attraktiv zu bleiben. Nichtsdestotrotz kommt der Regierung, insbesondere dem Finanzministerium, weiterhin entscheidender Einfluss zu.[280] Bei der Gestaltung der Investor Relations Policy setzen die Regierungsbehörden neben umfangreichem Informationsmaterial (Broschüren und Websites) auf Werbung und die direkte Ansprache von Investoren mittels E-Mail, Brief, Telefonat und Präsentationen.[281] Insbesondere „Roadshows" (Rundreisen zu bestimmte Finanzplätzen) sind ein weit verbreitetes Instrument, um direkt mit ausgewählten Anlegern in Kontakt zu treten. Eine herausgehobene Rolle kommt dabei den institutionellen Investoren zu. So liest man etwa über einen Besuch des ungarischen Finanzministers Tibor Draskovics in Frankfurt: „Draskovics begann am Montag eine Präsentation vor internationalen Anlegern, um für eine ungarische Anleihe im Volumen von 1

---

[278] Vgl. OECD (2002), a.a.O., S.150-153.
[279] OECD (2002), a.a.O., S.154.
[280] Vgl. OECD (2002), a.a.O., S.150.
[281] Vgl. OECD (2002), a.a.O., S.153.

Milliarde Euro zu werben.“[282] Bei deutschen Staatsanleihen ist die Vorgehensweise nicht anders, beispielsweise bei der Emission von Anleihen des Landes Berlin: „Noch bis kommenden Montag werben Vertreter des hochverschuldeten Landes auf einer Roadshow um Investoren für den neuen Milliarden-Bond. Überhaupt wollen die Berliner ihren Kontakt zu den Großanlegern ‚intensivieren'. Die Details der Emission sollen im Anschluss an die Roadshow festgelegt werden. Bei den Laufzeiten seien fünf oder zehn Jahre möglich, hieß es.“[283]

Die Gestaltung der Laufzeit von Anleihen beeinflusst die Finanzierungskosten. In der Regel müssen für länger laufende Anleihen höhere Zinsen gezahlt werden als für Anleihen mit einer kurzen Dauer, denn auf lange Sicht ist das Inflationsrisiko schwieriger prognostizierbar, so dass eine höhere Risikoprämie verlangt wird. Allerdings bedeuten kurze Laufzeiten, dass Regierungen langfristige Budgetplanungen erschwert werden. Aus diesem Zusammenhang folgert Moseley: „A government that concentrates on minimizing borrowing costs will focus on short-term borrowing; a government that is concerned with minimizing re-financing risk will employ longer-term borrowing.”[284] Infolgedessen betrug vor Beginn der Währungsunion die durchschnittliche Laufzeit von italienischen Anleihen 3,7 Jahre, während Bundesanleihen erst nach rund 7 Jahren fällig wurden.[285]

Ein anderer Ansatzpunkt für das Schuldenmanagement ist die Währung der Anleihe. Für ausländische Investoren können die realen Erträge aus den nominalen Zinszahlungen durch Wechselkursänderungen bzw. hohe Inflationsraten vermindert werden. Um die Zahlung einer hohen Risikoprämie an die Investoren zu vermeiden, emittieren insbesondere Länder mit „schwächerer“ Währung nicht selten in Dollar oder EUR. Das Wechselkursrisiko übernehmen folglich die Kapital nehmenden Staaten. Etwa die Hälfte aller OECD-Staaten machte 2002 von einer Emission in Fremdwährungen Gebrauch.[286]

In ausgefallen innovativer Form ging im August 2004 das Land Sachsen-Anhalt vor, als es sich mit einem bis dahin europaweit einmaligen Verfahren 100 Millionen Euro von streng gläubigen Moslems lieh.[287] Die so genannten „Islamic Bonds“ erfüllen auf Grund einer besonderen Konstruktion die Anforderungen des islamischen Rechts, das Zinseinkünfte aus Kapital verbietet. Der Platzierung

---

[282] o.V.(2004): Leitzinssenkung in Ungarn, in: FAZ vom 19.10.04, Frankfurt, S.21.
[283] o.V.(2003): Berlin zapft verstärkt Kapitalmarkt an, in: Financial Times Deutschland vom 31.01.03, Frankfurt, S.19.
[284] Mosley, Layna (2004), Government-Financial Market Relations after EMU. New Currency, New Constraints?, S.190, in: European Union Politics, Vol. 5, No.2, London u.a., S.181-209.
[285] Vgl. Mosley, Layna (2004), a.a.O., S.190.
[286] Vgl. OECD (2002), a.a.O., S.157.
[287] Vgl. o.V.: Islamische Anleihe platziert, in: FAZ vom 14.08.04, Frankfurt, S.19.

der Anleihe gingen intensive Gespräche mit Bankenvertretern und Investoren in Dubai und Bahrain voraus.[288]

Ein weiterer Entscheidungsparameter betrifft die Liquidität der Anleihe. Für institutionelle Investoren ist es vorteilhaft, wenn die Anleihen ein hohes Emissionsvolumen besitzt (in der Regel sollten es mehrere hundert Millionen Euro sein), damit ihre Kauf- und Verkaufsentscheidungen den Kurs nicht zu stark beeinflussen.

Einen erheblichen Einfluss auf die Struktur der Nachfrage hat auch die Stückelung der Anleihe, d.h. die Summe, die Investoren mindestens aufbringen müssen, um Anleihen erwerben zu dürfen. Eine hohe Mindestanlage deutet darauf hin, dass die Anleihe vor allem für institutionelle Investoren konzipiert wurde. Unter bestimmten Umständen kann es für Regierungen vorteilhaft sein, sich ganz bewusst den Kleinanlegern zuzuwenden. Dies geschieht vor allem dann, wenn die Staatsverschuldung insgesamt hoch ist. Die japanische Regierung setzte im Januar 2003 die Stückelung von 50 000 Yen auf 10 000 Yen (damals ca. 73 Euro) herab und startete zugleich eine Werbekampagne, um private Investoren zum Kauf von Staatsanleihen zu animieren. Bis dato waren nämlich gerade einmal 2,5 Prozent der Anleihen in den Händen privater Investoren.[289] In dem „traditionell" hoch verschuldetem Italien dagegen waren bis Anfang der 1990er Jahre die privaten Kleinanleger die dominierenden Gläubiger des Staates; institutionelle Investoren hielten nur rund 11 Prozent der Anleihen.[290]

Die bisher dargestellten Möglichkeiten des Schuldenmanagements lassen sich auch auf Unternehmen übertragen, die eine Anleihe emittieren. Regierungen verfügen wegen ihren hoheitlichen Aufgaben darüber hinaus über weitere Instrumente. Zum einen können sie durch Regulierung die Nachfrage nach Staatsanleihen beeinflussen. In der Europäischen Union müssen Versicherungen 80 Prozent ihrer Sicherheiten in der Währung ihrer Verbindlichkeiten halten. Vor Beginn der Währungsunion führte dies zu einer höheren Nachfrage nach Staatsanleihen des jeweiligen Heimatlandes der Versicherung, da Staatsanleihen zumeist als sichere Anlagen gelten.[291] Einen ähnlichen Effekt erzielen auch viele weitere Regulierungssvorschriften, die mit der Begründung des Anlegerschutzes „spekulative" Investments einschränken und damit Staatsanleihen attraktiver machen. Da diese Vorschriften Ratings zur Definition der Sicherheit von Anlagen verwenden, kann diese Regulierung ein zweischneidiges Schwert sein: Ver-

---

[288] Vgl. Ministerium der Finanzen des Landes Sachsen-Anhalt (2004): Islamic Bonds auf gutem Weg, Magdeburg, 14.07.04. Zugriff am 14.08.04 unter http://www.asp.sachsen-anhalt.de/presseapp/data/fm/2004/31_2004.htm

[289] Vgl. Kawakami, Sumie (2002), Economic Bondage, o.O. Zugriff am 03.08.04 unter http://www.japaninc.net/article.php?articleID=870

[290] Vgl. Mosley, Layna (2004), a.a.O., S.187.

[291] Vgl. Mosley, Layna (2004), a.a.O., S.187.

mindert sich nämlich das Rating der vormals erstklassig bewerteten Staaten, drohen Zwangsverkäufe der Staatsanleihen. Die höheren Renditen steigern dann die Finanzierungskosten.

Zum anderen können Regierungen durch Änderungen des Steuersystems die Anlage in Staatsanleihen lukrativer machen und neue (ausländische) Investoren gewinnen.[292] Als Beispiel lässt sich Italien anführen. Während der italienischen Parlamentswahlen 2006 stellte Herausforderer Romano Prodi die steuerliche Begünstigung von bestimmten Anlageformen in Frage, darunter auch das Investment in Staatsanleihen.[293] Zinserträge von Sparkonten, Sparbüchern und Schulverschreibungen wurden zu diesem Zeitpunkt nämlich pauschal mit 27 Prozent versteuert, während bei Staatstiteln, Dividenden und Kursgewinnen die Abschlagssteuer nur 12,5 Prozent betrug. Eine kurze Rechnung verdeutlicht die Folgen dieser Privilegierung. Die unterschiedliche Besteuerung führt dazu, dass bei Staatsanleihen der Anleger Netto 87,5 Prozent seiner Zinsgewinne erhält, bei Unternehmensanleihen nur 73 Prozent. Die Nettorendite nach Steuern wird somit bei Staatsanleihen kräftig erhöht: Eine Staatsanleihe von 1000 EUR mit einer Verzinsung von 5 Prozent bringt dem Bürger nach Abzug von Steuern rund 43,75 EUR Zinsertrag. Um denselben Betrag Netto zu erhalten, muss er eine Unternehmenssahnleihe von 1000 EUR kaufen, die mit fast 6 Prozent verzinst wird.[294] Selbst bei gleichem Rating beider Anleihen kann die Regierung wegen der unterschiedlichen Besteuerung Investoren eine geringere Risikoprämie zahlen, ohne dabei bei Anlegern an Attraktivität zu verlieren. Das Steuerrecht hilft dadurch der Regierung, ihre Finanzierungskosten zu senken.

Ähnliches ließ sich auch in Deutschland beobachten. In den Anfangsjahren der Bundesrepublik machte die Bundesregierung mit rechtlichen Vorschriften die Anlage in Staatsanleihen im Vergleich zu Aktien oder anderen Investments attraktiver. Aktienerträge wurden auf maximal 6,5 Prozent beschränkt und bis 1954 wurden Aktien stärker besteuert als Staatsanleihen.[295]

In der Praxis kombinieren Regierungen die Möglichkeiten des Schuldenmanagements. Ein gutes Beispiel hierfür ist die Emission einer Staatsanleihe mit 34

---

[292] Vgl. Mosley, Layna (2004), a.a.O., S. 189.

[293] Vgl. o.V. (2006): Berlusconi prescht mit Steuerversprechen vor, in: FAZ vom 05.05.2006, Frankfurt a.M., S.11.

[294] Zur Rechnung (auf vier Nachkommastellen gerundet): 1000 * 0,05 * 0,875 = 1000 * x * 0,73 => x=0,0599. Der Zinssatz der Unternehmensanleihe muss folglich 5,99 Prozent betragen, um nach Steuern eine (annähernd) gleich hohe Rendite zu erbringen wie diejenige der Staatsanleihe.

[295] Vgl. Manow, Philipp (2005): ‚Globalisierung', ‚corporate finance' und koordinierter Kapitalismus: Die Alterssicherungssysteme als (versiegende) Quelle geduldigen Kapitals in Japan und Deutschland, S.248 u. 250, in: Windolf, Paul (Hrsg., 2005): Finanzmarktkapitalismus. Analysen zum Wandel von Produktionsregimen, Wiesbaden, S.242-275.

Jahren Laufzeit von der britischen Regierung im April 2004.[296] Die Laufzeit war zum damaligen Zeitpunkt die längste innerhalb der G-7-Länder. Die Anleihe im Wert von 2,5 Milliarden Pfund war die Reaktion „[...] auf die Anfrage von Pensionsfonds und Versicherungsgesellschaften, die langlaufende Verbindlichkeiten mit langlaufenden Investitionen decken wollen."[297] Die Nachfrage war sehr groß, denn die Anleihe war 2,12mal überzeichnet. Eigentlich ist dies überraschend, denn in Zeiten starken Wirtschaftswachstums wie in Großbritannien verlangen Investoren wegen der höheren Inflationsbefürchtungen eine erhöhte Risikoprämie. Die hohe Nachfrage resultiert im Wesentlichen aus drei Gründen[298]: Erstens, weil die Regierung seit längerem keine langlaufende Staatsanleihe mehr emittiert hatte. Zweitens, weil die Financial Services Authority die Regulierungsvorschriften für Versicherungsgesellschaften verschärft hat. Zur Absicherung von risikoreicheren Investitionen (darunter auch Unternehmensanleihen) müssen die Versicherungen künftig mehr Geld zurückhalten oder verstärkt sichere Instrumente wie Staatsanleihen erwerben. Drittens, weil neue Bilanzierungsvorschriften für Unternehmen in Kraft treten, deren Konsequenzen ebenfalls Staatsanleihen attraktiver machen. Aus diesen Gründen lag die Rendite für 30-jährige Staatsanleihen (die zuvor längste Anlagemöglichkeit) unterhalb der Rendite für zehnjährige Staatsanleihen, so dass die Emission der neuen Anleihe die Regierung vergleichsweise günstig kommt.

Regierungen stehen folglich verschiedene Instrumente zur Verfügung, mit denen sie die Finanzierungskosten senken können. Es konnte gezeigt werden, dass schlechtere Ratings und höhere Verschuldung Anreize zu einem ausgeklügelten Schuldenmanagement schaffen. In dem Modell führt dies zu einer Rück-Verschiebung der PGK-Kurve nach rechts, d.h. die ursprünglich nach einer Rating-Herabstufung gestiegenen politischen Kosten – erkennbar an einer steileren, nach links verschobenen PGK-Kurve – sinken wieder. Das Schuldenmanagment hilft Regierungen somit, die durch das Downgrade verschlechterten Wiederwahlchancen ganz oder teilweise zu kompensieren. Der politische Einfluss von Rating-Agenturen wir dadurch vermindert. Im Folgenden wird eine weitere politische Dimension des Schuldenmanagements näher betrachtet. Es soll gezeigt werden, dass die einzelnen Instrumente des Schuldenmanagements eine soziale Umverteilung von Risiken vornehmen.

An vielen Beispielen wurde belegt, dass es eine weit verbreitete Strategie von Regierungen ist, direkt mit Roadshows und ähnlichem ausländische (institutionelle) Investoren zu gewinnen. In einer volkswirtschaftlichen Betrachtung fließt dadurch mehr Kapital in das emittierende Land, was in der Regel etwas

[296] Vgl. o.V.(2004): Staatsanleihe mit 34 Jahren Laufzeit, in: FAZ vom 23.04.04, Frankfurt, S.25.
[297] o.V.(2004): Staatsanleihe mit 34 Jahren Laufzeit, in: FAZ vom 23.04.04, Frankfurt, S.25.
[298] Vgl. o.V.(2004): Staatsanleihe mit 34 Jahren Laufzeit, in: FAZ vom 23.04.04, Frankfurt, S.25.

Positives ist. Ebenso würden bei einem Zahlungsausfall dessen monetäre Kosten teilweise „exportiert“, da Ausländer auf ihren Forderungen sitzen bleiben. Allerdings bedeutet dies in wirtschaftlichen Krisensituationen, in denen die Steuereinnahmen zurückgehen und damit das Zahlungsausfallrisiko potentiell steigt, dass ein Kapitalabzug der ausländischen Investoren wahrscheinlicher wird. Wie in der Asienkrise kann dies eine Rezession weiter verstärken. Sollte ebenfalls ein Downgrade erfolgen, führt dies in Kombination mit den Kursverlusten zu stark steigenden Zinszahlungen. Darüber hinaus besteht die Gefahr, dass wegen der Dynamik und teilweisen Irrationalität der Finanzmärkte („Herdenverhalten“) Finanzmarktkrisen in anderen Ländern sich auf das Inland auswirken. Ratings als „Stimuli“ von Anreizen zur Intensivierung des Finanzmanagements können dazu führen, dass Regierungen eine höhere Risikobereitschaft eingehen, um kurzfristig ihre Finanzierungskosten zu senken. Möglicherweise steigt dadurch die Wahrscheinlichkeit und Intensität von wirtschaftlichen Krisen. Geht man davon aus, dass Rezessionen den ärmeren Bevölkerungsteil besonders hart treffen, wird diesen Schichten ein höheres Risiko zugemutet. Da diese Gefahr zwar real, aber eher abstrakt und langfristig ist, können Regierungen dieses Risiko leicht verschleiern und müssen keine Sanktionen (v.a. Vertrauensentzug bei Wahlen) dieser Gruppe fürchten.

Demgegenüber bedeutet ein hoher Anteil inländischer Investoren einen gewissen Schutz vor dem Druck der Finanzmärkte.[299] Vor allem auf einflussreiche inländische institutionelle Anleger werden Regierungen eher Rücksicht nehmen und deswegen ihren Zahlungsverpflichtungen nachkommen. Beachtet werden sollte allerdings auch die Möglichkeit der Regierungen, mittels Regulierung auf diese Anleger Einfluss zu nehmen.

Darüber hinaus können inländische Kleinanleger wie in Japan von der Regierung zum Erwerb von Anleihen animiert werden. Daraus lassen sich zwei verschiedene Schlussfolgerungen ableiten. Zum einen bedeutet eine Ausweitung des Investorenkreises, dass immer mehr Wähler Anleihen erwerben und deswegen Regierungen ein hohes Eigeninteresse daran haben, dass es nicht zu einem Zahlungsausfall kommt. Dies würde nämlich sehr hohe Wählerstimmenverluste bedeuten. Zum anderen begünstigt aber ein breiterer Investorenkreis den Einfluss der Regierung auf die Finanzierungskosten. Wie gezeigt wurde, werden bei der Gestaltung der Anleihen die Interessen der in- und ausländischen institutionellen Investoren berücksichtigt, d.h. Regierungen verhandeln über die Konditionen der Emission. Die vergleichsweise wenigen institutionellen Investoren sind auf Grund ihres hohen Anlagevolumens einflussreiche Verhandlungspartner, weil sie einen hohen Teil der Nachfrage repräsentieren. Demgegenüber besitzt die hohe

---

[299] Vgl. Mosley, Layna (2004), a.a.O., S.187.

Zahl von Kleinanlegern jeweils nur einen geringen Anlagebetrag und verfügt nicht über den Kenntnisstand der institutionellen Anleger. Während die privaten Kleinanleger lediglich die Wahl zwischen „Anleihe kaufen“ oder „Anleihe nicht kaufen“ besitzen, können die institutionellen Investoren in Gesprächen mit der Regierung durch ihre Drohung, keine Anleihen zu erwerben, die Konditionen der Emission direkt zu ihren Gunsten beeinflussen. Folglich werden bei Anleihen, die sich an private Kleinanleger wenden und in einem Marktumfeld emittiert werden, bei dem Alternativanlagen wenig attraktiv sind, die Interessen des Kapitalnehmers (Regierung) stärker berücksichtigt als Anleihen, die sich vorrangig an institutionelle Investoren richten. Im ersten Fall werden die Anleger für das Risiko ihres Investments nicht vollständig entschädigt, d.h. die Regierung kann sich günstig verschulden und dadurch ihre politischen Kosten senken. Es kommt zu einer – von den Wählern kaum wahrnehmbaren – finanziellen Umverteilung von den Kleinanlegern hin zur Regierung.[300] Insgesamt zeigt sich, dass Regierungen besonders dann ein Interesse an einer hohen Anzahl von Kleinanlegern haben, wenn sie kurzfristig keinen Zahlungsausfall erwarten, denn in diesem Fall können sie ihre politischen Kosten senken.

Ein hoher Einfluss auf die politischen Grenzkosten hat weiterhin die Entscheidung, in welcher Währung die Anleihe emittiert werden soll. Zweifel an der Stabilität der Währung kommen insbesondere bei den Ländern auf, die wegen anderer ungünstiger Rahmenbedingungen sowieso schon ein vergleichsweise schlechtes Rating besitzen, d.h. die politischen Grenzkosten sind relativ hoch. Indem diese Länder in einer anderen Währung die Anleihe herausgeben, sparen sie die Zahlung einer Prämie für das Währungsrisiko an die ausländischen Investoren. Da ein Großteil der Wechselkursschwankungen auf Finanzmarktspekulationen zurückgeht, kann durch die Emission in einer anderen Währung ein nur schwer prognostizierbares, im Umfang aber großes Risiko entstehen. Den kurzfristigen Einsparungen bei den Finanzierungskosten können demnach langfristig sehr hohe Kosten aus der Abwertung der Währung gegenüberstehen. Der Zeithorizont von Regierungen dürfte deswegen auch hier eine wichtige Rolle bei der Entscheidung spielen. Ist dieser kurzfristig, wählen sie die Emissionen in einer Fremdwährung, um aktuell Geld zu sparen, das sie für andere Zwecke verwenden können, und verschieben die Unsicherheit (d.h. die Kosten der Wechselkursentwicklung) auf die Zukunft.

Analog verhält es sich bei der Gestaltung der Laufzeit von Anleihen. Die in der Regel geringeren Zinszahlungen für Anleihen mit kurzer Laufzeit – Großbri-

[300] Auch wenn die Beispiele Japan und Italien ein Indiz dafür sind, dass bei hoher Verschuldung etwas schlechterem Rating die Hinwendung zu den Kleinanlegern wahrscheinlicher wird, sollten weitere empirische Untersuchungen unternommen werden, die diesen Sachverhalt prüfen, um zu einem abschließenden Urteil zu gelangen.

tannien war in diesem Fall eine Ausnahme – geht einher mit einem höheren Risiko der Anschlussfinanzierung, während langfristige Anleihen eine größere Planungssicherheit bieten. Regierungen mit einem kurzfristigen Zeithorizont bevorzugen deswegen kurzfristige Anleihen, um gegenwärtig die Finanzierungskosten zu senken. Diese Transformation von Risiken in die Zukunft wird bei einem schlechten Rating weiter verstärkt.

Schließlich sei an die Effekte der Regulierung erinnert, die bei einem guten Rating die Nachfrage nach Staatsanleihen erhöhen, bei einem Downgrade mitunter zu Zwangsverkäufen führen. Die zukünftige Entwicklung des Ratings stellt ebenfalls ein Risiko dar.

Die geschilderte Umverteilung von Risiken in Folge des Schuldenmanagements müssen Regierungen allerdings nicht zwangsläufig hinnehmen. Wenn sie wollen, können sie moderne Finanzinnovationen verwenden, um sich gegen diese Risiken abzusichern. Insbesondere ermöglichen es Finanzinnovationen, die Finanzierungskosten von der Schuldenstruktur abzukoppeln.[301] So kann zum einen ein ausgewogenes Verhältnis der Laufzeit von Anleihen hergestellt werden, um die Zinsänderungsrisiken über die Zeit gleichmäßig zu verteilen. Zum anderen können bei der Gestaltung der Konditionen die Interessen der Investoren besser berücksichtigt werden. Ein weit verbreitetes Instrument zur Abkopplung der Zinszahlungen von der Schuldenstruktur sind Swapgeschäfte: „Interest swap transactions invole the swapping of interest payments, usally fixed-rate payments for variable-rate payments, for a fix period of time and based on an underlying capital amount. The variable interest rate is always based on a reference rate, mostly Libor or Euribor."[302] Wenn eine Regierung beispielsweise höhere Zinsen in der Zukunft erwartet, ist es in ihrem Sinne, die gegenwärtige Höhe der Zinszahlungen durch ein Swapgeschäft abzusichern. Vereinfacht ausgedrückt bedeutet das, dass sich die Regierung verpflichtet, für einen festgesetzten Zeitraum die jetzigen Zinsen pro festgesetztem Kapitalbetrag weiterzuzahlen. Sollten die Kapitalmarktzinsen steigen, muss die Regierung zwar ihren Gläubigern weiterhin höhere Zinsen zahlen, sie erhält aber im Gegenzug den Differenzbetrag zwischen altem und neuem Zinsniveau aus ihrem Swapgeschäft überwiesen, so dass sich Netto die Finanzierungskosten nicht erhöht haben. Sollten die Zinsen hingegen sinken, kann die Regierung davon Netto nicht profitieren, weil sie wegen des Swapgeschäfts den Differenzbetrag zwischen alter und neuer Zinshöhe bezahlen

---

[301] Vgl. Rehm, Hannes (2005), a.a.O, S.592f.

[302] Vgl. Rehm, Hannes (2005), a.a.O, S.593. Euribor ist der Zinssatz, den sich Banken im Euro-Währungsraum beim gegenseitigen Handel von Termingeldern berechnen; Libor der Zinssatz des Zwischenbankenhandels in London.

muss. Nach demselben Prinzip lassen sich durch Swapgeschäfte auch Wechselkursrisiken bei der Emission von Anleihen in Fremdwährung absichern.[303]

Neben den erläuterten Reaktionen von Regierungen auf gestiegene Finanzierungskosten schließt das politische Schuldenmanagement auch proaktives Handeln der Politiker ein. Darunter soll verstanden werden, dass Regierungen unter Beibehaltung ihrer favorisierten Politik Rating-Agenturen von einem möglichen Downgrade abbringen bzw. zu einer Heraufstufung ihrer Bonität verleiten wollen. Da die Rating-Agenturn elementar auf ihre Reputation angewiesen sind, werden öffentliche Drohungen der Regierung höchstwahrscheinlich keine Wirkung erzielen; ebenso wenig werden die Agenturen nur ungern kurzfristig und ohne allgemein nachvollziehbare Gründe ihre Bonitätseinschätzung ändern. Prokatives Handeln setzt demnach primär daran an, die Rating-Agenturen inhaltlich zu überzeugen, ein von der Regierung präferiertes Rating zu vergeben. Regierungen bzw. die mit dem Schuldenmanagement vertrauten Behörden werden deshalb den direkten Kontakt mit den Rating-Agenturen suchen, um deren Interpretation der fiskalischen und ökonomischen Situation ihres Landes im Regierungssinne zu beeinflussen. Diese Sichtweise geht einher mit der Feststellung in der bereits zitierten OECD-Studie, dass von den befragten Ländern dreizehn von sich aus den Kontakt zu den Agenturen suchen, während acht dies nicht tun.[304] In den Augen derjenigen Staaten, die auf die Agenturen zugehen, besitzen die Urteile der Agenturen eine große Bedeutung für die Finanzierungsmöglichkeiten ihres Landes. Diese Länder begründen ihren Kontakt mit den Agenturen damit, dass sie so sicherstellen, dass die Rating-Agenturen umfassend über die ökonomische, politische und finanzielle Lage in ihrem Land informiert sind und auf dieser Grundlage ein ausgewogenes Bonitätsurteil fällen können. Im Einzelnen nennen diese Länder übereinstimmend als Gründe:

> "• Rating agency views are seen as being of high importance for funding but also more generally.
> • It is important to know at first hand what their concerns are.

---

[303] Theoretisch nicht auszuschließen sind bei Swap-Geschäften aber Probleme des moral hazard, die sich aus dem asymmetrischen Informationsverhältnis zwischen Regierung bzw. Regierungsbehörde und ihren Partnern im Swapgeschäft ergeben. Sollten Regierungen nämlich unveröffentlichte Informationen über die Verschlechterung ihrer Haushaltslage besitzen oder aus vertraulichen Gesprächen mit Rating-Agenturen wissen, dass diese eine Herabstufung planen, könnten sie dieses Insider-Wissen nutzen, um das jetzige Zinsniveau durch Swapgeschäfte abzusichern. In diesem Fall blieben im Idealfall zumindest mittelfristig die Finanzierungskosten unverändert. Durch dieses opportunistische Verhalten könnten Regierungen verhindern, dass eine Downgrade die politischen Grenzkosten erhöht und somit den Status-Quo ihrer Politik mittelfristig ohne Nachteile fortführen.

[304] Vgl. OECD (2002), a.a.O., S.167. Die OECD gibt aber nicht an, welche Länder konkret Kontakt mit den Rating-Agenturen haben und welche nicht.

• To ensure the agencies have the best possible information so that they have a better insight into policy thinking and are able to assign ratings with greater accuracy.
• It is important to us to ensure that the views of rating agencies are informed and accurate.
• To give a meaningful overview of the macroeconomic framework, including news about public finance and public debt.
• To ensure they are kept fully informed on all aspects of public finances and the e-conomy."[305]

Diejenigen acht Länder, die sich nicht proaktiv verhalten, sehen hingegen keine Notwendigkeit, die Rating-Agenturen umfangreich zu konsultieren, weil ihre Anleihen gar nicht gerated sind bzw. sie kein Rating beantragt haben. Zudem glauben sie, dass ein intensiver Kontakt mit den Agenturen erst dann wichtig wird, wenn das gegenwärtige Rating gefährdet ist oder die Länder Fremdwährungsanleihen ausgeben – beides ein klarer Indiz dafür, dass proaktives Handeln für Länder mit gutem Rating weniger relevant ist als für solche mit schlechtem. Im Einzelnen begründen die Länder, die nicht umfangreich mit den Rating-Agenturen kooperieren, dies folgendermaßen:

„• There is no need for issuers of risk-free assets to take initiatives in this field unless the sovereign in question is facing major problems which require special action. This being said, we do, of course, collaborate with the major agencies.
• No official rating requested.
• As long as we do not seek to borrow in foreign currencies, the importance of actively managing the relationship is reduced.
• Our government securities are not explicitly rated.
• Our government has received unsolicited ratings.
• There is no formal relationship."[306]

Zusammenfassend lässt sich festhalten, dass Regierungen im Rahmen des politischen Schuldenmanagements viele Möglichkeiten besitzen, aus eigener Kraft ihre politischen Kosten zu reduzieren und damit ihre Wiederwahlchancen zu verbessern. Sie werden sich hierum umso intensiver bemühen, je höher ihre Verschuldung und je schlechter ihr Rating ist. Gerade im letzten Fall hilft das Schuldenmanagement den Regierungen, den Einfluss der Rating-Agenturen zu reduzieren. Es wurde gezeigt, dass insbesondere Regierungen mit einem schlechteren Rating den Kontakt zu den Agenturen suchen um so möglicherweise eine bessere Bewertung zu erreichen.

---

[305] Vgl. OECD (2002), a.a.O., S.167.
[306] Vgl. OECD (2002), a.a.O., S.167.

Gleichwohl ist das Schuldenmanagement ebenfalls eine überaus politische Entscheidung, denn hierbei werden auch Risiken umverteilt. Aus diesem Grund ist das Schuldenmanagement immer auch Ausdruck des Zeithorizonts der Regierung: Denkt sie sehr kurzfristig, weil sie etwa in Umfragen schlecht da steht und bald Wahlen anstehen, ist sie zur Übernahme höherer Risiken eher bereit (z.B. in Form von Fremdwährungsanleihen oder kürzeeren Laufzeiten der Bonds), weil diese Risiken erst mittel- bis langfristig auftreten, während die Regierung kurzfristig durch die günstigere Kreditaufnahme ihre politischen Kosten reduzieren kann.

3.3 Zusammenfassung: Die Kerngedanken des neuen Modells

In diesem Kapitel wurde ein neues politikwissenschaftliches Modell entwickelt, das die Reaktionen von demokratischen Regierungen bei einer Rating-Herabstufung der Staatsanleihen analysiert. Im Gegensatz zur vorherrschenden Praxis in der bisherigen Forschung über Rating-Agenturen wurde der politische Einfluss der Agenturen konsequent im Rahmen eines Modells dargestellt, das Ratings nicht isoliert von dem strategischen Verhalten der Regierung betrachtet und gleichzeitig relevante Charakteristika des politischen Systems sowie ökonomische und gesellschaftliche Rahmendaten systematisch mit einbezieht. Es steht in der Tradition der Neuen Politischen Ökonomie und knüpft dabei insbesondere an der „Ökonomischen Theorie der Demokratie“ von Anthony Downs an, ergänzt um Überlegungen von Philipp Herder-Dorneich und Manfred Groser.

Diese theoretische Einordnung bedingt wesentliche Grundannahmen des Modells. Regierungen und Wähler sind demnach eigennutzorientiert: Politiker stellen Programme nur auf, um gewählt zu werden; Wähler stimmen für die Partei, die ihren eigenen primär materiellen Interessen entgegenkommt. Infolgedessen versucht jede Regierung, ihren Staatsaushalt so zu gestalten, dass er die Wiederwahlchancen deutlich erhöht. Dabei können Regierungen durch Staatsausgaben Wählerstimmen gewinnen und so einen politischen Ertrag erzielen. Sie müssen allerdings bedenken, dass die notwendige Finanzierung dieser Ausgaben mittels Steuern oder Schulden politische Kosten erzeugt, also sie Wählerstimmen kosten wird. Daraus ergibt sich ein Optimalbudget – d.h. eines, das die Wiederwahlchancen der Regierung maximiert – wenn jede zusätzlich ausgegebene Geldeinheit exakt so viele Wählerstimmen bringt wie sie kostet. In diesem Fall entspricht der politische Grenzertrag den politischen Grenzkosten. Kommt es in solch einer Situation nun zu einer Herabstufung des Ratings der Staatsanleihen, steigen die politischen Kosten, weil jede mittels Schulden finanzierte politische Maßnahme teurer wird. Selbst eine Umschichtung von Schulden durch höhere

Steuern ändert an diesem Sachverhalt nichts, denn gegenüber dem beim Optimalbudget realisierten bestmöglichen Finanzierungsverhältnis von Steuern und Schulden bedeutet jede Abweichung zusätzliche Stimmenverluste. Infolgedessen dienen Regierungen unter diesen neuen Umständen ihren Wiederwahlchancen am besten damit, die Staatsausgaben so lange zu senken, bis der politische Grenzertrag den jetzt höheren politischen Grenzkosten entspricht. Der politische Einfluss der Rating-Agenturen erfolgt daher indirekt: Sie verändern wesentliche Rahmendaten des Stimmenmaximierungskalküls der Regierung – nämlich die politischen Kosten – und wirken so auf Umfang und Struktur des Staatshaushalts ein, ohne dabei in irgendeiner Weise den Regierungen konkrete Vorschriften zu machen.

Durch mehrere Erweiterungen konnte in den Kapiteln 3.2.2 bis 3.2.6 die Anwendbarkeit des Modells auf die Realität und somit seine Aussagekraft verbessert werden. Es wurde gezeigt, dass die Möglichkeit, mit Staatsausgaben Wählerstimmen zu gewinnen, im hohen Maße abhängt von der Struktur der Wählerschaft. Ist diese gesellschaftlich stark gespalten und treten ideologische Gründe (im weitesten Sinne) bei der Wahlentscheidung in den Vordergrund, ist die genaue Gestaltung des Staatsbudgets für die Wiederwahlchancen der Regierung zwar nicht unwichtig, jedoch weniger relevant als bei einer „normalverteilten" Wählerstruktur. Im letzteren Fall führt eine Rating-Herabstufung deshalb auch zu einer höheren Gefährdung der Wiederwahl.

Darüber hinaus wurden neben der Höhe der Steuern und Schulden weitere Faktoren herausgearbeitet, die tendenziell die politischen Kosten erhöhen. Umso größere Wählerstimmenverluste muss eine Regierung bei einem Downgrade befürchten, je höher die Verschuldung der privaten Haushalte ist, je größer die Abhängigkeit der Unternehmensfinanzierung vom Kapitalmarkt ist und umso stärker Ratings zu Regulierungszwecken eingesetzt werden, vor allem hinsichtlich der Anlagemöglichkeiten der privaten Altersversorgung. Hinzukommen kulturelle Einstellungen und historische Erfahrungen der Bevölkerung sowie wichtige Sonderfaktoren.

Relevant für den politischen Einfluss der Rating-Agenturen sind auch verfassungsrechtliche Aspekte. Dies gilt in erster Linie für Regierungen eines Landes bzw. Bundesstaates in föderalen politischen Systemen. Je nach genauer Ausgestaltung des Föderalismus können Ratings auf das Stimmenmaximierungskalkül der Regierung einwirken. Während im Trennföderalismus Landesregierungen auf eine Rating-Herabstufung wegen der höheren politischen Kosten in der Regel mit einer Kürzung des Staatshaushaltes reagieren, wirkt dieser Mechanismus im Verbundföderalismus nur bestenfalls eingeschränkt, da das Rating eines Bundeslandes gegebenenfalls im hohen Maße nicht von dessen eigener Bonität abhängt. Ein wichtiges Element ist hierbei die genaue Struktur des Bund-Länder-Finanzausgleichs.

Eine zusätzliche Erweiterung des Grundmodells bildet die Berücksichtigung der Veto-Spieler, die Regierungen daran hindern, ihr Optimalbudget aufzustellen. Gerade wenn auf Grund von Veto-Spielern die Regierung nicht ihren präferierten Staatshaushalt realisieren kann, wirkt sich ein Downgrade besonders negativ auf die Wiederwahlchancen aus, da die Regierung ihrer relevante Budgetanpassungsstrategie nicht durchführen kann.

Schließlich wurde das politische Schuldenmanagement als eine Methode dargestellt, mit der Regierungen aktiv ihre politischen Kosten beeinflussen. Dies ist für Regierungen mit hoher Verschuldung und schlechtem Rating besonders relevant. Es wurde deutlich, dass eine (kurzfristige) Senkung der Finanzierungskosten unter Umständen (langfristig) negative Effekte in Form der Umverteilung von Risiken zu Folge haben kann.

Insgesamt zeigt sich, dass mit dem nun erarbeiteten Modell eine fundierte Analyse des politischen Einflusses von Rating-Agenturen vorgenommen werden kann. Dies wird noch deutlicher in den beiden folgenden Kapiteln, in denen am Beispiel der USA und Deutschlands mit Hilfe des neuen Modells die Rolle der Rating-Agenturen in der politischen Praxis systematisch untersucht wird.

4 Die Bedeutung von Rating-Agenturen in den USA

Das vorangegangene Kapitel hat ein neues politikwissenschaftliches Modell vorgeschlagen, um den politischen Einfluss von Rating-Agenturen systematisch erklären zu können. Entwickelt wurde ein neues Modell, das auf einer dynamischen Sichtweise beruht und so das strategische Verhalten von Politikern und die spezifischen Wirkungen nationaler politischer Systeme und Finanzmärkte in die Analyse einbezieht.

Dieses Kapitel ist das erste von zweien, welches das Modell in einer Länderstudie anwendet, in diesem Fall am Beispiel der USA. Diese Länderstudien haben nicht den Zweck, die Richtigkeit des Modells durch die Empirie zu „beweisen". Vielmehr dienen beide Fallstudien zur Illustration der theoretischen Überlegungen und bieten dadurch ein neues Interpretationsschema zum politischen Einfluss von Rating-Agenturen. Die Methodik ist in allen Fallbeispielen gleich: Zuerst werden die für die Fragestellung dieser Arbeit relevanten Eigenschaften des jeweiligen politischen Systems knapp beschrieben. Schwerpunkte bilden das Parteiensystem und die Veto-Spieler.

Das Parteiensystem wird analysiert, um die Grundstruktur des politischen Wettbewerbs zu verstehen: Haben sich die Parteien programmatisch so angenähert, wie es Downs' Medianwählermodell postuliert oder orientiert sich der Parteienwettbewerb eher an einer bimodalen Wählerstruktur, die ideologisch und sozial-strukturell sehr heterogen ist? Diese Erkenntnisse sind wichtig, damit der Verlauf des politischen Grenzertrags näher bestimmt werden kann.

Um zu erfahren, inwiefern Regierungen ihr Stimmenmaximierungskalkül tatsächlich realisieren können, werden die Anzahl der Veto-Spieler, ihre ideologische Distanz zueinander und ihre interne Kohäsion identifiziert. Die Darstellung konzentriert sich auf das Veto-Potential im Bereich der Haushalts- und der Finanzmarktpolitik.

Der zweite Teil der Länderstudien beschreibt die Charakteristika des betreffenden Finanzmarktes und Grundzüge des jeweiligen politischen Schuldenmanagements. Hierdurch wird der Modellaussage Rechnung getragen, dass die politischen Grenzkosten neben der Besteuerung im hohen Maße nicht vom Rating alleine, sondern einer Vielzahl anderer finanzmarktpolitischen Faktoren beeinflusst werden. Hierzu zählen insbesondere die Rolle der privaten kapitalgedeckten Altersvorsorge, die Abhängigkeit der Unternehmensfinanzierung vom Kapitalmarkt, die Verschuldung der privaten Haushalte sowie der Umfang des Einsatzes von Ratings zu Regulierungszwecken. Diese genannten Faktoren korrelieren modellgemäß positiv mit der Höhe der politischen Grenzkosten. Darüber hinaus können Regierungen mit Hilfe eines politischen Schuldenmanagements ihre politischen Kosten reduzieren.

Übertragen auf das in Kapitel 3 erarbeitete Modell bedeutet dies, dass die politischen Grenzkosten in den USA und Deutschland grundsätzlich unterschiedlich hoch sind. Die Höhe der politischen Grenzkosten wird zum einen durch ökonomische und allgemein strukturelle Variablen bestimmt (Altersversorgung, Unternehmensfinanzierung, private Verschuldung, Einsatz von Ratings zur Regulierung, Schuldenmanagement). Zum anderen ist sie selber keine fixe Größe, sondern erklärt sich erst im Zusammenspiel mit sozialen Variablen sowie dem politischen System und ändert sich innerhalb eines Landes im Zeitverlauf.

Im dritten Teil der Länderstudien wird das Modell in seiner Gesamtheit auf das jeweilige Land zu einem bestimmten Zeitpunkt angewandt, um den Verlauf der politischen Grenzkosten- bzw. Grenzertragskurve genauer zu spezifizieren. Argumentativ werden diverse Statistiken verwendet, um die in Abschnitt 2 erläuterten Indikatoren der politischen Grenzkosten abschätzen zu können. Zu Hilfe genommen werden außerdem detaillierte empirische Wahlanalysen: Sie liefern unerlässliche Informationen über die politischen Präferenzen der Wähler und damit die politischen Grenzkosten und den politischen Grenzertrag. So kann bewertet werden, wie groß die Toleranz der Bürger gegenüber neuen Schulden ist und in welchem Umfang Regierungen ihre Wiederwahlchancen durch höhere Staatsausgaben verbessern können. Insgesamt ermöglicht der dritte Teil eine theoretische Aussage darüber, welchen politischen Effekt eine drohende oder realisierte Rating-Herabstufung zu den untersuchten Zeitpunkten gehabt hätte.

4.1 Relevante Charakteristika des politischen Systems

In seinem erstmals 1960 erschienenen Buch über das amerikanische Regierungssystem lieferte Fraenkel eine markante Charakterisierung der amerikanischen Parteien, welche die Unterschiede zu europäischen Parteien deutlich macht: „Die großen nationalen amerikanischen Parteien sind Wahlkartelle untereinander grundverschiedener lokaler und regionaler autonomer Parteiinstanzen, die sich ausschließlich zwecks Lösung personeller Probleme zusammenschließen, ohne eine gemeinsame weltanschauliche Basis oder eine einheitliche politische Linie zu besitzen. Keine dieser nationalen Parteien besitzt ein „Parteiprogramm“; die anläßlich der Präsidentenwahlen ausgearbeiteten „platforms“ bestehen aus Platitüden, die weder allzu ernst gemeint sind noch allzu ernst genommen werden."[307] Fraenkels Kernaussagen sind bis heute gültig, denn nach wie vor sind beide großen Parteien sehr unideologisch und heterogen strukturiert.[308] Im Unterschied zu Europa gibt es auch keine formale Mitgliedschaft in der Form, dass Mitglieder regelmäßig Beiträge an die Partei zu entrichten haben; unter „Parteimitglied" werden in den Vereinigten Staaten all diejenigen verstanden, die sich als Anhänger registrieren lassen.[309]

Die lose Organisation, mangelnde programmatische Kohäsion und die Konzentration der Parteien auf personalpolitische Entscheidungen erklären sich aus der historischen Entwicklung des Parteiensystems und den institutionellen Gegebenheiten des amerikanischen Regierungssystems. Ideologische und gesellschaftliche Konfliktlinien spielten keine Rolle bei der Parteibildung, denn die USA hatten mit ihrer Gründung die ständischen Strukturen überwunden und Klassenkonflikte konnten durch die offene Grenze nach Westen gedämpft werden.[310] Zudem wurden religiöse und konfessionelle Kontroversen wegen des ersten Verfassungszusatzes, der eine strikte Trennung zwischen Staat und Kirche vorschreibt, aus dem Bereich des Politischen ausgeklammert.[311]

Schon kurze Zeit nach Gründung der USA im Jahre 1776 entwickelte sich ein Zweiparteiensystem mit zwei annährend gleich starken Parteien, welche die Politik auf Bundesebene und in den Bundesstaaten dominierten.[312] Seit dem Ende des amerikanischen Bürgerkrieges vollzieht sich der Parteienwettbewerb zwischen den Republikaner und den Demokraten, die zwar über bestimmte Stammklientel verfügten, sich ansonsten aber ideologisch nicht stark unterschie-

---

[307] Fraenkel, Ernst (1981): Das amerikanische Regierungssystem, Opladen S.60

[308] Vgl. Sartori, Giovanni (2005): Party Types, Organisation and Functions, S.14, in: West European Politics, Vol. 28, No.1, S.5-32.

[309] Vgl. Ashbee, Edward/ Ashford, Nigel (2004): US Politics Today, Manchester/ New York, S. 178.

[310] Vgl. Wasser, Hartmut/ Eilfort, Michael (2004): Politische Parteien und Wahlen, S.320, in: Lösche, Peter/ von Loeffelholz, Hans Dietrich von (2004, Hrsg.): Länderbericht USA, Bonn, S.319-352.

[311] Vgl. Fraenkel, Ernst (1981), a.a.O., S.60

[312] Gleichwohl lässt sich die amerikanische Geschichte in Phasen unterteilen, in denen jeweils eine Partei als „Mehrheitspartei" (majority party) bezeichnet werden kann, weil sie bei Kongress- und Parlamentswahlen besonders erfolgreich war (vgl. McKay, David (2004): American Politics and Society, Oxford u.a., S.84-85.) Von 1789 bis 1800 waren die Föderalisten von Hamilton, Washington und John Adams die Mehrheitspartei gegenüber den Republikanern von Jefferson; zwischen 1800 und 1856 waren dies die Demokratischen Republikaner (Madison, Jackson, van Buren) gegenüber den Föderalisten (Harrsion, Taylor); die (neuen) Republikaner (z.B. Lincoln, Theodore Roosevelt) dominierten die amerikanische Politik von 1856 bis 1932 gegenüber den Demokraten; von 1932 bis 1964 waren indes die Demokraten (Franklin Roosevelt, Truman, Kennedy) bei den Präsidentschafts- und Kongresswahlen eindeutig den Republikanern überlegen, die allerdings mit Eisenhower auch Wahlen gewannen; von 1964 bis 1980 schwand langsam die Dominanz der Demokraten und seit 1980 gibt es keine klare Mehrheitspartei mehr, sondern Demokraten und Republikaner stellen abwechselnd den Präsidenten bzw. die Mehrheit im Kongress.

den.[313] Gleichwohl lassen sich in der Geschichte der USA Cleavages erkennen, die zur Entwicklung des Parteiensystems beigetragen haben: die Rolle des Bundes im Vergleich zu den Einzelstaaten, die Sklaverei und als Folge der Bürgerkrieg zwischen Nord- und Südstaaten sowie die Verantwortung des Staates in der Wirtschaft als Reaktion auf die Weltwirtschaftskrise.[314] Hierbei waren es immer Konflikte, die zu einem „realignment", also einer Neuausrichtung der parteipolitischen Kräfteverhältnisse geführt haben, ohne dabei langfristig die Stabilität des Zweiparteiensystems zu gefährden.[315] Auf Grund ihrer heterogenen Struktur und ihres Pragmatismus waren Republikaner und Demokraten in der Regel offen für neue gesellschaftliche Entwicklungen und konnten diese quasi „absorbieren" und so die Etablierung neuer Parteien effektiv verhindern.[316] Die eigentliche Macht der kleinen Parteien liegt in den USA daher in der Veränderung der politischen Agenda. Sind kleine Parteien bzw. deren Kandidaten relativ erfolgreich – so wie etwa Ross Perot bei den Präsidentschaftswahlen 1992 – haben die beiden großen Parteien ein klares Eigeninteresse daran, die von diesen kleinen Parteien erfolgreich vertretenen Positionen zu übernehmen. So sprachen sich beispielsweise Demokraten und Republikaner nach 1992 für die Notwendigkeit eines ausgeglichenen Staatshaushaltes oder die Reform der Wahlkampffinanzierung aus – alles Themen, mit denen Rosse Perot zuvor gepunktet hatte.[317]

Ein wichtiger Grund für die Dominanz zweier großer, ideologisch wenig gefestigter Parteien liegt im Wahlsystem: Beim relativen Mehrheitswahlrecht können es sich Kandidaten in der sozial sehr heterogenen amerikanischen Bevölkerung nicht erlauben, Extrempositionen einzunehmen, da sie ansonsten nicht gewählt werden.[318]

Da die Abgeordneten beider Kammern des Kongresses, also die Mitglieder des Repräsentantenhauses und des Senats, direkt von den Bürgern ihres Wahlkreises gewählt werden, orientieren sich die Volksvertreter im hohen Maße an lokalen und regionalen Interessen. Bei Abstimmungen spielt die Parteilinie daher

---

[313] Vgl. Wasser, Hartmut/ Eilfort, Michael (2004), a.a.O., S.321.

[314] Vgl. Wasser, Hartmut/ Eilfort, Michael (2004), a.a.O., S.322; Hübner, Emil (2001): Das politische System der USA, München, S.61-65.

[315] Vgl. Wasser, Hartmut/ Eilfort, Michael (2004), a.a.O., S.322.

[316] Vgl. McKay, David (2004), a.a.O., S.82-83; Ashbee, Edward/ Ashford, Nigel (2004), a.a.O, S.186.

[317] Vgl. Ashbee, Edward/ Ashford, Nigel (2004), a.a.O, S.187.

[318] So ist in amerikanischen Wahlkämpfen regelmäßig festzustellen, dass sich Kandidaten bei den Vorwahlen (Primaries) innerhalb der eigenen Partei zwar durchaus von der Mitte aller Wähler entfernen, um die Mitte der Parteianhänger zu erreichen – also sich republikanische Kandidaten zu der religiösen Rechten hinwenden und die demokratischen Bewerber die Mitglieder von Gewerkschaften und Bürgerrechtsorganisationen umwerben. Nachdem aber die Präsidentschaftskandidaten offiziell nominiert worden sind, achten aber beide Bewerber wieder sehr darauf, nicht „zu links" bzw. „zu rechts" zu wirken.

weniger eine Rolle als in Europa; vielmehr versuchen die Abgeordneten nicht selten, Gesetzentwürfen spezifische Vergünstigungen für den eigenen Wahlkreis anzuhängen („pork barreling").[319]

Darüber hinaus kommt in einem präsidentiellen Regierungssystem den Parteien eine andere Rolle zu als in einem parlamentarischen: Da der Präsident nicht vom Vertrauen des Kongresses abhängig ist, stehen sich auch nicht wie in parlamentarischen Systemen Regierung und Parlamentsmehrheit (Regierungsfraktion bzw. Regierungsfraktionen) einerseits und Parlamentsminderheit (Opposition) gegenüber. Infolgedessen verfügen weder Republikaner noch Demokraten über eine hohe Fraktionsdisziplin in Sachfragen; nur in Personalentscheidungen verläuft das Abstimmungsverhalten am stärksten nach Parteizugehörigkeit.[320]

Heinemann betrachtet die USA – ohne es allerdings näher zu begründen – als ein Beispiel der Konvergenz zweier Parteien zum Median der Wählerpräferenzen.[321] Diesem Befund ist nach den Ausführungen dieses Kapitels zuzustimmen, denn Republikaner und Demokraten sind annährend gleich stark, ideologisch nicht weit voneinander entfernt, innerparteilich vorrangig in Personalfragen einig und können Wahlen nur gewinnen, wenn sie neben ihren Stammwählern eine nennenswerte Anzahl von Wechselwählern überzeugen.[322] Der Trend der letzten Jahrzehnte ist dabei eindeutig: Insgesamt nimmt die Parteiloyalität der Wähler ab. So ist derjenige Teil der Wähler, der sich klar zu einer Partei bekennt, rückläufig; gleichzeitig nimmt das „ticket splitting" zu, d.h. die Wähler geben bei einer Wahl z.B. dem demokratischen Präsidentschaftskandidaten und gleichzeitig dem republikanischen Kongressabgeordneten ihre Stimme.[323]

Diese höhere Votalität der Wähler ging insbesondere zu Lasten der Demokraten, die einen Teil ihrer Stammwähler verloren haben, die seit den Zeiten des „New Deal" traditionell für sie gestimmt haben.[324] Kaum verändert hat sich die

---

319 Vgl. Gottwald, Jörn-Carsten/ Aschi, Susanne (2004): Wahlen, Wall Street, Wählergunst. Wie käuflich ist die amerikanische Politik?, S.444, in: Blätter für deutsche und internationale Politik, 49. Jahrgang, Heft 4/2004, Bonn, S.439-448.

320 Vgl. Hübner, Emil (2001), a.a.O., S. 3.

321 Vgl. Heinemann, Ingo (1999): Public Choice und moderne Demokratietheorie, Frankfurt a.M, S.96.

322 Nach Ansicht von Blyth und Katz haben sich die amerikanischen Parteien seit den 1980er Jahren so weit angenähert, dass die ohnehin wenigen programmatischen Unterschiede noch geringer geworden sind; insgesamt würden die amerikanischen Parteien heute sogar nicht mehr dem Typ einer „catch-all-party", sondern dem einer „cartel party" entsprechen. Vgl. Blyth, Mark/ Katz, Richard (2005) From Catch-all Politics to Cartelisation: The Political Economy of the Cartel Party, S. 48-50, in: West European Politics, Vol. 28, No. 1, S.33-60.

323 Vgl. Wasser, Hartmut/ Eilfort, Michael (2004), a.a.O., S.335.

324 Vgl. Stanley, Harald/ Niemi, Richard G. (2004): Partisanship, Party Coalitions, and Group Support, 1952-2000, S. 126-130, in: Weisberg, Herbert F./ Wilcox, Clyde (2004): Models of Voting in Presidential Elections: The 2000 U.S. Election, Stanford, S.123-140.; Wasser, Hartmut/ Eilfort, Michael (2004), a.a.O., S.331-334.

hohe Zustimmung der Afroamerikaner, Juden und Haushalte mit Gewerkschaftsmitgliedern. Unterstützung verloren haben die Demokraten dagegen unter Katholiken und weißen Südstaatlern, letztere waren bis in die Achtziger Jahre hinein mit klarer Mehrheit demokratische Wähler. Vergrößert hat sich demgegenüber der Vorteil der Demokraten gegenüber den Republikanern unter weiblichen Wählern.

Von den Verlusten der Demokraten profitierten die Republikaner. Sie gewannen an Unterstützung unter Katholiken, regelmäßigen Kirchgängern und weißen Südstaatlern. Nach wie vor gehören protestantische Fundamentalisten zu den Stammwählern der Republikaner.

Insgesamt folgt der Parteienwettbewerb in den USA im Großen und Ganzen dem Medianwählermodell von Downs, denn ohne die wachsende Zahl der parteilich ungebundenen Wähler der Mitte kann keine Partei Wahlen gewinnen.[325] Gerade dieses Segment ist daher bei Wahlen sehr umworben und es ist anzunehmen, dass beide Parteien versuchen, ihre Programme so attraktiv zu gestalten, dass eine ausreichende Anzahl dieser Wähler für ihre Partei stimmen wird. Da Wechselwähler in der Regel ideologisch nicht festgelegt sind, dürften monetäre Aspekte bei ihrem Wahlverhalten eine besonders große Rolle spielen. Das im vorigen Kapitel illustrierte Kalkül von Regierungen, mittels budgetärer Maßnahmen Wählerstimmen zu gewinnen, erscheint bei dieser Gruppe besonders erfolgsversprechend. Die Existenz von einigen Stammwählern bei beiden Parteien deutet darauf hin, dass dieser Teil der Wähler nur im geringen Maße die Wahlentscheidung von konkreten politischen Vorschlägen der Parteien abhängig macht, sondern solange für „seine“ Partei stimmt, wie diese ihre eigenen langfristigen Grundüberzeugungen reflektiert. Der Verlauf der politischen Grenzertragsfunktion ähnelt daher PGE_N in Grafik 3.2.2.1: Ab einem bestimmten Ausgabenniveau gelingt es der Regierung auch bei einer „normalverteilten“ Wählerstruktur nicht mehr, neue Wähler mit budgetären Mitteln hinzuzugewinnen, so dass der politische Grenzertrag dann null wird.

Inwiefern eine Partei ihr Stimmenmaximierungskalkül tatsächlich realisieren kann, hängt von der Zahl der Veto-Spieler ab. Nach Tsebelis verfügen die USA mit dem Präsidenten, dem Senat und dem Repräsentantenhaus über drei institutionelle Veto-Spieler. Wenn in beiden Kammern des Parlamentes die gleichen parteilichen Mehrheitsverhältnisse herrschen, reduziert sich gemäß der Absorptionsregel die Zahl der Veto-Spieler auf zwei. Gehört zusätzlich der Präsident der Mehrheitspartei an, existiert lediglich ein Veto-Spieler.[326] Darüber hinaus ist auch das Verfassungsgericht – der Supreme Court – als Veto-Spieler

---

[325] Vgl. McKay, David (2004), a.a.O., S.80.
[326] Vgl. Tsebelis, George (1995), a.a.O., S.310.

anzusehen.[327] Im Folgenden wird das Zusammenspiel dieser Veto-Spieler näher erläutert. Dem Forschungsinteresse der Arbeit entsprechend konzentriert sich die Analyse auf haushaltspolitische Fragestellungen.

In seiner Doppelrolle als Staatsoberhaupt und Regierungschef ist der Präsident sowohl überparteiliche Symbolfigur mit Repräsentationsverpflichtungen als auch Politiker, der im Wettstreit mit Parteien und Interessengruppen seine politischen Vorstellungen umzusetzen versucht.[328] Seine besondere Rolle lässt sich zudem daraus ableiten, dass er als einziger Politiker von der ganzen Bevölkerung (indirekt mittels Wahlmänner) gewählt wird und nicht wie z.B. Kongressabgeordnete nur von derjenigen eines Wahlkreises. Da er wie kein anderer einzelner Politiker im Blickpunkt der Öffentlichkeit steht, kann er in der Regel als Agenda-Setter die für ihn relevanten Themen zum Gegenstand der politischen Auseinandersetzung machen.[329]

Genau wie sich die politische Bedeutung des US-Präsidenten aus der inhärenten Logik eines präsidentiellen Systems erklären lässt, resultiert die eingeschränkte politische Gestaltungskompetenz der amerikanischen Regierung aus ihrer relativen Unabhängigkeit von der Legislative. Zwar bedürfen die Kabinettsmitglieder und die Regierungsangestellten der Bestätigung durch den Senat, aber weil der Präsident selber nicht vom Vertrauen des Kongresses abhängig ist[330], kann er sich nicht automatisch – wie es bei Regierungen in parlamentarischen Systemen in der Regel der Fall ist – auf eine Parlamentsmehrheit verlassen. Selbst wenn die Partei des Präsidenten über eine Mehrheit in beiden Kammern verfügt, muss dies nicht zwangsläufig zu einer Absorption dieser Veto-

---

[327] Vgl. Helms, Ludger (2003): Regieren unter den Bedingungen des institutionellen Pluralismus: ein deutsch-amerikanischer Vergleich, in: Politische Vierteljahresschrift, 44. Jg., Heft 1, S.66-85. In seiner vergleichenden Studie zu Veto-Spielern in den USA und Deutschland zählt Helms zu ihnen: Senat/ Bundesrat, Supreme Court/ Bundesverfassungsgericht, Federal Reserve Bank/ Bundesbank sowie die Medien und Verbände. Während die ersten beiden Akteure im Einklang mit Tsebelis stehen, erfüllen die letzteren nicht die enge Eingrenzung als Veto-Spieler, denn sie können eine Entscheidung der Regierung oder des Parlamentes nicht tatsächlich verhindern, sondern wegen möglichen negativen Folgen lediglich unattraktiv machen.

[328] Vgl. Shell, Kurt L. (2004): Kongress und Präsident, S.228, in: Lösche, Peter/ von Loeffelholz, Hans Dietrich von (2004, Hrsg.): Länderbericht USA, Bonn, S.202-245.

[329] Vgl. Shell, Kurt L. (2004), a.a.O., S.229. In der jüngeren amerikanischen Zeitgeschichte dürfte dies allenfalls zwischen 1994 und 1996 relativiert werden. In diesem Zeitraum schaffte es Newt Gingrich als Sprecher des (republikanisch dominierten) Repräsentantenhauses ein mächtiger Gegenspieler zum (demokratischen) Präsidenten Bill Clinton zu werden. Entgegen der amerikanischen Tradition verfügten die Republikaner über eine sehr hohe Fraktionsdisziplin und Einigkeit und Gingrich bestimmte sogar die Verteilung der Ausschussposten in seiner Fraktion, das sonst übliche Senioritätsprinzip wurde nicht beachtet. Vgl. Ashbee, Edward/ Ashford, Nigel (2004), a.a.O, S.205.

[330] Ein Sonderfall ist hier der Prozess der Amtsanklage und –enthebung („Impeachment“): Mit einfacher Mehrheit kann das Repräsentantenhaus diesen Prozess zwar einleiten, zu einer Verurteilung bedarf es aber einer Zweidrittelmehrheit im Senat. Vgl. Shell, Kurt L. (2004), a.a.O., S.226.

Spieler führen, da die amerikanischen Parteien – wie oben erläutert – nur eine geringe Fraktionsdisziplin besitzen. Hinzu kommt, dass in den USA die Regierung keine Gesetze ins Parlament einbringen darf; die Gesetzesinitiative liegt ausschließlich bei der Legislative. Zwar führt dies in der Praxis dazu, dass viele Gesetze von der Regierung entworfen werden und rein formal von einem oder mehreren der Partei des Präsidenten angehörenden Abgeordneten eingebracht werden. Nichtsdestotrotz unterstreicht diese Regelung den Einfluss des Kongresses auf die Regierungspolitik und die Tatsache, „[...] dass Gesetze viele Väter haben[...]"[331]

Umgekehrt besitzt der Präsident ein Vetorecht, um vom Kongress beschlossene Gesetze verhindern zu können. Dieses präsidentielle Veto muss nämlich mit einer Zweidrittelmehrheit in beiden Häusern zurückgewiesen werden – eine hohe Hürde in der amerikanischen Politik. Noch wirksamer ist das „pocket veto" unmittelbar vor Ende der kongressionalen Sitzungsperiode[332]: Der Präsident muss jedes Gesetz innerhalb von 10 Tagen unterzeichnen oder mit einer Veto-Erklärung an den Kongress zurücksenden. Andernfalls tritt es ohne seine Unterschrift in Kraft, es sei denn, der Kongress vertagt sich vor Ablauf der 10-Tages-Frist. Ist Letzteres der Fall, ist das Gesetz endgültig gestorben.

Insgesamt ermöglicht das Veto dem Präsidenten Einfluss auf die Gesetzgebung, denn die Androhung eines Vetos kann schon dazu führen, dass der Gesetzestext im Sinne des Präsidenten verändert wird. Allerdings besitzt der Kongress mit der Hinzufügung von so genannten „riders" eine wirksame Waffe, um das Veto des Präsidenten zu verhindern. Hierbei werden einem vom Präsidenten favorisiertes Gesetz anderweitige, mitunter sachfremde Bestimmungen zugefügt, welche der Präsident kritisch beurteilt. Dadurch steht das Staatsoberhaupt vor einem Dilemma: „Der Präsident ist dann gezwungen, das gesamte Gesetz durch sein Veto zu Fall zu bringen oder den unliebsamen Zusatz zu akzeptieren."[333]

Bereits diese kurze Beschreibung des wechselseitigen Zusammenspiels zwischen den beiden Veto-Spielern der Legislative (Repräsentantenhaus und Senat) und dem Präsidenten als Veto-Spieler seitens der Exekutive verdeutlicht, dass politische Entscheidungen in der Regel nicht den Präferenzen eines einzelnen Akteurs entsprechen, sondern ein Kompromiss zwischen den beteiligten Veto-Spielern darstellen.[334] Darüber hinaus schränkt der Veto-Spieler Supreme Court bestimmte Politikoptionen ein, weil sie gegen die Verfassung verstoßen. Aller-

[331] Vgl. Shell, Kurt L. (2004), a.a.O., S.228.
[332] Vgl. Shell, Kurt L. (2004), a.a.O., S.230.
[333] Shell, Kurt L. (2004), a.a.O., S.230.
[334] Zum in der Realität häufig stattfindenden Verhandlungsprozess zwischen Präsident und Kongress vgl. Evans, C. Lawrence/ Ng, Stephen (2006): The Institutional Context of Veto Bargaining, in: Thurber, James A. (Hg., 2006): Rivals for Power: Presidential-congressional relations, Oxford u.a., S.183-208.

dings kommt es insgesamt nur sehr selten vor, dass der Supreme Court politische Entscheidungen aufhebt bzw. gravierend modifiziert.[335] In die weitere Analyse, die sich vorrangig auf die Haushaltspolitik konzentriert, wird der Supreme Court daher nicht mehr einbezogen. Der Senat und das Repräsentantenhaus bilden vielmehr die wichtigsten Veto-Spieler, die eine Regierung an ihrem Stimmenmaximierungskalkül hindern können. In der Sprache des im vorigen Kapitel entwickelten Modells ausgedrückt heißt dies, dass der tatsächlich zu realisierende politische Ertrag für die US-Regierung aus einer von ihr durchgeführten gesetzlichen Maßnahme geringer ist als der ursprünglich von der Regierung angestrebte politische Ertrag ohne Kompromisse mit den beiden Veto-Spielern der Legislative (siehe Grafik 4.1.1).

Grafik 4.1.1: Der politischen Grenzertrag und die Rolle von Veto-Spielern in den USA

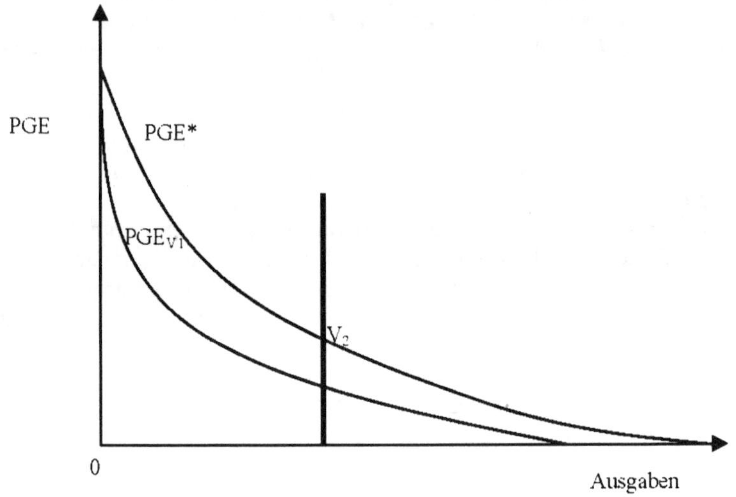

Demzufolge verläuft die PGE-Kurve der realisierten Politik der Regierung entweder wie PGE_{V1} unterhalb ihrer optimalen politischen Grenzertragsfunktion PGE*, weil der Präsident in vielen Teilbereichen der Maßnahme Kompromisse zur Struktur des Budgets eingehen muss, damit der Kongress dem Haushalt überhaupt zustimmt. Alternativ ist vorstellbar, dass der Kongress vor allem die

[335] Vgl. Helm, Ludger (2003), a.a.O., S.74.

Höhe des Budgets beeinflusst. In diesem Fall verläuft die PGE-Kurve der realisierten Politik der Regierung solange entlang der optimalen PGE-Kurve PGE*, wie die Regierungsvorschläge nicht von den Veto-Spielern verhindert werden, und endet dann am Punkt V_2, weil der Kongress bestimmte Maßnahmen kompromisslos verweigert. Ebenso ist es möglich, dass der Kongress mehr Geld ausgeben will als der Präsident. In diesem Fall endet die Höhe der Staatsausgaben nicht im Schnittpunkt von PGE- und PGK-Kurve des Präsidenten, sondern gehen darüber hinaus bis zur vom Veto-Spieler gewünschten Höhe.

In allen Varianten kann der Präsident seine Wiederwahlchancen nicht maximieren, weil die Veto-Spieler Senat und Repräsentantenhaus die Struktur bzw. die Höhe des Bundeshaushaltes in ihrem Sinne und zu Lasten der Regierung verändern. Die Kongressabgeordneten tun dies, um ihre eigenen Wiederwahlchancen zu erhöhen, beispielsweise um mit den Veränderungen Klientelpolitik für ihren Wahlkreis oder bestimmte Interessengruppen zu betreiben, damit sie Stimmen oder Wahlkampfspenden erhalten.

Diese Zusammenhänge werden noch deutlicher, wenn man sich die Haushaltspolitik näher betrachtet. Denn in keinem anderen Politikfeld hat der Präsident so eingeschränkte Kompetenzen wie im Haushaltswesen.[336] Die Budgethoheit des Kongresses verleiht dem amerikanischen Parlament auch im internationalen Vergleich sehr großen Einfluss. Anders als in vielen parlamentarischen Systemen wird der Staatshaushalt nicht von der Regierung eingebracht und dann von der in der Regel regierungstreuen Parlamentsmehrheit ohne größere Änderungen „abgesegnet". In den Vereinigten Staaten stellt der Präsident zwar ebenfalls einen Haushalt auf, jedoch gibt es in beiden Kammern des Kongress keinen Haushaltsausschuss, in dem über das Gesamtbudget gesprochen wird, und in Folge dessen auch kein einheitliches Haushaltsgesetz.[337] Ebenso wenig werden die Haushaltsberatungen anders als in parlamentarischen Systemen nicht als Generaldebatte zur Regierungspolitik verwendet, denn der Kongress kann weder mit der Exekutive im Plenum diskutieren noch sie stürzen.[338]

Vielmehr ist der Kongress ein Arbeitsparlament. In den jeweiligen Fachausschüssen und Unterausschüssen werden die einzelnen Haushaltstitel intensiv beraten und dort bestimmte Geldsummen „autorisiert", deren Summe sowohl höher als auch niedriger sein kann als im Entwurf des Präsidenten.[339] Die tatsächliche Summe wird in zweiter Instanz vom „Zuweisungsausschuss" (House Appropriation Committee) bzw. dessen Unterausschüsse bewilligt. Anschließend

[336] Vgl. Klages, Wolfgang (1998): Staat auf Sparkurs. Die erfolgreiche Sanierung des US-Haushalts (1981-1997), Frankfurt a.M., S.83.
[337] Vgl. Fraenkel, Ernst (1981), a.a.O, S. 313.
[338] Vgl. Fraenkel, Ernst (1981), a.a.O, S. 317.
[339] Vgl. Shell, Kurt L. (2004), a.a.O., S.216-218.

muss das Repräsentantenhaus, das in Budgetfragen vor dem Senat entscheidet, über die Vorlage des Zuweisungsausschusses abstimmen. Danach befasst sich der Zuweisungsausschuss des Senats mit dem Haushaltsplan bevor das Plenum des Senats darüber berät. Werden im Senat Änderungsvorschläge eingebracht, muss der Vermittlungsausschuss beider Häuser einen Kompromiss finden.[340]

Das resultierende Budget entspricht somit nicht mehr ausschließlich der präferierten politischen Ertragsfunktion der Regierung, denn die Regierung muss beim Budget Konzessionen gegenüber den Interessen des Kongresses machen. Grund ist der langwierige und fragmentierte Prozess der Haushaltsberatungen: „Denn die Fragmentierung der Kompetenz zur Geldvergabe an die Regierung ermöglicht [den Kongressabgeordneten] gleichzeitig detaillierte Kontrolle über die Inhalte der bewilligten Programme, über die oft vage und allgemeine Sprache der Gesetze hinaus, wie über die mit der Durchführung betrauten Ämter und Personen; und letztlich die politische Instrumentalisierung als Serviceleistungen für den Wahlkreis oder organisierte Interessen.“[341]

Obgleich die Regierung bei ihrem Stimmenmaximierungskalkül Abstriche gegenüber den spezifischen Wiederwahlinteressen der Abgeordneten und den materiellen Interessen der ihnen nahe stehenden Lobbygruppen machen muss, beinhaltet der Prozess der Budgetberatungen nach Fraenkel ein automatisches Korrektiv, welches den Bundeshaushalt nicht zum alleinigen Produkt von Partikularinteressen macht: „So ist durch das Hintereinanderschalten der Fachausschüsse und der Appropriationsausschüsse dafür Sorge getragen, daß zwar den Interessengruppen die den pluralistisch-demokratischen Rechtsstaat kennzeichnende Chance geboten wird, an der Ausarbeitung von Gesetzesvorlagen, die sie betreffen, mitzuarbeiten, ohne daß den Interessengruppen die Kontrolle über den Gesetzgebungsprozeß überantwortet ist. Sind die Fachausschüsse allzu häufig geneigt, die Bundeskasse als ein unerschöpfliches Reservoir zu betrachten, aus dem nach Belieben geschöpft werden kann, so wird von den Appropriationsausschüssen erwartet, daß sie die Interessen der Steuerzahler nicht aus dem Auge verlieren, aus deren Taschen letzten Endes die Einnahmen der Bundeskasse stammen.“[342]

Ingesamt ist der Haushalt somit ein Mittel, mit dem die US-Regierung ihre Wiederwahlchancen beeinflussen kann, allerdings mit den erläuterten Konzessionen bei der politischen Ertragsfunktion gegenüber der Opposition bzw. den Eigeninteressen der Abgeordneten. Da die Amtszeit des Präsidenten auf zwei Wahlperioden begrenzt ist, werden vermutlich gegen Ende seiner Amtsführung

---

[340] Shell, Kurt L. (2004), a.a.O., S.217.
[341] Shell, Kurt L. (2004), a.a.O., S.217.
[342] Fraenkel, Ernst (1981), a.a.O, S. 328.

die Interessen des Kongresses noch stärker zur Geltung kommen; der Präsident gilt dann gewöhnlich als „lame duck“.

4.2 Charakteristika des Wirtschaftssystems, des Finanzmarktes und des politischen Schuldenmanagements

Nachdem der vorige Abschnitt einen Eindruck über den Verlauf der politischen Ertragsfunktion vermittelt hat, stehen im Folgenden die politischen Kosten im Vordergrund. Diese ergeben sich aus der Höhe und Struktur der Steuern, der Höhe und Struktur der staatlichen Finanzierungskosten, der Abhängigkeit der Unternehmensfinanzierung vom Kapitalmarkt, der privaten Verschuldung, der Bedeutung des Finanzmarktes für den Wohlstand der Wähler und dem Umfang der Regulierung mittels Ratings.

In Kapitel 3 wurde deutlich, dass die politischen Kosten steigen, wenn sich die Steuerbelastung erhöht. Um einen Eindruck über den Verlauf der politischen Kostenfunktion bekommen zu können, muss infolgedessen auf die Besteuerung in den USA eingegangen werden. Als Maßstab dient hierzu der von der OECD gemessene Anteil der Steuern und Sozialabgaben, die ein durchschnittlicher Industriearbeiter von seinem Lohn (inklusive der Sozialabgaben des Arbeitgebers) abführen muss.[343]. Seit 1990 hat sich die Belastung von 31,3 Prozent des Einkommens im klaren Trend reduziert und beträgt 2004 noch 29,6 Prozent. Die Differenz zwischen dem höchsten Wert (1990: 31,3 Prozent) und dem niedrigsten Wert (2003: 29,5 Prozent) beträgt lediglich 1,8 Prozentpunkte.

Für die Zwecke dieser Arbeit dient das verfügbare Einkommen nach Steuern und Abgaben als Gradmesser für die politischen Kosten der Besteuerung. Je größer der Prozentsatz des vom Staat beanspruchten Anteils am Einkommen des arbeitenden Wählers, desto höher sind die politischen Kosten der Besteuerung. Mit anderen Worten: Eine Regierung muss umso mehr Stimmenverluste befürchten, je weniger Netto den Arbeitnehmern von ihrem Bruttoeinkommen bleibt.

Der Indikator der OECD wurde solchen vorgezogen, welche nur die Steuerquote messen oder die Arbeitgeberbeiträge der Sozialversicherung nicht als Teil

---

[343] Die „Organisation For Economic Co-Operation and Development“ (OECD Factbook 2006, Paris S.196) benutzt folgende Definition: „The taxes included in the measure are personal income taxes, employees' social security contributions and employers' social security contributions. For the few countries that have them, it also includes payroll taxes. The amount of these taxes paid in relation to employing one average production worker is expressed as a percentage of their labour cost (gross wage plus employers' social security contributions and payroll tax). An average production worker (APW) is defined as somebody who earns the average income of full-time production workers in the manufacturing sector of the country concerned. The average production worker is single, meaning that he or she does not receive any tax relief in respect of a spouse, unmarried partner or child.“

des Arbeitnehmerlohnes betrachten.[344] Darüber hinaus rückt dieser Indikator stärker als die gesamtwirtschaftliche Steuer- und Abgabenquoten die für Wahlen bedeutsame Gruppe der Arbeitnehmer in den Mittelpunkt. Die vorliegenden Daten deuten darauf hin, dass sich bei unveränderter Steuerpräferenz der Wähler die politischen Kosten der Besteuerung geringfügig reduziert haben, d.h. die PGK-Kurve verläuft Anfang der 1990er leicht oberhalb der PGK-Kurve zu Beginn des Dritten Jahrtausends.

Unmittelbar einsichtig ist der Zusammenhang zwischen politischen Kosten und den staatlichen Finanzierungskosten. Neben einer Vielzahl anderer finanzmarktpolitischer Faktoren wirkt das Bonitätsurteil der Agenturen auf das Angebot und die Nachfrage nach Staatsanleihen ein und beeinflusst so die Zinshöhe. Durch ein kluges Schuldenmanagement können Regierungen ihre Finanzierungskosten allerdings reduzieren. Die absolute Höhe der Finanzierungskosten resultiert darüber hinaus insbesondere aus dem Grad der Staatsverschuldung, die sowohl das Ergebnis der konjunkturellen Lage ist als auch auf grundsätzlichen politischen Entscheidungen über Ausgabensumme und Steuerhöhe beruht.

Die Staatsverschuldung entwickelt sich in den USA seit 1990 sehr unterschiedlich.[345] Zu Beginn der 1990er Jahre verzeichneten die USA hohe Haushaltsdefizite mit einer Rekordnettoneuverschuldung von 5,77 Prozent des BIP 1992. In den folgenden Jahren sank das Defizit allmählich, in den Jahren von 1998 bis 2000 fuhren die USA sogar einen Haushaltsüberschuss von zuletzt 1,62 Prozent des BIP ein. Als Folge sank der gesamtstaatliche Schuldenstand von 75,4 Prozent des BIP 1993 auf 58 Prozent des BIP im Jahr 2001. Danach hat die Neuverschuldung hingegen drastisch zugenommen; so betrug das Haushaltsdefizit 2004 4,72 Prozent des BIP und die Gesamtverschuldung wieder 64 Prozent des BIP.

Sehr variiert haben zwischen 1990 und 2004 ebenfalls die Zinssätze, welche die Regierung zur Begleichung ihrer über den Kapitalmarkt aufgenommenen Schulden aufbringen musste.[346] Während beispielsweise die Rendite für 10-jährige amerikanische Staatsanleihen am 27.04.90 mit 9,02 Prozent am höchsten im Betrachtungszeitraum war, lag der Tiefstand für diese Bonds am 13.06.2003

---

[344] So kann der alleinige Blick auf die Steuerquote zu Fehlurteilen führen. Länder, die – anders als Deutschland – ihren Sozialstaat weniger aus Sozialversicherungsbeiträgen, sondern stärker aus Steuern finanzieren, erhalten so eine hohe Steuerquote. Es ist daher wichtig, die Steuer- und Abgabenquote zusammen zu betrachten. Bei den Sozialversicherungsbeiträgen muss allerdings – wie es die OECD auch tut – die Gesamtbelastung der Arbeitnehmer deutlich werden. Da ökonomisch betrachtet die Arbeitgeberanteile ein Teil des Lohnes sind, müssen auch diese mit erfasst werden, damit die wahre Belastungsquote der Arbeitnehmer nicht künstlich reduziert wird.

[345] Vgl. OECD (2006), a.a.O., S.177 und 179.

[346] Vgl. Federal Reserve (2006a), http://www.federalreserve.gov/releases/H15/data/Weekly_Friday_/H15_TCMNOM_Y10.txt [Zugriff am 03.02.06]

bei gerade mal 3,2 Prozent. Im Trend fallen – bei gelegentlichen Abweichungen – die im Jahr 1990 recht hohen Zinsen deutlich und kontinuierlich bis 1998, danach kommt es von 1999 bis Mitte 2000 zu einem Zinsanstieg, bevor sie dann bis 2004 wieder sinken. Während des gesamten Zeitraums wurden die amerikanischen Staatsanleihen mit „AAA“ bzw. „Aaa“ bewertet. Die Veränderung der Renditen reflektiert folglich alle anderen ökonomisch und politisch relevanten Faktoren, welche das Angebot und die Nachfrage nach Staatsanleihen beeinflussen.

Es ist daher anzunehmen, dass in den USA zwischen 1990 und 2004 die politischen Kosten der Verschuldung bei gleich bleibendem Rating nicht konstant waren, sondern sich in Abhängigkeit der Neuverschuldung und der Zinssätze verändert haben.

Die politischen Kosten der Verschuldung ergeben sich nicht nur aus dem Einfluss der Zinsen und der Neuverschuldung auf den Bundeshaushalt. Vielmehr wirken finanzmarktpolitische Faktoren im erheblichen Umfang auf den Wohlstand von Unternehmen und privaten Haushalten ein. Dieser Aspekt kommt auch in der Charakterisierung der USA als „Liberal Market Economy“ (Hall/ Soskice) zum Vorschein (vgl. Kapitel 1.5). Die Unternehmensfinanzierung ist in diesem Marktwirtschaftstyp stärker kapitalmarkt- als bankenorientiert. Wenn Unternehmen finanzielle Mittel benötigen, greifen sie im größeren Umfang mit der Neuemmission von Aktien auf eine Finanzierung mittels Eigenkapital oder mit der Ausgabe von Anleihen auf eine Fremdkapitalfinanzierung zurück; der Bankkredit, der in Ländern der „Coordinated Market Economy“ eine wichtige Rolle spielt, wird seltener verwendet. Infolgedessen sind die Finanzierungskosten amerikanischer Unternehmen im erheblichen Umfang von Ratings und allen anderen Faktoren abhängig, welche die Kapitalmarktzinsen beeinflussen. Die Renditen von Unternehmensanleihen mit sehr gutem (Aaa von Moody´s) und mäßigem Rating (Baa) entwickeln sich im Großen und Ganzen parallel zu denjenigen der Staatsanleihen, allerdings ergänzt um eine je nach Anleihetyp spezifische Risikoprämie.[347] Insofern führen höhere Zinszahlungen für amerikanische Staatsanleihen nicht nur zu höheren politischen Kosten, weil die staatlichen Finanzierungskosten steigen, sondern in Ergänzung zu weiteren politischen Kosten, weil die Unternehmen ebenfalls für ihre Verbindlichkeiten mehr Geld auf-

[347] Vgl. Federal Reserve (2008a), http://www.federalreserve.gov/Releases/H15/data/Weekly_Friday_/H15_AAA_NA.txt [Zugriff am 25.05.2008] sowie Federal Reserve (2008b), http://www.federalreserve.gov/Releases/H15/data/Weekly_Friday_/H15_BAA_NA.txt [Zugriff am 25.05.2008] Die Risikoprämie ist bei Aaa bewerteten Anleihen niedriger als bei Baa bewerteten. So lag am 27.04.1990 – dem Datum mit den höchsten Zinsen (9,02 Prozent) für Staatsanleihen – der Zinssatz für die bonitätsstarken Unternehmensanleihen bei 9,59 Prozent während für Baa-Unternehmensanleihen 10,45 Prozent bezahlt werden musste.

bringen müssen. Analog zur obigen Analyse variieren die politischen Kosten der Verschuldung mit der Höhe der Zinsen für Unternehmensanleihen.

Von Relevanz ist weiterhin die Verschuldung der privaten Haushalte. Der „Household Debt Service Ratio (DSR)“, der von der amerikanischen Notenbank erstellt wird, gibt Aufschluss über die Kreditbelastung der privaten Haushalte. Der DSR misst den prozentualen Anteil des verfügbaren Einkommens, den ein Haushalt für Zins- und Tilgungsverpflichtungen von Hypotheken- und Konsumentenkredite aufbringen muss.[348] Während der DSR im ersten Quartal 1990 noch bei 11,98 lag, sank er zunächst bis Ende 1992 auf 10,78. Seitdem nimmt allerdings die Verschuldungsquote der privaten Haushalte kontinuierlich (von einigen wenigen Quartalen abgesehen) zu. Im dritten Quartal 2005 betrug so der DSR 13,75. Trotz gesunkener Zinsen und Steuerbelastung müssen die Amerikaner 2005 mehr von ihrem Einkommen zur Begleichung ihrer Schulden aufwenden als zu Beginn des Betrachtungszeitraums. Wenn es in dieser Situation nun zu höheren Zinsen kommt, erhöht sich der DSR weiter. Die zunehmende Verschuldung der privaten Haushalte hat für sich betrachtet die politischen Kosten der Verschuldung erhöht, weil Downgrades und alle anderen Faktoren, welche die Kapitalmarktzinsen erhöhen können, den Wohlstand der verschuldeten US-Haushalte reduzieren.

Ein weiterer wichtiger Aspekt ist die relativ hohe Abhängigkeit der amerikanischen Altersversorgung vom Kapitalmarkt. Die kapitalgedeckte Rente spielt für die Bevölkerung in den USA eine weitaus wichtigere Rolle als in Ländern wie der Bundesrepublik Deutschland, in denen die Alterseinkommen im Wesentlichen aus der umlagefinanzierten gesetzlichen Rentenversicherung bzw. den Beamtenpensionen besteht. Um diesen Sachverhalt zu verdeutlichen, wird in der Regel auf die unterschiedliche Bedeutung der Pensionsfonds verwiesen. So verwalteten die Pensionsfonds in den USA Ende 2004 insgesamt ein Vermögen im Umfang von 95 Prozent des BIP, während dies in Deutschland nur 3,8 Prozent waren.[349] Als Indikator zur Bestimmung der politischen Kosten der Verschuldung müssen diese Zahlen jedoch stark relativiert werden. Um zu erfahren, inwiefern die Altersversorgung tatsächlich von der Entwicklung der Kapitalmarktzinsen abhängt, muss zuerst das Investmentportfolio der Pensionsfonds betrachtet werden. Hierbei ist festzustellen, dass im Jahr 2004 die US-Pensionsfonds lediglich 6,4 Prozent ihres Vermögens in Anleihen öffentlicher Gebietskörperschaften und 5,0 Prozent ihres Investments in Unternehmensanleihen angelegt

[348] Vgl. Federal Reserve (2006b), http://www.federalreserve.gov/releases/housedebt/default.htm [Zugriff am 03.02.2006]

[349] Vgl. Organisation For Economic Co-Operation and Development (2005): Pension Market in Focus, December 2005, Issue 2, S.4. http://www.oecd.org/dataoecd/44/18/35836532.pdf [Zugriff am 06.02.2006]

haben; der Großteil wurde in Aktien (35,5 Prozent) und Mutual Funds (30,7 Prozent) investiert.[350] In der Summe haben die von den Pensionsfonds gehaltenen Anleihen zwar immer noch den beträchtlichen Wert von 10,83 Prozent des BIP,[351] die Altersvorsorge der Wähler wird aber stärker von der Entwicklung des Aktienmarktes bestimmt. In Zukunft ist allerdings aufgrund von Regulierungsvorschriften und der Investitionsstrategie der Pensionsfonds mit einer stärkeren Gewichtung des Portfolioanteils von Anleihen zu rechnen.[352] Ambivalent zu beurteilen ist die politische Auswirkung von veränderten Kapitalmarktzinsen. Wenn auf Grund einer Rating-Änderung oder anderer Faktoren die Anleihezinsen steigen, führt dies zum einen zu Kursverlusten bei den im Markt befindlichen Papieren. Als Folge sinkt der Wert des Anleiheanteils im Portfolio der Pensionsfonds. Tendenziell sind davon die aktuellen Rentner negativ betroffen, da der Pensionsfonds nun weniger Mittel zur Verfügung hat, die er auszahlen kann. Langfristig gesehen ergeben sich hingegen positive Effekte: Wenn ein Pensionsfonds neue Anleihen mit einer höheren Verzinsung erwerben kann, stehen dadurch für die zukünftigen Rentner höhere Vermögenswerte zur Verfügung. In dieser Sichtweise führen bei steigenden Kapitalmarktzinsen wegen des Anteils von Rentnern („Entsparer") zu höheren politischen Kosten und gleichzeitig wegen des Anteils von Arbeitnehmern („Sparer") zu geringeren politischen Kosten. Da der Saldo beider Effekte nur schwer abzuschätzen ist und insgesamt die Pensionsfonds nur einen geringen Teil ihres Vermögens in Anleihen investieren, soll der durch Kapitalmarktzinsen induzierte Einfluss auf die mit der Alterssicherung verbundenen politischen Kosten vernachlässigt werden.

Aufschlussreicher ist allerdings ein anderer Zusammenhang zwischen kapitalgedeckter Rente, Ratings und politischen Kosten. Wie im Folgenden näher gezeigt wird, werden Ratings in den USA nämlich benutzt, um das Investment der Pensionsfonds und anderer institutioneller Investoren zu regulieren.[353] Bis zur Weltwirtschaftskrise übernahmen die Rating-Agenturen keine Regulierungsfunktionen in den USA. Erst als nach dem Börsencrash Unternehmen und Investoren das Vertrauen in den amerikanischen Kapitalmarkt verloren hatten, begann eine Phase der Regulierung des vorher sehr unregulierten amerikanischen Marktes. Hierbei wurden in den 1930er Jahren erstmals Ratings von Aufsichtsbehör-

[350] Vgl. OECD (2005), a.a.O., S.8.
[351] Der Wert ergibt sich aus der Multiplikation des addierten Wertes der verwalteten Staats- und Unternehmensanleihen der amerikanischen Pensionsfonds (6,4 % + 5,0%=11,4%) mit dem Gesamtwert des Anlagevolumens (95 Prozent des BIP), d.h. 0,114 *95=10,83.
[352] Vgl. OECD (2005), a.a.O., S.6-7.
[353] Zur Regulierung mittels Ratings in den USA vgl. ausführlich Rosenbaum, Jens (2004): Der Einsatz von Rating-Agenturen zur Kapitalmarktregulierung in den USA. Ursachen und Konsequenzen, REGEM Analysis No. 8, February 2004, insbesondere S.15-17 und S.19, www.regem.org. [Zugriff am 20.05.08]

den zur Regulierung verwendet, denn u.a. wurde es Banken verboten, Wertpapiere zu halten, deren Rating schlechter als „BBB“ war.

Besonders intensiviert wurde die Regulierung mittels Ratings ab Mitte der 1970er Jahre, als im Zuge der verstärkten Internationalisierung der Finanzmärkte institutionelle Investoren zunehmend an ökonomischer und politischer Bedeutung gewannen und dadurch die Interessen des Anlegerschutzes größere Berücksichtigung fanden. Ratings galten als adäquates Mittel, den Anlegerschutz zu gewährleisten, und in den folgenden Jahren dehnten sich die gesetzlichen Regelungen und die Bestimmungen der Zentralbank, der Aufsichtsbehörden und der Ministerien kontinuierlich aus: Banken, Versicherungen, Börsenmaklern und Fonds wurde untersagt, „spekulative Anlagen“, d.h. solche, die ein bestimmtes Rating nicht erfüllten – mitunter waren sogar Ratings im „A“-Bereich nicht ausreichend –, in ihrem Depot zu bewahren, um Anleger vor einem möglichen Bonitätsrisiko zu schützen.

Insgesamt hat seit 1931 in den USA nicht nur das Ausmaß der Regulierung mittels Ratings zugenommen, sondern auch die Zahl der Akteure, welche aktiv dieses Regulierungsform vorantrieben. Diesbezügliche Bestimmungen wurden nämlich durch den Kongress in diversen Gesetzen („acts“), die Zentralbank, die eigenständigen Aufsichtsbehörden (z.B. die SEC) oder das Arbeitsministerium erlassen. Betroffen von der Regulierung sind sowohl kurzfristige wie langfristige Anlagen. Überdies dienen Ratings zur Erfüllung von Bestimmungen des Wertpapiermarktes.

Wie in Kapitel 3.2.3 dargestellt, machen diese Regulierungsvorschriften die Investitionsmöglichkeiten von einem bestimmten Rating abhängig und wirken so auch auf die politischen Kosten. Wird nämlich eine Anleihe herabgestuft, müssen Pensionsfonds und andere institutionelle Investoren wegen der Regulierungsvorschriften gegebenenfalls diese Anleihen verkaufen, weil das erforderliche Mindestrating unterschritten wurde. In diesem Fall führt der womöglich starke Verkauf dieser Anleihe zu kräftigen Kursverlusten, wodurch das Vermögen der Anleger sinkt. Eine Rating-Herabstufung hat somit negative Effekte auf den Wohlstand der privaten Investoren, wodurch die politischen Kosten steigen.

Mit ihrem politischen Schuldenmanagement besitzen die USA ein Instrument, die politischen Kosten zu senken. Als einer der größten Emittenten von Staatsanleihen weltweit betreiben die USA nämlich seit langem ein ausgeklügeltes Schuldenmanagement. Der wichtigste Punkt ist dabei das breite Angebot an Verschuldungsinstrumenten, das den Anlageinteressen unterschiedlicher Investoren entgegenkommt. So emittiert das Finanzministerium drei- und sechsmonatige „treasury bills“ (Schuldverschreibungen) sowie zwei-, fünf- und zehnjährige

Anleihen.[354] Darüber hinaus bieten die USA auch eine zehnjährige inflationsindexierte Anleihe an. Auf die Emission von Fremdwährungsanleihen und den Einsatz von Derivaten verzichten die USA dagegen.[355]

Von besonderer Bedeutung für das amerikanische Schuldenmanagement ist die Funktion des US-Dollars als weltweite Leitwährung. Bei internationalen Geschäftsverträgen werden die Zahlungsverpflichtungen in Dollar angegeben und institutionelle Investoren und ausländische Notenbanken kaufen beträchtliche Summen der „sicheren" amerikanischen Währung.[356] Wegen dieser dauerhaft hohen Nachfrage nach amerikanischen Staatsanleihen können sich die USA vergleichsweise billig verschulden. Dieser Effekt hat in den letzten Jahren sogar an Bedeutung zugenommen, denn vor allem die japanische und chinesische Notenbank haben massiv Dollar gekauft, um den Wechselkurs ihrer eigenen Währung bewusst niedrig zu halten, weil sie sich davon Vorteile für ihre Exportwirtschaft erhoffen.[357] Nach dem Anstieg der Verschuldung unter George W. Bush nutzte die Regierung weitere Möglichkeiten, die Nachfrage nach ihren Staatsanleihen zu erhöhen. So wurde die langjährige Tradition der Emission von 30-jährigen Anleihen wieder eingeführt – nachdem sie wenige Jahre zuvor, als unter Clinton die Verschuldung gesunken war, abgeschafft worden waren. Ein weiteres Beispiel für die Zunahme der politischen Schuldenmanagements unter der Regierung Bush jr. zeigt sich in den „Patriot Bonds", welche das US-Finanzministerium nach den Terroranschlägen des 11.09.2001 öffentlichkeitswirksam am 11.12.2001 vorstellte. Diese „Bonds" – in Wirklichkeit sind es Sparbriefe – sollten patriotischen Amerikanern die Möglichkeit geben, den Kampf der Regierung gegen den Terrorismus zu unterstützen, obgleich die Einnahmen in den allgemeinen Haushalt flossen.[358]

4.3 Die kontextspezifische Erklärungskraft des Modells

Die bisherigen Abschnitte dieses Kapitels haben die theoretischen Gedanken des Modells am Beispiel der USA illustriert. So wurde das politische System wegen der Veto-Spieler und des Parteienwettbewerbs zur Bestimmung der politischen Ertragsfunktion analysiert; analog verlief die Betrachtung des Finanzmarktes,

---

[354] Vgl. OECD (2002), a.a.O., S.17.
[355] Vgl. OECD (2002), a.a.O., S.17 u. 56.
[356] Vgl. OECD (2002), a.a.O., S.18.
[357] Vgl. Priewe, Jan (2008): Leistungsbilanzdefizit der USA, S.21-23, in: Aus Politik und Zeitgeschichte, Nr.7/2008, 11. Februar 2008, Bonn, S.21-26.
[358] Vgl. Treasury Department (2001): Treasury Department Unveils Patriot Bond on Anniversary of September 11 Attacks, Washington. unter http://www.ustreas.gov/press/releases/po854.htm [Zugriff am 22.10.04]

des politischen Schuldenmanagements und der Haushaltspolitik, damit die politischen Kosten fassbar werden. Im folgenden Teil werden die gewonnenen Erkenntnisse über den politischen Ertrag und die politischen Kosten zusammengefügt. Die erläuterten Indikatoren zur Bestimmung der politischen Ertrags- und Kostenfunktion sind als Glieder einer qualitativen Argumentationskette zu interpretieren und nicht als quantitative Variable, aus denen mittels mathematischer Operation ein modellhaftes Akteursverhalten „berechnet" werden kann.

Am Beispiel der US-Präsidentschaftswahlen von 1992 und 2004 soll gezeigt werden, wie mit Hilfe des Modells Politik ex-post erklärt werden kann. Da in dem Modell Ratings zu den Einflussfaktoren der politischen Kosten zählen, wird mit dieser Vorgehensweise eine genauere Bestimmung des politischen Einflusses von Rating-Agenturen möglich. So lässt sich ferner eine hypothetische Aussage darüber treffen, welchen politischen Effekt ein tatsächliches oder drohendes Downgrade zum jeweiligen Zeitpunkt gehabt hätte.

Vergleicht man alleine die politischen Kosten in den USA 1992 und 2004, wie sie in Übersicht 4.3.1 zusammengefasst sind, ist anzunehmen, dass die politischen Grenzkosten der Verschuldung 1992 höher waren als 2004. Jede zusätzliche Geldeinheit Schulden im unmittelbaren Vorfeld der Präsidentschaftswahl 1992 hätte demnach zu höheren Wählerstimmenverlusten geführt als 12 Jahre später.

Dafür spricht, dass das Haushaltsdefizit unter Bush sr. (5,77 Prozent des BIP) größer war als das an sich schon hohe Defizit unter Bush jr. (4,72 Prozent des BIP). Gleiches gilt für den Schuldenstand der USA, der 1992 mit 73,7 Prozent des BIP deutlich – nämlich rund 10 Prozentpunkte – über der Verschuldung von 2004 lag. Insbesondere mussten 1992 sowohl Regierung wie Unternehmen höhere Zinsen zahlen. So lag die Umlaufrendite für 10-jährige amerikanische Staatsanleihen unmittelbar vor der Präsidentschaftswahl bei 6,78 Prozent; 2004 waren sie mit 4,05 Prozent weit unterhalb dieses Werts. Bei den Industrieanleihen verhält es sich ähnlich: Hier fiel die Umlaufrendite bei „Aaa"-bewerteten Anleihen von 8,07 Prozent auf 5,42 Prozent; bei „Baa"-bewerteten Industrieanleihen von 8,96 Prozent auf 6,15 Prozent.

Übersicht 4.3.1: Politische Kosten in den USA 1992 und 2004

Indikator	**Anwendung auf Wahlkampf 1992 (Bush sr. vs. Clinton)**	**Anwendung auf Wahlkampf 2004 (Bush jr. vs. Kerry)**	**Vergleich PK 2004 zu 1992**
1) Steuer- und Sozialabgabenquote der Arbeitnehmer	31,3 Prozent (1991)	29,6 Prozent	↓
2) Haushaltsdefizit in Prozent des BIP	5,77	4,72	↓
3) Schuldenstand in Prozent des BIP	73,7	64,0	↓
4) Umlaufrendite von 10-jährigen Staatsanleihen	6,78 Prozent (30.10.1992)	4,05 Prozent (29.10.2004)	↓
5) Umlaufrendite von Industrieanleihen	Aaa: 8,07 Prozent Baa: 8,96 Prozent (30.10.1992)	Aaa: 5,42 Prozent Baa: 6,15 Prozent (29.10.2004)	↓ ↓
6) Household Debt Service Ratio	Viertes Quartal 1992: 10,78 Prozent	Viertes Quartal 2004: 13,09 Prozent	↑
7) Einsatz von Ratings zur Regulierung	Ausweitung der Regulierung von 1989-1992	Weitere Regulierungs-vorschriften zwischen 1994-1999	↑
8) Intensität des polit. Schuldenmanagements	ausgeprägt	noch ausgeprägter	↓
Quelle: Eigene Darstellung. Daten 1)-3) nach OECD Factbook 2006; 4)-6) nach Federal Reserve; 7) vgl. Rosenbaum 2004			

Darüber hinaus sind die politischen Kosten gesunken, weil sich auch die Steuer- und Sozialabgabenquote für Arbeitnehmer verbessert hat: Betrug diese 1992 noch 31,3 Prozent des Einkommens, reduzierte sich die Abgabenlast 2004 auf 29,6 Prozent. Demzufolge verläuft die politische Grenzkostenkurve 2004 unterhalb derjenigen von 1992. Es ist anzunehmen, dass sich an dieser Erkenntnis auch nichts grundlegend ändert, wenn zwei weitere Indikatoren in die Analyse mit einbezogen werden, die eine andere Tendenz aufweisen. Der Anstieg des Household Debt Ratios von 10,78 Prozent des verfügbaren Einkommens auf 13,09 Prozent bedeutet höhere politische Kosten wegen des Anstiegs der privaten Verschuldung. Ebenso wurde 2004 noch stärker als 1992 auf Ratings zu

Regulierungszwecken zurückgegriffen, wodurch die politischen Kosten gleichfalls stiegen. Da die anderen Indikatoren allerdings höhere politische Kosten für das Jahr 1992 vermuten lassen und sich zudem die Intensität des Schuldenmanagments erhöht hat, ist im Saldo ebenfalls dieses Ergebnis zu erwarten. Zusammengefasst werden diese Überlegungen in Grafik 4.3.2.

Grafik 4.3.2: Die politischen Kosten der Verschuldung in den USA 1992 und 2004

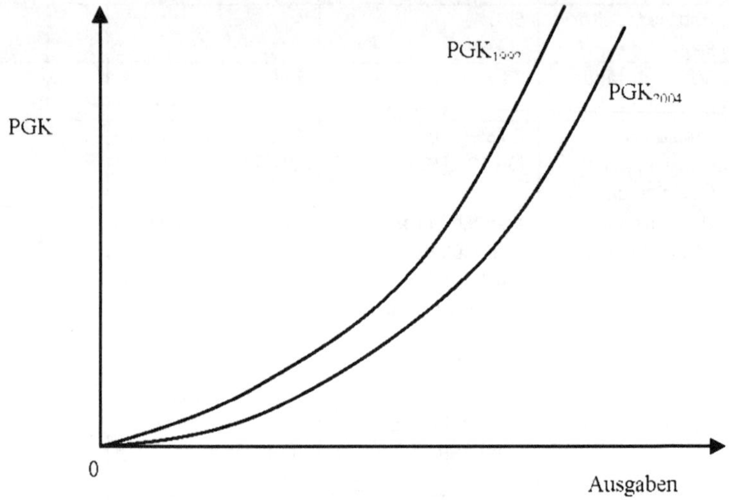

Um eine endgültige Aussage treffen zu können, müssen alle Indikatoren im Kontext der jeweiligen Wahl betrachtet werden, denn nur so lässt sich herausfinden, wie Wähler und Politiker tatsächlich auf diese Indikatoren reagiert haben. Zudem muss auf die politische Ertragsfunktion eingegangen werden. Die Analyse beginnt mit der Präsidentschaftswahl von 1992.

4.3.1 Die Präsidentschaftswahl 1992

Zur Wiederwahl stellte sich der seit 1989 amtierende US-Präsident George Bush sr., ehemaliger Vizepräsident unter Ronald Reagan. Bushs Amtszeit war geprägt von außergewöhnlichen internationalen Ereignissen, insbesondere dem Ende des Ost-West-Konflikts, dem Zusammenbruch der Sowjetunion und dem Krieg gegen den Irak zur Befreiung Kuweits. Im Februar 1991, kurz nach dem Sieg im Golfkrieg, verfügte der Präsident über 89 Prozent Zustimmung innerhalb der

Bevölkerung, dem damals höchsten gemessenen Wert für einen Präsidenten überhaupt.[359] Doch wie sich zeigen sollte, konnte Bush sr. von seinen außenpolitischen Erfolgen bei der Wahl nicht profitieren, da sich die Diskussion auf innenpolitische Themen konzentrierte, insbesondere auf die Wirtschafts- und Finanzpolitik.

Innenpolitisch war der republikanische Präsident geschwächt, weil er über keine Mehrheit im Senat oder Repräsentantenhaus verfügte. Dementsprechend musste Bush sr. vielfach Kompromisse mit dem demokratisch dominierten Kongress eingehen und konnte so seine politischen Zielen nur eingeschränkt verwirklichen. Das daraus resultierende Unvermögen, seine politische Grenzertragsfunktion zu maximieren, zeigte sich insbesondere in der Haushalts- und Steuerpolitik. Die Haushaltspolitik verlief in der Amtszeit Bushs sr. nämlich sehr kontrovers und führte zu weitreichenden Blockaden in der gesamten Gesetzgebung.[360] So gelang 1990 die Einigung erst nach monatelangen Verhandlungen zwischen Präsident und Kongress. Als der Haushalt im Oktober in einer 21-stündigen Sitzung schließlich verabschiedet wurde, hatte das Rechnungsjahr bereits begonnen.[361]

Hohe politische Kosten fügte der Kongress dem Präsidenten in der Steuerpolitik zu. Während des Wahlkampfes 1988 hatte Bush sr. Steuererhöhungen kategorisch abgelehnt. Viel Beachtung fand sein Versprechen an die Wähler während der Fernsehdebatte 1988: „Read my lips: no new taxes.“[362] Der Kongress als Veto-Spieler hinderte ihn aber daran, sein Wort zu halten. Der Haushaltskompromiss von 1990, der die Reduzierung des Staatsdefizites zum Ziel hatte, sah nämlich vor, dass jede Erhöhung der Staatsausgaben und jede Steuersenkung nur umgesetzt werden durfte, wenn dafür andere Ausgaben reduziert bzw. andere Steuern erhöht werden.[363] Dieser Kompromiss ist von seiner Zielsetzung schon schlecht für die Wiederwahlchancen der Regierung, aber er war insbesondere negativ, weil er faktisch nicht nur zu höheren Staatsausgaben und einem Anstieg der Verschuldung führte, sondern auch mit Steuererhöhungen einherging.[364] Die von den Demokraten erzwungene Kehrtwende in der Steuerpolitik des Präsidenten führte zu heftiger innerparteilicher Kritik der Republikaner an Bush sr, insbesondere von Seiten der republikanischen Rechten und den

[359] Vgl. Grant, Alan (1992): The 1992 US Presidential Election, S.239, in: Parliamentary Affairs 1993, Vol. 46, No.2, Oxford, S.239-254.
[360] Vgl. Horst, Patrick (1993): Präsident Clinton und der 103. Kongreß: Ende des “gridlock” ?, S.254, in: Zeitschrift für Parlamentsfragen, Heft 2/93, S.240-260.
[361] Vgl. Horst, Patrick (1993), a.a.O, S.254.
[362] Vgl. Grant, Alan (1992), a.a.O., S.241.
[363] Vgl. Panetta, Leon E. (2006): Politics of the Federal Budget Process, S. 226, in: Thurber, James A. (Hg., 2006): Rivals for Power: Presidential-congressional relations, Oxford u.a., S.209-232.
[364] Vgl. Grant, Alan (1992), a.a.O., S.241.

Republikanern im Repräsentantenhaus unter Führung von Newt Gingrich.[365] Für die Regierung Bush sr. war die Verfolgung ihrer politischen Zielsetzungen sowohl wegen des Veto-Spielers Kongress als auch der mangelnden innerparteilichen Kohäsion der Republikaner schwierig geworden.

Bei der Präsidentschaftswahl 1992 unterschied sich der Parteienwettbewerb grundlegend von vorangegangen Wahlen. Zur Wahl stellten sich nämlich nicht nur Amtsinhaber Bush sr. und sein demokratischer Herausforderer Bill Clinton, sondern der unabhängige Kandidat Ross Perot. Letzterer erzielte mit 19 Prozent der Wählerstimmen ein historisch einmalig hohes Ergebnis für einen „dritten" Kandidaten. Clinton konnte so mit insgesamt 43 Prozent der Wählerstimmen in 32 Bundesstaaten siegen und dadurch 370 Wahlmännerstimmen auf sich vereinen; Bush sr. brachte es mit 38 Prozent der Wählerstimmen auf 168 Wahlmännerstimmen, weil er nur in 18 Staaten vor Clinton lag.[366]

Gleichwohl lässt sich Bushs Niederlage im Wesentlichen nicht mit Perots gutem Abschneiden erklären. Studien zur Präsidentschaftswahl machen im Wesentlichen folgende Ursachen für den Wahlsieg Clintons verantwortlich:

- **Der sehr spezifische Perot-Effekt**: In einer Meinungsumfrage der *International Herald Tribune* vom 7. und 8. November 1992 gaben jeweils 38 Prozent der Perot-Wähler an, dass sie auch für Bush bzw. Clinton gestimmt hätten, wenn Perot nicht kandidiert hätte; 15 Prozent wären in diesem Fall nicht zur Wahl gegangen.[367] Detailliertere Wahlanalysen zeigen, dass Bush 45 Prozent derjenigen Wähler, die ihn 1988 gewählt hatten, vier Jahre später verloren hatte.[368] Von diesen ehemaligen Anhängern entschieden sich 1992 jeweils die Hälfte für Clinton und Perot. Hierbei zeigt sich, dass Perot überdurchschnittlich diejenigen Wähler ansprach, die sich um das hohe Haushaltsdefizit sorgten; Wähler, die mit der Wirtschaftspolitik Bushs unzufrieden waren, stimmten hingegen besonders stark für Clinton und nicht für Perot.[369]

- **Die Dominanz der Wirtschafts- und Finanzpolitik**: In Umfragen unmittelbar vor der Präsidentschaftswahl wurden die Wähler gefragt, welche

[365] Vgl. Grant, Alan (1992), a.a.O., S.241; Horst, Patrick (1993), a.a.O, S.256.
[366] Vgl. Horst, Patrick (1993), a.a.O, S.254.
[367] Vgl. Grant, Alan (1993), a.a.O., S.250.
[368] Vgl. Alvarez, Michael/ Nagler, Jonathan (1995): Economics, Issues and the Perot Candidacy: Voter Choice in the 1992 Presidential Election, S.720, in: American Journal of Political Science, Vol.39, No.3, August 1995, Wisconsin, S.714-744.
[369] Vgl. Alvarez, Michael/ Nagler, Jonathan (1995), a.a.O., S.731ff.

Themen für sie besonders wichtig sind.[370] Die höchste Priorität räumten die Amerikaner der wirtschaftlichen Lage und der Arbeitslosigkeit ein (43 Prozent Zustimmung), gefolgt vom Haushaltsdefizit (21 Prozent) und der Gesundheitsversorgung (19 Prozent). Andere Themen wie z.B. die Außenpolitik (8 Prozent) spielten keine große Rolle bei der Wahlentscheidung. Im Vergleich zu früheren Wahlen war die Besorgnis der Bürger über das Haushaltsdefizit ungewöhnlich hoch. Die wichtigste Ursache dafür dürfte die Thematisierung der Verschuldung während des Wahlkampfes sein. Wie kein anderer Kandidat prangerte Ross Perot unerbittlich die amerikanische Verschuldung an und fokussierte seinen Wahlkampf auf die Verbesserung der Staatsfinanzen und der Wirtschaftlage. So gab Perot 60 Millionen Dollar seines beträchtlichen Privatvermögens für Werbespots aus, darunter auch dreißigminütige Fernsehauftritte, in denen er die negativen Effekte der Staatsverschuldung ausführlich erörterte.[371] Clintons Hauptbotschaft des Wahlkampfes lag hingegen nicht in der Verbesserung der Haushaltslage, sondern in der Reduzierung der Arbeitslosigkeit und der Ankurbelung der Wirtschaft. Zum Synonym des Wahlkampfes wurde seine auf Bush gemünzte Kritik: „It´s the economy, stupid!"

- **Die gespaltene Einstellung der Wähler zum Thema Abtreibung:** Durch empirische Untersuchungen lässt sich feststellen, dass die Kandidatenpräferenz im sehr hohen Maße davon abhängt, ob der einzelne Wähler gegen Abtreibung ist („pro life") oder Abtreibung befürwortet. Unter den Abtreibungsgegnern ist Bush dabei der eindeutige Favorit.[372] Da jedoch die große Mehrheit der Amerikaner eine liberale Ansicht zur Abtreibung vertritt, konnte Bush mit der dezidiert konservativen Ausrichtung des republikanischen Parteitages in dieser und anderen Fragen zwar bei sozialkonservativen und religiösen Wählern punkten; eine Vielzahl von Wählern wurde aber durch den Rechtsruck der Republikaner abgeschreckt – zum Leidwesen des Amtsinhabers.[373]

Das Thema Abtreibung verdeutlicht, dass eine reine Fokussierung auf budgetäre politische Maßnahmen bei der Wahlentscheidung nicht ausreicht. Dies entspricht der Modellannahme, dass ein bestimmter Anteil von Stammwählern sich unab-

---

[370] Vgl. Norris, Pippa (1993): The 1992 US Elections, S.67, in: Government and Opposition, Vol.28, No.1, S.51-68.

[371] Vgl. Grant, Alan (1993), a.a.O., S.243.

[372] Vgl. Alvarez, Michael/ Nagler, Jonathan (1995), a.a.O., S.731ff.

[373] Vgl. Lipset, Seymour Martin (1993): The Significance of the 1992 Election, S.13, in: Political Science & Politics, Vol. XXVI, Number 1, March 1993, S.7-16.

hängig von der Höhe der politischen Kosten auf Grund moralisch-ideologischer Beweggründe nie für eine andere Partei entscheiden würde. Die Tatsache, dass das hohe Haushaltsdefizit als gravierendes politisches Problem wahrgenommen wurde und die Wahlentscheidung mit beeinflusst hat, deutet auf einen weiteren Anstieg der politischen Kosten der Verschuldung hin. Vor diesem Hintergrund lässt sich auf Grundlage des politökonomischen Modells eine schlüssige Interpretation des Wahlausganges 1992 erstellen, wie sie in Grafik 4.3.3 zu sehen ist. Dargestellt wird das Stimmenmaximierungskalkül der Regierung Bush sr. und der Einfluss des Veto-Spielers Kongress darauf. Wenn die Regierung Bush sr. ausschließlich nach ihren Präferenzen hätte handeln können, wäre das von ihr angestrebte Budget in Höhe von A* realisiert werden. Dieses ergibt sich aus dem Schnittpunkt von PGK_{1992*} und PGE_{1992*} in Punkt b. Dort sind die Wiederwahlchancen der Regierung maximiert.

Grafik 4.3.3: Die Ursache für Bush srs. Wahlniederlage 1992

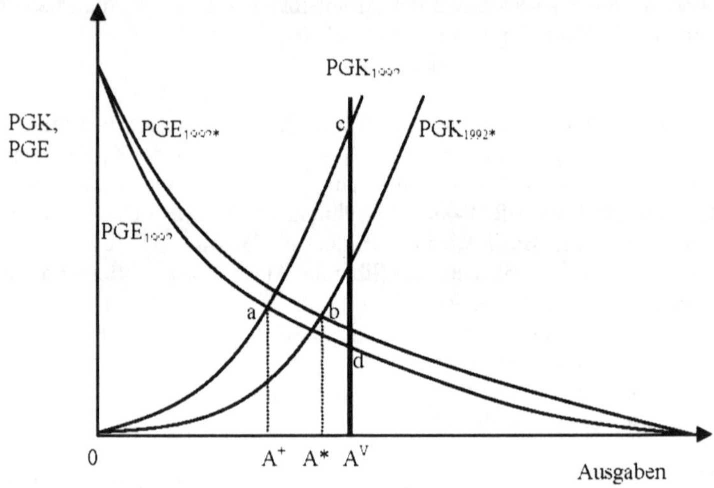

Die Kurve PGE_{1992*} soll ausdrücken, wie die Struktur des Budgtes verlaufen wäre, wenn die Regierung keinerlei Zugeständnisse an den Veto-Spieler Kongress hätte machen müssen, insbesondere nicht an die demokratische Opposition. Gleiches gilt für die Kurve PGK_{1992*}. Die Realität sah bekanntlich anders aus: Die Demokraten dominierten den Kongress und zwangen Bush sr. zu empfindlichen Kompromissen in der Haushalts- und Steuerpolitik. Ebenso hatte Bush nicht vollen Rückhalt bei den Abgeordneten seiner Partei. Infolgedessen entspricht der tatsächliche Verlauf der politischen Grenzkosten und des politischen Grenzertrages den Kurven PGK_{1992} und PGE_{1992}. PGK_{1992} verläuft oberhalb von PGK_{1992*}, d.h. die politischen Kosten von PGK_{1992} sind höher als von PGK_{1992*}.

Der Unterschied zwischen PGK_{1992} und PGK_{1992*} liegt in der höheren Steuerbelastung wegen Bushs Zugeständnissen an die Demokraten. Wie ausführlich erläutert wurde, sprachen 1992 die ökonomischen Indikatoren für relativ hohe politische Grenzkosten. Die Wahlanalyse hat gezeigt, dass dies mit der Realität übereinstimmte, denn das Haushaltsdefizit kostete Bush Wählerstimmen. Durch die Zugeständnisse an die Demokraten stiegen die politischen Kosten auf PGK_{1992} weiter an.

Darüber hinaus musste Bush auch bei der Aufstellung seines Haushaltes Konzessionen gegenüber den Demokarten machen. Die Struktur des verabschiedeten Budgets entsprach somit nicht ausschließlich den Interessen der Regierung. PGE_{1992} verläuft daher unterhalb von PGE_{1992*}. Unter diesen Bedingungen optimiert die Regierung Bush ihre Wiederwahlchancen bei einem Budget in Höhe von A^+, also im Schnittpunkt a von PGE_{1992} und PGK_{1992}. Freilich führt das Budget A^+ insgesamt zu einer geringeren Wiederwahlchance als das Idealbudget von A*.

Tatsächlich konnte die Regierung Bush weder das Budget A* noch das Budget A^+ verwirklichen. Der Veto-Spieler Kongress setzte nämlich im Haushaltskompromiss ein höheres Budget (A^V) durch als dem republikanischen Präsidenten lieb war. A^V ist allerdings sehr schlecht für die Wiederwahlchancen der Regierung, denn in diesem Punkt sind die politischen Grenzkosten (Punkt c) höher als der politische Grenzertrag (Punkt d), so dass es an dieser Stelle – genau wie an allen anderen Punkten rechts von a – Netto zu Wählerstimmenverlusten kommt. Bei alle zusätzlichen Ausgaben ab dem Punkt a wandten sich wegen des Unmuts über die hohe Staatsverschuldung und der Sorge vor weiteren Steuererhöhungen in der Zukunft mehr Wähler vom Präsidenten ab als er umgekehrt durch diese zusätzlichen Wohltaten für sich gewinnen konnte.

Insgesamt erklärt sich der Ausgang der Präsidentschaftswahl 1992 aus der Kombination von relativ hohen politischen Grenzkosten und dem Willen des demokratisch dominierten Kongresses, die Steuern zu erhöhen und Höhe und Struktur des Staatshaushaltes im eigenen Sinne so zu gestalten, dass das Stimmenmaximierungskalkül der republikanischen Regierung konterkariert wird.

Abschließend soll nun der Frage nachgegangen werden, welchen politischen Effekt im Wahljahr 1992 eine Rating-Herabstufung gehabt hätte. Mit dieser rein theoretischen Überlegung auf der Basis des polit-ökonomischen Modells lässt sich die Bedeutung von Rating-Agenturen erstmals präzise beschreiben, weil das (fiktive) Downgrade nicht losgelöst vom spezifischen politischen und wirtschaftlichen Kontext sowie den strategischen Interessen der beteiligten Akteure betrachtet wird.

Wäre es 1992 zu einer Herabstufung des Ratings der USA gekommen, hätte dies kurzfristig die politischen Grenzkosten der Verschuldung erhöht. Selbst bei konstanter Steuerbelastung, wäre die neue politische Grenzkostenkurve PGK'_{1992} steiler verlaufen als die ursprüngliche politische Grenzkostenkurve PGK_{1992} (vgl. Grafik 4.3.4). Der genaue Verlauf hätte von dem Umfang des Downgrades abgehangen. Umso stärker die USA herabgestuft worden wäre, desto steiler wäre die PGK'_{1992} verlaufen.

Grafik 4.3.4: Der politische Effekt eines fiktiven Downgrades 1992

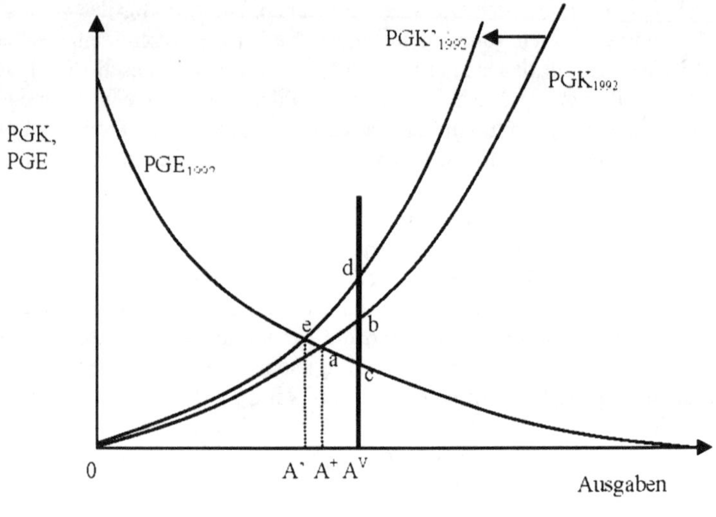

Als Folge des Downgrades hätte die Regierung Bush weitere Stimmenverluste hinnehmen müssen: Die neue optimale Höhe des Staatsaushaltes (A') hätte sich aus dem Schnittpunkt e zwischen PGE_{1992} und neuer PGK'_{1992} ergeben. Aus Sicht der Regierung Bush hätten die Staatsausgaben gegenüber dem früheren Optimalpunkt a reduziert werden müssen. Der Veto-Spieler Kongress hätte allerdings auch nach dem Downgrade verhindert, dass der Präsident im Wahljahr sein Budget so gestalten kann, dass seine Wiederwahlchancen optimiert worden wären. Das vom Kongress beschlossene Budget A^V führt nach der Herabstufung zu noch größeren Wählerstimmenverlusten für die Regierung als zuvor, da dem gleich bleibenden politischen Grenzertrag von c nun mehr die höheren politischen Grenzkosten von d gegenüber stehen, die im Vergleich zu den ohnehin schon beträchtlichen früheren politischen Grenzkosten b die Nettostimmenverluste in A^V weiter erhöhen. Eine Verschlechterung des Ratings hätte demnach grundsätzlich der Regierung Bush geschadet, weil diese weitere Stimmenverluste hätte hinnehmen müssen.

Allerdings muss bei einer umfassenden Bewertung des politischen Effektes eines Downgrades die Dynamik des Parteieinwettbewerbs mit einbezogen werden. Wäre es 1992 zu einer Herabstufung des Ratings gekommen, hätten die Wähler sehr wahrscheinlich die Regierung dafür bestraft und es wäre wie oben dargestellt zu Stimmenverlusten für die Regierung gekommen. Gleichwohl ist anzunehmen, dass Bush die Verantwortung dafür von sich gewiesen und stattdessen die Opposition beschuldigt hätte. Immerhin hätte er darauf verweisen können, dass die Demokraten mit ihrer Mehrheit in beiden Häusern des Kongresses auf Struktur und Höhe des Staatshaushaltes und damit der Staatsverschuldung erheblichen Einfluss hatten. Die Achillesverse der Demokraten wäre die Tatsache gewesen, dass der Haushaltskompromiss zu höheren Staatsausgaben geführt hatte und somit tendenziell zu Lasten des Ratings gegangen war. Mit den Angriffen auf die Demokraten hätte Bush den Unmut des rechten Flügels seiner Partei über die Zugeständnisse gegenüber der Opposition befriedigen und so die interne Kohäsion der Republikaner verbessern können. Diese hätte sich positiv auf die Wahlkampfführung der Partei ausgewirkt. Freilich hätten die Demokraten im Gegenzug die Regierung heftiger angegriffen und deren Bilanz in der Wirtschafts- und Haushaltspolitik kritisiert.

Von dieser Situation, in der die beiden großen Parteien sich mit gegenseitigen Schuldzuweisungen beschäftigten und beide eine Verantwortung für das Downgrade besaßen, dürfte der unabhängige Kandidat Ross Perot profitiert haben: Er selber trägt keinerlei Schuld an der Herabstufung, besitzt wirtschaftliche Kompetenz und hat wie kein anderer Präsidentschaftskandidat wiederholt auf die negativen Folgen des immensen Haushaltsdefizits hingewiesen. Eine Stimme für Perot dürfte für einige Wähler eine Kombination aus (sachlich begründetem) Protest gegen die Haushaltspolitik von Demokraten und Republikanern sowie zugeschriebener Problemlösungskompetenz eines politisch unverbrauchten Kandidaten gewesen sein. Insofern ist anzunehmen, dass eine Verschlechterung des Ratings nicht nur der Regierung, sondern auch dem Veto-Spieler demokratische Opposition Stimmen gekostet hätte. Im Ergebnis hätten die Stimmengewinne Perots wohl kaum zu seinem Wahlsieg geführt, vermutlich nicht einmal zum Gewinn einzelner Bundesstaaten. Jedoch hätte es wegen des Wahlsystems möglicherweise zu Verschiebungen zwischen Bush und Clinton kommen können. Entscheidend wären die relativen Stimmenverluste der Republikaner und Demokraten. So ist vorstellbar, dass in einigen Bundesstaaten, in denen Clinton nur einen knappen Stimmenvorsprung vor Bush hatte[374], die Demokraten mehr Stimmen verloren hätten als die Republikaner und somit Bush vor Clinton landen könnte und dadurch alle Wahlmännerstimmen gewonnen hätte. Trotz möglicher Wahlmännerstimmengewinne Bushs wäre es allerdings sehr unwahrscheinlich, dass Bush trotz Stimmenverlusten nach dem Downgrade wegen der noch höheren Stimmenverluste der Demokraten insgesamt mehr Wahlmänner auf sich vereinigen könnte als Clinton.[375]

4.3.2 Die Präsidentschaftswahl 2004

US-Präsident George W. Bush schaffte 2004 das, was seinem Vater 12 Jahre zuvor misslang: Er wurde wieder gewählt. Darüber hinaus gewann erstmals seit 1936 ein Präsident bei seiner Wiederwahl auch Sitze im US-Kongress hinzu.[376] Im Gegensatz zur Präsidentschaftswahl 2000, bei der Bush jr. insgesamt weniger Wählerstimmen auf sich vereinigen konnte als sein Gegenkandidat Al Gore und nur wegen eines Vorsprunges von 537 Stimmen in Florida mit 271 Wahlmännerstimmen nach langwierigen juristischen Auseinandersetzungen denkbar knapp zum Präsidenten gewählt wurde, gelang es Bush vier Jahre später, in 31 Bundesstaaten seinen Herausforderer John Kerry hinter sich zu lassen, 286 Wahlmännerstimmen zu erreichen und 50,73 Prozent der Wähler für sich zu gewinnen.[377] Gleichwohl hätten auch 2004 geringfügige Verschiebungen im Wählerverhalten zu einem anderen Endergebnis geführt, denn in vier Staaten (Iowa, Nevada, New Mexico und Ohio) führte Bush mit weniger als 3,5 Prozent.[378] Letztendlich war es Bushs Vorsprung von rund 60 000 Stimmen in Ohio, der ihm 20 Wahlmän-

---

[374] So betrug Clintons Vorsprung in sechs Bundesstaaten (Kentucky, Montana, Nevada, New Hampshire, New Jersey und Ohio) weniger als drei Prozentpunkte der abgegebenen gültigen Stimmen. In vier weiteren Staaten (Colorado, Louisiana, Tennessee und Wisconsin) lag Clinton weniger als fünf Prozentpunkte vor Bush. Vgl. Grant, Alan (1992), a.a.O., S. 249.

[375] Hätte Bush z.B. alle sechs Staaten, bei denen Clinton 1992 drei Prozentpunkte mehr Stimmen erhielt, auf seine Seite gezogen, hätte er 55 Wahlmännerstimmen mehr erhalten. Bei Einbeziehung der vier weiteren oben genannten Staaten wären insgesamt 94 Wahlmännerstimmen gewonnen worden, so dass Bush auf 262 Stimmen gekommen wäre. Clinton hätte dann immer noch 276 Wahlmännerstimmen erhalten.

[376] Vgl. Güldenzopf, Ralf/ Voigt, Mario (2004): Die Präsidentschaftswahl in den USA – Von Stammwählern, Werten und Wahlkampf, S.56, in: Die Politische Meinung, Nr.421, Dezember 2004, Jahrgang 41, S.51-57.

[377] Vgl. Kolkmann, Michael (2005): Die Präsidentschaftswahl in den USA vom 2. November 2004: Ein knapper Sieg Bushs, aber auch ein Mandat?, S.270-271, in: Zeitschrift für Parlamentsfragen, Jahrgang 36 (2005), Heft 2, Juni 2005, Wiesbaden, S.259-279.

[378] Vgl. Kolkmann, Michael (2005), a.a.O., S.275.

nerstimmen einbrachte und damit die Wiederwahl ermöglichte. „Dritte Kandidaten“ spielten im Gegensatz zu 1992 keine Rolle.[379]

Innenpolitisch war Bushs erste Amtszeit geprägt von der Abschwächung der amerikanischen Konjunktur und dem Anstieg der Arbeitslosigkeit. Zudem wurde der Glauben in den US-Kapitalismus – speziell den Finanzmarkt und dessen Regulierung – schwer erschüttert durch spektakuläre Bilanzskandale um die Großunternehmen Enron und Worldcom. Da die Republikaner über eine (knappe) Mehrheit in beiden Kammern des Kongresses verfügten, konnte Bush seine massiven Steuersenkungspläne ohne allzu große Konzessionen an die Legislative durchsetzen. Gestärkt wurde der Handlungsspielraum der Regierung bei der Gestaltung des Budgets auch dadurch, dass der Kongress die (befristeten) Vereinbarungen des Haushaltskompromisses von 1992 nicht mehr verlängerte – der Weg zu wirklichen Steuersenkungen war dadurch frei.[380]

Die größte Bedeutung in Bushs Präsidentschaft kam jedoch außen- und sicherheitspolitischen Themen zu. Nach den Terroranschlägen des 11. Septembers 2001 bestimmte Bush maßgeblich die politische Agenda und die demokratische Opposition unterstützte ihn mit großer Mehrheit bei seinen Vorhaben. Der „War on Terror“ setzte sich zum Ziel, sowohl die innere Sicherheit zu erhöhen als auch außenpolitisch notfalls unilateral „präventiv“ militärisch aktiv zu werden. Die beiden Militäreinsätze in Afghanistan und im Irak wurden mit breiter Unterstützung von Republikanern und Demokraten im Kongress beschlossen. Als Folge des „War on Terror“ wurde der Verteidigungsetat massiv von rund 294,5 Milliarden Dollar im Jahr 2000 (16,5 Prozent des gesamten Bundeshaushaltes) auf 455,9 Milliarden Dollar im Jahr 2004 (19,9 Prozent des gesamten Bundeshaushaltes) erhöht.[381] Die Steuersenkungen und die Steigerung der Verteidigungsausgaben trugen neben der Abschwächung der Konjunktur maßgeblich dazu bei, dass sich in Bushs erster Amtszeit der Haushaltsüberschuss von 1,62 Prozent des BIP im Jahr 2000 vier Jahre später in ein Haushaltsdefizit von 4,72 Prozent des BIP verwandelte.[382]

Mit Dauer des Militäreinsatzes im Irak wuchs die Zahl dessen Kritiker, insbesondere unter den Demokraten, aber auch generell in der Bevölkerung. In einer repräsentativen Umfrage von Ende Oktober 2004, also unmittelbar vor der Präsidentschaftswahl, meinten 54 Prozent der Befragten, dass die Dinge im Irak schlecht liefen.[383] In der gleichen Umfrage waren 50 Prozent der Meinung, dass

---

[379] Selbst Nader büßte gegenüber 2000 weitere Stimmen ein und kam nur noch auf 0,38 Prozent. Vgl. Kolkmann, Michael (2005), a.a.O., S.217.

[380] Vgl. Evans, C. Lawrence/ Ng, Stephen (2006), a.a.O., S.229.

[381] Vgl. Executive Office of the President of the United States, Office of Management and Budget (2006): The Budget for the Fiscal Year 2007, Historical Tables, Washington, S.53-54.

[382] Vgl. OECD (2006), a.a.O., S.177.

[383] Vgl. Kolkmann, Michael (2005), a.a.O., S.260.

sich die wirtschaftliche Situation verschlechtert habe; gleichzeitig glaubten nur 17 Prozent, dass Buhs Steuersenkungen sich positiv auf die Wirtschaft ausgewirkt hätten. Die Ausgangslage für einen Wahlsieg Bushs war dementsprechend nicht sonderlich positiv. Weshalb er dennoch gewinnen konnte, wird durch verschiedene Wahlanalysen deutlich:

- **Moralische Werte, Wirtschaftslage und Außenpolitik im Fokus des Interesses:** Umfragen, die am Wahltag die Wähler nach dem wichtigsten Motiv für ihre jeweilige Stimmenabgabe gefragt haben, zeigen die Wichtigkeit bestimmter Themen bei dieser Wahl.[384] Hiernach waren für 22 Prozent der Befragten „moralische Werte" der Hauptgrund für ihre Wahlentscheidung, gefolgt von den Bereichen Wirtschaft und Arbeit (20 Prozent), Terrorismus (19 Prozent), Irak (15 Prozent), Gesundheitsversorgung (8 Prozent), Steuern (5 Prozent) und Bildung (4 Prozent). Im Vergleich zu 1992 ist auffallend, dass die Staatsverschuldung offenbar nicht als politisches Problem wahrgenommen wurde. Historisch betrachtet außergewöhnlich hoch ist die Stellung von außenpolitischen Themen (Terrorismus und Irak).[385] Die Präferenz für Bush oder Kerry variiert mit der jeweiligen Priorität für ein politisches Problem.[386] Diejenigen Wähler, denen „moralische Werte" am wichtigsten waren, stimmten zu 80 Prozent für Bush und nur zu 18 Prozent für Kerry; bei der Priorität Wirtschaft und Arbeit war es genau umgekehrt. Ebenso punktete Bush bei 86 Prozent derjenigen Amerikaner, die sich vorrangig über den Terrorismus Sorgen machten, während Kerry 73 Prozent derjenigen, die den Irak als das dringendste Problem ansahen, für sich gewinnen konnte.

- **Moralische Werte nicht entscheidend für Wahlergebnis:** Die Ergebnisse der obigen Umfragen, insbesondere die große Bedeutung von „moralischen Werten", wurden in den Medien vielfach so interpretiert, dass Bush seinen Wahlsieg der Betonung konservativer Werte verdanke und die Wahl zum Ausdruck bringe, dass Amerika insgesamt konservativer und religiöser geworden sei."[387] Eine detaillierte Betrachtung des Wahlergebnisses kann die-

---

[384] Vgl. Hillygus, D. Sunshine/ Shields, Todd G. (2005): Moral Issues and Voter Decision Making in the 2004 Presidential Election, S.202, in: Political Science & Politics,Vol.38 , Issue 02, Apr 2005, S.195-199.

[385] Vgl. Kolkmann, Michael (2005), a.a.O., S. 261.

[386] Vgl. Hillygus, D. Sunshine/ Shields, Todd G. (2005), a.a.O., S. 202.

[387] Vgl. Hillygus, D. Sunshine/ Shields, Todd G. (2005), a.a.O., S.201; Norpoth, Helmut (2005): Mission Accomplished: Die Wiederwahl von George W. Bush, S.8f, in: Politische Vierteljahresschrift, 46. Jahrgang, Heft 1, März 2005, S.3-13. In diesem Sinne kommentierte Matthias Rüb in der FAZ: „Bush hat nicht wegen des Krieges im Irak die Wahlen gewonnen, sondern ungeachtet der mit

se Argumentation allerdings nicht bestätigen. Ein Problem des Einflusses des Effekts von „moralischen Werten" liegt darin, dass dieser Begriff nicht genau abgegrenzt ist. Da während des Wahlkampfes 2004 die „Homo-Ehe" für politische Diskussion sorgte, dürften sich Fragen der „moralischen Werte" hauptsächlich auf dieses Thema neben der Einstellung zu Abtreibung beziehen. In einer empirischen Studie zeigt Lewis, dass die Haltung der Wähler zur Homo-Ehe einen statistisch signifikanten, aber nicht besonders bedeutsamen Effekt auf das Wahlverhalten hat. Werden andere demographische und politische Faktoren konstant gehalten, wählten diejenigen Wähler, die sich für die Homo-Ehe aussprachen, zu 25 Prozent weniger wahrscheinlich Bush als die Gegner der Homo-Ehe.[388] Bei denjenigen Wählern, die sich für eine eingetragene Lebenspartnerschaft („civil union") aussprachen, gab es allerdings keinen signifikanten Unterschied in den Wahlabsichten.[389] In einer weiteren Analyse wird der Einfluss der „moralischen Werte" als noch geringer angesehen. Hillygus und Shields verwenden eine andere Umfrage kurz nach der Präsidentschaftswahl 2004, welche individuelle Daten der Befragten bei der Erklärung berücksichtigt.[390] Hierbei zeigt sich, dass diejenigen Befragten, die sich selber als Republikaner bzw. Demokraten bezeichnen, größtenteils unabhängig von den inhaltlichen Positionen des Kandidaten hinsichtlich der „moralischen Werte" für den Kandidaten ihrer Partei stimmten.[391] Bei parteilich unabhängigen Wählern kommt den inhaltlichen Positionen eine etwas größere Bedeutung zu. In dieser Gruppe kommt Bush unter den Gegnern der Homo-Ehe bzw. der Abtreibung auf

der Invasion verbundenen Kosten. Mit ausschlaggebend war sein ethisch-moralischer Konservatismus: gegen Abtreibung, für die traditionelle Ehe, für das auch öffentliche Bekenntnis zum Gottesglauben, auch wenn die Trennung von Kirche und Staat sakrosankt bleibt." (Rüb, Matthias (2004): Es ist die Moral, Dummkopf!, in: FAZ vom 05.11.04, Frankfurt a.M.).

388 Vgl. Lewis, Gregory (2005). Same-Sex Marriage and the 2004 Presidential Election, S.196, in: Political Science & Politics,Vol.38 , Issue 02, Apr 2005, S. 201-209.

389 Vgl. Lewis, Gregory (2005), a.a.O, S.196. Die gleiche Studie führt weitere Faktoren auf, welche die Wahl beeinflussten: „Holding all other variables at their means, the probability of supporting Bush was increased by 49 points if one believed the war in Iraq was worth it, by 27 points if one thought the economy was doing fairly badly, by 21 points if one judged that 'George W. Bush's policies on terrorism and national security have made the country ... somewhat more secure' rather than 'somewhat less secure', and by 21 points if one was somewhat conservative than somewhat liberal." (Lewis, Gregory (2005), a.a.O., S.195-196.)

390 Vgl. Hillygus, D. Sunshine/ Shields, Todd G. (2005), a.a.O.

391 So wählten von den Demokraten, die sich gegen die Homo-Ehe aussprachen, lediglich 18,3 Prozent Bush; ebenso gewann Kerry nur 13,1 Prozent der Stimmen von Republikanern, die sich für die Homo-Ehe aussprachen. Ein ähnliches Bild zeigt sich beim Thema Abtreibung: Selbst diejenigen Republikaner, die Abtreibung befürworten, wählten zu 92,8 Prozent Bush; umgekehrt kam der Amtsinhaber auf nur 26,4 Prozent Zustimmung unter Demokraten, welche strikt gegen Abtreibung sind. Vgl. Hillygus, D. Sunshine/ Shields, Todd G. (2005), a.a.O., S.203-204.

69,1 Prozent bzw. 72,2 Prozent Zustimmung. Allerdings wählten Bush ebenfalls 39,2 Prozent der Unabhängigen, die sich für die Homo-Ehe aussprachen. Bei den parteilich unabhängigen Wählern, welche Abtreibungen befürworten, erreichte der Amtsinhaber sogar 49,1 Prozent. Für Hillygus und Shields steht daher fest: „It appears that values-based appeals only served to reinforce Bush´s support among those already planning to vote for him, but failed to persuade new voters. In other words, the moral values issues of gay marriage and abortion matter most where the campaign mattered least."[392]

- **Einschätzung der Wirtschaftslage beeinflusst Wahlverhalten:** Einen größeren Effekt als die „moralischen Werte" auf das Wahlverhalten von parteilich gebundenen und unabhängigen Wählern hatte die Einschätzung der wirtschaftlichen Lage.[393] Republikaner, die der Auffassung waren, dass sich die wirtschaftliche Lage unter Bush verbessert hatte, wählten ihn zu 99,1 Prozent. Bei den Demokraten mit derselben Auffassung erreichte Bush respektable 32,8 Prozent, bei den Unabhängigen sogar 71,9 Prozent. Waren die Wähler hingegen überzeugt, dass Bushs Politik die ökonomische Situation verschlechtert hatte, wandten sie sich von ihm ab: So stimmten nur 3,9 Prozent der erklärten Demokraten und 30,8 Prozent der Unabhängigen in diesem Fall für den Präsidenten. Selbst Republikaner unterstützten ihn nur zu 78,5 Prozent.

- **Die Relevanz der Außenpolitik**: Von hoher Relevanz für das Wahlverhalten sind die Einstellungen der Wähler zum Irak-Krieg und ihre präferierte Strategie zur Bekämpfung des Terrorismus. Wer den Irak-Krieg für richtig hielt, wählte Bush. Ebenso gilt, dass sich Gegner des Irak-Kriegs von Bush abwandten.[394] Ein ähnliches, obgleich leicht abgeschwächtes Bild ergibt sich bei der präferierten Strategie zur Bekämpfung des Terrorismus. Bürger, die wie Bush ein eher „unilaterales" Vorgehen bevorzugen, stimmten für den Präsidenten: 99,3 Prozent der Republikaner, 56,3 Prozent der Unabhängigen und 31,9 Prozent der Demokraten. Vertreter eines „multilateralen" Ansatzes standen indes Bush kritisch gegenüber. Gewählt wurde er hierbei

---

[392] Hillygus, D. Sunshine/ Shields, Todd G. (2005), a.a.O., S.207.

[393] Vgl. Hillygus, D. Sunshine/ Shields, Todd G. (2005), a.a.O., S.203-204.

[394] So kommt der Amtsinhaber bei den Befürwortern des Krieges unter erklärten Republikanern auf 99,3 Prozent und selbst bei Unabhängigen auf 90,4 Prozent. Bemerkenswert ist, dass fast jeder zweite Demokrat (48,3 Prozent), der den Militäreinsatz befürwortete, für den republikanischen Kandidaten gestimmt hat. Gerade einmal 3,2 Prozent der Demokraten und nur 22 Prozent der Unabhängigen stimmten in diesem Fall für Bush; ebenso verlor der Präsident die Unterstützung jedes dritten Republikaners, der gegen den Krieg war. Vgl. Hillygus, D. Sunshine/ Shields, Todd G. (2005), a.a.O., S.203-204.

von 5,5 Prozent der Demokraten, 30 Prozent der Unabhängigen und 83,3 Prozent der Republikancr.

Insgesamt zeigen die Wahlanalysen, dass die Stammwähler mehrheitlich unabhängig von ihrer eigenen Position zu einem Thema für den Kandidaten ihrer Partei stimmen, insbesondere in den Bereichen der „moralischen Werte“. Ausgeprägter ist hingegen die inhaltliche Ausrichtung im Bereich Wirtschaft, Irak-Krieg und Terrorismus. Hier stimmen Parteimitglieder auffällig häufiger gegen den Kandidaten ihrer Partei, wenn sie inhaltlich anderer Auffassung sind, speziell beim Thema Irak-Krieg. Darüber hinaus wird verdeutlicht, dass bei parteilich ungebundenen Wählern die Einstellung zu „moralischen Werten“ nur eingeschränkt ihr Wahlverhalten erklärt, während bei den anderen Themen die Kongruenz zwischen persönlicher Meinung und Positionierung des Kandidaten deutlich die Stimmabgabe beeinflusst.

Auf der Grundlage des politökonomischen Modells sollen nun die gewonnen Erkenntnisse über die Hintergründe von Bushs Wahlsieg zur Analyse der Präsidentschaftswahl 2004 genutzt werden. Es wird gezeigt, dass Bush deshalb gewonnen hat, weil zum Zeitpunkt der Wahl die politische Ertragsfunktion relativ hoch und die politische Grenzkostenfunktion relativ niedrig war und Bush von keinem Veto-Spieler an der Maximierung seiner Wiederwahlchancen gehindert wurde. Illustriert sind die Zusammenhänge in Grafik 4.3.5.

Grafik 4.3.5: Die Ursache für Bush jrs. Wahlsieg 2004 und Vergleich mit 1992

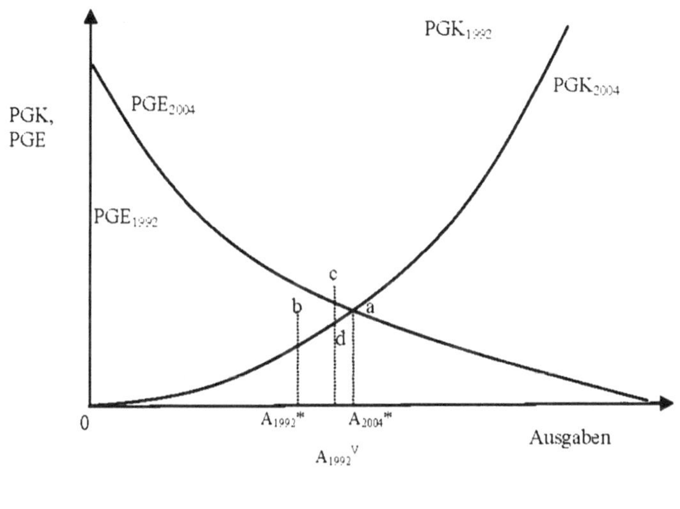

Dargestellt ist das Stimmenmaximierungskalkül der Regierung von George W. Bush mit der zugehörigen politischen Grenzertragsfunktion PGE_{2004} und der politischen Grenzkostenfunktion PGK_{2004}. Zum Vergleich ist in gestrichelten Kurven nochmals die Situation der Präsidentschaftswahl 1992 aufgeführt. Wie in der Grafik zu erkennen ist, verläuft PGE_{2004} oberhalb von PGE_{1992}. Der Grund liegt in der republikanischen Kongressmehrheit, die es George W. Bush ermöglicht hat, seine Budgetvorstellungen größtenteils umzusetzen. Die auch in diesem Fall nicht ausbleibenden Haushaltsverhandlungen beinhalten zwar immer gewisse Konzessionen an das Parlament bzw. einzelne (republikanische) Abgeordnete, aber diese Einschränkungen für die Regierung waren 2004 weit geringer als 1992. Außerdem trat der Kongress auch nicht bei der Höhe des Budgets als Veto-Spiele auf. So konnte Bush jr. seine Steuersenkungen verwirklichen und damit die politischen Grenzkosten gegenüber 1992 reduzieren, erkennbar an dem niedrigeren Verlauf von PGK_{2004}. Darüber hinaus profitierte der Präsident von den relativ niedrigen politischen Grenzkosten der Verschuldung (vgl. Übersicht 4.3.1), d.h. die Steigung von PGK_{2004} ist auch deshalb schon geringer als diejenige von PGK_{1992}. Die Kombination aus höherem politischen Grenzertrag und geringeren politischen Grenzkosten sowie das (beinahe vollständige) Fehlen von Veto-Spielern ermöglichte Bush jr. die Maximierung seiner Wiederwahlchancen mit dem optimalen Budget in Höhe von A_{2004}, abgeleitet aus dem Schnittpunkt a von PGK_{2004} und PGE_{2004}. Diese relativ hohen Staatsausgaben stehen in Einklang mit den Ergebnissen der Wahlanalysen. Besonders relevant waren für Bush diejenigen Wähler, die hinsichtlich der Terrorismusbekämpfung und des Irak-Krieges seine Positionen vertraten. Beide Themen erforderten erhebliche finanzielle Ressourcen, insbesondere im Militärbereich. Höhere Staatsausgaben für den Irak-Krieg und dem Kampf gegen den internationalen Terrorismus waren für die Anhänger von Bushs Politik notwendige Investitionen zur Problemlösung. Insofern brachten sie für Bush einen politischen Ertrag in Form von Wählerstimmen. Der abnehmende politische Grenzertrag entspricht der Beobachtung, dass höhere Ausgaben zu einem immer geringeren Zuwachs an Sicherheit führen – beispielsweise kann kein zusätzlicher Panzer verhindern, dass sich ein irakischer Terrorist inmitten einer Menschenmenge in die Luft sprengt. Darüber hinaus zeigt der Schnittpunkt von PGE_{2004} mit der X-Achse, dass ab einem bestimmten Punkt keine neuen Wähler zu erreichen sind – nämlich den harten Kern der parteipolitisch und ideologisch gebundenen Wähler sowie alle diejenigen, die unter gar keinen Umständen für Bush stimmen würden, beispielsweise aus Ablehnung zum Irak-Krieg.

Hinzu kommt, dass die relativ hohen Staatsausgaben das Ergebnis geringer politischer Grenzkosten der Verschuldung sind: Geringere Steuern und Sozialabgaben sowie niedrigere Zinsen für die Regierung und für die Unternehmen machten die Verschuldung 2004 politisch attraktiver. Das aus den Umfragen bekannte Desinteresse der Wähler an dem Problem der Staatsverschuldung verdeutlicht direkt den Rückgang der PGK gegenüber 1992. Das Verhalten der Wähler ist durchaus rational, denn unter der Regierung Clinton hat sich die Haushaltssituation Jahr für Jahr verbessert und sich 1999 und 2000 sogar in einen Haushaltsüberschuss verwandelt. In Kombination mit den niedrigeren Zinsen stellten die unter Bush jr. gestiegenen Schulden insofern (aus Sicht von 2004) weniger ein strukturelles fiskalisches Problem dar, sondern eher eine Phase, die bei einer Entspannung der internationalen Lage vorübergehen wird. Nichtsdestotrotz gilt für die aus Militärsausgaben resultierenden Schulden ebenfalls, dass sie politische Kosten verursachen, denn sie implizieren Steuererhöhungen in der Zukunft. Die politischen Kosten dürften hierbei bei denjenigen Wählern, die dem Irak-Krieg skeptisch gegenüber stehen, besonders hoch sein. Die Frage, ob der Krieg seinen Preis wirklich wert sei, stellt sich nämlich nicht nur im übertragenen Sinn.

Welchen Effekt hätte nun 2004 eine Herabstufung der Bonität amerikanischer Staatsanleihen gehabt? Antwort gibt Grafik 4.3.6, in der die Erhöhung der politischen Grenzkosten der Verschuldung dargestellt ist. Das Downgrade führt zu einer Verschiebung von PGK_{2004*} zu $PGK_{2004'}$ und somit zu einem neuen optimalen Budget in Höhe von $A_{2004'}$, das sich aus dem Schnittpunkt von $PGK_{2004'}$ und PGE_{2004} an der Stelle b ergibt. Die relativ geringe Verschiebung der politischen Grenzkostenkurve reflektiert die geringen politischen Grenzkosten im Jahr 2004.

Eine Reaktion der amerikanischen Regierung auf das Downgrade wäre eine moderate Senkung der Staatsausgaben. Da der Kongress republikanisch dominiert war, hätte Bush dies ohne größere Zugeständnisse durchsetzen können. Er hätte dadurch erreicht, dass im neuen optimalen Budget der zuletzt ausgegebene Dollar exakt soviel Wähler bringt wie sich andererseits wegen dieses ausgegebenen Dollars aus Angst vor drohenden Steuererhöhungen in der Zukunft von der Regierung abwenden. Im Vergleich zu Punkt a erhält Bush in Punkt b insgesamt weniger Stimmen. Ein Downgrade würde daher die Wiederwahlchancen der Regierung vermindern. Da nur geringfügige Stimmenveränderungen in einigen Bundesstaaten (insbesondere Ohio) zu entscheidenden Verschiebungen bei den Wahlmännerstimmen hätte führen können, dürfte ein Downgrade politisch sehr gefährlich für den Amtsinhaber gewesen sein.

Im Gegensatz zu 1992 kann der Präsident auch nicht die Demokraten dafür mitverantwortlich machen, denn im Kongress besaßen die Republikaner 2004 eine Mehrheit. Ein Downgrade wäre daher ein Ausdruck der Fiskalpolitik der Regierung Bush. Es ist gut vorstellbar, dass sich insbesondere Skeptiker des Irak-Krieges und von Bushs Anti-Terror-Strategie bei einer Herabstufung der

Bonität noch eher und in der Anzahl häufiger vom Präsidenten abgewendet hätten. Ebenso hätten vermutlich einige konservative Wähler, denen Bushs „big government" immer schon ein Dorn im Auge war, ihre Zustimmung zu ihm überdacht und wären eventuell aus Frustration zu Hause geblieben. Insgesamt hätte ein Downgrade 2004 der US-Regierung einen hohen politischen Schaden zugefügt und die Wiederwahlchancen deutlich reduziert.

Grafik 4.3.6: Der politische Effekt eines Downgrades auf die Wiederwahlchancen Bush jrs. 2004

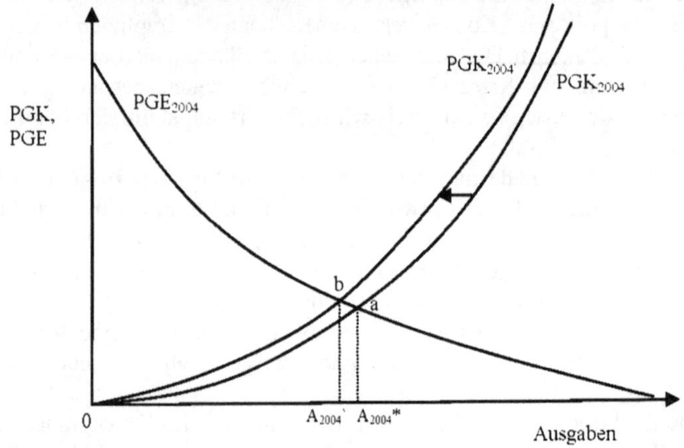

4.4 Fazit: Strukturelle und kontextspezifische Faktoren des politischen Einflusses von Rating-Agenturen in den USA

Am Beispiel der USA wurde gezeigt, wie das im vorigen Kapitel entwickelte Modell dazu verwendet werden kann, den politischen Einfluss von Rating-Agenturen in einem Land zu bestimmen. Untersucht wurden relevante strukturelle Merkmale des politischen und wirtschaftlichen Systems und ihre konkrete Ausprägung zu einem bestimmten Zeitpunkt. Beachtet wurden ferner jeweils spezifische thematische Einflussfaktoren und partei-strategische Überlegungen in Wahlkampfzeiten.

Die strukturellen Merkmale deuten darauf hin, dass Änderungen der Ratings von Staatsanleihen in den USA von hoher politischer Relevanz sind. Dies gilt sowohl für die Charakteristika der politischen Ertragsfunktion als auch für die Strukturmerkmale der politischen Kostenfunktion. Da der Wettbewerb der beiden großen amerikanischen Parteien sowie die Wählerstruktur hohe Ähnlichkeiten mit dem Medianwählermodell von Downs aufweisen, sind budgetäre Maßnahmen für Regierungen von besonderer Bedeutung, um Wähler zu gewinnen. Wegen der relativ geringen Gestaltungskapazität in der Haushaltspolitik, der hohen Zahl an Veto-Spielern und der ausgeprägt lokalen Interessen der Abgeordneten hat es der Präsident allgemein nicht einfach, sein optimales Budget aufzustellen; eine notwendige Veränderung des optimalen Budgets nach einem Downgrade erscheint daher noch schwieriger. In diesem Fall muss die Regierung mit hohen Wählerstimmenverlusten rechnen.

Eine Herabstufung der staatlichen Bonität wird im Allgemeinen in den USA zu hohen politischen Kosten führen. Ein Downgrade erhöht trotz ausgeprägtem Schuldenmanagement nämlich nicht nur die Zinslasten für den Bundeshaushalt, sondern verschlechtert die Wiederwahlchancen des Präsidenten ebenfalls auf Grund wichtiger Strukturmerkmale des Wirtschaftssystems und des Finanzmarkts: Die allgemein hohe Verschuldung der privaten Haushalte, die Abhängigkeit der Unternehmensfinanzierung und der Altervorsorge vom Kapitalmarkt sowie der intensive Einsatz von Ratings zu Regulierungszwecken erhöhen die politischen Kosten, weil eine Herabstufung der staatlichen Bonität die Vermögenssituation von Unternehmen, Investoren und anderen Privatpersonen negativ beeinträchtigt.

Um neben diesen strukturellen Parametern auch kontextspezifische Einflussfaktoren des politischen Einflusses von Rating-Agenturen in den USA in die Analyse einbeziehen zu können, wurden die Präsidentschaftswahlen 1992 und 2004 näher untersucht. Mit Hilfe einer kontrafaktischen Argumentation lässt sich so ein präzises Bild zeichnen, welche politischen Folgen ein fiktives Downgrade 1992 und 2004 gehabt hätte (vgl. Übersicht 4.4.).

Da ein Downgrade die politischen Kosten erhöht und somit immer zu Wählerstimmenverlusten führt, hätte ein solches Bonitätsurteil der Rating-Agenturen 1992 und 2004 die Wiederwahlchancen der Regierung verringert. Der genaue Effekt hängt allerdings davon ab, welches Niveau die politischen Kosten erreichen. Insbesondere angesichts der hohen Verschuldung und Steuerbelastung sowie der hohen Kapitalmarkzinsen 1992 hätte ein Downgrade George Bush sr. höhere Stimmenverluste bereitet als seinem Sohn zwölf Jahre später. Hinzu kommt, dass diese Stimmenverluste besonders schwer wiegen, weil die oppositionelle Kongressmehrheit die Regierung Bush sr. an der Realisierung ihres optimalen Budgets hinderte; dem gegenüber konnte George W. Bush 2004 seine Wiederwahlchancen dank des republikanisch dominierten Kongresses deutlich verbessern. In gleicher Weise hätte George W. Bush von seiner Kongressmehrheit bei einem Downgrade profitiert: Er hätte im Rahmen dieser verschlechterten Umstände immerhin das Beste aus der Situation machen und die Staatsausgaben moderat senken können, um die Wählerstimmenverluste zu minimieren. 1992 hätte der Regierung Bush sr. diese Option wegen des oppositionellen Veto-Spielers Kongress vermutlich nicht offen gestanden.

Übersicht 4.4: Vergleich der politischen Folgen eines Downgrades 1992 und 2004

Indikator	**Auswirkungen auf die Wiederwahlchancen 1992**	**Auswirkungen auf die Wiederwahlchancen 2004**
Höhere politische Kosten durch Downgrade	↓↓	↓
Realisierung der politischen Ertragsfunktion	↓↓	↑↑
Anpassungsmöglichkeiten des Budgets an das Downgrade	↓↓	→
Politische Ausgangslage der Regierung	↓	↓
Bedeutung des Downgrades für den Wahlkampf	→	↓
Sondereffekte (durch das Wahlsystem)	→	↓
Gesamteffekt auf die Wiederwahlchancen	**↓↓**	**↓**
Wahrscheinlichkeit eines anderen Wahlausgangs	**gering**	**hoch**
Erklärung: ↓↓ sehr negativ; ↓ negativ; → neutral; ↑ positiv; ↑↑ sehr positiv		
Quelle: Eigene Darstellung		

Die Folgen eines Downgrades hängen weiterhin von der politischen Ausgangslage der Regierung ab. In beiden Untersuchungszeiträumen litten die Regierungen unter der Unzufriedenheit der Bevölkerung mit der wirtschaftlichen Lage. Als weitere Belastung kamen 1992 die hohe Staatsverschuldung und 2004 der Irak-Krieg hinzu. Von einem großen Amtsbonus, der als elektorales „Polster" im Falle einer Herabstufung dient, profitierten beide Präsidenten folglich nicht.

Dieses Kapitel hat zudem gezeigt, dass der politische Einfluss von Rating-Agenturen untrennbar mit der Relevanz von Ratings für die politische Debatte in Wahlkampfzeiten verbunden ist. 1992 war – nicht zuletzt wegen Ross Perot – die Staatsverschuldung ein wichtiges Wahlkampfthema; ein Downgrade hätte als weiterer Beleg für die vermeintlich gescheiterte Haushaltspolitik der Regierung herhalten können. Neutralisiert wird dieser negative Effekt auf die Wiederwahlchancen dadurch, dass Bush sr. die Schuld an dem Downgrade womöglich den Demokraten hätte zuschieben könnten, weil sie im Kongress eine Haushaltskonsolidierung verhindert haben. 2004 hingegen hätte den Demokraten eine Rating-Herabstufung genützt: Sie hätten dafür plausibel die Steuersenkungen und den kostspieligen Irak-Krieg verantwortlich machen können, die von Bush und der republikanischen Kongressmehrheit durchgesetzt wurden.

Gleichwohl wäre 2004 der negative Gesamteffekt des Downgrades auf die Wiederwahlchancen des Präsidenten geringer gewesen als 1992, d.h. das Bonitätsurteil der Rating-Agenturen hätte im Wahlkampf 1992 zu größeren Wählerstimmenverlusten geführt. In Anbetracht der Tatsache, dass Bush sr. die Wahl tatsächlich bereits verloren hat, ohne dass es zu einem Downgrade kommen musste, ist die Wahrscheinlichkeit eines anderen Wahlausganges durch die negativen Effekte der fiktiven Bonitätsherabstufung alleine aus diesem Grund schon 1992 geringer als im Wahlkampf 2004. Darüber hinaus ist auch ein wichtiger Sonderfaktor dafür verantwortlich, dass 2004 ein anderes Rating mit hoher Wahrscheinlichkeit zu einem anderen Wahlergebnis geführt hätte: Das amerikanische Wahlsystem. Um Präsident zu werden, sind nämlich nicht die *Wähler*stimmen, sondern die *Wahlmänner*stimmen entscheidend. Wegen des Prinzips „The winner takes its all" – also des vollständigen Gewinns aller Wahlmännerstimmen in einem Bundesstatt für den Kandidaten, der mindestens eine Wählerstimme mehr erhalten hat – können durch kleine Änderung der Wahlergebnisse in einzelnen Bundesstaaten große Disproportionalitäten auf Bundesebene auftreten. Auf Grund des nur knappen Vorsprungs an Wahlmännerstimmen wäre deshalb ein Downgrade für George W. Bush 2004 besonders gefährlich gewesen. Angesichts des deutlichen Wahlmänner-Vorsprunges Clintons wäre dieser Sondereffekt allerdings 1992 nicht von entscheidender Bedeutung für den Wahlausgang – selbst wenn man berücksichtigt, dass der populäre „dritte" Kandidat Perot im besonderen Maße politisch von dem Downgrade profitiert hätte. Gerade der Sonderfaktor „Wahlsystem" unterstreicht die Bedeutung einer kontextspezifischen Modellanwendung, um den tatsächlichen Effekt struktureller Variablen bewerten zu können.[395]

[395] Die explizite Berücksichtigung von Wahlsystemen böte sich als Ansatz für mögliche Weiterentwicklungen dieses Modells an. Die Unterscheidung zwischen Wählerstimmen und Wahlmännerstimmen reduziert allerdings nicht die grundsätzliche Erklärungskraft des Modells, denn für jeden einzelnen Bundesstaat besteht für die Regierung das Ziel der Wählerstimmenmaximierung fort.

5 Die Bedeutung von Rating-Agenturen in Deutschland

Nachdem das vorangegangene Kapitel den politischen Einfluss von Rating-Agenturen in den USA analysiert hat, widmet sich dieses Kapitel der Rolle der Agenturen in der Bundesrepublik Deutschland. Die methodische Vorgehensweise entspricht derjenigen des Kapitels 4: Zunächst werden wesentliche Charakteristika des politischen Systems dargestellt, um vor allem den grundsätzlichen Verlauf der politischen Ertragsfunktion bestimmen zu können. Auch hier liegt der Schwerpunkt auf einer knappen Beschreibung des Parteienwettbewerbs, den Veto-Spielern und der Haushaltspolitik. Im Anschluss werden die Indikatoren untersucht, die auf die politischen Kosten wirken: Die Steuer- und Abgabenbelastung der Arbeitnehmer, die Staatsverschuldung und das Haushaltesdefizit, die Zinshöhe von Staats- und Unternehmensanleihen, die Verschuldung der privaten Haushalte, die Bedeutung der privaten Altersversorgung, der Umfang des Einsatzes von Ratings zu Regulierungszwecken sowie die Intensität des politischen Schuldenmanagements.

Vor dem Hintergrund der Analyse des USA-Kapitels verdeutlichen die Kapitel 5.1 und 5.2, wie sorgfältig die spezifischen nationalen Rahmenbedingungen beachtet werden müssen, um den politischen Einfluss der Rating-Agenturen auch nur annährend erklären zu können. Rein verallgemeinernde, vermeintlich „globale“ Erklärungsansätze der bisherigen politikwissenschaftlichen Forschung, welche die Besonderheiten des politischen und wirtschaftlichen Systems eines Landes außer Acht lassen, sind dazu nämlich nicht in der Lage. Dieser Sachverhalt wird umso klarer, je konkreter die Analyse sich auf eine bestimmte Zeitphase in einem Land konzentriert. Aus diesem Grund werden in Kapitel 5.3 am Beispiel der Bundestagswahlen 1994 und 2005 zwei Situationen näher betrachtet, um den spezifischen Verlauf der politischen Grenzkostenfunktion und der politischen Grenzertragsfunktion bestimmen zu können. Dadurch wird mittels einer theoretischen Betrachtung ersichtlich, wie gut die jeweilige Bundesregierung ihre Wiederwahlchancen im Vorfeld der Bundestagswahl optimieren konnte und welchen politischen Effekt eine Rating-Herabstufung gehabt hätte. Die strukturellen und kontextspezifischen Faktoren des politischen Einflusses von Rating-Agenturen lassen sich so differenziert und präzise beschreiben.

5.1 Relevante Charakteristika des politischen Systems

Das deutsche Parteiensystem unterscheidet sich grundlegend von dem us-amerikanischen. Die Parteien der Bundesrepublik sind anders als in den USA nicht bloß lose Wahlvereine mit relativ wenig Programmatik, sondern klar strukturierte Organisationen mit festen Mitgliedschaften und Parteiprogrammen.[396] Ebenso zeichnen sich die Parlamentsfraktionen durch hohe Fraktionsdisziplin und Geschlossenheit aus. Die unterschiedliche Rolle der Parteien im politischen System erklärt sich zum einen aus der jeweiligen Grundlogik eines parlamentarischen bzw. präsidentiellen Systems.[397] Zum anderen ist sie auch das Ergebnis eines langen historischen Prozesses. Während sich in den Vereinigten Staaten schon kurz nach der Unabhängigkeitserklärung ein Zwei-Parteien-System herausbildete, entwickelten sich in Deutschland erst in der Periode des „Vormärz", also in den Jahren vor der Revolution von 1848, parteiähnliche Organisationen; im Laufe der folgenden Jahrzehnte formierte sich dann jedoch ein Mehrparteiensystem, dessen Grundstruktur nicht nur im Deutschen Kaiserreich und in der Weimarer Republik Bestand hatte, sondern in vieler Hinsicht auch Einfluss auf das Entstehen des Parteiensystems der Bundesrepublik hatte.[398] Hierbei bildeten sich Mitte des 19. Jahrhunderts vier Parteiströme heraus: Konservative, Liberale, Katholiken und Sozialisten.[399] Das sich – nach der Zäsur durch Nationalsozialismus und Zweiten Weltkrieg – herausbildende Parteiensystem der Bundesrepublik Deutschland markierte sowohl Kontinuität als auch Neubeginn.[400] So wurden SPD („Sozialdemokratische Partei Deutschlands") und KPD („Kommunistische Partei Deutschlands") wieder gegründet; beide Parteien knüpften programmatisch und organisatorisch an Weimar an.[401] Liberale, konservative und sozial-

[396] Allerdings lässt sich argumentieren, dass sich die deutschen Volksparteien seit Ende der 1970er Jahre immer stärker zu „professionalisierten Wählerparteien" entwickelt haben; ihre Programmfunktion habe dadurch an Bedeutung verloren. Vgl. dazu Beyme, Klaus von (2000): Parteien im Wandel. Von den Volksparteien zu den professionalisierten Wählerparteien, Wiesbaden.

[397] Vgl. Steffani, Winfried (1981): Präsidentielles und parlamentarisches Regierungsssytem, Opladen. Da in einem parlamentarischen System – im Gegensatz zum präsidentiellen – die Regierung von Vetrauen der Legislative abhängig ist, herrscht in der Regel eine enge Bindung zwischen Regierung und Parlamentsmehrheit. Wegen der Vernetzung von Parteien und Fraktionen (z.B. bei der Kandidatenaufstellung und der Formulierung politischer Programmpunkte) haben in einem parlamentarischen System die Parteien daher eine wichtigere Rolle.

[398] Vgl. Alemann, Ulrich von (2001): Das Parteiensystem der Bundesrepublik Deutschland, Bonn, S.13-39.

[399] Vgl. Alemann, Ulrich von (2001), a.a.O., S.15.

[400] Vgl. Rudzio, Wolfgang (2000): Das politische System der Bundesrepublik Deutschland, Opladen, S.136-155. Im weiteren Verlauf beschränkt sich die Beschreibung auf das Parteiensystem der BRD, da das Parteiensystem der DDR nicht kompetetiv war.

[401] Vgl. Niedermayer, Oskar (2007): Die Entwicklung des bundesdeutschen Parteiensystems, S.120, in: Decker, Frank/ Neu, Viola (2007): Handbuch der deutschen Parteien, Wiesbaden, S.114-135.

katholische Wurzeln bildeten die Grundlage für die bedeutendsten Neugründungen von drei Parteien: Die „Freie Demokratische Partei Deutschland (FDP)“ vereinte in sich sowohl linksliberale wie rechtsliberale Strömungen und wurde so zum Sammelbecken von Wählern und Mitgliedern der früheren DDP („Deutsche Demokratische Partei“) und DVP („Deutsche Volkspartei“). Die Gründung der „Christlich Demokratischen Union“ (CDU) und ihrer bayerischen Schwesterpartei „Christlich Soziale Union“ (CSU) war mehr als nur eine Neuauflage von Zentrum und BVP – auch wenn deren frühere Politiker eine prominente Rolle in der Union spielten. CDU und CSU sind nämlich keine katholischen, sondern überkonfessionelle Parteien und bündeln zudem liberale und konservative Wurzeln.

Vergleicht man die Ergebnisse der ersten Bundestagswahl 1949, bei der insgesamt 10 Parteien in den Bundestag einzogen, mit den westdeutschen Ergebnissen der Reichstagswahl von 1928 – der letzten Wahl vor Aufkommen des Nationalsozialismus – stellt man, bezogen auf die politischen Grundströmungen, eine beachtliche Kontinuität des Wählerverhaltens fest.[402] Für heutige Verhältnisse war das deutsche Parteiensystem relativ stark fragmentiert und auch polarisiert; aber trotz beachtlicher ideologischer Unterschiede zwischen den Parteien wurde der Polarisierungsgrad der Weimarer Republik bei weitem nicht erreicht.[403] Die sozialstrukturellen Cleavages[404] wurden somit immer noch von den bundesdeutschen Parteien repräsentiert, aber ihre Bedeutung für die politische Auseinandersetzung nahm im Laufe der Jahrzehnte kontinuierlich ab, was nicht zuletzt an der gestiegenen Integrationskraft der Parteien (vor allem der Union), der Entwicklung der SPD mit ihrem Godesberger Programm von einer Klassen- hin zu einer Volkspartei und den wirtschafts- und sozialpolitischen Erfolgen der jungen zweiten deutschen Demokratie lag.[405] In der Folge kam es zu einer Konzentration des deutschen Parteiensystems, so dass mit der Bundestagswahl 1961 nur noch die beiden Unionsparteien sowie SPD und FDP im Bundestag vertreten waren.[406] Mit den „Grünen“ (nach der Wiedervereinigung: Bündnis 90/ Die Grü-

---

[402] Vgl. Rudzio, Wolfgang (2000), a.a.O., S.140-141.

[403] Vgl. Niedermayer, Oskar (2007), a.a.O., S.120.

[404] Der nach dem Zweiten Weltkrieg immer noch nicht ganz überwundene Verfassungskonflikt Demokratie – Diktatur erklärt die Existenz von KPD und rechtsextremen Parteien, das Cleavage Zentrum-Peripherie die Existenz von regionalen Parteien wie der Bayernpartei, der Konflikt Kirche-Staat die besondere Betonung christlicher Werte in den Unionsparteien (und dem Zentrum) gegenüber den anderen Parteien; das (frühere) Selbstverständnis von SPD und KPD als Arbeiterparteien war zudem Ausdruck des Klassenkonfliktes. Vgl. Rudzio, Wolfgang (2000), a.a.O., S.137-140.

[405] Vgl. Lees, Charles (2006): The German Party System(s) in 2005: A Return to Volkspartei Dominance, S.362-363, in: German Politics, Vol.15, No.4, S.361-375; Vgl. Rudzio, Wolfgang (2000), a.a.O., S.142-148.

[406] Zu einer genaueren Beschreibung dieses Konzentrationsprozesses, weiterer Phaseneinteilungen in der Entwicklung des bundesdeutschen Parteiensystems und tiefer gehenden Analysen der Ursachen

nen) hat sich seit 1983 eine weitere politische Kraft in den deutschen Parlamenten etabliert, dic als Ausdruck eines neuen Cleavages aufgefasst werden kann.[407] Durch die Wiedervereinigung trat 1990 die in „Partei des Demokratischen Sozialismus“ (PDS) umbenannte ehemalige DDR-Staatspartei SED hinzu. Nachdem sie viele Jahre beachtliche Wahlerfolge in Ostdeutschland aufweisen konnte, im Westen jedoch eine Splitterpartei blieb, gelang ihr bei der Bundestagswahl 2005 in Kooperation mit der primär westdeutschen sozialen Protestpartei WASG (Wahlalternative Arbeit und Soziale Gerechtigkeit) auch in den alten Bundesländern der politische Durchbruch. Beide Parteien schlossen sich dann im Sommer 2007 – unter Dominanz der PDS – zur sozialistischen „Linkspartei“ zusammen.[408]

Entsprechend ihren unterschiedlichen politischen Wurzeln differieren auch die Wähler der deutschen Parteien. Nach wie vor gibt es nämlich in Westdeutschland einen klaren Zusammenhang zwischen Sozialstruktur und Parteipräferenz, der im Laufe der Jahre allerdings deutlich an Bedeutung abgenommen hat; in Ostdeutschland ist dieser Zusammenhang weniger relevant.[409] Dementsprechend finden CDU/ CSU immer noch besonders starken Rückhalt bei katholischen und kirchengebundenen Wählern sowie bei Landwirten; auch unter den Selbstständigen ist der Unionsanteil überdurchschnittlich hoch. Die SPD ist weiterhin die Partei der Arbeiterschicht und findet insbesondere bei Gewerkschaftsmitgliedern Zustimmung. Die FDP kann seit jeher auf die weit überproportionale Unterstützung der Unternehmer setzen. Die Wähler der Grünen rekrutieren sich überdurchschnittlich aus der Gruppe der Akademiker und der jüngeren Altersgruppen. Bei der Bundestagswahl 2005 konnte sich die PDS/Linkspartei als Protestpartei der Unzufriedenen profilieren und dadurch im besonderen Maße unter den Arbeitslosen dazu gewinnen; im Osten findet sie mit 42 Prozent Zu-

---

vgl. Alemann, Ulrich von (2001), a.a.O., S.57-77; Niedermayer, Oskar (2007), a.a.O., S.121-131; Rudzio, Wolfgang (2000), a.a.O., S.136-155.

[407] Inglehart spricht von einem neuen Cleavage materialistische Politik versus postmaterialistische Politik; die Grünen verkörpern hierbei den postmaterialistischen Pol. Vgl. Alemann, Ulrich von (2001), a.a.O., S.99.

[408] Vgl. Jesse, Eckhard (2006): Parteiensystem im Wandel? Das deutsche Parteiensystem nach der Bundestagswahl 2005, S.34, in: Jesse, Eckhard/ Sturm, Roland (Hrsg., 2006): Bilanz der Bundestagswahl. Voraussetzungen, Ergebnisse, Folgen, Wiesbaden, S.21-42.

[409] Vgl. Gluchowski, Peter/ Wilamaowitz-Moellendorff, Ulrich von (1997): Sozialstrukturelle Grundlagen des Parteienwettbewerbs der Bundesrepublik Deutschland, in: Gabriel, Oscar W./ Niedermayer, Oskar/ Stöss, Richard (Hrsg., 1997): Parteiendemokartie in Deutschland, Bonn, S.179-208; Thaidigsmann, S. Isabell (2004): Sozialstruktur und Wählerverhalten: Das Ende einer alten Beziehung?, Arbeitspapier der Konrad-Adenauer-Stiftung, Nr.126/2004, Sankt Augustin.

stimmung unter den Arbeitslosen sogar mehr Wähler als SPD und CDU zusammen.[410]

Dieser klare Zusammenhang zwischen Sozialstruktur und Wahlverhalten darf allerdings nicht darüber hinwegtäuschen, dass spezifische soziale Milieus einer Partei für deren Wahlerfolg immer unwichtiger werden. Dies liegt zum Teil an der bereits erwähnten abnehmenden Bindungskraft der einzelnen Milieus mit „ihren" Parteien. Noch relevanter ist allerdings ein quantitativer Effekt: Die einzelnen Milieus selber werden kleiner, wovon besonders die beiden Volksparteien Union und SPD betroffen sind. So ist der Anteil der gewerkschaftlich organisierten Industriearbeiter und der kirchengebundenen Katholiken an der Gesamtbevölkerung stetig gesunken. Dies bedeutet, dass von allen CDU-Wählern bei der Bundestagswahl 2005 nur 12 Prozent zu der Gruppe der häufigen katholischen Kirchgänger zählten gegenüber 37 Prozent im Jahr 1976; bei der SPD ging der Anteil der Gewerkschaftsmitglieder an der Gesamtzahl ihrer Wähler im gleichen Zeitraum von 25 Prozent auf 9 Prozent zurück.[411]

Die Folge dieses gesellschaftlichen Trends ist eine weitere programmatische Annäherung der Volksparteien (und mit Abstrichen auch von FDP und Grüne) zueinander; die Parteien kämpfen dezidiert um die Wähler der „Mitte" – also den Medianwähler.[412] Dies spricht für eine „normalverteilte" Wählerstruktur, wie sie in Kapitel 3.1 dargestellt wurde. Außerdem lässt sich aus Wählerbefragungen ebenfalls eine unimodale Wählerverteilung in Deutschland ableiten.[413] Trotz der ausgeprägt unterschiedlichen programmatischen Wurzeln und trotz traditionell unterschiedlicher Stammwählerschaften der einzelnen Parteien kann das deutsche Parteiensystem daher nicht als Beispiel für einen bimodalen Parteienwettbewerb gesehen werden. Die programmatischen Übereinstimmungen in den wichtigsten politischen Grundfragen, die breiten Koalitionsmöglichkeiten unter-

---

[410] Vgl. Neu, Viola (2006): Analyse der Bundestagswahl 2005, Arbeitspapier der Konrad-Adenauer-Stiftung, Nr.157/2006, Sankt Augustin, S.26-30.

[411] Vgl. Jung, Matthias/Wolf, Andrea (2005): Der Wählerwille erzwingt die große Koalition, S.4, in: Aus Politik und Zeitgeschichte, Nr.51-52, 19. Dezember 2005, S.1-12.

[412] Die Fixierung hin zur Mitte zeigte sich besonders 1998, als die SPD ihre Wahlchancen dadurch zu erhöhen suchte, als sie sich als Partei der „neuen Mitte" ausrief. Damit zielte sie vor allem auf Wähler, die ansonsten auch mit der Union sympathisieren. Der Begriff „neue Mitte" sollte dieser überaus relevanten Zielgruppe die Angst vor einem Regierungswechsel nehmen, vor allem im Hinblick auf eine Regierungsbeteiligung der Grünen. Als die SPD dann bei der Verabschiedung ihres neuen Grundsatzprogrammes Ende 2007 (vermeintlich) wieder etwas nach links rückte, stellte die CDU kurze Zeit später ihren Bundesparteitag unter das Motto „Die Mitte", um sich als wahre Volkspartei der Mitte darzustellen. Die FDP reagierte darauf wenige Wochen später etwas trotzig mit einem eigenen Slogan für ihr Dreikönigstreffen: „Hier ist die Mitte".

[413] Vgl. Heise, Arne (2004): Die Wirtschaftspolitik der ‚Neuen Mitte' im Lichte von Public Choice- und Agenda-Theorie. Polit-ökonomische Betrachtungen zur Sozialdemokratie, S.71-72, in: Berliner Debatte Initial, Vol. 15 (2004), Nr.3, Berlin, S.69-85.

einander, die Orientierung hin zur Mitte und der im Allgemeinen eher pragmatische, auf Problemlösungen ausgerichtete Stil der politischen Debatte[414] sprechen dafür, dass bundesdeutsche Parteiensystem als Beispiel für einen Parteiwettbewerb im Sinne des Downschen Medianwählermodells aufzufassen.[415] Im direkten Vergleich mit den USA ist das deutsche Parteiensystem freilich auf Grund der skizzierten Fakten zur Sozialstruktur und den verschiedenen programmatischen Wurzeln von einem Medianwählermodell in Reinkultur weiter entfernt als das amerikanische. Dies verringert den politischen Einfluss von Rating-Agenturen, weil Regierungen im stärkeren Umfang mit nicht-budgetären Maßnahmen Wählerstimmen gewinnen können, die von möglichen Haushaltskürzungen in Folge eines Downgrades nicht betroffen wären.

Als parlamentarisches Regierungssystem ist in Deutschland die Bundesregierung vom Vertrauen des Parlamentes, also des Bundestages, abhängig. Auf Grund der hohen Fraktionsdisziplin wird die Exekutive jedoch nicht vom Bundestag als solchem kontrolliert, sondern es stehen sich Regierung und Regierungsfraktion(en) einerseits und die oppositionelle Parlamentsminderheit anderseits gegenüber. Der Veto-Spieler Bundestag ist daher in der Regel gemäß Tsebelis Formulierung „absorbiert" und scheidet somit für die weitere Analyse aus.[416]

Hingegen muss der Anzahl der Regierungsparteien größere Bedeutung zugeschrieben werden. Im Gegensatz zur amerikanischen relativen Mehrheitswahl führt das deutsche (personalisierte) Verhältniswahlrecht nämlich dazu, dass in der Regel keine Partei auf Bundesebene mehr als die Hälfte der Parlamentssitze erhält. Als Folge gab es in der Bundesrepublik bislang ausschließlich Koalitionsregierungen und damit in Form der verschiedenen Regierungsfraktionen mindestens zwei parteiliche Veto-Spieler.[417]

Im Gegensatz zu den Koalitionsparteien kann das deutsche Staatsoberhaupt in der Regel nicht als Veto-Spieler angesehen werden. Denn in Zeiten klarer parlamentarischer Mehrheiten kommt dem Bundespräsidenten nur eine – wie es Roman Herzog einst formulierte – „staatsnotarielle" Funktion zu; lediglich in Krisenzeiten verfügt der Bundespräsident über eine „präsidentielle Reservefunk-

---

[414] Diese Aussagen gelten für die Linkspartei allerdings nur mit starken Einschränkungen.

[415] Diese Beschreibung ist kompatibel mit der an Sartori angelehnten Charakterisierung des deutschen Parteiensystems als „[...]gemäßigt bipolares Parteiensystem mit zentripetaler Tendenz [...]" Vgl. Rudzio, Wolfgang (2000), a.a.O., S.150.

[416] Zur Anwendung der Veto-Spieler-Theorie auf Deutschland vgl. Merkel, Wolfgang (2003), a.a.O; Helms, Ludger (2003), a.a.O.

[417] Selbst nach den Bundestagwahlen 1953 und 1957 bildete Adenauer aus taktischen Gründen Koalitionen. Vgl. Rudzio, Wolfgang (2000), a.a.O., S.142-143; Alemann, Ulrich von (2001), a.a.O., S.50-54 und S.57-59.

tion."[418] Auch die Kompetenz des Bundespräsidenten, das Inkrafttreten eines Gesetzes dadurch zu verhindern, indem er es nicht unterzeichnet (Art 82 GG), ist nicht vergleichbar mit der präsidentiellen Vetomöglichkeit in den USA. Während in den Vereinigten Staaten der Präsident aus rein politischen Gründen seine Zustimmung verweigern darf, sind dem Bundespräsidenten hier enge Grenzen gesetzt; er darf bei der Unterzeichnung eines Gesetzes nur prüfen, ob es nach den Bestimmungen des Grundgesetzes zustande gekommen ist. Hierbei erstreckt sich das Prüfungsrecht sowohl auf formelle Fragen (Verfahrensvorschriften im Gesetzgebungsprozess) wie materielle Gesichtspunkte (Grundrechtsfragen, Staatszielbestimmungen, Staatsorganisationsrecht). Das Prüfungsrecht des Bundespräsidenten ist Teil des Gesetzgebungsprozesses und steht nicht in Konkurrenz zum Bundesverfassungsgericht.[419] Dieses jedoch ist – ähnlich wie der Supreme Court in den USA – ein Veto-Spieler, da jedes Gesetz mit dem Grundgesetz vereinbar sein muss und das Bundesverfassungsgericht über die Rechtmäßigkeit politischer Entscheidungen letztinstanzlich urteilt. Gerade im Bereich der Sozialgesetzgebung, die hohe Auswirkungen auf die politische Ertragsfunktion einer Regierung hat, kommt dem Bundesverfassungsgericht eine wichtige Rolle zu. Deutlich wird diese Politikoptionen begrenzende Funktion z.B. im Politikfeld Alterssicherung: Die Rentenansprüche haben einkommensähnlichen Charakter und das Sozialstaatsprinzip steht einer radikalen Kürzung des Rentenniveaus entgegen.[420] In der Haushaltspolitik hingegen ist das grundgesetzlich bedingte Vetopotential gering, da in der Praxis die Bestimmungen des Artikels 115 zur Schuldenbegrenzung sich als zahnloser Tiger erwiesen haben.[421]

---

[418] Vgl. Rudzio, Wolfgang (2000): Das politische System der Bundesrepublik Deutschland, Opladen, S.344-349.

[419] Vgl. Hesselberger, Dieter (2003): Das Grundgesetz. Kommentar für die politische Bildung, Bonn, S.296.

[420] Vgl. Pilz, Frank (2004): Der Sozialstaat. Ausbau-Kontroversen-Umbau, Bonn, S.50. Das Grundgesetz verhindert allerdings nicht maßvolle Reformen, da dem Gesetzgeber immer ein gewisser politischer Handlungsspielraum verbleiben muss. In diesem Sinne kann das Bundesverfassungsgerichtsurteil zur Senkung der Beamtenpensionen im Zuge der Riester-Rente interpretiert werden. Diese Logik gilt nach Auffassung des Verfassers dieser Arbeit auch bei der gesetzlichen Rentenversicherung. Zum Urteil des Bundesverfassungsgerichts vgl. o.V. (2005): Grundgesetz erlaubt Pensionsreformen, in: Handelsblatt vom 28.09.05, Düsseldorf, S.6. Zum genauen verfassungsrechtlichen Handlungsspielraum in der Rentenpolitik vgl. Papier, Hans-Jürgen (2005): Relative Offenheit, in: FAZ vom 24.11.05, Frankfurt a.M., S.8.

[421] Vgl. Kerber, Markus C. (2002): Der verdrängte Finanznotstand. Zur finanzpolitischen Verantwortlichkeit von Parlament und Regierung sowie zur Rolle des Bundes als Hüter der finanzwirtschaftlichen Souveränität, Berlin u.a., S.314-327. Artikel 115 besagt, dass die Nettoneuverschuldung des Bundes nicht höher als die Summe der Investitionen sein darf. Vor allem die Klausel, dass bei einer Störung des gesamtwirtschaftlichen Gleichgewichts von dieser Regelung abgewichen darf, hat die Effektivität dieses Artikels stark eingeschränkt.

Wie sich gezeigt hat, gilt dies ebenfalls für den europäischen Stabilitäts- und Wachstumspakt, der nicht als Veto-Spieler in der Haushaltspolitik aufgefasst werden kann.[422] Der Europäische Gerichtshof hingegen ist ein Veto-Spieler vergleichbar mit dem Bundesverfassungsgericht, da Bundestag und Bundesregierung keine Gesetze oder Verordnungen erlassen dürfen, die gegen europäisches Recht verstoßen. Insbesondere in der Wirtschaftspolitik verhindern die Bestimmungen zum europäischen Binnenmarkt klientelpolitische Maßnahmen wie Schutzzölle für die heimische Industrie oder bestimmte Subventionen für deutsche Unternehmen. In Politikbereichen wie der Agrarpolitik ist Europa sogar die wichtigste politische Handlungsebene.[423] Da Deutschland – genau wie die anderen EU-Mitgliedsstaaten – einen Teil seiner Einnahmen zur Finanzierung des EU-Haushaltes aufbringen muss und das europäische Budget ein Kompromiss der Interessen diverser nationaler und parteipolitischer Interessen darstellt, kann jeder von der EU ausgegebene Euro nicht den gleich hohen politischen Ertrag liefern als wenn ausschließlich die Bundesregierung darüber zu entscheiden hätte.[424] Im Ergebnis reduziert sich die politische Ertragsfunktion der Bundesregierung, da sie auf Grund europäischer Vorschriften und Finanztransfers an den EU-Haushalt ihre Wiederwahlchancen nicht maximieren kann.

Von besonderer Bedeutung für die weitere Analyse ist ein anderer potentieller Veto-Spieler, nämlich der Bundesrat. Denn in vielen Bereichen kann der Bundestag nicht alleine Gesetze verabschieden, weil der Bundesrat, der sich aus Vertretern der Landesregierungen zusammensetzt, ebenfalls zustimmen muss.[425]

---

[422] In Kapitel 5.2 wird auf den Stabilitäts- und Wachstumspakt näher eingegangen.

[423] Zu einer genaueren Darstellung des Verhältnisses von nationaler und europäischer Politikgestaltung vgl. Sturm, Roland/ Pehle, Heinrich (2005): Das neue deutsche Regierungssystem. Die Europäisierung von Institutionen, Entscheidungsprozessen und Politikfeldern in der Bundesrepublik Deutschland, Wiesbaden.

[424] Bei Ländern, die (anders als die Bundesrepublik) im Saldo von der EU mehr Geld erhalten als sie selber zur Finanzierung des EU-Haushaltes aufbringen, muss dieser Sachverhalt nicht gelten. Im Gegenteil: Wenn die EU Gelder für solche Maßnahmen ausgibt, die im besonderen Interesse einer nationalen Regierung sind, würde sich der politische Ertrag sogar erhöhen, denn jedem an die EU gezahlten Euro stünde ein höherer finanzieller Rückfluss gegenüber.

[425] Während bei den zustimmungspflichtigen Gesetzen der Bundesrat *zustimmen* muss (Enthaltungen gelten faktisch als Ablehnung), können Einspruchsgesetze bei negativem Votum des Bundesrates vom Bundestag mit „Kanzlermehrheit" zurückgewiesen werden. Lehnt der Bundesrat ein Einspruchsgesetz mit Zweidrittelmehrheit ab, muss der Bundestag dies mit Zweidrittelmehrheit zurückweisen. Zwischen 1949 und 2005 waren durchschnittlich 53,2 Prozent aller Gesetze zustimmungspflichtig. Durch die Föderalismusreform, welche die Kompetenzaufteilung zwischen Bund und Land teilweise neu geregelt hat, ist zu erwarten, dass die Quote der zustimmungspflichtigen Gesetze sinken wird. So haben Berechnungen des wissenschaftlichen Dienstes des Deutschen Bundestages ergeben, dass der Anteil der Zustimmungsgesetze in der 14. Wahlperiode von 55,2 Prozent auf 25,8 Prozent und in der 15. Wahlperiode von 51 Prozent auf 24 Prozent gesunken wäre, wenn die Reform bereits zu diesen Zeiten in Kraft getreten wäre. Vgl. Georgii, Harald/ Borhanian, Sarab (2006): Zustimmungsgesetze nach der Föderalismusrefom. Wie hätte sich der Anteil der Zustimmungsgesetze

Um zu beurteilen, ob der potentielle institutionelle Veto-Spieler Bundesrat tatsächlich als Veto-Spieler bezeichnet werden kann, muss Tsebelis Absorptionsregel angewandt werden. Denn wenn die Regierungskoalition im Bundestag ebenfalls über eine Mehrheit in der Länderkammer verfügt, ist die Vetomacht des Bundesrates deutlich geringer als in Fällen divergierender Mehrheiten in beiden Parlamenten. Trotz der Zunahme der parteipolitischen Instrumentalisierung des Bundesrates in den letzten Jahrzehnten sind dieser Instrumentalisierung in der Praxis jedoch Grenzen gesetzt.[426] So müssen sich nicht zwangsläufig die Landesverbände einer Partei bei ihren Entscheidungen an der Linie der Bundespartei orientieren; zudem treten bei manchen Entscheidungen die regionalen Interessen einer Landesregierung oder parteiübergreifende Länderinteressen gegenüber dem Bund in den Vordergrund. Darüber hinaus tritt nur äußerst selten der Fall ein, dass ein Gesetz nach Einspruch oder verweigerter Zustimmung des Bundesrates letztendlich gar nicht in Kraft tritt: „In den allermeisten Fällen konnte spätestens nach Abschluss des Verfahrens im Vermittlungsausschuss [zwischen Bundesrat und Bundestag] ein Kompromiss erzielt werden, der aus Sicht des Bundesrates eine Korrektur der ursprünglichen Gesetzesvorhaben darstellte und Interessengegensätze zwischen Bundesregierung und Bundestagsmehrheit auf der einen und der Bundesratsmehrheit auf der anderen Seite ausgleichen konnte."[427] Demzufolge zeigt sich das Veto-Potential des Bundesrates in Deutschland meistens nicht in Form einer Totalblockade, wie sie in Grafik 3.2.5.1 illustriert ist, sondern wegen des Kompromisses mit der Bundesregierung in einer Reduzierung der politischen Ertragsfunktion (vgl. Grafik 3.2.5.2)

Welche Rolle den einzelnen Veto-Spielern in der politischen Praxis zukommt, wird in den folgenden Erläuterungen zur Haushaltspolitik nochmals ersichtlich. Im Gegensatz zu den USA dominiert in der Bundesrepublik Deutschland die Regierung die Haushaltsberatungen; dem Parlament (hier: der Bundestag) kommt nur eine untergeordnete Rolle zu. Der Bundesregierung steht das alleinige Initiativrecht zur Einbringung des Haushaltes zu.[428] Erstellt wird der Haushaltsentwurf vom Bundesfinanzminister, dem die einzelnen Ministerien vorab ihre ressortspezifischen Ausgabenplanungen mitgeteilt haben. Dem Bundesfinanzminister fällt dabei die Aufgabe zu, „[...] die Ausgabenansätze der Fachressorts auf das ‚Machbare' zu reduzieren und auch einen Ausgleich zwi-

---

verändert, wenn die vorgeschlagene Reform bereits 1998 in Kraft gewesen wäre?, Deutscher Bundestag, wissenschaftliche Dienste, WD 3-37/06 und 123/06, Berlin.

[426] Vgl. Jun, Uwe (2001): Der Bundesrat, S.352-357, in: Westphalen, Raban Graf von (2001): Deutsches Regierungssystem, München, S.339-361.

[427] Jun, Uwe (2001), a.a.O., S.355.

[428] Vgl. Doetschmann, Martin/ Engels, Dieter (2001): Finanzierung staatlicher Aufgaben, S.465-468, in: Westphalen, Raban Graf von (2001): Deutsches Regierungssystem, München, S.455-474.

schen den divergierenden Interessen der Einzelressorts herzustellen."[429] Nach Beratungen im gesamten Kabinett wird der Haushaltsentwurf dann dem Bundestag und dem Bundesrat gleichzeitig zugesandt.

Nach Diskussionen in den einzelnen Fraktionen findet – in der Regel Anfang September – die erste Lesung des Bundeshaushaltes im Bundestag statt. Diese dient nicht spezifischer Beratungen einzelner Haushaltstellen, sondern wird – auch hier ist der Unterschied zu den USA deutlich – als Generaldebatte über die Politik der Bundesregierung geführt. Das Muster der Diskussion ist freilich wenig überraschend: Die Opposition kritisiert die Regierung und die Koalitionsfraktionen stellen sich hinter die Politik der Bundesregierung. Anschließend wird der Regierungsentwurf zu weiteren Beratungen in den Haushaltsausschuss überwiesen.

Gleichwohl wird die Grundstruktur des Haushaltes durch die Beratungen im Haushaltsauschuss kaum verändert; Änderungen betreffen lediglich Details.[430] Dies liegt zum einen daran, dass über 90 Prozent des Gesamtumfangs des jährlichen Haushaltes durch gesetzliche Verpflichtungen bestimmt sind, deren Ausgaben zwingend zu leisten sind.[431] Zum anderen werden die Mitglieder des Haushaltsauschusses oft schon vorab in die Planungen der Ministerialbürokratie mit einbezogen; insbesondere die Berichterstatter der Fraktionen für einzelne Ressorts verfügen in der Regel über gute Kontakte zu den entsprechenden Experten in den Ministerien und den anderen Fachausschüssen des Bundestages.[432] Gerade der Haushaltsauschuss ist ein gutes Beispiel für die Relevanz der Arbeitsteilung im Bundestag, denn wegen der hohen Komplexität des Gesamthaushaltes verlassen sich die Fraktionen in der Regel auf die Vorschläge ihrer Berichterstatter. In einzelnen Sachfragen können so auch Abgeordnete der Opposition gestalterisch gewisse Details des Haushaltes beeinflussen, weil es durchaus vorkommt, dass über die Parteigrenzen hinweg Veränderungen des Regierungsentwurfs angestrebt werden. Gleichwohl ist durch die enge Koppelung der Mehrheitsfraktion mit ihren Ausschussmitgliedern sichergestellt, dass der politische Wille der Mehrheitsfraktionen immer durchgesetzt wird.[433] In der Praxis führt dies dazu, dass die Budgetkontrolle des Parlamentes in einem Politikfeld auf der Arbeit einiger weniger Abgeordneten der Regierungsfraktionen beruht.[434] Und auch bei

---

[429] Doetschmann, Martin/ Engels, Dieter (2001), a.a.O, S.467.

[430] Vgl. Sturm, Roland (1989): Haushaltspolitik in westlichen Demokratien. Ein Vergleich des haushaltspolitischen Entscheidungsprozesses in der Bundesrepublik Deutschland, Frankreich, Großbritannien, Kanada und den USA, Baden-Baden, S.250.

[431] Vgl. Doetschmann, Martin/ Engels, Dieter (2001), S.470.

[432] Vgl. Sturm, Roland (1989), a.a.O., S.246-247.

[433] Vgl. Sturm, Roland (1989), a.a.O., S.250.

[434] Vgl. Horst, Patrick (1995): Haushaltspolitik und Regierungspraxis in den USA und der Bundesrepublik Deutschland, Frankfurt a.M., S.332.

dieser eingeschränkten Form von Kontrolle gilt, dass Regierung und Mehrheitsfraktionen als eine Einheit anzusehen sind. Diese Geschlossenheit von Regierung und der sie tragenden Fraktionen sowie die eher unkritische Rolle der einzelnen Abgeordneten gegenüber ihrer Fraktion erklärt sich aus der Struktur des politischen Systems: „Im parlamentarischen Regierungssystem der Bundesrepublik transportiert der einzelne Abgeordnete zudem nicht in gleicher Weise wie in den USA Bedenken der öffentlichen Meinung in den Entscheidungsprozeß des Bundestages. Weil er in seinem politischen Fortkommen von seiner Wählerbasis relativ unabhängig ist, muß er sich in Bonn [bzw. jetzt Berlin] auch nicht so stark zum Fürsprecher der lokalen öffentlichen Meinung machen. Selbst für den Fall, daß er bei einer haushaltspolitischen Entscheidung der vorherrschenden Lokalmeinung entgegentritt und ‚nationale Interessen' höher bewertet, muß er darauf nicht befürchten [...]vom Wähler abgestraft zu werden. Auch seine Parteibasis im Wahlkreis, die über seine Wiederaufstellung entscheidet, kann und will eine solch sanktionierende Rolle nicht spielen. Sie kann es mangels ausreichender Informationen nicht, und sie will es nicht, weil der Abgeordnete solche Entscheidungen immer mit dem Hinweis auf übergeordnete Parteiinteressen (Fraktionsdisziplin) verteidigen kann."[435]

Im Anschluss an die Beratungen im Haushaltsauschuss wird der Bundeshaushalt dann Ende November/ Anfang Dezember in zweiter und dritter Lesung erneut im Bundestag beraten; auch hier dient die Debatte zur Generalaussprache über die Politik der Bundesregierung. Die Regierungsmehrheit folgt bei der abschließenden Abstimmung in der Regel den Empfehlungen des Haushaltsausschusses.[436]

Im Verlauf der Haushaltsberatungen spielt der Bundesrat nur eine untergeordnete Rolle. Obwohl er vor der zweiten Lesung zum Haushaltsentwurf Stellung nehmen kann und später nach Beschluss des Bundestages durch Anruf des Vermittlungsausschuss versuchen könnte, auf die Haushaltspolitik des Bundes Einfluss zu nehmen, macht er davon praktisch keinen Gebrauch.[437] Dass er dies nicht macht, liegt zum einen daran, dass der Bundesrat bei Scheitern des Vermittlungsausschusses ein Inkrafttreten des Bundeshaushaltes normalerweise ohnehin nicht verhindern könnte, da es sich bei dem Haushaltsgesetz nur um ein Einspruchsgesetz handelt.[438] Zum anderen haben die Bundesländer auch grund-

[435] Horst, Patrick (1995), a.a.O., S.338-339. Die relative Unabhängigkeit vom Wahlkreis liegt auch darin begründet, dass ein Abgeordneter nicht zwingend auf die Mehrheit der Erstimmen in seinem Wahlkreis angewiesen sein muss, um in den Bundestag zu gelangen, sondern auch über die Landesliste seiner Partei ins Parlament einziehen kann.

[436] Vgl. Doetschmann, Martin/ Engels, Dieter (2001), S.470-471.

[437] Vgl. Sturm, Roland (1989), a.a.O., S.267.

[438] Der Sonderfall wäre auch hier, dass der Bundesrat den Bundeshaushalt mit Zweidrittelmehrheit ablehnt und die Bundesregierung nicht ebenfalls über eine solche Mehrheit im Bundestag verfügt.

sätzlich kein Interesse daran, ein schnelles Inkrafttreten des Bundeshaushaltes zu verhindern, da ihnen auf Grund der finanziellen Verflechtungen zwischen Bund und Ländern ja auch Gelder aus dem Bundeshaushalt zufließen.[439]

Zusammenfassend lässt sich festhalten, dass bei Aufstellung und Verabschiedung des Staatsaushaltes die Regierung ihre politische Ertragsfunktion selbst bei fehlender Mehrheit im Bundesrat gut realisieren kann, weil die Länderkammer in der Regel als Veto-Spieler ausfällt und auch der Bundestag wegen der hohen Fraktionsdisziplin der Abgeordneten und des Zusammenwirkens von Regierung und Regierungsfraktionen normalerweise keinen nennenswerten Widerstand leistet. Nicht übersehen werden darf allerdings, dass wesentliche Parameter des Staatshaushaltes – also vor allem die Steuergesetzgebung und andere Zustimmungsgesetze – vom Votum der Länderkammer abhängen und die Regierung daher insbesondere bei fehlender Mehrheit im Bundesrat Kompromisse eingehen muss, die ihre politische Ertragsfunktion reduzieren.

5.2 Charakteristika des Wirtschaftssystems, des Finanzmarktes und des politischen Schuldenmanagements

Nach den Ausführungen des vorherigen Kapitels zu der politischen Ertragsfunktion widmet sich dieser Abschnitt der politischen Kostenfunktion. Ähnlich wie in den USA lassen sich auch in der Bundesrepublik spezifische Charakteristika nennen, anhand derer sich die politischen Kosten näher bestimmen lassen. Hierzu zählen die Steuer- und Abgabenbelastung der Arbeitnehmer, die Staatsverschuldung und das Haushaltesdefizit, die Zinshöhe von Staats- und Unternehmensanleihen, die Verschuldung der privaten Haushalte, die Bedeutung der privaten Altersversorgung, der Umfang des Einsatzes von Ratings zu Regulierungszwecken sowie die Intensität des politischen Schuldenmanagements. All diese genannten Indikatoren haben – mit Ausnahme des Schuldenmanagements – eine ähnliche Wirkung: Je höher bzw. stärker sie in Deutschland sind, desto größer sind die politischen Kosten in der Bundesrepublik und folglich desto relevanter ist das Bonitätsurteil der Rating-Agenturen für das Stimmenmaximierungskalkül der Regierungen. Wie in den Kapiteln zuvor bereits deutlich wurde, verläuft der Effekt des Schuldenmanagements in die entgegengesetzte Richtung: Je intensiver und ausgefeilter es ist, desto günstiger kann sich eine Regierung verschulden und folglich desto geringer sind die politischen Kosten.

Seit der Wiedervereinigung befindet sich die Steuer- und Abgabenbelastung in Deutschland auf hohem Niveau und ist im Zeitverlauf sogar deutlich gestie-

[439] Vgl. Doetschmann, Martin/ Engels, Dieter (2001), a.a.O., S.471.

gen.[440] Nimmt man analog zu Kapitel 4 die Berechnungen der OECD als Vergleichsmaßstab, so hat sich der Anteil der Steuern und Sozialabgaben (inkl. Arbeitgeberanteil), die ein durchschnittlicher Industriearbeiter von seinem Lohn abführen muss, von 46,4 Prozent im Jahr 1991 auf 51,8 Prozent im Jahr 2005 erhöht. Bis 1997 stiegen die Steuer- und Sozialabgaben unter der Regierung Kohl kontinuierlich von Jahr zu Jahr auf dann 52,3 Prozent. In den beiden Folgejahren haben sie sich geringfügig reduziert; jedoch stiegen sie dann innerhalb nur eines Jahres (1999 bis 2000) deutlich um zwei Prozentpunkte von 51,9 Prozent auf 53,9 Prozent. Im weiteren Verlauf veränderte sich die Steuer- und Abgabenbelastung unterschiedlich: Nach einem Jahr des Anstiegs folgte ein Jahr des Zurückgehens bis sie schließlich zwischen 2004 und 2005 von 53,3 Prozent auf 51,8 Prozent sank. Im Langfristvergleich zwischen 1991 und 2005 ist aber nicht nur der deutliche Anstieg um 5,4 Prozentpunkte auffallend; vielmehr hat sich auch die relative Position der Bundesrepublik im OECD-Vergleich erheblich verschlechtert. 1991 gab es immerhin noch vier andere OECD-Länder, deren Steuer- und Abgabenbelastung oberhalb des freilich überdurchschnittlich hohen deutschen Wertes von 46,4 Prozent lag (OECD-Durchschnitt: 36,0 Prozent). 2005 hingegen hatte Deutschland (nach Belgien) mit 51,8 Prozent (OECD-Durchschnitt: 37,3 Prozent) die zweithöchste Belastungsquote; Dänemark, Italien und die Niederlande, die 1991 noch eine höhere Belastung hatten als Deutschland, konnten im Zeitverlauf die Steuer- und Abgabelast der Arbeitnehmer senken. Zusammengefasst lässt sich festhalten, dass der Anstieg der Steuer- und Abgabenbelastung für einen durchschnittlichen Industriearbeiter darauf hindeutet, dass die politischen Kosten der Besteuerung seit 1991 in Deutschland gestiegen sind.

Trotz der höheren Belastung der Arbeitnehmer konnte die Staatsverschuldung nicht reduziert werden. Im Gegenteil: Die Zeit zwischen 1991 und 2005 ist geprägt durch eine massive Zunahme der Staatsverschuldung.[441] So erhöhte sich der gesamtstaatliche Schuldenstand (Bund, Länder, Sozialversicherungen) von 37,9 Prozent des BIP im Jahr 1991 auf 71,1 Prozent des BIP im Jahr 2005. Diese Zunahme der Verschuldung verlief nahezu kontinuierlich; lediglich in den Jahren 1999, 2000 und 2001 reduzierte sich der Schuldenstand im Verhältnis zum BIP. Dafür stieg die Verschuldung in der letzten Legislaturperiode der Regierung Schröder umso stärker und erreichte 2005 mit 71,1 Prozent des BIP den traurigen Rekordstand in der Geschichte der Bundesrepublik.

---

[440] Vgl. Organisation For Economic Co-Operation And Development [OECD](2007): OECD Factbook 2007, Paris, S.209.
[441] Vgl. OECD (2006), a.a.O., S.179 und OECD (2007), a.a.O, S.191.

Wie bereits die Ausführungen zum Schuldenstand erwarten lassen, waren Haushaltsdefizite die Regel in Deutschland.[442] Anfang und Mitte der neunziger Jahre betrug das jährliche gesamtstaatliche Defizit zwischen 2,3 Prozent und 3,2 Prozent des BIP. Zwischen 1996 und 2000 konnte das Haushaltsdefizit von Jahr zur Jahr verringert werden; im Jahr 2000 wurde sogar wegen eines einmaligen Sondereffektes (knapp 100 Mrd. DM Erlöse aus der Versteigerung der UMTS-Lizenzen) ein Haushaltsüberschuss von 1,3 Prozent des BIP erzielt. In den folgenden Jahren verschlechterte sich die Haushaltslage jedoch wieder deutlich: Die Haushaltsdefizite lagen zwischen 2,8 und 4,0 Prozent des BIP; im Jahr 2005 etwa betrug das Defizit 3,2 Prozent des BIP. Alles in allem sprechen die skizzierten Entwicklungen der Staatsverschuldung und des Haushaltes dafür, dass die politischen Kosten der Verschuldung im Zeitverlauf gestiegen sind.

Einen gänzlich anderen Effekt auf die politischen Kosten hatte die Zinsentwicklung. Der starke Rückgang der Anleihezinsen zwischen 1991 und 2005 machte die Staatsverschuldung relativ günstig und hatte somit einen dämpfenden Effekt auf die politischen Kosten der Verschuldung.[443] Im September 1991 betrug die Umlaufrendite der Anleihen der öffentlichen Hand im Monatsdurchschnitt nämlich noch 8,7 Prozent; zwei Jahre später nur noch 6 Prozent. Nach einem Anstieg Mitte 1994 fielen die Zinsen dann wieder – so lag die Umlaufrendite im September 1998 nur noch bei 4 Prozent. 1999 und 2000 kam es zu einen Zinsanstieg (September 2000: 5,4 Prozent) bis dann ab 2001 die Zinsen wieder sanken und im September 2005 den historischen Tiefstand von nur 2,9 Prozent erreichten. Der Gesamteffekt aus sinkenden Zinsen einerseits und andauernden Haushaltsdefiziten und steigender Staatsverschuldung andererseits dürfte dennoch ein Anstieg der politischen Kosten der Verschuldung zwischen 1991 und 2005 sein – zu gewaltig ist schließlich die Zunahme der Staatsverschuldung. Für diese Annahme spricht außerdem, dass der Anteil der Zinsausgaben an den Bundesausgaben von 10 Prozent im Jahr 1992 auf 15 Prozent im Jahr 2005 gestiegen ist.[444] Somit konnten selbst die geringeren Zinsen nicht verhindern, dass ein immer größerer Teil des Bundeshaushaltes für Zinsen verwendet werden muss und somit relativ betrachtet ein kleinerer Umfang des Budgets für den politischen Ertrag eingesetzt werden kann während sich gleichzeitig durch die gestiegenen Zinsausgaben die politischen Kosten erhöht haben.

Dieses Gesamturteil wird auch nicht dadurch verändert, wenn man einen wichtigen Sonderfaktor in Betracht zieht: Die Konvergenzkriterien für die Ein-

[442] Vgl. OECD (2006), a.a.O., S.177 und OECD (2007), a.a.O, S.189.
[443] Vgl. Deutsche Bundesbank (2008:a): Umlaufsrenditen inländischer Schuldverschreibungen. Monatsdurchschnitte. Frankfurt a.M., Zugriff am 11.02.08 unter http://www.bundesbank.de/statistik/statistik_zeitreihen.php?lang=de&open=zinsen&func=row&tr=WU0004
[444] Vgl. Bundesfinanzministerium (2005): Monatsbericht des BMF März 2005, Berlin, S.44.

führung des Euro. So durften nur Staaten der einheitlichen europäischen Währung beitreten, deren (gesamtstaatliches) Haushaltsdefizit weniger als 3 Prozent des BIP und deren (gesamtstaatlicher) Schuldenstand weniger als 60 Prozent des BIP beträgt, auch wenn letztere Größe weniger streng interpretiert wird.[445] Da ein Überschreiten der Verschuldungsgrenzen den Beitritt zur Gemeinschaftswährung versperrt hätte und dadurch die Bundesrepublik nicht von den wirtschaftlichen Vorteilen profitiert hätte, führte dies tendenziell zu höheren politischen Kosten der Verschuldung im Vorfeld der Euro-Einführung. Wie sich gezeigt hatte, konnte der Stabilitäts- und Wachstumspakt, der die Einhaltung der Konvergenzkriterien auch nach Eintritt in die Währungsunion vorschrieb, keine sehr disziplinierende Wirkung entfalten – ein Rausschmiss aus dem Euro-Raum war ja nicht als Sanktion vorgesehen. Diese Tatsache dürfte für sich genommen die politischen Kosten reduziert haben. Gleichwohl zeigte sich an der weit verbreiteten öffentlichen Kritik während des mehrfachen Bruchs des Stabilitätspaktes durch die Regierung Schröder, dass in Deutschland eine Stabilitätskultur nicht primär von spezifischen Vorschriften abhängt.[446] Insofern dürfte in Deutschland der Sonderfaktor Euro-Einführung nur einen insgesamt geringen Einfluss auf die politischen Kosten der Verschuldung gehabt haben.

Wie bereits am Beispiel der USA erläutert, wird die Höhe der politischen Kosten auch von Faktoren beeinflusst, die zunächst nicht auf Regierungen, sondern auf private Akteure wirken. Wird die Wohlfahrt der privaten Akteure auch nur indirekt durch das Verhalten der Regierung geschmälert, strafen als Reaktion darauf die Wähler die Regierung an der Wahlurne ab. Es kommt demnach zu Wählerstimmenverlusten, also zu höheren politischen Kosten. Dieser Zusammenhang besteht bei der Unternehmensfinanzierung: Unternehmen müssen sich oft verschulden, um Investitionen finanzieren zu können, und die Höhe ihrer Zinszahlungen hängt auch von der Umlaufrendite von Staatsanleihen ab. Kommt es – etwa auf Grund einer Rating-Herabstufung – zu höheren Zinsen bei Staatsanleihen, erhöhen sich auch die Finanzierungskosten der Unternehmen. Als Folge steigen die politischen Kosten.

Die Entwicklung der Zinsen für Unternehmensanleihen in Deutschland zwischen 1991 und 2005 verläuft nahezu parallel zu derjenigen der Staatsanleihen,

---

[445] So sind einige Länder dem Euro beigetreten, obwohl ihre Staatsverschuldung deutlich über dem Zielwert lag. Selbst Ende 2001 war die durchschnittliche Gesamtverschuldung aller Euro-Mitgliedsstaaten mit 69, 1 % über dem Soll. Besonders Belgien und Italien lagen mit 107, 5 bzw. 109,4 % erheblich über der Vorgabe. Vgl. dazu Europäische Zentralbank (2002): Jahresbericht 2001, Frankfurt a.M., S.50.

[446] Wie in Kapitel 2.2.2 bereits erwähnt, argumentiert selbst S&P, dass wegen der deutschen Stabilitätskultur der (kurzfristige) Bruch der Stabilitätspaktes nicht ins Gewicht falle.

wenn auch auf leicht höherem Niveau.[447] Der Grund dafür liegt in der Risikoprämie, die Investoren in der Regel für Unternehmensanleihen gegenüber Staatsanleihen verlangen. So sank die Umlaufrendite für Industrieobligationen von 8,9 Prozent im September 1991 auf gerade mal 3,3 Prozent im September 2005. Freilich muss an dieser Stelle an die Typologie von Hall und Soskice erinnert werden, in der Deutschland als „Coordinated Market Economy“ beschrieben wurde (vgl. Kapitel 1.5). Eine der relevanten Eigenschaften dieser Kapitalismusvariante ist die stärkere Orientierung der Unternehmensfinanzierung hin zum Bankensystem und nicht, wie bei den USA als Beispiel für die „Liberal Market Economy“, hin zum Kapitalmarkt. Wegen des traditionellen „Hausbankprinzips“ vor allem bei klein- und mittelständischen Unternehmen und der Beteiligungen der Banken an großen Industrieunternehmen spielt in Deutschland trotz gewisser diesbezüglicher Änderungen seit den 1990er Jahren der Bankkredit nach wie vor eine größere Rolle bei der Unternehmensfinanzierung als die Emission von Unternehmensanleihen oder Aktien.[448] Ein Rückgang der Zinsen bei Unternehmensanleihen hat daher in Deutschland einen geringeren Einfluss auf die politischen Kosten als in den USA. Nichtsdestotrotz führt auch ein Rückgang der Zinsen wie zwischen 1991 und 2005 in Deutschland zu niedrigeren politischen Kosten, wenn auch in geringerem Umfang. Umgekehrt bedeuten steigende Zinsen ebenfalls höhere politische Kosten, denn auch die Banken müssen sich am Kapitalmarkt finanzieren. Ihr traditionell eher langfristiges Engagement an und mit Unternehmen dürfte aber in diesem Fall dazu führen, dass die finanziellen Belastungen für ein deutsches Unternehmen später und weniger intensiv eintreten; der Anstieg der politischen Kosten wäre also geringer als in den USA.

Nicht nur die Unternehmen sind in Deutschland weniger als in den USA von kurzfristigen Schwankungen am Kapitalmarkt betroffen; ähnliches gilt auch für die privaten Haushalte. Besonders zum Tragen kommt diese Eigenschaft bei der Immobilienfinanzierung. Im Allgemeinen sind die deutschen Banken zurückhaltender bei der Vergabe von Hypothekendarlehen als die amerikanischen; Kreditangebote an zahlungsschwache Kunden ohne Eigenkapitel sind – anders als in den USA – in Deutschland unüblich. Zudem schließen die deutschen Kreditinstitute meist Verträge mit längerfristiger Zinsbindung ab, die dadurch das Zinsänderungsrisiko für die betroffenen Haushalte verringern.[449] Von steigenden Zinsen sind deutsche Immobilienbesitzer daher nicht so stark betroffen; die poli-

---

[447] Vgl. Deutsche Bundesbank (2008:b): Umlaufsrenditen inländischer Schuldverschreibungen. Industrieobligationen, Frankfurt a.M., Zugriff am 11.02.08 unter http://www.bundesbank.de/statistik/statistik_zeitreihen.php?lang=de&open=zinsen&func=row&tr=WU0022

[448] Vgl. Busch, Andreas (2005): Globalisation and national varieties of capitalism: The contested viability of the 'german model", in: German Politics, Vol. 14, No.2, S.125-139.

[449] Vgl. Nohn, Corinna (2007): Kleine Ursache, große Wirkung, in: Süddeutsche Zeitung vom 12.12.2007, München, S. 26.

tischen Kosten würden in dem Fall weniger stark ansteigen als in den USA. In Kapitel 4.2 wurde der Debt Service Ratio (DSR) als Indikator verwendet, um die Kreditbelastung der amerikanischen Haushalte quantifizieren zu können. Einen vergleichbaren offiziellen Indikator gibt es in Deutschland nicht; zudem gab es Änderungen in den Indikatoren des Statistischen Bundesamtes über die Einkommens- und Ausgabensituation der privaten Haushalte, die langfristige Vergleiche erschweren. Näherungsweise helfen können eigene Berechungen. Grundlage hierfür sind Vergleiche zwischen den Einnahmen und Ausgaben der privaten Haushalte je Monat (früheres Bundesgebiet) bezogen auf den „Haushaltstyp 2" (4-Personen Haushalt von Arbeitnehmern mit mittleren Einkommen) für den Zeitraum bis 1998 mit den Einnahmen und Ausgaben privater Haushalte (früheres Bundesgebiet, Paare mit Kindern) für die Zeit danach.[450] Nach diesen Berechnungen haben die privaten Haushalte seit 1991 trotz sinkender Zinsen einen höheren Anteil ihres Bruttoeinkommens für Zins- und Tilgungsverpflichtungen aufbringen müssen: Nach 7,3 Prozent im Jahr 1991 waren es 1994 8,6 Prozent, 1998 8,8 Prozent und 2005 schließlich sogar 10,49 Prozent.[451] Die Veränderung dieses statistischen Durchschnittswerts kann prinzipiell auf zweierlei Weise zu Stande kommen: Zum einen, wenn ein konstanter Prozentsatz aller privaten Haushalte Immobilien besitzt und diese Gruppe einen immer höheren Anteil ihres Einkommens für die Zahlungsverpflichtungen aufbringen muss. Zum anderen kann sich die statistische Durchschnittbelastung der privaten Haushalte für Zins- und Tilgungsverpflichtungen aber auch dadurch verändern, dass ein größer werdender Prozentsatz der privaten Haushalte Immobilien besitzt, die individuelle monatliche Belastungsquote für jeden dieser Immobilienbesitzer aber gleich bleibt.[452] In beiden Fällen erhöhen sich die politischen Kosten. Im ersten Fall,

---

[450] Vgl. Statistisches Bundesamt (o.J.): Laufende Wirtschaftsrechnungen 1994 und 2005, Einkommen und privater Verbrauch des Früheren Bundesgebiet, Wiesbaden.

[451] Zur Berechnung: Für den Zeitraum 1991-1998 wurden die jeweiligen Werte der Rubrik „Tilgung und Verzinsung von Krediten" durch die addierten monatlichen Einnahmen des „Haushaltstyp 2 " dividiert. Bei durchschnittlichen Gesamteinnahmen von 6300,36 DM im Jahr 1991 und Zins- und Tilgungszahlungen von 460,50 DM erhält man so den Wert von 7,3 Prozent. (1994: 6703,21 DM: 576,84 DM = 8,6 %; 1998: 7667,38: 674,57 DM = 8,8 %). Den Wert für 2005 (10,49 %) erhält man durch die Division der Zins- und Tilgungszahlungen in Höhe von 544 EUR mit dem Haushaltsbruttoeinkommen von Paaren mit Kindern in Höhe von 5185 EUR.

[452] Aus Untersuchungen zum Immobilienvermögen in Deutschland ist bekannt, dass der Anteil der westdeutschen Haushalte mit Immobilienbesitz in den letzten Jahren relativ konstant geblieben ist, aber eine größere Zahl der Immobilienbesitzer Hypothekendarlehen begleichen muss: So betrug der Anteil der privaten westdeutschen Haushalte mit Immobilienbesitz 50,7 Prozent im Jahr 1993 und 51,0 Prozent im Jahr 2003; von den Immobilienbesitzern hatten 1993 53,6 Prozent Immobilienkredite, 2003 55,1 Prozent. Vgl. Westerheide, Peter (2007): Soziale Ungleichheit am Beispiel der Entwicklung und Verteilung des Vermögens privater Haushalte in Deutschland, S.204, in: Empter, Stefan/ Vehrkamp, Robert B. (2007): Soziale Gerechtigkeit – eine Bestandsaufnahme, Gütersloh, S. 198-230.

weil eine gleichbleibende Gruppe von Wählern immer stärker finanziell belastet wird, im zweiten Fall, weil eine immer größer werdende Anzahl der Wähler finanziellen Belastungen ausgesetzt ist. Es ist daher anzunehmen, dass die politischen Kosten im Zeitverlauf gestiegen sind, denn ein Zinsanstieg (z.B. durch ein Downgrade) würde auf Grund der Kreditverpflichtungen zu einer größeren finanziellen Belastung für die privaten Haushalte werden. Wegen der schwierigen Vergleichbarkeit der Daten sollte dieses Ergebnis aber nur mit Einschränkung bewertet werden.

Die Höhe der politischen Kosten hängt ebenfalls vom dem System der Alterssicherung ab. Auch hier geht es um die Verknüpfung zwischen Bevölkerung und Kapitalmarkt. In Kapitel 4.2 wurde bereits erläutert, dass in Deutschland – im Gegensatz zu den USA – die kapitalgedeckte Rente relativ unbedeutend ist und Pensionsfonds nur ein vergleichsweise kleiner Investor auf den deutschen Kapitalmärkten sind. So setzte sich im Jahr 2002 das Einkommen der Rentner und Pensionäre zu 80 Prozent aus der gesetzlichen Rente bzw. Beamtenpension zusammen; die betriebliche und private Vorsorge spielen somit in Deutschland nur eine untergeordnete Rolle.[453] Die Ursache dafür liegt in der langen Tradition der staatlichen Alterssicherung in Deutschland. Bereits 1889 wurde – weniger aus sozialen als aus machtpolitischen Gründen – von Reichskanzler Otto von Bismarck die gesetzliche Rentenversicherung geschaffen. Die jetzige Organisation der Rentenversicherung basiert im Wesentlichen auf der Rentenreform von 1957.. Die Rentenversicherung finanziert sich im Umlageverfahren größtenteils aus den paritätisch von Arbeitgeber und Arbeitnehmer zu entrichtenden Rentenversicherungsbeiträgen. Darüber hinaus erhält die Rentenversicherung jedes Jahr Zuschüsse des Bundes in Milliardenhöhe. Die individuelle Rente des Versicherten orientiert sich im Wesentlichen am Äquivalenzprinzip, d.h. die Rentenhöhe richtet sich nach dem Gesamtwert der eingezahlten Beiträge.[454] Damit im Ruhestand der gewohnte Lebensstandard aufrechterhalten werden kann, wird das Äquivalenzprinzip nicht in monetärer Form, sondern in Form der Teilhabeäquivalenz umgesetzt.[455] Mit der Rentenreform von 2001 wurden die Weichen ge-

[453] Vgl. Hinrichs, Karl (2005): New Century – new paradigm: Pension reforms in Germany, S.53, in: Bonoli, Giuliano/ Shinkawa, Toshimitsu (2005): Ageing and Pension Reform Around the World. Evidence from Eleven Countries, Cheltenham u. Northampton, S.47-73.

[454] Allerdings wird das Äquivalenzprinzip durch eine Vielzahl von Maßnahmen korrigiert und durchbrochen, weil nicht nach bestimmten Risikofaktoren (z.B. höhere Lebenserwartung der Frauen) differenziert wird oder dem Bedarfsprinzip (z.B. Rente nach fiktivem Mindesteinkommen) gefolgt wird. Vgl. Knappe, Eckhard (1997): Die gesetzliche Rentenversicherung in Deutschland, S. 42-43, in: Tiepelmann, Klaus/ van der Beck, Gregor (1997): Politik der Parafiski. Intermediäre im Balanceakt zwischen Staats- und Bürgernähe, Hamburg, S.40-60.

[455] Dies bedeutet, dass der Geldwert der Beiträge nicht dem Geldwert der Ansprüche entsprechen muss (monetäre Form), sondern dass diejenigen, die (über/unter)durchschnittlich verdient haben, auch zeitlebens eine (über/unter) durchschnittliche Rente erhalten. Zu diesem Zweck werden die

stellt für eine schrittweise Erhöhung der privaten, kapitalgedeckten Altersvorsorge: Als Antwort auf die demographische Entwicklung wurde ein langfristiges Absenken des Niveaus der gesetzlichen Rente beschlossen und im Gegenzug die private Rente steuerlich und mit Zuschüssen gefördert („Riester-Rente"). Ungeachtet dessen spielt für den Zeitraum von 1991 bis 2005 der Kapitalmarkt keine große Rolle für die Alterssicherung der Deutschen.[456] Insofern sind die vielfältigen Regulierungen hinsichtlich der Anlage der kapitalgedeckten Altersvorsorge, denen sich Pensionsfonds in den USA gegenüber stehen, in Deutschland weniger ausgeprägt.

Ausgeprägter ist in der Bundesrepublik hingegen die Regulierung mittels Ratings im Versicherungsbereich.[457] In „Rundschreiben" präzisiert die Bafin die in den Gesetzen (z.B. VAG) vorgeschriebene Forderung, dass Versicherungen keine spekulativen Anlagen halten dürfen. Demnach kann eine Anlage, die ein „speculative-grade" Rating von S&P, Moody`s oder Fitch besitzt, nur unter sehr restriktiven Bedingungen von Versicherungen erworben werden. Ebenso müssen Vermögensanlagen, die beim Kauf „investment-grade" gewesen waren, aber zwischenzeitlich herabgestuft wurden, verkauft werden, sofern die Versicherung nicht überzeugend und umfangreich dokumentieren kann, dass das Investment weiterhin keine spekulative Anlage ist.[458] Zudem müssen Kreditinstitute bei Refinanzierungsgeschäften mit dem Europäischen System der Zentralbanken Sicherheiten hinterlegen, die über ein ausreichend hohes Rating verfügen müssen, um für diesen Zweck akzeptiert zu werden.[459]

Selbst wenn Kapitalanlagegesellschaften gesetzlich nicht verpflichtet sind, Ratings bei ihrer Anlageentscheidung zu beachten, existieren nicht selten interne Regelungen, dass ein Fonds Anlagen verkaufen muss, wenn sie ein bestimmtes

---

eingezahlten Beiträge als Wertäquivalent der eingezahlten Arbeitsstunden verrechnet und während der Rentenbezugsdauer voll dynamisiert. Vgl. Knappe, Eckhard (1997), a.a.O., S.43.

[456] Die Ansprüche der Beitragszahler an die gesetzliche Rentenversicherung erreichen dabei eine erhebliche Größenordnung: Die kapitalisierten Ansprüche an die Rentenversicherung entsprechen in etwa dem materiellen Vermögen der jeweiligen Altersklassen. So hat die Gruppe der 40-49 Jährigen Männer im Durchschnitt Rentenansprüche im Wert von 110.000 EUR und ein materielles Nettovermögen von 99.000 EUR. Die gesetzliche Rentenversicherung trägt dadurch zu einer Nivellierung der Einkommensverteilung in Deutschland bei. Die betriebliche Alterssicherung ist hierbei hingegen relativ unbedeutend. Vgl. Westerheide, Peter (2007), a.a.O., S.223-227.

[457] Vgl. Bafin (2003): IOSCO Prinzipien für Rating-Agenturen und die Frage nach einer Regulierung von Rating-Agenturen bzw. ihrer Ratings in Deutschland", S.11-12, unter http://ww2.bafin.de/internationales/iosco/rating-agenturen0311.pdf [Zugriff am 12.02.08]

[458] Vgl. Bafin (2005): Rundschreiben 15/2005, II, 1. unter http://ww2.bafin.de/rundschreiben/89_2005/050820.htm [Zugriff am 12.02.08]

[459] Vgl. Zentraler Kreditausschuss (ZKA, 2003): Stellungnahme des Zentralen Kreditausschuss zur Tätigkeit von Rating-Agenturen und ihrer möglichen Regulierung, Berlin, S.14. unter http://www.zentraler-kreditausschuss.de/upload/1061210537.ZKA-StellungnahmeRating-Agenturen.pdf [Zugriff am 12.02.08]

Rating unterschreiten.[460] Diese freiwillige Selbstverpflichtung wird von Banken mitunter als Marketinginstrument verwendet.[461] Freiwillige Verwendung haben Ratings auch in privaten Verträgen gefunden. Ein Unterschreiten eines bestimmten Ratings löst dann vertragliche Verpflichtungen aus.[462] Die Vereinbarungen von Basel II erweitern die Regulierungsfunktion von Ratings. Den Banken wird vorgeschrieben, ihre Kapitalrückstellungen an dem spezifischen Risiko der Anlagen zu orientieren. Zur Bestimmung des Risikos können Banken interne Ratingverfahren verwenden oder auf Ratings der anerkannten Rating-Agenturen zurückgreifen.[463]

Alles in allem hat die Regulierung mittels Ratings in Deutschland somit in den letzten Jahren zugenommen. Sollte es nun zu einer deutlichen Herabstufung von deutschen Staatsanleihen kommen, könnten institutionelle Investoren dadurch zu einem Verkauf dieser Anleihen gezwungen werden, weil das erforderliche Mindestrating unterschritten wurde. Für die Anleger würde dieser massenhafte Zwangsverkauf in der Regel ein Vermögensverlust bedeuten. Wenn also die Regierung auf Grund ihrer hohen Verschuldung von den Rating-Agenturen herabgestuft würde, hätte dies negative Auswirkungen auf das Vermögen der Anleger – die bekanntlich auch Wähler sind. Der höhere Einsatz von Ratings zu Regulierungszwecken führt also tendenziell zu höheren politischen Kosten. In der Bundesrepublik besteht dieser Zusammenhang wegen der Dominanz der gesetzlichen Rentenversicherung weniger auf Grund der privaten Altersvorsorge, sondern stärker wegen des Anlagevermögens der Deutschen bei Banken und Versicherungen auf dem Kapitalmarkt.

Abschließend soll noch auf einen weiteren Faktor eingegangen werden, der Auswirkungen auf die politischen Kosten hat, nämlich das politische Schuldenmanagement. Dieses ist in Deutschland in den letzten Jahren intensiviert und mit Gründung der „Bundesrepublik Deutschland – Finanzagentur GmbH" im September 2000 auch professionalisiert worden. Die Ursache dafür liegt neben dem in Kapitel 3.2.6 beschriebenen internationalen Trend zur Neuorganisation der staatlichen Schuldenverwaltung in der massiven Zunahme der deutschen Staatsverschuldung und der Euro-Einführung.

Weil die Bundesrepublik in der Vergangenheit über eine erstklassige Bonität verfügte und zugleich innerhalb der „Triple A" – Klasse klar als Benchmark fungierte, waren die deutschen Finanzierungskosten relativ gering. Selbst gegen-

---

[460] Vgl. Bundesverband Investment und Asset Management e.V. (BVI, 2003): Antwort des BVI auf die Anfrage des BMF vom 2. Juli 2003, Berlin, S.4.

[461] Die Verwendung von Ratings soll dem Kunden demnach als Signal für die Sorgfältigkeit und Zuverlässigkeit des Fonds-Mangements dienen, das Sicherheitsbedürfnis der Anleger zu erfüllen.

[462] Vgl. Zentraler Kreditausschuss (ZKA, 2003), a.a.O., S.5.

[463] Vgl. Kräussl, Roman (2003): Sovereign Risk, Credit Ratings and the Recent Financial Crises in Emerging Markets. Empirical Analysis and Policy Implications, Frankfurt a.M., S.160f.

über Staaten mit gleich gutem Rating konnte sich Deutschland günstiger finanzieren: Es gab einen spürbaren Zinsabstand („credit spread") zwischen Bundesanleihen und den Wertpapieren von anderen „Triple A"-Ländern. Demzufolge bestanden für die deutsche Regierung weniger Anreize für ein aktives Schuldenmagement als für andere europäische Regierungen mit sehr gutem Rating.

Seit Einführung des Euro lässt sich feststellen, dass dieser „credit spread" zurückgeht.[464] Das Schwinden dieses Finanzierungsvorteils und die Zunahme der Staatsverschuldung lieferten einen Anreiz, mit einer Intensivierung des Schuldenmangements die Finanzierungskosten aktiv zu senken. Da die Bundesregierung Details ihrer Portfolio-Strategie nicht der Öffentlichkeit mitteilt, sondern nur streng vertraulich dem „Gremium zu Fragen der Kreditfinanzierung des Bundes", können die Beweggründe des Schuldenmangements nicht zweifelsfrei geklärt werden. Aus einer Antwort auf eine „Kleine Anfrage" der CDU/CSU-Fraktion von April 2004 wird aber ersichtlich, dass die Bundesregierung auf Wunsch institutioneller Investoren die Erweiterung des Emissionsspektrums um Fremdwährungsanleihen und inflationsindexierte Anleihen geprüft hat.[465] Im November 2004 wurde bekannt, dass der Bund im Jahr 2005 erstmals eine inflationsindexierte Anleihe begeben wollte. Zuvor war Deutschland das einzige G7-Land, das keine solche Anleihen emittierte.[466] Darüber ließ sich feststellen, dass die Bundesregierung plante, die durchschnittliche Laufzeit der Anleihen von über sechs Jahren im Jahr 2004 künftig auf fünf Jahre zu senken. Während die Bundesregierung dies mit einer besseren Diversifizierung begründete, kritisierte die CDU/CSU-Fraktion in einer weiteren „Kleinen Anfrage", dass den aus einer Verkürzung der Laufzeit resultierenden geringeren Zinszahlungen in der Gegenwart ein höheres Zinsveränderungsrisiko in der Zukunft gegenüberstehe.[467] In der Folgezeit betrat Deutschland mit der Emission einer Fremdwährungsanleihe, eines (US)-„Dollar-Bunds" im Mai 2005, weiteres Neuland beim Schuldenmanagment.[468] Zusammengefasst lässt sich festhalten, dass Deutschland das Schuldenmanagement in den letzten Jahren deutlich intensiviert hat. Die damit erziel-

---

[464] Vgl. hierzu die Ausführungen in Kapitel 2.2.2.

[465] Vgl. Deutscher Bundestag, 15. Wahlperiode (2004): Antwort der Bundesregierung auf die Kleine Anfrage der Abgeordneten Steffen Kampeter, Dietrich Austermann, Dr. Michael Meister, weiterer Abgeordneter und der Fraktion der CDU/CSU, Drucksache 15/ 2964, Berlin, S.3.

[466] Vgl. o.V.(2004): Rentenmarkt entdeckt Inflationsschutz. Erste Emission des Bundes für 2005 erwartet. Volumen auf 500 Milliarden Euro gestiegen, in: FAZ vom 10.11.2004, Frankfurt, S.25. Tatsächlich wurde die inflationsindexierte Anleihe aber erst im März 2006 auf den Markt gebracht.

[467] Vgl. Deutscher Bundestag, 15. Wahlperiode (2004): Antwort der Bundesregierung auf die Kleine Anfrage der Abgeordneten Steffen Kampeter, Dietrich Austermann, Dr. Michael Meister, weiterer Abgeordneter und der Fraktion der CDU/CSU, Drucksache 15/ 2921, Berlin, S.1.

[468] Vgl. Bundesrepublik Deutschland. Finanzagentur (2007): Unternehmenschronik der Deutschen Finanzagentur, unter http://www.deutsche-finanzagentur.de/nn_102878/DE/Finanzagentur/Ueber Uns/Unternehmenschronik/FA/FA__node.html?__nnn=true [Zugriff am 12.02.08]

ten günstigeren Finanzierungsmöglichkeiten hatten einen dämpfenden Effekt auf die politischen Kosten.

5.3 Die kontextspezifische Erklärungskraft des Modells

Nachdem in den Kapiteln 5.1 und 5.2 diejenigen Faktoren herausgearbeitet wurden, die den grundsätzlichen Verlauf der politischen Ertrags- bzw. Kostenfunktion in Deutschland beeinflussen, kann durch dieses Kapitel der politische Einfluss von Rating-Agenturen in der Bundesrepublik analysiert werden. Analog zum USA-Kapitel stehen auch hier zwei verschiedene Wahlen im Mittelpunkt: Die Bundestagswahlen 1994 und 2005. Basierend auf dem vorgestellten Modell aus Kapitel 3 kann so eine qualifizierte Aussage darüber getroffen werden, welche politischen Konsequenzen ein Downgrade 1994 bzw. 2005 gehabt hätte. Nimmt man alleine die in Kapitel 5.2 erläuterten Indikatoren zum Maßstab einer Analyse, spricht vieles dafür, dass eine Downgrade die Wiederwahlchancen der Bundesregierung 2005 stärker gefährdet hätte als 1994. Der Grund liegt in der Höhe der politischen Kosten: Wie aus Übersicht 5.3.1 hervorgeht, waren die politischen Kosten 2005 insgesamt höher als 1994.

Die einzelnen Indikatoren haben sich zwar nicht alle in gleicher Weise entwickelt, aber fünf der acht verweisen auf einen Anstieg der politischen Kosten. So hat sich die Steuer- und Sozialabgabenquote eines durchschnittlichen Arbeitnehmers von 48,3 Prozent im Jahr 1994 auf 51,8 Prozent im Jahr 2005 erhöht. Dramatisch verschlechtert haben sich im selben Zeitraum die öffentlichen Finanzen: Das Haushaltsdefizit erhöhte sich von 2,3 Prozent des BIP auf 3,2 Prozent des BIP und die gesamtstaatliche Verschuldung stieg von 46,6 Prozent des BIP auf 71,1 Prozent des BIP. Aber auch für die privaten Haushalte hätte sich eine durch ein Downgrade verursachte Verteuerung der Verschuldung 2005 stärker negativ bemerkbar gemacht als elf Jahre zuvor. Denn die Aufwendungen der privaten Haushalte für Zins- und Tilgungszahlungen stiegen im Zeitverlauf von 8,6 Prozent des Bruttoeinkommens auf 10,49 Prozent. Da im Jahr 2005 Ratings stärker zu Regulierungszwecken eingesetzt wurden als 1994, wären dadurch im Falle einer Bonitätsherabstufung die politischen Kosten ebenfalls 2005 stärker angestiegen als 1994.

Übersicht 5.3.1: Politische Kosten in Deutschland 1994 und 2005

Indikator	Anwendung auf Wahlkampf 1994	Anwendung auf Wahlkampf 2005	Vergleich PK 2005 zu 1994
1) Steuer- und Sozialabgabenquote der Arbeitnehmer	48,3	51,8	↑
2) Haushaltsdefizit in Prozent des BIP	2,3	3,2	↑
3) Schuldenstand in Prozent des BIP	46,6	71,1	↑
4) Umlaufrendite von öffentlichen Anleihen in Prozent	7,3	2,9	↓
5) Umlaufrendite von Industrieobligationen in Prozent	7,4	3,3	↓
6) Aufwendungen der privaten Haushalte für Zins- u. Tilgungszahlungen in Prozent ihres Bruttoeinkommens	8,6	10,49	↑
7) Einsatz von Ratings zur Regulierung	gering	ausgeprägt	↑
8) Intensität des polit. Schuldenmanagements	gering	ausgeprägt	↓
Quelle: Eigene Darstellung. Daten 1)-3) nach OECD Factbook 2007; 4)-5) nach Deutscher Bundesbank; 6) nach Statistischem Bundesamt; 7) vgl. Rosenbaum 2004			

Teilweise kompensiert werden konnten diese Faktoren, die zu einem Anstieg der politischen Kosten geführt haben, durch das Sinken des weltweiten Zinsniveaus. Wie in den USA waren auch in Deutschland die Zinsen 2005 geringer als Mitte der 1990er Jahre. Die Umlaufrendite von öffentlichen Anleihen sank so von 7,3 Prozent auf 2,9 Prozent; parallel dazu ging die Umlaufrendite von Industrieobligationen von 7,4 Prozent auf 3,3 Prozent zurück. Zusammen mit der Intensivierung des politischen Schuldenmanagements konnten die gesunkenen Zinsen die jährlichen Zinsbelastungen für den Bundeshaushalt zwar mildern, aber – wie in Kapitel 5.2 erläutert – im Saldo gegenüber 1994 nicht senken. Insofern lässt sich festhalten, dass in der Summe die politischen Kosten 2005 höher waren als 1994. Gleichwohl reicht eine reine Betrachtung dieser quantitativen Indikatoren nicht aus, um den politischen Einfluss von Rating-Agenturen wirklich beurteilen zu können. Zu diesem Zweck werden im Folgenden die politischen Verhältnisse während der Bundestagswahlen 1994 und 2005 näher analysiert und im Rahmen des Modells erklärt.

5.3.1 Die Bundestagswahl 1994

Der seit 1982 mit einer Koalition aus Union und FDP regierende Bundeskanzler Helmut Kohl stellte sich 1994 erneut zur Wiederwahl. Bei der Bundestagswahl 1990 als „Kanzler der Deutschen Einheit" noch souveräner Sieger, waren vier Jahre später die Rahmenbedingungen für die Wahlchancen Kohls weitaus weniger günstig. Denn die anfängliche Euphorie in der Bevölkerung über das Ende der Teilung Deutschlands wich nach 1990 schnell einem Gefühl der Unsicherheit und Unzufriedenheit. Nicht nur in Ostdeutschland waren die Wähler enttäuscht über den wirtschaftlichen Fortschritt der Einheit. Den Versprechungen der Politiker – insbesondere seitens der Koalitionsparteien – während des Wahlkampfes 1990 über einen raschen wirtschaftlichen Aufschwung und einer schnellen Angleichung der ökonomischen Lebensbedingungen zwischen Ost und West im Rahmen überschaubarer Kosten folgte die ernüchternde Realität aus Massenarbeitslosigkeit und teuren Sanierungslasten.[469] Während die Regierung Kohl es schaffte, in den 1980er Jahren den Staatshaushalt zu konsolidieren, verursachten die hohen Kosten der Wiedervereinigung einen starken Anstieg der Staatsverschuldung, die selbst durch Kürzungen im Sozialbereich und Erhöhungen von Steuern und Sozialabgaben nur unzureichend gebremst werden konnte.[470] Von hoher politischer Brisanz war zu Beginn der 1990er Jahre auch der hohe Zustrom von Asylbewerbern, der zu einem großen Vertrauensverlust der Wähler sowohl in die Regierung als auch in die Opposition führte und rechtsextremen Parteien Auftrieb gab. Erst nachdem sich Regierung und SPD im Juli 1993 auf eine Verschärfung des Asylrechtes verständigt hatten und dadurch die Zahl der Asylbewerber deutlich gesunken war, verlor das Thema an politischer Bedeutung.[471]

---

[469] Vgl. Jung, Matthias/ Roth, Dieter (1994): Kohls knappster Sieg. Eine Analyse der Bundestagswahl 1994, S.4, in: Aus Politik und Zeitgeschichte, 23.12.1994, B 51-52/94, Bonn, S.3-15.

[470] Vgl. Zohlnhöfer, Reimut (2007): The Politics of Budget Consolidation in Britain and Germany: The Impact of Blame Avoidance Opportunities, S.1128-1131, in: West European Politics, Vol. 30, No. 5, November 2007, S.1120-1138.

[471] Vgl. Gibowski, Wolfgang G. (1995): Election Trends in Germany. An Analysis of the Second General Election in Reunited Germany, S.30-31, in: German Politics, Vol.4, Number 2, August 1995, London, S.26-53.

In Folge dieser Entwicklungen musste die Koalition eine Reihe von Wahlniederlagen auf Landesebene hinnehmen, die zum Verlust der Mehrheit im Bundesrat führten.[472] Über Jahre hinweg war die demoskopische Aussicht für die Bundesregierung äußerst düster.[473] Seit Frühjahr 1992 lag die Koalition in den Umfragen hinter der Opposition; selbst im Frühjahr 1994 hatte die Opposition 10 Prozentpunkte Vorsprung vor der Regierung. Doch im zweiten Quartal 1994 kam es zu einer Trendwende und Union und FDP holten den Vorsprung der Opposition auf und gingen ab Juli in den Umfragen in Führung. Am Wahlabend schließlich gewann die Koalition mit einem hauchdünnen Vorsprung von 0,3 Prozentpunkten gegenüber SPD, Grünen und PDS. Durch zwölf Überhangmandate für die CDU und vier für die SPD konnte die Koalition so ihre Bundestagsmehrheit von zwei auf zehn Sitze ausbauen.[474] Warum die Regierung Kohl trotz ungünstiger Ausgangslage dennoch gesiegt hat und welchen politischen Effekt angesichts dieses knappen Wahlausgangs ein Downgrade 1994 gehabt hätte, steht im Mittelpunkt der folgenden Betrachtungen. Die meisten Studien, die sich mit der Bundestagswahl 1994 beschäftigen, identifizieren folgende Hauptgründe für den Wahlerfolg der christlich-liberalen Koalition:

- **Die Verbesserung der Wirtschaftslage**: Ab Februar 1994 glaubten immer mehr Wähler, dass es nach Jahren der Rezession nun wieder mit der deutschen Wirtschaft aufwärts gehe; in Folge gewann die Regierung im April im Westen und im Mai auch im Osten ihre Wirtschaftskompetenz, die sie in Umfragen zuvor an die SPD abgegeben hatte, wieder von der Opposition

---

[472] So löste die SPD bereits im Januar 1991 in Hessen und dann im April desselben Jahres in Rheinland-Pfalz die CDU von der Regierung ab; die FDP wiederum verfehlte bei mehreren Wahlen den Einzug in das Parlament. Vgl. Jung, Matthias/ Roth, Dieter (1994), a.a.O., S.4.

[473] Vgl. Köcher, Renate (1994): Auf einer Woge der Euphorie. Veränderungen der Stimmungslage und des Meinungsklimas im Wahljahr 1994, S.16, in: Aus Politik und Zeitgeschichte, 23.12.1994, B 51-52/94, Bonn, S.16-21.

[474] Vgl. Jung, Matthias/ Roth, Dieter (1994), a.a.O., S.3. Insofern gibt es mit der 5-Prozent-Hürde und den Überhangmandaten auch im deutschen Wahlsystem Verzerrungen, die dazu führen, dass sich die abgegebenen Wählerstimmen nicht exakt proportional in Bundestagsmandate widerspiegeln. Überhangmandate entstehen dann, wenn eine Partei so wenige Zweitstimmen erhält, dass sie proportional weniger Mandate bekommt, als ihr auf Grund von Direktmandaten zustehen. Durch Überhangmandate kann es vereinzelt zu regelrecht absurden Auswirkungen kommen, wie z.B. bei der Nachwahl 2005 im Wahlkreis Dresden I: Hierbei hätte die CDU ein Bundestagsmandat (auf der NRW-Landesliste) verloren, wenn sie so viele Zweitstimmen in Dresden bekommen hätte, dass sie dadurch nicht mehr drei, sondern nur noch zwei Überhangmandate erhalten hätte. Die sächsische Union hätte zwar kein Mandat verloren, aber die relative Verbesserung des CDU-Ergebnisses in Sachsen wäre zu Lasten der CDU NRW gegangen. Eine detaillierte und stets aktuelle Übersicht über die Schwächen der Feinheiten des deutschen Wahlrechts findet sich unter www.wahlrecht.de Gleichwohl sind die Verzerrungen des deutschen Wahlrechts weniger stark als im Fall der USA. Aus diesem Grund wird im Verlauf dieses Kapitels darauf nicht mehr eingegangen.

zurück. Parallel dazu stiegen die Zufriedenheit mit der Regierung und die Unterstützung für die Unionsparteien. Da Kohl einer der ersten war, der öffentlich an einen Aufschwung glaubte – und dass zu einem Zeitpunkt, bei dem die ökonomischen Rahmendaten noch unklar waren – wurde die wirtschaftliche Aufwärtsentwicklung stark mit ihm verbunden.[475]

- **Die hohe Popularität Helmut Kohls**: Nachdem Kohl seit Frühjahr 1991 in einem „Dauertief"[476] war, konnte er sein Ansehen erst zu Beginn des Jahres 1994 wieder verbessern. Kohl schaffte es im Mai 1994 sogar, den lange Zeit in der direkten Frage nach der Kanzlerpräferenz deutlich führenden Scharping zu überholen und diesen Vorsprung bis zum Wahltag weiter auszubauen.[477] Während bei einzelnen Fragen, die primär die Sympathie eines Kandidaten messen, Kohl und Scharping insgesamt ähnlich abschnitten, profitierte Kohl von seinem Amtsbonus und erzielte deutliche Vorsprünge in den meisten Kompetenzfeldern. Die Relevanz der Popularität Kohl für das Wahlergebnis wird allerdings dadurch relativiert, dass die Bewertung Kohls nicht unabhängig ist von der parteipolitischen Präferenz der Wähler.[478]

- **Mangelnde Geschlossenheit der SPD**: Auf Grund inhaltlicher und persönlicher Querelen innerhalb der SPD und der „Troika" aus Scharping, Schröder und Lafontaine in den Jahren und Monaten vor der Bundestagswahl

[475] Vgl. Jung, Matthias/ Roth, Dieter (1994), a.a.O., S.5-7; Gibowski, Wolfgang G. (1995), a.a.O., S.35-36. Zu einer kritischeren Betrachtung des Einflusses der verbesserten Wirtschaftslage auf das Wahlergebnis vgl. Erhardt, Klaudia (1998): Die unentschlossenen Wähler als Motor zyklischer Wahlabsichtsverläufe. Eine Untersuchung am Beispiel der Rückgewinnung der Wähler durch die CDU im Frühjahr 1994, in: Dörner, Christine/ Erhardt, Klaudia (1998): Politische Meinungsbildung und Wahlverhalten: Analysen zum ‚Superwahljahr' 1994, Wiesbaden, S.15-118. Aus einer empirischen Untersuchung folgert Erhardt, dass zwar unter allen Wählern der Wirtschaftsoptimismus im gleichen Maß gestiegen ist, aber nur innerhalb der Gruppe der ehemaligen CDU-Wähler dies Einfluss auf ihre Wahlabsicht hatte. Für diese Wähler, die sich wegen Unzufriedenheit mit der Regierung im Laufe der Legislaturperiode von ihrer Wahlentscheidung 1990 distanziert hatten, lieferte der Wirtschaftsaufschwung einen Grund, zur Union zurück zu kehren. Nur in diesem speziellen Fall habe der CDU die verbesserte Wirtschaftslage Wählerstimmen gebracht.

[476] Jung, Matthias/ Roth, Dieter (1994), a.a.O., S.8.

[477] Vgl. Gibowski, Wolfgang G. (1995), a.a.O., S.36.

[478] Vgl. Zelle, Carsten (1995): Candidates, Issues and Party Choice in the Federal Election of 1994, S.58-62, in: German Politics, Vol.4, Number 2, August 1995, London, S.54-74. So erreichte die Regierung unter denjenigen Wählern, die keinen der beiden Kanzlerkandidaten bevorzugten, nur schlechte Wahlergebnisse. Dies erklärt nach Ansicht von Zelle das knappe Wahlergebnis. Insofern hat der Popularitätsvorsprung Kohls der Regierung zwar geholfen, aber relevanter waren die parteipolitischen Orientierungen der Wähler. Vgl. ebenda S.71-72.

wurde die SPD in den Augen der Wähler als nicht geschlossen wahrgenommen.[479]

- **Ungeschicktes Agieren von Scharping**: Neben einzelnen Patzern wie der Verwechslung von „Brutto" und „Netto" bei der Präsentation der SPD-Steuerpläne agierte Scharping auch im Vorfeld der Bundespräsidentenwahl im Mai 1994 ungeschickt, weil er die unrealistische Hoffnung weckte, der SPD-Kandidat Johannes Rau könnte trotz fehlender Mehrheit in der Bundesversammlung zum neuen Staatsoberhaupt gewählt werden; Raus Niederlage wurde so zu einer Enttäuschung für die SPD, die mit Scharpings Namen verbunden wurde.[480]

- **Die „Rote-Socken-Kampagne":** Bundespolitisch brachte sich die SPD nach der Landtagswahl in Sachsen-Anhalt in die Defensive, weil sie dort eine rot-grüne Minderheitsregierung von der PDS „tolerieren" ließ. Diese Entscheidung spaltete die SPD-Anhängerschaft und verunsicherte vor allem Wähler in Westdeutschland;[481] zudem konnte die CDU dadurch mit ihrer „Roten-Socke-Kampagne" gegen eine vermeintliche Linksfront bei der Bundestagswahl mobil machen und konterkarierte „[…] die Strategie der SPD, sich als Partei der Mitte zu präsentieren […]"[482]

- **Die Anpassung des Meinungsklimas an die längerfristigen Grundüberzeugungen und an die dauerhaften Parteipräferenzen der Wähler**: Schultze erklärt das Wahlergebnis mit den parteipolitischen Grundüberzeugungen der Wähler. Je näher der Wahltermin rücke, desto stärker passe sich das Meinungsklima an die längerfristigen Grundüberzeugungen und an die dauerhaften Parteipräferenzen der Wähler an: „Nicht die Wählerentscheidung folgt dem Auf und Ab des politischen Meinungsklimas; vielmehr nähert sich die Stimmungslage umso mehr den strukturell vermittelten Grundeinstellungen der Bevölkerung an, desto näher der Bundestagswahltermin rückt."[483] Mit Verweis auf das bei der Bundestagswahl 1994 nach wie vor vorhandene sozialstrukturelle und mileuspezifisch geprägte Wahlverhalten kommt er zu dem Ergebnis, dass die meisten Wähler nicht bei ihrer Wahlentscheidung zwischen den einzelnen Parteien wechseln, sondern sich zwi-

---

[479] Vgl. Köcher, Renate (1994), a.a.O., S.21.
[480] Vgl. Gibowski, Wolfgang G. (1995), a.a.O., S.36.
[481] Vgl. Köcher, Renate (1994), a.a.O., S.21.
[482] Erhardt, Klaudia (1998), a.a.O., S.110-111.
[483] Schultze, Rainer-Olaf (1995): Widersprüchliches, Ungleichzeitiges und kein Ende in Sicht: Die Bundestagswahl vom 16.Oktober 1994, S.335, in: Zeitschrift für Parlamentsfragen, Heft 2/95, S.325-352.

schen Wiederwahl einer bestimmten Partei und Fernbleiben von der Wahlurne entscheiden.[484]

Betrachtet man die bisherigen Ergebnisse der Wahlforschung mit dem in Kapitel 3 entwickelten Modell, lässt sich die Bundestagswahl 1994 sehr plausibel erklären. In Grafik 5.3.1 ist das Wählerstimmenkalkül der Bundesregierung zu erkennen. Unmittelbar ersichtlich ist, dass die Regierung Kohl nicht ihr optimales Budget in Höhe von A* realisieren konnte, sondern stattdessen das Budget A^+. Der Grund sind die Kompromisse, welche die Bundesregierung mit dem Veto-Spieler Bundesrat eingehen musste. Als Folge konnte die Regierung nur die politische Grenzertragsfunktion PGE+ realisieren, die unterhalb der für die Wiederwahlchancen der Regierung optimalen politischen Grenzertragsfunktion PGE* liegt. In vielen Fragen hat sich der SPD-dominierte Bundesrat nämlich einer Zusammenarbeit mit der Bundesregierung verweigert und versucht, die Gesetzgebung des Bundes im sozialdemokratischen Sinne zu beeinflussen. Beispielsweise verhinderte die SPD im Bundesrat Ende 1993 das von der Bundesregierung im Rahmen von Spargesetzen geplante Einfrieren der Höhe der Sozialhilfesätze.[485] Ebenso hat im Juni 1994 die SPD-Mehrheit im Bundesrat zwei wichtige arbeitsmarktpolitische Gesetzesvorhaben der Bundesregierung abgelehnt.[486]

Trotz der insgesamt wenig konstruktiven Verhaltensweise der SPD musste die Bundesregierung nur relativ moderate Stimmenverluste wegen des Veto-Spielers Bundesrat hinnehmen. Dies lag zum einen daran, dass die Bundesregierung sehr innovativ darin war, ihre Gesetzesentwürfe so zu formulieren, dass sie nicht zustimmungspflichtig waren.[487] Speziell im Bereich der Haushaltspolitik kommt hinzu, dass der Bundesrat hier in der Praxis ohnehin kaum ein Veto-Potential hat und daher ein Bundeskanzler – anders als etwa der US-Präsident – nicht befürchten muss, dass ihm die Legislative höhere Steuern oder Schulden aufzwingt. Die politische Kostenfunktion der Bundesregierung blieb daher unverändert.

[484] Schultze, Rainer-Olaf (1995), a.a.O., S.351.
[485] Vgl. Krumrey, Henning (1994): Kein Anreiz zur Arbeit, in: Focus Nr. 1 (1994).
[486] Vgl. Seher, Dietmar (1994): Bundesrat wird zur Hürde, in: Berliner Zeitung vom 10.6.1994, S.4. Konkret lehnte die SPD Erleichterungen zur privaten Arbeitsvermittlung und die Kappung der Zuschüsse zu Arbeitsbeschaffungsmaßnahmen ab.
[487] Vgl. Zohlnhöfer, Reimut (2007), a.a.O., S.1130.

Grafik 5.3.1: Die Ursachen für die Wiederwahl der Bundesregierung 1994

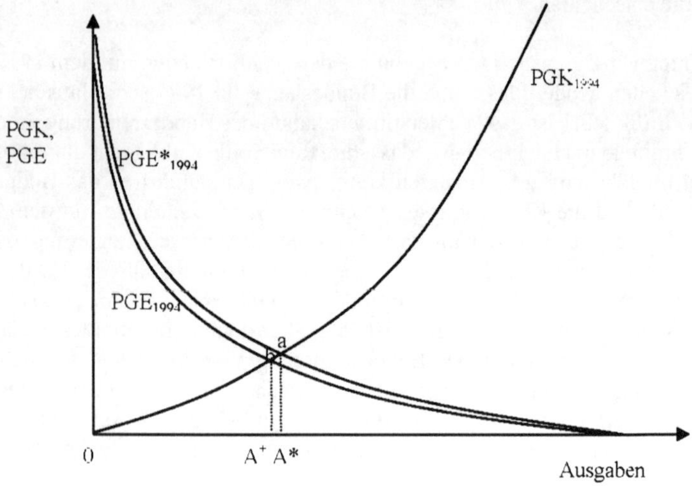

Darüber hinaus konnte in einigen sehr relevanten Fragen ein Konsens zwischen Bundesregierung und SPD-Opposition erzielt werden, der im Endeffekt stärker der Regierung genutzt hat. Erinnert sei hier an den Asyl-Kompromiss. Dieser schwächte massiv rechtradikale Parteien wie die Republikaner, die zuvor auch von gemäßigten Bürgern aus Protest gewählt wurden. Die Union konnte durch die Einigung verhindern, dass sich eine relevante Partei rechts von ihr etabliert – im Sinne des Downschen Modells (vgl. Kapitel 3.1) ein Erfolg von hoher wahlstrategischer Bedeutung. Die mit der SPD abgestimmte Einführung der gesetzlichen Pflegeversicherung brachte der Bundesregierung insbesondere bei Rentnern – die als solche traditionell überdurchschnittlich häufig CDU/CSU wählen – einen hohen Sympathiegewinn ein.[488]

Des Weiteren konnte die Bundesregierung ihr Wählerstimmenkalkül auch deshalb im Großen und Ganzen umsetzen, weil der Veto-Spieler Bundesrat nur über eine bestenfalls mäßige Kohäsion verfügte. In wichtigen Einzelfragen gelang es der Bundesregierung, die SPD zu spalten und so eine Mehrheit im Bundesrat zu erreichen. So stimmte 1992 der niedersächsische Ministerpräsident Gerhard Schröder für die von der Bundesregierung vorgeschlagene Erhöhung der

[488] Während die Union 1994 insgesamt auf 41,4 Prozent der Stimmen kam, schnitt sie bei den älteren Wählern weitaus besser ab. Unter den über 60-jährigen Männern erhielt sie 47,7 Prozent, von den über 60-jährigen Frauen wählten sogar 52,6 Prozent die Union. Vgl. Jung, Matthias/ Roth, Dieter (1994), a.a.O., S.9.

Mehrwertsteuer, weil er Teile daraus für seinen Landeshaushalt benötigte. Damit stellte sich Schröder gegen die von Oskar Lafontaine organisierte Ablehnungsfront der SPD im Bundesrat.[489] Zudem hatte die Bundes-SPD 1993 ihre Zustimmung zur Wiedereinführung des Solidaritätszuschlages zu Gunsten des Aufbaus Ost davon abhängig gemacht, dass kurzfristig weitere Steuern erhöht werden und eine „Arbeitsmarktabgabe" eingeführt wird. Die Bundesregierung schaffte es jedoch, die Mehrzahl der SPD-Ministerpräsidenten durch Reformen beim Länderfinanzausgleich auf ihre Seite zu ziehen und für die Einführung des Solidaritätsaufschlages zu stimmen, ohne die Bedingungen der SPD-Bundestagsfraktion zu erfüllen.[490] Diese Beispiele zeigen, dass die Bundesregierung wegen der mangelnden Geschlossenheit der SPD wichtige Projekte im Bundesrat durchsetzen konnte, ohne dabei durch Kompromisse mit der SPD zu höheren politischen Kosten verpflichtet zu werden und allzu große Abstriche bei ihrer politischen Ertragsfunktion machen zu müssen.

Gegenüber 1990 hat die Bundesregierung deshalb Stimmen verloren, weil es sich damals zum einen um eine historische Sondersituation handelte, in der die Verdienste von Helmut Kohl und Hans-Dietrich Genscher um die deutsche Einheit der Union bzw. der FDP einen kräftigen Schub brachten. Zum anderen waren die Bürger 1994 unzufrieden mit der wirtschaftlichen und sozialen Situation im Zuge des Vereinigungsprozesses und nahmen der Bundesregierung übel, dass sie Steuern und Abgaben nach 1990 deutlich erhöht hat, obwohl sie damals das Gegenteil versprochen hatte. Genau wie es das in Kapitel 3 entwickelte Modell annimmt, haben diese beiden Faktoren die politischen Kosten erhöht und in Umfragen hohe Stimmenverluste der Regierung ausgewiesen.

Die Bundesregierung konnte trotz der gegenüber 1990 höheren politischen Kosten einen knappen Wahlsieg erringen, weil sie im Großen und Ganzen vom SPD-dominierten Bundesrat nicht daran gehindert wurde, wichtige politische Maßnahmen umzusetzen. So konnte die Koalition eine für sie immer noch gute politische Ertragsfunktion realisieren. Darüber hinaus half der gestiegene wirtschaftspolitische Optimismus in der Bevölkerung der Union, einige Wähler zurück zu gewinnen, die sich im Laufe der Legislaturperiode wegen der höheren politischen Kosten von ihr abgewandt hatten. Diese erneute Rückkehr zur Union ist aus Sicht der Wähler auch rational, denn ein höheres Wirtschaftswachstum lässt ein Sinken der politischen Kosten in der Zukunft erwarten, weil die Arbeitslosigkeit sinkt und die Steuereinnahmen steigen. Die Regierung kann dadurch die Sozialversicherungsbeiträge reduzieren und die Verschuldung zurückführen bzw. die Steuern senken. Dieser Zusammenhang gilt insbesondere für Wähler, die sozialstrukturell eher zur Union neigen. In dieser Gruppe konnte Bundes-

[489] Vgl. Opitz, Olaf/ Brüning, Nicola (1994): Der ungeliebte Favorit, in: Focus Nr.19 (1993)

[490] Vgl. o.V. (1993): „Der Alte ist wieder voll da", in: Focus Nr.12 (1993).

kanzler Kohl seinen Amtsbonus voll ausspielen und mit Hilfe der „Roten-Socken-Kampagne“ auch die Stammwähler ideologisch motivieren. Gleichzeitig verhalf diese Kampagne der Union, die SPD in den Augen einiger Wähler in Westdeutschland nach links zu rücken. Da die Union wegen des Asylkompromisses keine ernsthafte Konkurrenz von rechts mehr zu befürchten brauchte und daher Wähler der rechten Mitte nicht übermäßig umgarnen musste, konnte sie auch glaubwürdig um die Medianwähler werben, denen die SPD zu links geworden ist. Geholfen haben der Bundesregierung ebenfalls die Zerstrittenheit der SPD und die mangelnde Ausstrahlungskraft ihres Kanzlerkandidaten Scharping, denn dadurch konnten sich die Sozialdemokraten nicht überzeugend als attraktive Alternative zur Regierung Kohl präsentieren.

Welche politischen Folgen hätte es angesichts dieses knappen Wahlausgangs gehabt, wenn die Bonität der Bundesrepublik vor der Bundestagswahl 1994 herabgestuft worden wäre? Zur Beantwortung dieser Frage muss man einen Blick auf Grafik 5.3.2 werfen. Durch ein Downgrade hätten sich die politischen Kosten, die ohnehin in den letzten Jahren deutlich gestiegen waren, weiter erhöht. In Abbildung 5.3.2 ist dies an der Verschiebung der politischen Grenzkostenfunktion PGK_{1994} nach $PGK`_{1994}$ zu erkennen. Um unter diesen verschlechterten Bedingungen die Wiederwahlchancen zu optimieren, wird die Bundesregierung ihre Staatsausgaben von $A^{+}$ auf A` reduzieren, denn bei letzterem Budget entsprechen die neuen, höheren politischen Grenzkosten dem politischen Grenzertrag (s. Punkt b). Gegenüber der Ausgangslage vor dem Downgrade bedeutet dieses Budget zwar einen Stimmenverlust, aber jeder andere Haushalt hätte noch mehr Stimmenverluste erzeugt.

Vor dem Hintergrund der geschilderten politischen Lage ist dieses auch ein realistisches Szenario für die Bundestagswahl 1994. Angesichts der höheren Verschuldung und der gestiegenen Steuer- und Sozialabgaben seit der Wiedervereinigung hätte die Bundesregierung wohl kaum noch höhere Schulden in Folge der gestiegenen Zinszahlungen wegen des Downgrades politisch verantworten können. Das gleiche gilt für höhere Steuern, denn die Koalition musste bereits in einigen Landtagswahlen seit 1990 die Quittung für ihre „Steuerlüge“ (SPD-Wortlaut) im Zuge der Wiedervereinigung kassieren. Eine Ausgabenkürzung wäre auch trotz des SPD-dominierten Bundesrates möglich gewesen – zumindest in bestimmten (nicht zustimmungspflichtigen) Bereichen. Politisch dürfte das Downgrade die Wiederwahl der Bundesregierung extrem gefährdet haben; eine Abwahl der Koalition wäre in Anbetracht des knappen Wahlausgangs sogar wahrscheinlich gewesen. Denn zum einen bedeuten Ausgabenkürzungen ja, dass auf bestimmte politische Maßnahmen, die Wählerstimmen bringen, ganz oder teilweise verzichtet werden muss. Zum anderen dürfte das erstmalige Downgrade einer Rating-Agentur in der Geschichte der Bundesrepublik die Wähler sehr verunsichert haben, die dadurch Zweifel an der wirtschafts- und finanzpolitischen Kompetenz der Bundesregierung bekommen hätten. Der gestiegene wirtschaftliche Optimismus in der Bevölkerung hätte dadurch einen Dämpfer erhalten können, was insbesondere die (potentiellen) Unionswähler dazu gebracht haben könnte, aus Unzufriedenheit mit der Regierung nicht wählen zu gehen.

Grafik 5.3.2: Der politische Effekt eines fiktiven Downgrades 1994

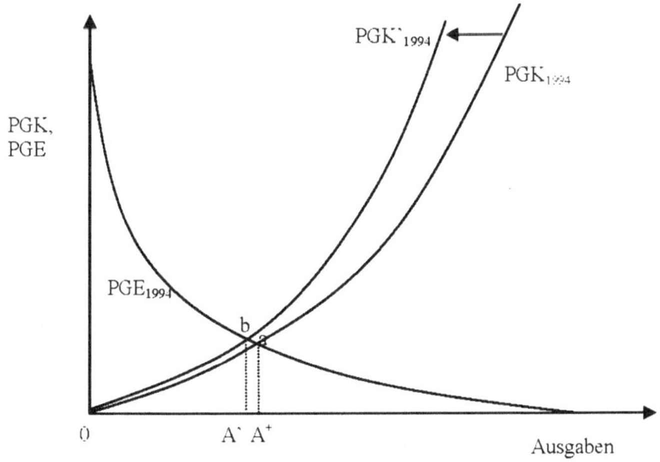

Wie viele Stimmen die Union verloren hätte, kann an dieser Stelle nicht geklärt werden. Angesichts dessen, dass die SPD und ihr Kandidat für die meisten Wähler keine wirkliche Alternative waren und dass die Union 1994 einen deutlichen Stimmenvorsprung vor den Sozialdemokraten hatte, ist es gut möglich, dass Kohl durch eine Rating-Herabstufung so viele Stimmen verloren hätte, dass es für eine Koalition mit der FDP nicht mehr gereicht hätte, aber die Unionsparteien dennoch mehr Wähler gewonnen hätte als die SPD. Eine große Koalition wäre vermutlich die Folge gewesen, vielleicht sogar mit einem Bundeskanzler Schäuble und einem Vizekanzler Scharping. Mit ihrem Bonitätsurteil hätten die Rating-Agenturen die politische Landschaft Deutschlands entscheidend verändert – und zwar nicht durch irgendwelche Zwänge, sondern durch ihre Beeinflussung der ökonomischen und politische Rahmendaten, an denen sich der Parteienwettbewerb orientiert.

5.3.2 *Die Bundestagswahl 2005*

Bei der vorgezogenen Bundestagswahl 2005 trat die seit 1998 regierende rot-grüne Koalition von Bundeskanzler Gerhard Schröder zur Wiederwahl an. Nach dem Verlust des Bundesratsmehrheit bereits zu Beginn der ersten Legislaturperiode, vieler Wahlniederlagen auf Landesebene und schlechter Umfragewerte während des Großteils seiner ersten Amtszeit konnte Schröder 2002 trotz der anhaltend hohen Arbeitslosigkeit einen Wahlsieg über seinen CSU-Herausforderer Edmund Stoiber erringen.[491] Da die PDS die Fünf-Prozent-Hürde verfehlte und nur zwei Direktmandate gewann, reichte es 2002 für eine rot-grüne Bundestagsmehrheit.

Doch bereits wenige Wochen nach dem Wahlsieg kam es zu einem beispiellosen Absturz der Bundesregierung in den Meinungsumfragen, bei dem die Zustimmung zur SPD von 38,5 Prozent bei der Bundestagswahl Ende September 2002 auf 28 Prozent Anfang Dezember deutlich zurückging und sich die Sympathiewerte für Schröder und seinen einst populären Finanzminister Hans Eichel halbierten.[492] Dieser Vertrauensverlust erklärt sich daraus, dass die Bundesregierung noch kurz vor der Wahl beteuerte, Deutschland werde das Maastricht-Kriterium 2002 einhalten, aber sich unmittelbar nach der Wahl das Gegenteil herausstellte. Zudem wurden die Rentenbeiträge Anfang 2003 erhöht, zusätzliche Haushaltslöcher eingeräumt und die Arbeitslosenzahlen stiegen weiter an. Die Opposition warf der Regierung darauf Wahlbetrug vor und ließ im Bundestag einen „Lügenausschuss" einrichten, der diese Anschuldigung bekräftigen sollte.[493] Die Haushaltslage bekam die Regierung Schröder trotz massiver Privatisierungseinnahmen, „kreativer Buchführung" und dem Erzielen kurzfristiger Einmalerlöse auch im weiteren Verlauf ihrer Amtszeit nicht in den Griff, denn Deutschland verstieß unter der rot-grünen Bundesregierung viermal in Folge gegen den Stabilitäts- und Wachstumspakt.[494]

---

[491] Die Bundesregierung verdankte 2002 ihren Erfolg insbesondere dem guten Krisenmanagement während des Elbe-Hochwassers, der Popularität Schröders, ihrer kritischen Haltung zum Irak-Krieg und ihrem durch das Einsetzen der Hartz-Kommission zurück gewonnenem Vertrauen in der Arbeitsmarktpolitik. Vgl. Niedermayer, Oskar (2006), a.a.O., S.123-124.

[492] Vgl. Hilmer, Richard/ Müller-Hilmer, Rita (2006): Die Bundestagswahl vom 18. September 2005: Votum für Wechsel und Kontinuität, S.187, in: Zeitschrift für Parlamentsfragen, Heft 1/2006, S.183-218.

[493] Vgl. Roth, Dieter/ Wüst, Andreas, M. (2006): Abwahl ohne Machtwechsel? Die Bundestagswahl 2005 im Lichte langfristiger Entwicklungen, S.45, in: Jesse, Eckhard/ Sturm, Roland (Hrsg., 2006): Bilanz der Bundestagswahl. Voraussetzungen, Ergebnisse, Folgen, Wiesbaden, S.43-70.

[494] Vgl. Sturm, Roland (2006): Eine Bilanz mit Schatten? Die Arbeit der rot-grünen Regierung auf zentralen Politikfeldern, S.71-72 u. 76-78, in: Jesse, Eckhard/ Sturm, Roland (Hrsg., 2006): Bilanz der Bundestagswahl. Voraussetzungen, Ergebnisse, Folgen, Wiesbaden, S.71-82.

Noch viel stärker als die Fiskalpolitik dominierte die Arbeitsmarktpolitik die 15. Wahlperiode (2002-2005) des Deutschen Bundestages. Die Arbeitsmarktreformen („Hartz-Gesetze“) und die „Agenda 2010“, die der Bundeskanzler im März 2003 ankündigte, beherrschten die politische Debatte in Deutschland und machten weniger den Grünen, sondern vor allem der SPD zu schaffen. Durch diese Reformen kam es zu vielfachen Protestdemonstrationen und zu einem Zerwürfnis zwischen Sozialdemokraten und Gewerkschaften. Mit der neu gegründeten WASG bekam die SPD nun Konkurrenz von links und enttäuschten (westdeutschen) Sozialdemokraten stand so eine politische Alternative zur Verfügung; im Osten konnte die PDS von der Unzufriedenheit der Wähler über „Hartz-IV“ profitieren.[495] Die bereits vor der „Agenda 2010“ erkennbaren Verluste der SPD insbesondere unter den Arbeitern und Arbeitslosen wurden dadurch noch verstärkt und die größte Regierungspartei erlebte ein Wahldebakel nach dem anderen.[496] Begleitet wurden die sozialdemokratischen Wahlverluste von einer hohen Zahl an Parteiaustritten, an denen auch die Übergabe des Parteivorsitzes von Schröder an Franz Müntefering nichts änderte.

Profitieren von der Krise der SPD konnte die Union, die zahlreiche Landtagswahlen gewann und gegen Ende der Legislaturperiode nur knapp die Zwei-Drittel-Mehrheit im Bundesrat verfehlte, mit der sie jedes Gesetz der Bundesregierung hätte blockieren können.[497] Trotz günstiger Umfragewerte und ihrer komfortablen Lage im Bundesrat gab die Union jedoch nicht immer ein geschlossenes Bild ab. Vor allem die CSU störte sich an dem stark wirtschaftsliberalen Kurs, den die CDU auf ihrem Leipziger Parteitag 2003 eingeschlagen hatte.[498]

Ihre deutliche Bundesratsmehrheit nutze die Union, um die Politik der Bundesregierung im eigenen Sinne zu beeinflussen. In der lediglich dreijährigen 15.

---

495 Vgl. Schoen, Harald/ Falter, Jürgen W. (2005): Die Linkspartei und ihre Wähler, S.33-34, in: Aus Politik und Zeitgeschichte, Nr.51-52, 19. Dezember 2005, S.33-40.

496 So verlor die SPD im Februar 2003 – noch vor der „Agenda 2010“- bei der Landtagswahl in Niedersachsen die absolute Mehrheit und musste die Regierung an eine schwarz-gelbe Koalition abgeben. Bei den zeitgleichen Wahlen in Hessen erhielt die SPD weniger als 30 Prozent der Stimmen; im Jahr 2004 rutschte sie bei den Landtagswahlen in Thüringen unter die 20 Prozent-Marke und in Sachsen landete die SPD mit 9,8 Prozent sogar nur knapp vor der NPD.

497 Hätte die CDU 2005 in Schleswig-Holstein eine Koalition mit der FDP statt mit der SPD bilden können, wäre es nach dem Machtwechsel in NRW zu solch einer Zwei-Drittel-Mehrheit der Union im Bundesrat gekommen.

498 Vgl. Hilmer, Richard/ Müller-Hilmer, Rita (2006), a.a.O. S.191. Besonders in der Gesundheitspolitik kam es zu heftigen Streitigkeiten zwischen CDU und CSU, in Folge dessen sich der CSU-Sozialexperte Horst Seehofer öffentlichkeitswirksam aus der Gesundheitspolitik der Unionsfraktion zurückzog. Umgekehrt störte sich der Finanzexperte Friedrich Merz an den Kompromissen in der Steuerpolitik der CDU zugunsten der CSU und zog sich seinerseits ebenfalls aus der ersten Reihe der Union zurück.

Wahlperiode des Deutschen Bundestages sind insgesamt 15 Gesetze wegen des Vetos des Bundesrates nicht verkündet worden – soviel wie nie zuvor in der Geschichte der Bundesrepublik.[499] Vor dem Hintergrund, dass in derselben Zeit allerdings auch 370 andere Gesetze verabschiedet wurden, von denen die Hälfte zustimmungspflichtig war, ist eine völlige Blockade der rot-grünen Regierung durch den oppositionellen Veto-Spieler Bundesrat jedoch eher als Ausnahme anzusehen. Die Regel war vielmehr, dass die Union über den Vermittlungsausschuss oder durch informelle Beratungen mit der rot-grünen Koalition Kompromisse geschlossen hat: „So erforderten die Gesundheitsreform Anfang 2004, die Hartz-Gesetze Mitte 2004 und die Anfang 2005 im Rahmen des Job-Gipfels beschlossenen Maßnahmen zur Reform der Unternehmensbesteuerung jeweils Kompromisslösungen mit der Opposition. Die ‚Kröten', die es dabei für die Regierung zu schlucken galt (zum Beispiel Absenkung des Spitzensteuersatzes auf 42 Prozent), beschleunigten die zentrifugalen Kräfte auf den linken Flügeln beider Regierungsparteien."[500]

Nachdem sich die Koalition Ende 2004 in den Umfragen wieder verbessert hatte, verlor die Bundesregierung mit Beginn des Jahres 2005 erneut an Zuspruch, da erstmals in der Geschichte der Bundesrepublik die Zahl der Arbeitslosen über 5 Millionen lag und die Grünen wegen der „Visa-Affäre" in Bedrängnis gerieten.[501] Nach der verlorenen Landtagswahl in Schleswig-Holstein versuchte der SPD-Vorsitzende Müntefering angesichts der schlechten Umfragewerte seiner Partei bei der anstehenden Wahl in Nordrhein-Westfalen mit einer scharfen Kritik an den vermeintlichen Auswüchsen der Globalisierung und der Marktwirtschaft ehemalige SPD-Wähler zurück zu gewinnen. Inhaltlich stieß sein Vergleich von Finanzinvestoren als „Heuschrecken" zwar auf große Zustimmung in der Bevölkerung – und zwar über alle Parteigrenzen hinweg –, aber da die Mehrzahl der Bürger diese Debatte als reine Wahlkampfrhetorik ansah, konnte auch diese Positionierung der SPD nach links den Regierungswechsel im sozialdemokratischen Stammland NRW nicht verhindern.[502] Noch am Wahlabend erfuhren die Zuschauer am Fernsehbildschirm, dass der Bundeskanzler Neuwahlen anstrebte, was verfassungsrechtlich nicht unproblematisch war.[503] Im Zuge dieser „[…] doppelten Kapitulation des Bundeskanzlers […] sowohl vor der eigenen Mehrheitsfraktion im Bundestag als auch vor den Mehrheitsverhältnissen im

---

[499] Vgl. Georgii, Harald/ Borhanian, Sarab (2006), a.a.O., S.8.
[500] Hilmer, Richard/ Müller-Hilmer, Rita (2006), a.a.O., S.187.
[501] Vgl. Roth, Dieter/ Wüst, Andreas, M. (2006), a.a.O., S.46.
[502] Vgl. Niedermayer, Oskar (2006), a.a.O., S.130.
[503] Vgl. Roberts, Geoffrey K. (2006): The German Bundestag Election 2005, S.669-670, in: Parliamentary Affairs, Vol. 59, No.4 2006, Oxford, S.668-681.

Bundesrat [...]"[504] konnten Union und FDP über Wochen in den Umfragen ihren Vorsprung gegenüber der Bundesregierung deutlich ausbauen, so dass ein Regierungswechsel hin zu einer schwarz-gelben Koalition lediglich eine Frage der Zeit zu sein schien. Bekanntlich kam es anders: Die SPD konnte in den Umfragen aufholen und landete am Wahlabend mit 34,2 Prozent nur einen Prozentpunkt hinter der Union; die FDP wurde mit 9,8 % drittstärkste Kraft vor der Linken/PDS (8,7 %) und den Grünen (8,1 %). Nach langwierigen Verhandlungen wurde dann die zweite große Koalition der Bundesrepublik gebildet.

Bei den Analysen zur Bundestagswahl 2005 herrscht große Übereinstimmung darin, warum die Union trotz großem Vorsprung in den Umfragen am Wahlabend nur knapp vor der SPD gelandet ist:

- **Kompetenzdefizite der Union**: Die positiven Umfragewerte der Union zu Beginn des Wahlkampfes waren hauptsächlich das Ergebnis der großen Unzufriedenheit der Wähler mit der Politik der Bundesregierung und weniger Ausdruck des Vertrauens in die politischen Konzepte oder in das Spitzenpersonal der Union.[505] Darüber hinaus hat der Union auch ihre von den Wählern zugeschriebene Wirtschaftskompetenz nur wenig genutzt. So waren trotz der starken Kritik der Union an der Wirtschaftspolitik der Bundesregierung bei der Bundestagswahl 2005 weniger Wähler als 2002 der Auffassung, dass sich die Wirtschaft in einer schlechten Verfassung befand; gleichzeitig erwarteten mehr von ihnen einen baldigen Aufschwung als dies noch drei Jahre zuvor der Fall war.[506]

- **SPD gewann Unentschlossene zurück**: Die Umfragewerte wurden auch dadurch verzerrt, dass es bis kurz vor der Wahl einen hohen Anteil unentschlossener Wähler gab, die sich erst spät für eine Partei entschieden haben. Diese Beobachtung deckt sich mit der Feststellung, dass auch bei der Bundestagswahl 2005 das Wahlverhalten sozialstrukturell und milieuspezifisch beeinflusst wurde, aber die Gruppe der Stammwähler innerhalb der Bevölkerung kleiner geworden ist und die Integrationskraft der Volksparteien ge-

---

[504] Korte, Karl-Rudolf (2005): Was entschied die Bundestagswahl 2005?, S.13, in: Aus Politik und Zeitgeschichte, Nr.51-52, 19. Dezember 2005, S.12-18.

[505] Vgl. Jung, Matthias/ Wolf, Andrea (2005), a.a.O, S.3. Selbst direkt nach der Wahl in NRW, bei der zwei Drittel der Befragten unzufrieden mit der Bundesregierung waren, glaubte in Umfragen ebenfalls die Hälfte der Bürger, dass eine CDU/CSU-geführte Bundesregierung es auch nicht besser machen würde.

[506] Vgl. Kellermann, Charlotte/ Rattinger, Hans (2006): Economic Conditions, Unemployment and Perceived Government Accountability, S.465-468, in: German Politics, Vol.15, No.4, December 2006, S.460-480.

genüber ihren Milieus nachgelassen hat.[507] In der Gruppe der Unentschlossenen fanden sich viele frühere SPD-Wähler, die im Laufe des Wahlkampfes wieder von der SPD zurück gewonnen werden konnten.[508] Diese Zurückgewinnung ehemaliger Wähler verdankte die SPD auch der Person Schröders, der seinen Rückstand gegenüber Angela Merkel zu Beginn des Wahlkampfes in einen Vorsprung umwandeln konnte.[509]

- **Strategische Defizite des Unions-Wahlkampfes**: Ohne größeren Zweifel an ihrem Wahlsieg wollte die Unionsführung durch einen „ehrlichen Wahlkampf" sicherstellen, dass sie nach der vermeintlich unweigerlichen Regierungsübernahme nicht ebenso schnell an Zuspruch in der Bevölkerung verliert wie es bei der rot-grünen Koalition 2002 der Fall gewesen war.[510] Die Union – vor allem die CDU – war der Ansicht, dass die wirtschaftliche Schwäche, die hohe Staatsverschuldung und die Massenarbeitslosigkeit nur durch radikale Reformen überwunden werden könnten. Dementsprechend warb sie in ihrem Wahlprogramm für eine regelrechte Rosskur: Erhöhung der Mehrwertsteuer, Abschaffung der Pendlerpauschale und der Steuerbefreiung von Sonn- und Feiertagszuschlägen, Einführung der „Gesundheitsprämie" sowie die Lockerung des Kündigungsschutzes und Reformen bei der betrieblichen Mitbestimmung. Diese Wahlstrategie der Union war sehr riskant, da alle genannten Reformpläne mehrheitlich von den Bürgern abgelehnt wurden.[511] Geschadet hat sich die Union zudem durch ihren rein technisch-rational angelegten Wahlkampf, den Verzicht auf emotionale Themen sowie die einseitige Fixierung ihres Wahlprogramms auf ökonomische Fragestellungen ohne einen erkennbar wertbezogenen Ordnungsrahmen.[512]

- **SPD führte Oppositionswahlkampf**: Erschwert wurde die Lage der Union auch dadurch, dass ihr Programm schon als Regierungsprogramm wahrgenommen wurde, während über die Vorschläge der Sozialdemokraten wenig diskutiert wurde und die vermeintlich chancenlose SPD im Wahlkampf wie eine Oppositionspartei agierte.[513] Mit einem eher allgemein formulierten

[507] Vgl. Hilmer, Richard/ Müller-Hilmer, Rita (2006), a.a.O., S.203-206.
[508] Vgl. Roth, Dieter/ Wüst, Andreas, M. (2006), a.a.O., S.65.
[509] Vgl. Niedermayer, Oskar (2006), a.a.O., S.136-141. Allerdings ist der positive Beitrag Schröders zum Wahlergebnis der SPD geringer einzuschätzen als noch 2002.
[510] Vgl. Jung, Matthias/ Wolf, Andrea (2005), a.a.O, S.5; Hilmer, Richard/ Müller-Hilmer, Rita (2006), a.a.O., S.191-193 u. 209; Niedermayer, Oskar (2006), a.a.O., S.145-147.
[511] Vgl. Hilmer, Richard/ Müller-Hilmer, Rita (2006), a.a.O., S. 209.
[512] Vgl. Korte, Karl-Rudolf (2005), a.a.O.
[513] Vgl. Brettschneider, Frank (2005): Bundestagswahlkampf und Medienberichterstattung, S.22-23, in: Aus Politik und Zeitgeschichte, Nr.51-52, 19. Dezember 2005, S.19-26.

Wahlprogramm, das keinerlei schmerzhafte Reformen versprach, betonte die SPD ihren Einsatz für mehr soziale Gerechtigkeit und konzentrierte sich im Wahlkampf auf Attacken an den konkreten Vorschlägen der Unionsparteien. Die Strategie des Negativwahlkampfes der SPD war es, CDU/CSU als „unsozial" darzustellen und den Wählern zu illustrieren, welche finanziellen Einbußen sie durch die Umsetzung der Unionspläne erleiden würden.[514] Im Zentrum der Kritik stand gegen Ende des Wahlkampfes die Steuerpolitik. Mit sehr harten, teilweise persönlichen Attacken auf den designierten Finanzminister Paul Kirchhof schaffte es Schröder, die Unterschiede zwischen den offiziellen Steuerplänen der Union und den persönlichen, radikaleren Reformideen Kirchhofs hervorzuheben und so bei den Wählern Unsicherheit über die Steuerpolitik der Union zu erzeugen.[515] Die Steuerpolitik wurde so primär nicht unter wirtschaftlichen, sondern sozialen Gesichtspunkten diskutiert.[516]

Auf Grundlage der bisherigen Ausführungen zur Bundestagswahl 2005 lässt sich die Abwahl der rot-grünen Bundesregierung und das relativ schwache Abschneiden der Union mit Hilfe des in Kapitel 3 entwickelten Modells erklären. Ausgangspunkt der Analyse ist Grafik 5.3.3, in der das Wählerstimmenkalkül der Bundesregierung illustriert ist. Wie dort zu erkennen ist, konnte die Bundesregierung ihre ideale politische Grenzertragsfunktion PGE^*_{2005} nicht realisieren, sondern musste wegen mancher Blockaden der CDU-Mehrheit im Bundesrat und vor allem auf Grund der Kompromisse mit der Opposition in der Steuer-, Gesundheits- und Arbeitsmarktpolitik eine Verringerung ihrer politischen Grenzertragsfunktion auf PGE_{2005} hinnehmen.

---

[514] Vgl. Schmitt-Beck, Rüdiger/ Fass, Thorsten (2006): The Campaign and its Dynamics at the 2005 German General Election, S.401, in: German Politics, Vol.15, No.4, December 2006, S.393-419.

[515] Vgl. Roth, Dieter/ Wüst, Andreas, M. (2006), a.a.O., S.59-60.

[516] Auf Grund der vielfältigen Kritik an ihrem Programm und wegen ihrer ungeschickten Kommunikationsstrategie konnte die Union ihre Grundidee, durch eine Senkung der Lohnnebenkosten und mit ihren anderen Reformen höheres Wirtschaftswachstum und mehr Beschäftigung zu generieren, nicht hinreichend den Wählern vermitteln: „In der Woche vor der Wahl meinten [.] nur 11 %, dass die Erhöhung der Mehrwertsteuer und die entsprechende Senkung der Lohnnebenkosten zu mehr Arbeitsplätzen führen werde; 23 % glaubten sogar, dies werde sich schädlich auswirken, und 61% gingen von einem insgesamt vernachlässigbaren Effekt aus." (Jung, Matthias/ Wolf, Andrea (2005), a.a.O, S.5.)

Grafik 5.3.3: Die Ursache für die Abwahl der Bundesregierung 2005

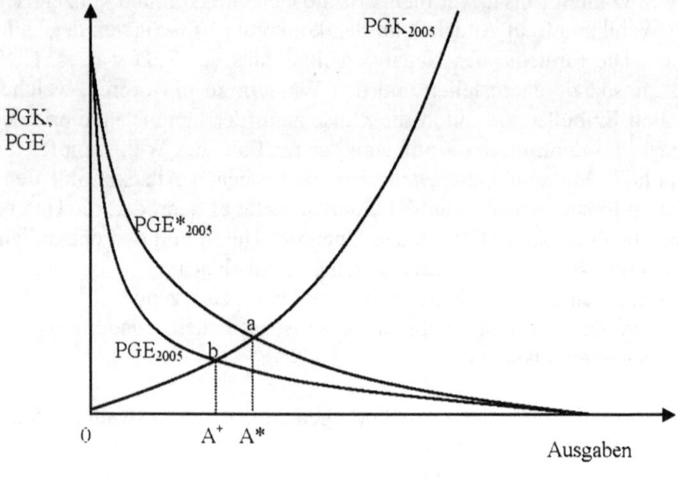

Da diese Kompromisse in vielen Fällen für die SPD besonders schmerzhaft waren, weil sie Einschnitte in dem für die Sozialdemokarten überaus relevanten Bereich der Sozialpolitik bedeuteten, machte sich die größte Regierungspartei auf ihrem „linken" Flügel angreifbar. Durch diese Kompromisse verprellte die SPD viele ihrer Stammwähler. Denn für viele Langzeitarbeitslose führte „Hartz IV" zu realen Einkommensverlusten; Angestellte und vor allem Arbeiter in unsicheren Beschäftigungsverhältnissen lehnten diese Arbeitsmarktreform aus Angst vor einem möglichen sozialen Abstieg in Folge möglicher Arbeitslosigkeit ab. PGE_{2005} verläuft daher deutlich unterhalb von PGE^*_{2005}. Das für die Bundesregierung unter diesen Umständen optimale Budget A^+ entspricht dem Schnittpunkt von PGE_{2005} und der relativ hohen politischen Grenzkostenfunktion PGK_{2005} in Punkt b. Ohne die Kürzungen im Sozialbereich wegen der Kompromisse mit dem Veto-Spieler Bundesrat hätte die Regierung ihre optimale politische Ertragsfunktion realisieren können und durch das Budget A* mehr Wählerstimmen erreicht; ihre Wahlchancen wären deutlich besser gewesen.

Angesichts der Dominanz der sozialpolitischen Themen – die Außenpolitik etwa spielte anders als 2002 bei dieser Bundestagswahl keine Rolle – ist es zur Erklärung hilfreich, alle relevanten Parteien vereinfachend im Sinne Downs anhand ihrer sozial- und wirtschaftspolitischen Konzepte in einem eindimensionalem Links-Rechts Schema anzuordnen. Je weiter links eine Partei steht, desto wichtiger ist ihr ein staatlicher Eingriff in die Wirtschaft bzw. desto stärker setzt sie auf Sozialpolitik und staatliche Umverteilungsmaßnahmen. Ganz links stünden dann 2005 die Linke/PDS gefolgt von SPD, Grünen, CSU, CDU und FDP. In Anbetracht der neuen Konkurrenz durch die Linkspartei verfolgte die SPD die Strategie, im Wahlkampf wieder nach „links" zu rücken, um ehemaliges Kernklientel zurück zu gewinnen, ohne dabei viele Wähler der Mitte zu verlieren. Ihre Politik der vergangenen Jahre machte diesen Versuch jedoch für beide Seiten unglaubwürdig und war daher wenig erfolgreich: Die SPD verlor im Saldo 1 Million Wähler an die Linkspartei und 630.000 Wähler an die Union.[517]

Trotz ihres leichten Schwenks nach links konnte die SPD – wie ihr Wahlergebnis beweist – freilich immer noch viele Stimmen der „Mitte" gewinnen. Dies lag daran, dass sich die Union mit ihrem stark wirtschaftsliberalen Programm nach rechts bewegt hat und sich damit vom Medianwähler entfernte.[518] Da die Entlastungen des Unionswahlprogramms (Senkung von Steuern und Sozialabgaben) nicht ausreichend kommuniziert wurden, standen die Belastungen im Mittelpunkt der politischen Diskussion. Und diese betrafen breite Teile der Mittelschicht, die daraufhin trotz Unzufriedenheit mit der Politik der Bundesregierung den Grünen und vor allem der SPD ihre Stimme gaben oder aber gar nicht zur Wahl gingen. Die Denkweise der betroffenen Mittelschicht-Wähler ist im Sinne des Modells auch rational, gemäß dem Motto: Rot-Grün hat zwar in der Finanz-, Sozial- und Arbeitsmarktpolitik versagt, aber die Opposition würde es vermutlich auch nicht besser machen, sondern nur zu persönlichen finanziellen Einbußen führen. Aus Sicht des Modells ist das relativ schwache Abschneiden der Union verständlich, denn ihr Wahlprogramm beinhaltete Maßnahmen wie die Mehrwertsteuererhöhung oder die Abschaffung von Steuervergünstigungen, welche die politischen Kosten erhöhen – also Wählerstimmen kosten. Zudem gab es mit der FDP eine weitere Partei, die ähnlich argumentierte. Die FDP sprach sich klar für eine Koalition mit der Union aus, war noch marktliberaler, aber lehnte beispielsweise die Mehrwertsteuererhöhung ab. Sie wurde dadurch für viele Unionsanhänger zu einer attraktiven Alternative bei der Wahl.[519] Inso-

[517] Vgl. Hilmer, Richard/ Müller-Hilmer, Rita (2006), a.a.O., S. 202. An die Union verlor die SPD rund 630.000 Stimmen und an die Nichtwähler 370.000 Stimmen.

[518] Vgl. Roth, Dieter/ Wüst, Andreas, M. (2006), a.a.O., S.66-68. Die Links-Rechts-Kategorie bei Roth und Wüst ist zwar eine andere als in diesem Kapitel, da sie die Selbsteinstufungen von Befragten und deren Einstufung der Parteien anhand dieser Skala misst und dadurch nicht nur die Sozialstaatsdimension umfasst, sondern auch andere Wertvorstellungen einbezieht. In Folge dessen wird die FDP traditionell nicht rechts, sondern leicht links von der Union eingeordnet. Das Entscheidende ist aber, dass Roth und Wüst durch Vergleiche mit 2002 und im Zeitverlauf des Wahlkampfes 2005 feststellen, dass sich die Union in den Augen der Wähler nach „rechts" – also weg von der Mitte – bewegt hat.

[519] Vgl. Hilmer, Richard/ Müller-Hilmer, Rita (2006), a.a.O., S. 202. Die FDP erhielt 1,1 Millionen Wähler von ehemaligen Wählern der CDU/CSU. Demgegenüber gewann die Union 770.000 Stimmen von SPD und Grünen und verlor 640.000 Stimmen an das Lager der Nichtwähler.

fern kam die Union – bezogen auf die Dimension Sozialpolitik- durch die FDP von „rechts“ in Bedrängnis.

Zusammengefasst lässt sich festhalten: Die SPD verlor die Wahl, weil sie durch ihre Regierungspolitik – teils wegen Kompromissen mit der Union im Bundesrat, teils wegen eigener politischer Entscheidungen – Wechselwähler enttäuschte sowie ihre Stammwähler verprellte und ihr die Linkspartei auf dem linken Flügel erfolgreich Konkurrenz machte. Die Union gewann die Wahl nur so knapp, weil sie sich mit ihrem stark wirtschaftsliberalen Programm von dem Medianwähler entfernte und zudem viele Stimmen an die FDP abgab.

Abschließend bleibt die Frage zu klären, wie sich das Wahlergebnis geändert hätte, wenn 2005 die Rating-Agenturen das Triple A Deutschlands herabgestuft hätten. Wäre das Resultat angesichts der zu erwartenden zusätzlichen Stimmenverluste der Koalition eine schwarz-gelbe Bundesregierung gewesen? Bei einem Blick auf Grafik 5.3.4 scheint diese Interpretation zunächst nahe zu liegen.

Grafik 5.3.4: Der politische Effekt eines fiktiven Downgrades 2005

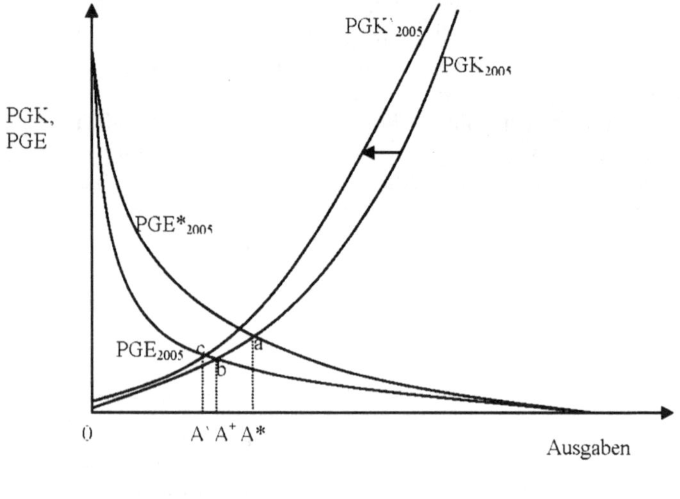

Durch eine Downgrade wären die politischen Kosten der Verschuldung weiter gestiegen, was bei der hohen (Neu-)Verschuldung zu einer deutlichen Verschiebung der politischen Grenzkostenfunktion PGK_{2005} zu $PGK`_{2005}$ geführt hätte. Die Bundesregierung hätte viele Stimmenverluste befürchten müssen, da ihr neues Optimalbudget dann bei A` gelegen hätte. Für eine genauere Analyse der politischen Effekte einer Rating-Herabstufung muss man allerdings nach dem Zeitpunkt des Downgrades differenzieren. Hätten die Rating-Agenturen die deutsche Bonität zu Beginn des Bundestagswahlkampfes – also etwa im Mai oder Juni 2005 – herabgestuft, wären die beschriebenen Folgen genauso eingetreten: Die rot-grüne Koalition hätte weiter an Vertrauen verloren und in den Umfragen hätte sich der Vorsprung der Opposition weiter ausgebaut. Das verschlechterte Rating wäre in der Öffentlichkeit als weiterer Beleg dafür angesehen worden, dass die Regierung Schröder in der Haushaltspolitik versagt hat und so der deutschen Stabilitätskultur nicht gerecht geworden ist. Freilich wäre dies – anders als etwa im Falle eines Downgrades vor der Bundestagswahl 1994 – keine neue Erkenntnis gewesen angesichts des viermaligen Bruchs des Stabilitätspaktes und der permanenten Kritik der Opposition an Hans Eichel. Insofern ist anzunehmen, dass bei ähnlichem Verlauf des Wahlkampfes wegen der Dominanz der Kritik an den Steuerplänen der Union das Downgrade kurz vor der Wahl keine besondere Rolle mehr gespielt hätte und sich daher das Wahlergebnis nicht geändert hätte.

Eine andere Dynamik hätte ein Downgrade nur wenige Wochen vor dem Wahltermin entfaltet. Schröder wäre wohl kaum in Demut versunken, sondern hätte die Bonitätsherabstufung offensiv zu seinen Gunsten verwendet. Genau wie im Fall der Steuerpolitik hätte er versucht, daraus eine polemische Debatte über soziale Gerechtigkeit zu machen, um die eigenen Anhänger zu mobilisieren und Wähler von der Linkspartei zurück zu gewinnen. Die SPD hätte der Union vermutlich vorgeworfen, wegen ihrer Bundesratsmehrheit beim Jobgipfel auf die Steuergeschenke an Unternehmen bestanden zu haben, die auf Grund der damit verbunden finanziellen Einbußen des Bundes für das Downgrade mitverantwortlich gewesen seien. Außerdem hätte die SPD versucht, am Beispiel der Rating-Agenturen die „Kapitalismusdebatte“ anlässlich des „Heuschrecken-Vergleichs“ von Müntefering wieder aufzunehmen. Die Rating-Agenturen hätten dann als „neoliberale“ Vertreter dargestellt werden können, die wie die Union angeblich „Sozialabbau“ fordern. Allerdings ist vor dem Hintergrund der Wahlanalysen anzunehmen, dass die SPD mangels Glaubwürdigkeit mit dieser Strategie keinen großen Erfolg gehabt hätte, was jedoch nicht ausschließt, dass im geringen Umfang dadurch SPD-Anhänger aus dem Bereich der Nichtwähler hätten mobilisiert werden können.

Die Wiederwahlchancen der Bundesregierung dürfte dies indessen kaum verbessert haben. Denn ein Downgrade kurz vor der Wahl wäre für die Union eine Steilvorlage gewesen, aus ihrer Defensive in der Steuerpolitik herauszukommen und die Aufmerksamkeit der Öffentlichkeit wieder auf die schlechte rot-grüne Regierungsbilanz im Bereich der Wirtschafts- und Finanzpolitik zu lenken. Entscheidend für einen Erfolg dieser Strategie wäre es aber gewesen, die finanziellen Nachteile aufzuzeigen, die jeder Bürger durch ein Downgrade direkt oder indirekt erleidet. So müssten die Unternehmer und die bauwilligen Wähler daran erinnert werden, dass ein Downgrade mittelfristig auch ihre Kreditaufnahme verteuert; Besitzern von Bundesanleihen sollte klar gemacht werden, dass ihre Geldanlage unsicherer geworden ist; den Inhabern von Fonds oder privaten Rentenversicherungen müsste ihr Wertverlust auf Grund der Zwangsverkäufe durch Regulierungsvorschriften transparent gemacht werden; und jeder Steuerzahler sollte darauf hingewiesen werden, dass höhere Schulden zu höheren Steuern in der Zukunft führen. Durch das ständige Wiederholen dieser keinesfalls neuen Zusammenhänge wäre die Politik der Bundesregierung in den Augen der Wähler weiter diskreditiert und die Kritik an der Steuerpolitik der Union in den Hintergrund getreten. Vor allem aber hätte das Downgrade der geplanten Mehrwertsteuererhöhung eine neue Legitimation als adäquate Antwort auf die Haushaltskrise gegeben; die Steuererhöhung hätte als Lösung zur Abwendung der negativen finanziellen Folgen der Bonitätsherabstufung für die einzelnen Bürger verkauft werden können. Zwar hätten wohl nur die wenigsten Wähler, die persönlich direkt negativ von den Steuerplänen der Union betroffen waren, dann bei der Bundestagswahl für CDU und CSU gestimmt. Aber die Union hätte durch ihre gestiegene Problemlösungskompetenz wahrscheinlich einige ihrer ehemaligen Wähler aus dem Lager der Nichtwähler zurückgewinnen können und wegen der vermutlich höheren Akzeptanz der Mehrwertsteuererhöhung hätte sie weniger Wähler an die FDP verloren. Dadurch hätten CDU und CSU ihren Vorsprung vor der SPD vergrößern können.

Dass es aber wegen des Downgrades zu einer schwarz-gelben Bundestagsmehrheit gekommen wäre, ist unwahrscheinlich. Union und FDP erhielten nämlich bei der Bundestagswahl 2005 zusammen nur 45 Prozent der Stimmen, während SPD, Grüne und Die Linke gemeinsam auf 51 Prozent kamen. Da im Falle eines Downgrades die SPD ihr Wahlergebnis in etwa halten würde und die Stimmengewinne der Union teilweise zu Lasten ihres Wunschkoalitionspartners FDP gegangen wären, hätten die Stimmenveränderungen angesichts eines Rückstands der schwarz-gelben Allianz von sechs Prozentpunkten nicht ausgereicht. Es wäre auch bei einem Downgrade gegen Ende des Wahlkampfes zu einer großen Koalition gekommen, wenn auch bei einem größeren Vorsprung der Union vor der SPD. Inwiefern eine gestärkte Union in den Koalitionsverhandlungen ihre politischen Ziele dann besser hätte umsetzen können, kann an dieser Stelle nicht geklärt werden.

5.4 Fazit: Strukturelle und kontextspezifische Faktoren des politischen Einflusses von Rating-Agenturen in Deutschland

In diesem Kapitel wurden erklärt, inwiefern Änderungen des Ratings der Bundesrepublik Deutschland politisch relevant sein können. Analog zum USA-Kapitel wurden sowohl strukturelle Merkmale des politischen und wirtschaftlichen Systems als auch kontextspezifische Einflussfaktoren berücksichtigt.

Der Staatshaushalt ist in Deutschland das wichtigste Instrument, mit dem die Bundesregierung ihre Wiederwahlchancen beeinflussen kann. Die Orientierung der Parteien hin zur „Mitte" spricht für eine „normalverteilte" Wählerstruktur, auch wenn es davon auf Grund des sozialstrukturell beeinflussten Wahlverhaltens Abweichungen gibt. Nicht-budgetäre politische Maßnahmen, die als solche nicht von Ratings oder anderen finanziellen Determinanten abhängen, spielen daher beim Stimmenmaximierungskalkül der Regierung ebenfalls eine Rolle. Trotz der hohen haushaltspolitischen Gestaltungskapazität der Bundesregierung erschwert ihr die große Zahl der Veto-Spieler die Realisierung des optimalen Budgets. Eine notwendige Anpassung im Falle eines Downgrades ist somit ebenfalls schwierig; die Wählerstimmenverluste sind dann besonders hoch.

Politische Konsequenzen ergeben sich zudem wegen der höheren politischen Kosten durch eine Herabstufung der staatlichen Bonität. Das Schuldenmanagement des Bundes wirkt zwar dämpfend auf die zu erwartenden höheren Zinszahlungen, kann diesen negativen Effekt auf die Wiederwahlchancen der Regierung jedoch nicht vollständig kompensieren. Wählerstimmenverluste ergeben sich zudem aus den finanziellen Belastungen eines Downgrades für Unternehmen, Investoren und andere Privatpersonen. So führt ein Downgrade zu höheren Finanzierungskosten für Unternehmen und Privatpersonen, die sich z.B. für den Immobilienkauf verschulden. Wegen der Bedeutung des Hausbankprinzips und der längerfristigen Zinsbindungen bei Immobilienkrediten fallen diese Effekte jedoch moderat aus. Gleiches gilt für die Effekte auf die private Altersversorgung, die ebenfalls weniger direkt vom Kapitalmarkt abhängt als etwa in den USA.

Am Beispiel der Bundestagswahlen 1994 und 2005 wurde mit einer kontrafaktischen Argumentation illustriert, inwiefern kontextspezifische Faktoren für das Verständnis der politischen Folgen einer fiktiven Bonitätsherabstufung beachtet werden müssen (vgl. Übersicht 5.4). Auch hier gilt, dass ein Downgrade die politischen Kosten erhöht und Wählerstimmenverluste nach sich zieht. Stärker noch als 1994 wäre dies 2005 der Fall gewesen, insbesondere weil während der Regierungszeit Schröders die Steuer- und Abgabenbelastung sowie die Staatsverschuldung noch höher waren als unter der Regierung Kohl.

Übersicht 5.4: Vergleich der politischen Folgen eines Downgrades 1994 und 2005

Indikator	Auswirkungen auf die Wiederwahlchancen 1994	Auswirkungen auf die Wiederwahlchancen 2005
Höhere politische Kosten durch Downgrade	↓	↓↓
Realisierung der politischen Ertragsfunktion	→	↓↓
Anpassungsmöglichkeiten des Budgets an das Downgrade	→	↓↓
Politische Ausgangslage der Regierung	↓	↓↓
Bedeutung des Downgrades für den Wahlkampf	↓↓	↓
Gesamteffekt auf die Wiederwahlchancen	↓↓	↓
Wahrscheinlichkeit eines anderen Wahlausgangs	**hoch**	**gering**

Erklärung: ↓↓ sehr negativ; ↓ negativ; → neutral; ↑ positiv; ↑↑ sehr positiv
Quelle: Eigene Darstellung

Die Wählerstimmenverluste in Folge eines Downgrades wären gefährlich für die Wiederwahlchancen beider Bundesregierungen gewesen, weil es weder Kohl noch Schröder im Vorfeld gelungen war, auf Grund der fehlenden Bundesratsmehrheit ihr optimales Budget zu realisieren; die Wählerstimmenverluste hätte somit jeweils eine Regierung erlitten, die wegen der Veto-Spieler ohnehin schon weniger Stimmen erwarten konnte als es theoretisch möglich gewesen wäre. Gleichwohl war für die Regierung Kohl die Situation deutlich besser, da sie zwar einige wichtige Projekte wegen der Ablehnung der SPD nicht umsetzten konnte, in vielen anderen Bereichen jedoch die Zustimmung des Bundesrates sicherstellen konnte. Schröder hingegen stand einer Opposition gegenüber, die ihn mehrfach zu schmerzlichen Kompromissen zwang und so seine Wiederwahlchancen beeinträchtigte. Infolgedessen wären auch 2005 die Anpassungsmöglichkeiten des Budgets an ein Downgrade aus Sicht der Regierung weitaus ungünstiger gewesen als 1994.

Die politische Ausgangslage der Bundesregierung war 1994 schlecht, 2005 sogar regelrecht desaströs: Die Unzufriedenheit der Bevölkerung mit der wirtschaftlichen und sozialen Lage war hoch und beide Bundesregierungen lagen zu

Beginn des Wahlkampfes in den Umfragen hinter der Opposition; 2005 waren beide Faktoren allerdings noch deutlich ausgeprägter. Sowohl Kohl als auch Schröder gelang im Verlauf des Wahlkampfes eine beeindruckende Aufholjagd in den Umfragen. Da Kohl jedoch stark von dem gestiegenen Wirtschaftsoptimismus (v.a. in den Reihen ehemaliger Unionswähler) profitiert hat, wäre für ihn eine Rating-Herabstufung besonders schmerzlich gewesen. Dies hätte als Gefährdung des wirtschaftlichen Aufschwungs interpretiert werden können und die SPD hätte so die Wirtschafts- und Finanzpolitik der Regierung massiv attackieren können. Angesichts des sehr knappen Wahlausgangs hätten bereits geringe zusätzliche Wählerstimmenverluste durch ein Downgrade ausgereicht, um die Wiederwahl der Regierung aus Union und FDP zu verhindern. Ein anderes Wahlergebnis (z.B. eine große Koalition) wäre daher sehr wahrscheinlich 1994 die Folge einer Bonitätsherabstufung gewesen.

2005 hätte dagegen selbst ein Downgrade vermutlich zu keinem grundsätzlich anderen Wahlergebnis geführt, weil in den Augen der Wähler das ökonomische und fiskalische Versagen der rot-grünen Bundesregierung bereits so schon offensichtlich war. Eine Herabstufung kurz vor der Wahl hätte allerdings der Union genützt, aus ihrer steuerpolitischen Defensive im Wahlkampf herauszukommen und das Augenmerk der Wähler wieder auf die schlechte Bilanz der Regierung Schröder zu richten; auch die geforderte Mehrwertsteuererhöhung hätte so eine zusätzliche Plausibilität gewonnen. Diejenigen Wähler, die aus sozialen Gründen das Wahlprogramm der Union ablehnten, wären jedoch kaum durch ein Downgrade umgestimmt worden. Die voraussichtlich moderaten Wählerstimmenverluste der Regierung in Folge eines Downgrades hätten allerdings wahrscheinlich nicht zu einem grundsätzlich anderen Wahlausgang (etwa einer schwarz-gelben Mehrheit) geführt. Zwar hätte die Union ihr Wahlergebnis verbessern können, weil sie ehemalige Nichtwähler besser hätte mobilisieren können; zu einem Vorsprung gegenüber einer rechnerischen rot-rot-grünen Bundestagsmehrheit wäre es vermutlich aber nicht gekommen. Die große Koalition wäre somit auch im Falle eines Downgrades eingetreten, wenn auch mit einer gestärkten Union.

6 Finanzmärkte, Rating-Agenturen und Regierungen: Fazit und Ausblick

Als „Zentralnervensysteme moderner politischer Ökonomien" beeinflussen Finanzmärkte durch das Handeln ihrer Akteure in vielfältiger Weise die wirtschaftlichen, sozialen und politischen Rahmenbedingungen eines Landes. Da ihre Bedeutung auf Grund des fortschreitenden Prozesses der Globalisierung weiter zunimmt, herrscht vielfach die Sorge, dass sie einen zu großen Einfluss auf das politische Handeln von Regierungen bekommen könnten oder bereits besitzen. Die Befürchtung: Die Verantwortlichkeit von Regierungen gegenüber ihren Wählern werde relativiert durch eine neue Rechenschaftspflicht gegenüber den Finanzmärkten.

Zu den Finanzmarkt-Akteuren, die für diese Entwicklung mitverantwortlich gemacht werden, zählen die Rating-Agenturen. Begründet wird der politische Einfluss der Rating-Agenturen in der wissenschaftlichen Literatur mit ihrem Einsatz zu Regulierungszwecken, ihrer fundamentalen Bedeutung für die Koordination weltweiter Kapitalströme und mit ihren Wirkungen auf die Finanzierungskosten von Unternehmen und Staaten. Die vorliegende Dissertationsschrift hat jedoch gezeigt, dass die bisherigen politikwissenschaftlichen Ansätze nicht in der Lage sind, diesen politischen Einfluss der Rating-Agenturen in seiner Komplexität und Differenziertheit überzeugend zu erklären.

Sichtbar wurde dies bereits in Kapitel 2.1. Dort wurden der ökonomische, soziologische und politikwissenschaftliche Forschungsstand zur politischen Relevanz von Rating-Agenturen dargestellt und bewertet. Berücksichtigt wurden wissenschaftliche Beiträge mit implizit und mit explizit politischer Fragestellung. Zur ersten Gruppe zählen auch solche Studien, die zwar einen primär ökonomischen Fokus haben, aber deren Ergebnisse gleichfalls von hohem politikwissenschaftlichen Interesse sind. Diskutiert wurden so die Methodik der Rating-Agenturen und ihre möglichen Interessenkonflikte; grundsätzliche Probleme auf Grund der Gewinnorientierung der Rating-Agenturen; die Ursachen und Folgen der oligopolistischen Struktur des Rating-Marktes sowie die ökonomischen Konsequenzen eines Downgrades. Es wurde gezeigt, dass die politische Dimension dieser Problembereiche in ihrer Wechselwirkung mit dem politischen System besteht, weil sie wichtige Wachstums- und Verteilungsfragen berühren.

Diejenigen Autoren, die sich den Rating-Agenturen unter explizit politischer Blickrichtung widmen, haben diese Wachstums- und Verteilungsfragen zwar in der Regel vor Augen, doch sie versäumen es, diese in systematische Beziehung zu dem postulierten Einfluss der Rating-Agenturen auf das Regierungshandeln zu bringen. Wie in Kapitel 2.1.2 ausführlich erläutert wurde, sind die bisherigen politikwissenschaftlichen Erklärungsansätze zur politischen Rolle der Rating-Agenturen nicht überzeugend. Weder lässt sich empirisch eine vermeintliche „neo-liberale" Präferenz der Agenturen nachweisen noch tragen die Agenturen zu einer unweigerlichen Konvergenz zum Kapitalismus angelsächsischer Prägung bei. Zurückzuweisen ist vor allem die Sichtweise, dass Regierungen aus Angst vor einer Herabstufung der staatlichen Bonität quasi „im vorauseilenden Gehorsam" ihre Politik im Sinne der Rating-Agenturen ändern würden. Eine solche Argumentation übersieht nämlich die politischen Konsequenzen, die sich in Demokratien für Regierungen ergeben können, wenn sie dauerhaft die Interessen der Wähler missachten: ihre Abwahl.

Darüber hinaus hat auch die Darstellung der politischen Debatten in den USA und Deutschland in Kapitel 2.2 ergeben, dass der politische Einfluss der Rating-Agenturen dort nicht so gesehen wird, wie es die Literatur vermutet. Vielmehr entzündete sich die Kritik an den Agenturen an ihrem Versagen als Instrument der Kapitalmarktregulierung. Infolgedessen scheuten sich die politisch Verantwortlichen auch nicht, eine grundlegend neue Regulierung der Rating-Agenturen ins Auge zu fassen. Dies deutet nicht darauf hin, dass Regierungen die Reaktionen der Rating-Agenturen fürchten. Im Gegenteil: Am Beispiel des „Credit Rating Agency Reform Act of 2006", der gegen den massiven Widerstand der Rating-Agenturen verabschiedet wurde, zeigt sich, dass ein möglicher politischer Einfluss der Rating-Agenturen auf Grund ihrer Lobbyarbeit nicht wahrscheinlich ist. Ein solcher wurde im Übrigen auch in der wissenschaftlichen Literatur nicht unterstellt. Bei der Darstellung der politischen Initiativen zur Regulierung der Rating-Agenturen wurde zudem sichtbar, dass wichtige Fragen der Kapitalmarktregulierung von Länder übergreifender Bedeutung sind und sich die diskutierten Maßnahmen daher sehr ähneln. Für Deutschland gilt, dass die europäische Ebene hierbei relevanter ist als die nationale.

Trotz der theoretischen und empirischen Defizite der bisherigen politikwissenschaftlichen Ansätze bleibt der Einfluss der Rating-Agenturen auf die Finanzierungskosten von Staaten der richtige Anknüpfungspunkt, um die Bedeutung dieser Finanzmarkt-Akteure für das Handeln von Regierungen zu untersuchen. In Kapitel 3 wurde daher ein neues politikwissenschaftliches Modell entwickelt, mit dem erstmals stringent und differenziert erklärt werden kann, welche politischen Auswirkungen Veränderungen des Ratings nach sich ziehen. Ausgangspunkt dieses Modells, das auf Grundgedanken der Neuen Politischen Ökonomie aufbaut, ist das Stimmenmaximierungskalkül von Regierungen, die wieder gewählt werden möchten. Um dieses Ziel zu erreichen, werden sie ihre Politik so gestalten, dass sie mit allen budgetären und nicht-budgetären politischen Maßnahmen die größtmögliche Zahl an Wählern gewinnen können. Mit jeder (zusätzlichen) Geldeinheit kann eine Regierung so eine bestimmte Stimmenzahl erreichen; in dem Modell wurde dies als politischer (Grenz-) Ertrag beschrieben. Da der Staatshaushalt jedoch von den Wählern durch Steuern oder Schulden finanziert werden muss, impliziert jede ausgegebene Geldeinheit auch (zusätzliche) Wählerstimmenverluste, die so genannten politischen (Grenz-)Kosten. Unter diesen Bedingungen optimieren Regierungen dann ihre Wiederwahlchancen, wenn die politischen Grenzkosten dem politischen Grenzertrag entsprechen, also durch jede zusätzlich ausgegebene Geldeinheit genauso viel Stimmen gewonnen wie verloren werden. Ist dieser Zustand erreicht, hat die Regierung ihr Optimalbudget realisiert.

Da Ratings die Höhe der staatlichen Finanzierungskosten beeinflussen, würde eine Herabstufung der Staatsanleihen die Kreditaufnahme des Landes verteuern. Weil dadurch jede mittels Schulden finanzierte politische Maßnahme teurer wird, steigen als Folge des Downgrades die politischen Kosten. Ihre Wiederwahlchancen erhöhen Regierungen unter diesen neuen Umständen nun dadurch, dass sie die Staatsausgaben so lange senken, bis der politische Grenzertrag den jetzt höheren politischen Grenzkosten entspricht. Dieses Modell zeigt, dass der politische Einfluss der Rating-Agenturen anders erfolgt als es die bisherigen politikwissenschaftlichen Ansätze vermuten: Rating-Agenturen determinieren weder das Handeln der Regierungen noch machen sie ihnen konkrete Vorschriften. Insofern werden Regierungen ihre Politik nicht einfach deshalb ändern, weil ansonsten möglicherweise das Rating gefährdet sei; vielmehr berücksichtigen Regierungen bei ihren Handlungen immer die Auswirkungen auf ihre Wiederwahlchancen. Und nur in diesem Sinne reagieren Regierungen auf die Bonitätsurteile der Agenturen, denn diese beeinflussen wesentliche Rahmendaten des Stimmenmaximierungskalküls der Regierung – nämlich die politischen Kosten. Dadurch wirken Ratings auf den Umfang und die Struktur des Staatshaushalts ein.

Die Aussagekraft dieses Modells konnte zusätzlich gesteigert werden, indem weitere politische und soziale Faktoren sowie andere politikwissenschaftliche Konzepte in das Modell integriert wurden. Hierzu zählen die Struktur der Wählerschaft, verfassungsrechtliche Aspekte, die Rolle der Veto-Spieler, kulturelle Einstellungen und historische Erfahrungen der Bevölkerung sowie die Intensität des politischen Schuldenmanagement. Eine zentrale Erkenntnis dieses Modells ist zudem, dass die jeweilige Struktur des Wirtschaftssystems und des Finanzmarkts ebenfalls direkte politische Folgen für die Relevanz von Ratings als Einflussfaktor der politischen Kosten haben. Darunter fallen die Verschuldung der privaten Haushalte, die Abhängigkeit der Unternehmensfinanzierung und der Altervorsorge vom Kapitalmarkt sowie der Einsatz von Ratings zu Regulierungszwecken.

In den Kapitel 4 und 5 wurde am Beispiel der USA und Deutschlands näher erläutert, warum die Berücksichtigung von nationalen Besonderheiten bei der Analyse des politischen Einflusses von Rating-Agenturen so wichtig ist und die pauschalen Erklärungsansätze der bisherigen politikwissenschaftlichen Literatur unzureichend sind. Denn um die Relevanz der Rating-Agenturen beurteilen zu können, müssen immer die politische Ertrags- und die politische Kostenfunktion in die Bewertung einbezogen werden. Schließlich hängt der politische Effekt der Agenturen davon ab, wie stark eine Veränderung des Ratings das Stimmenmaximierungskalkül der Regierungen beeinflusst – und dieses wiederum findet immer im Rahmen eines spezifischen Verlaufs der politischen Kosten- und Ertragsfunktion statt.

Die Gegenüberstellung des us-amerikanischen politischen Systems mit dem deutschen hat dies veranschaulicht. Im Vergleich mit den USA ist das deutsche Parteiensystem auf Grund der stärkeren Rolle der Sozialstruktur und der längerfristigen Parteibindungen für das Wahlverhalten von dem Medianwählermodell weiter entfernt als das amerikanische. In beiden Ländern können Veto-Spieler die Wiederwahlchancen der Regierung erheblich beeinträchtigen, wobei dieser Effekt in den USA wegen der schwächeren Rolle der Regierung in der Haushaltspolitik noch ein Stück ausgeprägter ist. Zudem sind Totalblockaden des Bundesrates weniger wahrscheinlich als ein entsprechendes Verhalten des amerikanischen Kongresses. Hingegen reduziert sich die politische Ertragsfunktion der Bundesregierung, weil sie auf Grund europäischer Vorschriften und Finanztransfers an die EU bei ihrer Budgetgestaltung etwas eingeschränkt ist. Zusammengenommen führen diese Unterschiede der beiden politischen Systeme dazu, dass *unter sonst gleichen Rahmenbedingungen* Rating-Agenturen in den USA einen höheren politischen Einfluss haben als in Deutschland, weil die durch eine Herabstufung induzierten höheren politischen Kosten in Form von Wählerstimmenverlusten in den USA noch relevanter sind als in der Bundesrepublik. Der Grund liegt zum einen in der größeren Schwierigkeit amerikanischer Regierungen, eine für sie vorteilhafte politische Ertragsfunktion zu realisieren. Zum anderen wird dieser Effekt dadurch verstärkt, dass amerikanische Regierungen wegen der beschriebenen Wählerstruktur im höheren Maße auf budgetäre politische Maßnahmen angewiesen sind, um Wähler zu gewinnen. Eine durch ein Downgrade nahe liegende Ausgabenkürzung hätte vergleichsweise besonders schädliche Auswirkungen auf die Wiederwahlchancen.

Auch nach Betrachtung der politischen Grenzkostenverläufe liegt die Vermutung nahe, dass Ratingänderungen in den USA im Allgemeinen einen größeren politischen Effekt erzielen als in Deutschland. Denn stärker als in Deutschland haben Ratings in den USA direkte oder indirekte Auswirkungen auf die Vermögenssituation von Unternehmen oder Privatpersonen. Käme es zu einer Herabstufung der Staatsanleihen, würden es die Bürger in den USA stärker persönlich spüren und somit dort eher die Regierung für ihre finanziellen Nachteile verantwortlich machen. Die Gründe dafür liegen in der größeren Abhängigkeit der Unternehmensfinanzierung und der Altervorsorge vom Kapitalmarkt, der höheren Verschuldung der Privatpersonen bei gleichzeitig kurzfristigerer Zinsbindung sowie im umfangreicheren Einsatz von Ratings zu Regulierungszwecken. Relativiert werden diese Effekte allerdings durch das politische Schuldenmanagement und die im Vergleich zu Deutschland deutlich geringeren Steuer- und Sozialabgabenquote sowie die – trotz gegenwärtig höherer Haushaltsdefizite – insgesamt geringere Staatsverschuldung.

Ein weiteres wichtiges Ergebnis der Kapitel 4 und 5 ist der Appell für eine stets im konkreten historischen Kontext bezogene Analyse, um den tatsächlichen Effekt struktureller Parameter des politischen Einflusses von Rating-Agenturen zu bestimmen. Daher wurde – kontrafaktisch argumentierend – untersucht, welche Folgen ein Downgrade im selben Land zu unterschiedlichen Zeitpunkten gehabt hätte. Dabei konnte am Beispiel der US-Präsidentschaftswahlen 1992 und 2004 bzw. der Bundestagswahlen 1994 und 2005 gezeigt werden, dass auf diese Weise das neue Modell der Neuen Politischen Ökonomie in der Lage ist, wichtige kontextspezifische Faktoren in die Analyse einzubeziehen: Die Höhe der politischen Kosten; die tatsächliche Realisierung der politischen Ertragsfunktion; die Möglichkeiten der Regierung, das Budget im Falle eines Downgrades so anzupassen, dass die Wählerstimmenverluste minimiert werden; die politische Ausgangslage der Regierung und die Bedeutung des Downgrades für die politische Auseinandersetzung im Wahlkampf. Auch Sonderfaktoren – wie etwa die Eigenheiten des amerikanischen Wahlsystems – lassen sich im Rahmen der Modellanwendung kontextspezifisch berücksichtigen.

In allen vier Fallbeispielen hätte eine Herabstufung der staatlichen Bonität zu Wählerstimmenverlusten geführt, wenn auch in unterschiedlicher Intensität. Besonders gravierende Folgen hätten sich 1994 für die Regierung Kohl und 2004 für US-Präsident George W. Bush ergeben, so dass in beiden Fällen auch ein Regierungswechsel möglich gewesen wäre. Wegen der hohen Staatsverschuldung hätten Downgrades die politischen Kosten jeweils stark erhöht. Zwar wäre George W. Bush bei einem Downgrade in einer etwas besseren Situation gewesen als Helmut Kohl, weil er im Vorfeld seine politische Ertragsfunktion wegen des republikanisch dominierten Kongresses besser realisieren konnte. Beide waren aber allgemein in keiner günstigen politischen Ausgangslage, und selbst wenn sie die Staatsausgaben wegen der höheren politischen Kosten durch das Downgrade moderat gesenkt hätten, um die Wählerstimmenverluste zu minimieren, hätte beiden das schlechte Bonitätsurteil der Agenturen massiv im Wahlkampf geschadet. So hätte die Herabstufung 1994 im Fall Kohls als Beleg für eine falsche Wirtschaft- und Finanzpolitik seit der Wiedervereinigung interpretiert werden können; bei George W. Bush hätten sich die Kritiker seiner Steuersenkungen und des (kostenträchtigen) Irak-Krieg bestätigt gefühlt.

Auch bei der Präsidentschaftswahl 1992 und der Bundestagswahl 2005 hätten sich bei einem Downgrade die ohnehin schon ungünstigen Wiederwahlchancen der amtierenden Regierungen weiter verschlechtert, da die politischen Kosten deutlich gestiegen wären und die Regierungen weder ihr optimales Budget realisieren konnten noch mangels politischer Unterstützung im Kongress bzw. Bundesrat adäquat auf ein Downgrade haushaltspolitisch hätte reagieren können. Freilich hätten sich die Wahlausgänge in beiden Fällen nicht geändert: Bush sr. und Schröder wären abgewählt worden.

Eine unterschiedliche Bedeutung hätten die Downgrades allerdings in den Wahlkämpfen gespielt. Auf Grund der Sondersituation, dass mit Ross Perot ein unabhängiger Kandidat, der im Wahlkampf das Haushaltsdefizit und die Staatsverschuldung stark thematisierte, gute Zustimmungswerte erhielt und auch die Demokraten für das Downgrade hätten mit verantwortlich gemacht werden können, hätte Bush sr. unter Umständen sogar mehr Wahlmännerstimmen erhalten können – sofern die Demokraten relativ zu den Republikanern mehr Stimmen an Perot verloren hätten. Bei der Bundestagswahl 2005 hätte eine Herabstufung der Bonität Deutschlands der oppositionellen Union zwar etwas genützt, weil die Wirtschaftsbilanz der Regierung Schröder vermutlich wieder in den Mittelpunkt des öffentlichen Interesses gerückt und die Union aus ihrer steuerpolitischen Defensive gekommen wäre; für eine schwarz-gelbe Mehrheit hätte es allerdings kaum gereicht.

Dem Leser dürfte klar geworden sein, dass Rating-Agenturen politikwissenschaftlich wichtig sind, weil sie die Rahmendaten des politischen Wettbewerbs signifikant ändern. Rating-Agenturen sind ein hervorragendes Beispiel für die Verzahnung von ökonomischen, sozialen und politischen Fragestellungen in Folge der wachsenden politischen Bedeutung der globalen Finanzmärkte. Diese Dissertationsschrift hat weiterhin theoretisch fundiert belegt, dass Regierungen nicht blind vermeintlichen Zwängen einzelner Finanzmarktakteure gehorchen, sondern nach wie vor eigenständig darüber entscheiden, welche Politik sie verfolgen. Hierbei wägen sie allerdings sorgfältig ab, wie sie auf bestimmte Finanzmarktereignisse reagieren sollen, um ihre Wiederwahlchancen zu optimieren.

In diesem Sinne ermöglicht das neu entwickelte Modell ein Verständnis polit-ökonomischer Zusammenhänge, das über das eigentliche Forschungsobjekt „Rating-Agentur" hinausgeht: Weder schränken die globalisierten Finanzmärkte die souveränen Handlungsspielräume nationaler Regierungen ein noch ändern sie die grundlegenden demokratischen Spielregeln, dass Regierungen gegenüber ihren Wählern rechenschaftspflichtig sind und sich dementsprechend verhalten. Vielmehr werden die Finanzmärkte ein zunehmend wichtigeres Spielfeld auf dem der politische Wettbewerb stattfindet, weil sie Wachstums- und Verteilungsfragen berühren und die Wiederwahlchancen von Regierungen beeinflussen. Die Spielregeln auf diesem Spielfeld bestimmen allerdings nicht die Finanzmarktakteure, sondern die Regierungen. Änderungen der Regeln bedürfen zwar meist der internationalen Abstimmung, aber am Beispiel der Rating-Agenturen zeigt sich, dass bei großem Unmut über das Verhalten einzelner Finanzmarktakteure dies auch möglich ist. Die bisherigen politischen Initiativen deuten darauf hin, dass am Einsatz von Ratings zu Regulierungszwecken zwar festgehalten wird; ein erneutes Versagen wie im Fall von Enron, Parmalat oder der Bewertung des amerikanischen Hypothekenmarktes dürfte diesen Konsens jedoch womöglich ändern. Es sind also die Rating-Agenturen, die von den Entscheidungen der Regierungen abhängen – und nicht umgekehrt.

Literaturverzeichnis

Afonso, Antonio (2003): Understanding the Determinants of Sovereign Debt Ratings: Evidence for the Two Leading Agencies, in: Journal of Economics and Finance, Vol. 27, No.1, Middle Tennessee State University, S.56-74.

Alemann, Ulrich von (2001): Das Parteiensystem der Bundesrepublik Deutschland, Bonn.

Alesina, Alberto/ Perotti, Roberto (1994): The Political Economy of Budget Deficits, NBER Working Paper No.4637, Cambridge/MA.

Alvarez, Michael/ Nagler, Jonathan (1995): Economics, Issues and the Perot Candidacy: Voter Choice in the 1992 Presidential Election, in: American Journal of Political Science, Vol.39, No.3, August 1995, Wisconsin, S.714-744.

Archer, Candace C./ Biglaiser, Glen/ DeRouen Jr., Karl (2007): Sovereign Bonds and the „Democratic Advantage": Does Regime Type Affect Credit Rating Agency Ratings in the Developing World", in: International Organization, Vol.61, Spring 2007, S.341-365.

Ashbee, Edward/ Ashford, Nigel (2004): US Politics Today, Manchester/ New York.

Bafin (2003): IOSCO Prinzipien für Rating-Agenturen und die Frage nach einer Regulierung von Rating-Agenturen bzw. ihrer Ratings in Deutschland", http://ww2.bafin.de/internationales/iosco/rating-agenturen0311.pdf [Zugriff am 12.02.08]

Bafin (2005): Rundschreiben 15/2005, II, 1. http://ww2.bafin.de/rundschreiben/89_2005/050820.htm [Zugriff am 12.02.08]

Bank for International Settlements (BIS, 2000): Credit Ratings and Complementary Sources of Credit Qual-ity Information, in: Basel Committee on Banking Supervision Working Papers No. 3, Basel.

Bank for International Settlements (BIS, 2008): Securities statistics and syndicated loans, Basel, http://www.bis.org/publ/qtrpdf/r_qa0803.pdf#page=85 [Zugriff am 20.05.08]

Becker, Anette (2002): Diskussion über Bonität Deutschlands nährt Zweifel am Benchmark-Status. Prämien für Liquidität und Futures-Märkte. Emissionskalender für 2003 steht ins Haus, in: Börsen-Zeitung vom 14.12.2002, Frankfurt, S.4.

Beers, David/ Cavenaugh, Marie/ Ogawa, Takahira (2002): Sovereign Credit Ratings: A Primer, in: Standard & Poor's: RatingsDirect (03.04.2002), London u.a.

Behrends, Sylke (2001): Neue Politische Ökonomie, München.

Berblinger, Jürgen (1996): Marktakzeptanz des Rating durch Qualität, in: Büschgen, Hans E./ Everling, Oliver (Hrsg., 1996): Handbuch Rating, Wiesbaden, S.21-110.

Bernoth, Kerstin/ von Hagen, Jürgen/ Schuknecht, Ludger (2004): Sovereign Risk Premia in the European Government Bond Market, in: European Central Bank Working Paper Series, No. 369/ June 2004, Frankfurt a.M.

Beyme, Klaus von (2000): Parteien im Wandel. Von den Volksparteien zu den professionalisierten Wählerparteien, Wiesbaden.

Blankhart, Charles B. (2006): Föderalismus. Wer zuletzt zahlt, zahlt am meisten., in: Bundesverband deutscher Banken (Hg., 2006): Bankenbericht 2006, http://www.bankenbericht.de/html/channel-01/1.asp?channel=1111 [Zugriff am 26.05.07]

Block, Donna (2006): The rating game, in: The Deal vom 04.08.2006, New York.

Blyth, Mark/ Katz, Richard (2005) From Catch-all Politics to Cartelisation: The Political Economy of the Cartel Party, in: West European Politics, Vol. 28, No. 1, S.33-60.

Borensztein, Eduardo/ Cowan, Kevin/ Valenzuela, Patricio (2007): Sovereign Ceilings „Lite"? The Impact of Sovereign Ratings on Corporate Ratings in Emerging Marktes Economies, IMF Working Paper, WP/07/75, April 2007.

Bräuer, Sebastian/ Fromme, Herbert (2008): US-Regierung verstaatlicht AIG, in: FTD vom 17.09.08, http://www.ftd.de/unternehmen/versicherungen/:Milliardenhilfe-f%FCr-Versicherer-US-Regierung-verstaatlicht-AIG/414728.html [Zugriff am 27.09.08]

Brennan, Geoffrey/ Buchanan, James M. (1980): The Power to Tax. Analytical Foundations of a Fiscal Constitution, Cambridge.

Brettschneider, Frank (2005): Bundestagswahlkampf und Medienberichterstattung, in: Aus Politik und Zeitgeschichte, Nr.51-52, 19. Dezember 2005, S.19-26.

Breuer, Rolf E. (1991): Gründung einer europäischen Rating-Agentur. Eine Notwendigkeit in einem sich entwickelten europäischen Kapitalmarkt, in: Bank-Archiv, Nr. 8/91, Wien, S.547-550.

Brooks, Robert/ Faff, Robert W./ Hillier, David/ Hillier, Joseph (2004): The national market impact of sovereign rating changes, in: Journal of Banking and Finance, Vol. 28 (2004), S.233-250.

Brooks, Sarah (2002): Social Protection and Economic Integration. The Politics of Pension Reform in an Era of Capital Mobility, in: Comparative Political Studies, Vol.35, No.5, June 2002, S.491-523.

Brown, Garret Wallace (2008): Globalization is What We Make if It: Contemporary Globalization Theory and the Future Construction of Global Interconnection, in: Political Studies Review, 2008, Vol. 6 (1), S.42-53.

Buchanan, James M./ Rowley, Charles K./ Tollison, Robert D. (1987): Deficits, Oxford/ New York.

Bundesfinanzministerium (2005): Monatsbericht des BMF März 2005, Berlin.

Bundesrepublik Deutschland. Finanzagentur (2007): Unternehmenschronik der Deutschen Finanzagentur, www.deutsche-finanzagentur.de/nn_102878/DE/Finanzagentur/UeberUns/Unternehmenschronik/FA/FA__node.html?__nnn=true [Zugriff am 12.02.08]

Bundesverband Investment und Asset Management e.V. (BVI, 2003): Antwort des BVI auf die Anfrage des BMF vom 2. Juli 2003, Berlin, S.4.

Burgmaier, Stefanie (2003): Faust in der Tasche, in: Wirtschaftswoche Nr.37 vom 04.09.2003, Düsseldorf, S.68f.

Busch, Andreas (2005): Globalisation and national varieties of capitalism: The contested viability of the 'german model", in: German Politics, Vol. 14, No.2, S.125-139.

Cantor, Richard/ Packer, Frank (1995): The Credit Rating Industry, in: The Journal of Fixed Income, Vol. 5, No. 3, o.O., S.10-34.

Commission of the European Communities (2006): Communication from the Commission on Credit Ratings Agencies , in: Official Journal of the European Union, 11.03.2006, 2006/C 59/02.
Crepaz, Markus M. L./ Moser, Ann W. (2004): The Impact of Collective and Competitive Veto Points on Public Expenditure in the Global Age, in: Comparative Political Studies, Vol. 37, No.3, Thousand Oaks, S.259-285.
Datz, Giselle (2004): Reframing development and accountability: the influence of sovereign credit ratings on policy making in developing countries, in: Third World Quarterly, Vol. 25, No.2, London, S.303-318.
Deutsche Bundesbank (2008:a): Umlaufsrenditen inländischer Schuldverschreibungen. Monatsdurchschnitte. Frankfurt a.M., http://www.bundesbank.de/statistik/statistik_zeitreihen.php?lang=de&open=zinsen&func=row&tr=WU0004 [Zugriff am 11.02.08]
Deutsche Bundesbank (2008:b): Umlaufsrenditen inländischer Schuldverschreibungen. Industrieobligationen, Frankfurt a.M., http://www.bundesbank.de/statistik/statistik_zeitreihen.php?lang=de&open=zinsen&func=row&tr=WU0022 [Zugriff am 11.02.08]
Deutscher Bundestag , 15. Wahlperiode, Finanzausschuss (7. Ausschuss, 2003): Protokoll Nr.20 (Wortprotokoll) über die öffentliche Anhörung zu den Anträgen a) der Fraktionen SPD und Bündnis 90/ Die Grünen „Finanzplatz Deutschland weiter fördern“ – Drucksache 15/930-, b) der Fraktion der CDU/CSU „Förderung des Finanzplatzes Deutschland“ – Drucksache 15/748, c) der Fraktion der FDP „Finanzplatz Frankfurt stärken“ – Drucksache 15/369- am 4. Juni 2003, Berlin.
Deutscher Bundestag, 15. Wahlperiode (2003): Antwort der Bundesregierung auf die Kleine Anfrage der Abgeordneten Dr. Michael Meister, Heinz Seiffert, Stefan Müller (Erlangen), weiterer Abgeordneter und der Fraktion der CDU/CSU, Berlin, Drucksache 15/1860.
Deutscher Bundestag, 15. Wahlperiode (2004): Antrag der Fraktionen SPD, CDU/CSU, BÜNDNIS 90/ DIE GRÜNEN und FDP: Rating-Agenturen: Integrität, Unabhängigkeit und Transparenz durch einen Verhaltenskodex verbessern, Berlin, Bundestagsdrucksache 15/2815.
Deutscher Bundestag, 15. Wahlperiode (2004): Antwort der Bundesregierung auf die Kleine Anfrage der Abgeordneten Steffen Kampeter, Dietrich Austermann, Dr. Michael Meister, weiterer Abgeordneter und der Fraktion der CDU/CSU, Drucksache 15/ 2964, Berlin.
Deutscher Bundestag, 15. Wahlperiode (2004): Antwort der Bundesregierung auf die Kleine Anfrage der Abgeordneten Steffen Kampeter, Dietrich Austermann, Dr. Michael Meister, weiterer Abgeordneter und der Fraktion der CDU/CSU, Drucksache 15/ 2921, Berlin.
Deutscher Bundestag, 15. Wahlperiode (2004): Antwort der Bundesregierung auf die Kleine Anfrage der Abgeordneten Otto Fricke, Dr. Volker Wissing, Carl-Ludwig Thiele, weiterer Abgeordneter und der Fraktion der FDP, Berlin, Bundestagsdrucksache 15/4543.
Deutscher Bundestag, 15. Wahlperiode (2005): Antrag der Abgeordneten Dr. Hans-Ulrich Krüger (u.a.) und der Fraktion der SPD sowie der Abgeordneten Jutta Krüger-Jacob

(u.a.) und der Fraktion der SPD: Europäische Finanzmärkte – Integration durch Wettbewerb und Vielfalt voranbringen, Berlin, Bundestagsdrucksache 15/5679.

Deutscher Bundestag, 16. Wahlperiode (2007): Antrag der Abgeordneten Dr. Gerhard Schick, Bärbel Höhn (u.a.) und der Fraktion BÜNDNIS 90/ DIE GRÜNEN: Schutz der Anlegerinnen und Anleger bei Zertifikaten stärken, Berlin, Bundestagsdrucksache 16/5290.

Dittrich, Fabian (2007): The Credit Rating Industrie: Competition and Regulation, Dissertation, Universität Köln.

Doetschmann, Martin/ Engels, Dieter (2001): Finanzierung staatlicher Aufgaben, in: Westphalen, Raban Graf von (2001): Deutsches Regierungssystem, München, S.455-474.

Dohmen, C./ Knipper, H./ Köhler, P. (2003). Sanio verstärkt Druck auf Ratingagentur. Präsident der Finanzaufsicht warnt vor Grenzüberschreitung. Kritik an verfrühten Bonitätsnoten für Landesbanken, in: Handelsblatt vom 21./22.11.2003, Düsseldorf, S.25.

Downs, Anthony (1968): Ökonomische Theorie der Demokratie, Tübingen.

Ederington, Louis H./, Yawitz, Jess/ Roberts, Brian E. (1987): The Informational Content of Bond Ratings, in: Journal of Financial Research, Vol. 10, No.3, (Fall 1987), S.221-226.

Einecke, Helga (2003): Ratingagentur wartet mit Einzelnoten. Nach harscher Kritik nennt Standard & Poor's vorerst nur die Bandbreite der Bewertung, in: Süddeutsche Zeitung vom 25.11.2003, München, S. 20.

Eliasson, Ann-Charlotte (2002): Sovereign credit ratings, in: Deutsche Bank Research. Research Notes in Economics & Statistics, No. 02-1, Frankfurt a.M.

Erhardt, Klaudia (1998): Die unentschlossenen Wähler als Motor zyklischer Wahlabsichtsverläufe. Eine Untersuchung am Beispiel der Rückgewinnung der Wähler durch die CDU im Frühjahr 1994, in: Dörner, Christine/ Erhardt, Klaudia (1998): Politische Meinungsbildung und Wahlverhalten: Analysen zum ‚Superwahljahr' 1994, Wiesbaden, S.15-118.

Europäische Kommission (2007): Eurobarometer 67. Die öffentliche Meinung in der Europäischen Union, http://ec.europa.eu/public_opinion/archives/eb/eb67/eb67_de.pdf [Zugriff am 10.05.08]

Europäische Zentralbank (2002): Jahresbericht 2001, Frankfurt a.M.

Europäisches Parlament (2004): Bericht über die Rolle und Methoden von Rating-Agenturen, (2003/2081(INI)), 10.02.2004.

European Commission (2008): Consultation by the Commission services on Credit Rating Agencies (CRAs), http://ec.europa.eu/internal_market/consultations/index_en.htm [Zugriff am 05.10.08]

European Parliament, Committee on Economic and Monetary Affairs (2003): Working document on rating agencies.

Evans, C. Lawrence/ Ng, Stephen (2006): The Institutional Context of Veto Bargaining, in: Thurber, James A. (Hg., 2006): Rivals for Power: Presidential-congressional relations, Oxford u.a., S.183-208.

Everling, Oliver (1991): Credit Rating durch internationale Agenturen. Eine Untersuchung zu den Komponenten und instrumentalen Funktionen des Rating, Wiesbaden.

Executive Office of the President of the United States, Office of Management and Budget (2006): The Budget for the Fiscal Year 2007, Historical Tables, Washington, S.53-54.
Fearon, James D. (1991): Counterfactuals and Hypothesis Testing in Political Science, in: World Politics, Vol.43, No.1 (January 1991), S.169-195.
Federal Reserve (2006a), http://www.federalreserve.gov/releases/H15/data/Weekly _Friday_/H15_TCMNOM_Y10.txt [Zugriff am 03.02.06]
Federal Reserve (2006b), http://www.federalreserve.gov/releases/housedebt/default.htm [Zugriff am 03.02.2006]
Federal Reserve (2008a), http://www.federalreserve.gov/Releases/H15/data/Weekly_ Friday_/H15_AAA_NA.txt [Zugriff am 25.05.2008]
Federal Reserve (2008b), http://www.federalreserve.gov/Releases/H15/data/Weekly_ Friday_/H15_BAA_NA.txt [Zugriff am 25.05.2008]
Ferri,G /Liu, L/ Stiglitz, J (1999): The Procyclical Role of Rating Agencies: Evidence from the East Asian Crisis, in: Economic Notes, Vol. 28, no.3, Oxford, S.335-355.
Fraenkel, Ernst (1981): Das amerikanische Regierungssystem, Opladen.
Fromm, Thomas (2004): Polizei durchsucht Büros von Standard & Poor's wegen Parmalat; Rating-Agentur sieht sich als Opfer der Konzernpleite; in: FTD vom 23. Januar 2004, S. 19.
Ganghof, Steffen (2003): Promises and Pitfalls of Veto Player Analysis, in: Swiss Political Science Review, Vol.9, No. 2/2003, Zürich, S.1-25.
Georgii, Harald/ Borhanian, Sarab (2006): Zustimmungsgesetze nach der Föderalismusrefom. Wie hätte sich der Anteil der Zustimmungsgesetze verändert, wenn die vorgeschlagene Reform bereits 1998 in Kraft gewesen wäre?, Deutscher Bundestag, wissenschaftliche Dienste, WD 3-37/06 und 123/06, Berlin.
Gibowski, Wolfgang G. (1995): Election Trends in Germany. An Analysis of the Second General Election in Reunited Germany, in: German Politics, Vol.4, Number 2, August 1995, London, S.26-53.
Gillespie, W. Irwin (1991): Tax, Borrow and Spend: Financing Federal Spending in Canada, 1867-1990, Ottawa.
Gluchowski, Peter/ Wilamaowitz-Moellendorff, Ulrich von (1997): Sozialstrukturelle Grundlagen des Parteienwettbewerbs der Bundesrepublik Deutschland, in: Gabriel, Oscar W./ Niedermayer, Oskar/ Stöss, Richard (Hrsg., 1997): Parteiendemokartie in Deutschland, Bonn, S.179-208.
Gottwald, Jörn-Carsten (2003): Finanzmärkte und staatliche Regelsetzung. Warum Finanzmärkte für Politik und Politikwissenschaft so wichtig sind, REGEM Analysis No.2, May 2003, Trier University, www.regem.org [Zugriff am 10.05.08]
Gottwald, Jörn-Carsten (2005): Die politische Gestaltung des europäischen Finanzmarktes, Habilitationsschrift, Universität Trier.
Gottwald, Jörn-Carsten/ Aschi, Susanne (2004): Wahlen, Wall Street, Wählergunst. Wie käuflich ist die amerikanische Politik?, in: Blätter für deutsche und internationale Politik, 49. Jahrgang, Heft 4/2004, Bonn, S.439-448.
Grant, Alan (1992): The 1992 US Presidential Election, in: Parliamentary Affairs 1993, Vol. 46, No.2, Oxford, S.239-254.

Gras, Isabelle (2003): The Power to Rate. Eine Untersuchung zur Rolle der Ratingagenturen auf den internationalen Finanzmärkten, REGEM Analysis No.6, May 2003, Trier University, www.regem.org. [Zugriff am 10.05.08]

Grofman, Bernard (Hg., 1995): Information, Participation and Choice. An Economic Theory of Democracy in Perspective, Ann Arbor.

Güldenzopf, Ralf/ Voigt, Mario (2004): Die Präsidentschaftswahl in den USA – Von Stammwählern, Werten und Wahlkampf, in: Die Politische Meinung, Nr.421, Dezember 2004, Jahrgang 41, S.51-57.

Hall, Peter A./ Soskice, David (2001): An Introduction to Varieties of Capitalism, in: Hall, Peter A./ Soskice, David (eds., 2001): Varieties of Capitalism: the institutional foundations of comparative advantage, Oxford.

Haque, Nadeem U./ Nelson, Mark/ Mathieson, Donald J. (1998): The Relative Importance of Political and Economic Variables in Creditworthiness Ratings, in: International Monetary Fund Working Paper 98/46, Washington.

Hay, Colin (2005): Globalization´s impact on states, in: Ravenhill, John (Hg., 2005): Global Political Economy, Oxford, S.235-262.

Heilmann, Sebastian (2003): Kapitalmarktreformen als wirtschaftlicher und politischer Prozess, in: Regem Analysis 1, Mai 2003, Universität Trier, unter www.regem.org [Zugriff am 10.05.08]

Heinemann, Ingo (1999): Public Choice und moderne Demokratietheorie, Frankfurt a.M.

Heise, Arne (2004): Die Wirtschaftspolitik der ‚Neuen Mitte' im Lichte von Public Choice- und Agenda-Theorie. Polit-ökonomische Betrachtungen zur Sozialdemokratie, in: Berliner Debatte Initial, Vol. 15 (2004), Nr.3, Berlin, S.69-85.

Helleiner, Eric (1994): From Bretton Woods to Global Finance: A World Turned Upside Down, in: Stubbs, Richard/ Underhill, Geoffrey R.D. (eds., 1994): Political Economy and the Changing Global Order, London, S.163-175.

Helms, Ludger (2003): Regieren unter den Bedingungen des institutionellen Pluralismus: ein deutsch-amerikanischer Vergleich, in: Politische Vierteljahresschrift, 44. Jg., Heft 1, S.66-85.

Herder-Dorneich, Philipp/ Groser, Manfred (1977): Ökonomische Theorie des politischen Wettbewerbs, Stuttgart.

Hesselberger, Dieter (2003): Das Grundgesetz. Kommentar für die politische Bildung, Bonn.

Hettich, Walter/ Winer, Stanley (1999): Democratic Choice and Taxation. A Theoretical and Empirical Analysis, Cambridge.

Hillebrand, Ernst (2001): Schlüsselstellung im globalisierten Kapitalismus. Der Einfluss privater Rating-Agenturen auf Finanzmärkte und Politik, in: Martens, Jens (Hg.): Die Privatisierung der Weltpolitik. Entstaatlichung und Kommerzialisierung im Globalisierungsprozess, Bonn, S. 150-171.

Hillygus, D. Sunshine/ Shields, Todd G. (2005): Moral Issues and Voter Decision Making in the 2004 Presidential Election, in: Political Science & Politics,Vol.38 , Issue 02, Apr 2005, S.195-199.

Hilmer, Richard/ Müller-Hilmer, Rita (2006): Die Bundestagswahl vom 18. September 2005: Votum für Wechsel und Kontinuität, in: Zeitschrift für Parlamentsfragen, Heft 1/2006, S.183-218.

Hinrichs, Karl (2005): New Century – new paradigm: Pension reforms in Germany, in: Bonoli, Giuliano/ Shinkawa, Toshimitsu (2005): Ageing and Pension Reform A-round the World. Evidence from Eleven Countries, Cheltenham u. Northampton, S.47-73.

Hönighaus, Reinhard (2008): Geteiltes Echo auf EU-Pläne für Rating-Agenturen, in: FTD vom 08.09.08;

Hornig, Frank (2008): Die Bank-Räuber, in: Der Spiegel 13/2008 vom 22.03.08, S.72.

Horst, Patrick (1993): Präsident Clinton und der 103. Kongreß: Ende des "gridlock" ?, in: Zeitschrift für Parlamentsfragen, Heft 2/93, S.240-260.

Horst, Patrick (1995): Haushaltspolitik und Regierungspraxis in den USA und der Bundesrepublik Deutschland, Frankfurt a.M.

Hübner, Emil (2001): Das politische System der USA, München.

Hume, Lynn (2005a): Goldschmid Wants New Powers; Aims for Rating Agency Oversight, in: The Bond Buyer vom 04.03.2005, New York, S.1.

Hume, Lynn (2005b): SEC Lays Out Possible Regulatory Regime for Rating Agencies, in: The Bond Buyer vom 24.06.2005, New York, S.4.

Hume, Lynn (2006a): Senate Panel Oks Amended Rating Agency Bill, in: The Bond Buyer vom 03.08.2006, New York, S.1.

Hume, Lynn (2006b): Congress Approves Credit Rating Agency Reform Act of 2006, in: The Bond Buyer vom 28.09.2006, New York, S.6.

Jesse, Eckhard (2006): Parteiensystem im Wandel? Das deutsche Parteiensystem nach der Bundestagswahl 2005, in: Jesse, Eckhard/ Sturm, Roland (Hrsg., 2006): Bilanz der Bundestagswahl. Voraussetzungen, Ergebnisse, Folgen, Wiesbaden, S.21-42.

Jun, Uwe (2001): Der Bundesrat, in: Westphalen, Raban Graf von (2001): Deutsches Regierungssystem, München, S.339-361.

Jung, Matthias/ Roth, Dieter (1994): Kohls knappster Sieg. Eine Analyse der Bundestagswahl 1994, in: Aus Politik und Zeitgeschichte, 23.12.1994, B 51-52/94, Bonn, S.3-15.

Jung, Matthias/Wolf, Andrea (2005): Der Wählerwille erzwingt die große Koalition, in: Aus Politik und Zeitgeschichte, Nr.51-52, 19. Dezember 2005, S.1-12.

Kappner, Fred/ Roberts, Adrienne (2003): S&P accuses Parmalat of issuing misleading figures, in: FT vom 11.12.2003, S. 15.

Kawakami, Sumie (2002), Economic Bondage, o.O. Zugriff am 03.08.04 unter http://www.japaninc.net/article.php?articleID=870

Kazim, Hasnain (2007): Politik stellt Rating-Agenturen an den Pranger, in: Spiegel-Online vom 16.08.2007, http://www.spiegel.de/wirtschaft/0,1518,druck-500241,00.html [Zugriff am 03.04.08]

Kellermann, Charlotte/ Rattinger, Hans (2006): Economic Conditions, Unemployment and Perceived Government Accountability, in: German Politics, Vol.15, No.4, December 2006, S.460-480.

Kerber, Markus C. (2002): Der verdrängte Finanznotstand. Zur finanzpolitischen Verantwortlichkeit von Parlament und Regierung sowie zur Rolle des Bundes als Hüter der finanzwirtschaftlichen Souveränität, Berlin u.a.

Kerwer, Dieter (1999): Credit Rating Agencies and the Governance of Financial Markets, Bonn, http://www.sase.org/conf1999/papers/dieter_kerwer.pdf [Zugriff am 15.08.2003].
Kerwer, Dieter (2005): Holding Global Regulators Accountable: The Case of Credit Rating Agencies, in: Governance: An International Journal of Policy, Administration, and Institutions, Vol. 18, No.3, July 2005, S.453-475.
King, Michael R./ Sinclair, Timothy J. (2003): Private Actors and Public Policy: A Requiem for the New Basel Capital Accord, in: International Political Science Review, Vol. 24, No. 3, London u.a., S. 345-362.
Kirsch, Guy (1997): Neue Politische Ökonomie, Düsseldorf.
Klages, Wolfgang (1998): Staat auf Sparkurs. Die erfolgreiche Sanierung des US-Haushalts (1981-1997), Frankfurt a.M., S.83.
Knappe, Eckhard (1997): Die gesetzliche Rentenversicherung in Deutschland, in: Tiepelmann, Klaus/ van der Beck, Gregor (1997): Politik der Parafiski. Intermediäre im Balanceakt zwischen Staats- und Bürgernähe, Hamburg, S.40-60.
Köcher, Renate (1994): Auf einer Woge der Euphorie. Veränderungen der Stimmungslage und des Meinungsklimas im Wahljahr 1994, in: Aus Politik und Zeitgeschichte, 23.12.1994, B 51-52/94, Bonn, S.16-21.
Kohlmann, Patrick (2004): Mögliche Lehren aus der Parmalat-Krise, in: Börsenzeitung vom 8. Januar 2004, S. 11.
Kolkmann, Michael (2005): Die Präsidentschaftswahl in den USA vom 2. November 2004: Ein knapper Sieg Bushs, aber auch ein Mandat?, in: Zeitschrift für Parlamentsfragen, Jahrgang 36 (2005), Heft 2, Juni 2005, Wiesbaden, S.259-279.
Korte, Karl-Rudolf (2005): Was entschied die Bundestagswahl 2005?, in: Aus Politik und Zeitgeschichte, Nr.51-52, 19. Dezember 2005, S.12-18.
Kraan, Dirk-Jan (1996): Budgetary decisions. A public choice approach, Cambridge.
Kräussl, Roman (2003): Sovereign Risk, Credit Ratings and the Recent Financial Crises in Emerging Markets. Empirical Analysis and Policy Implications, Frankfurt a.M.
Krumrey, Henning (1994): Kein Anreiz zur Arbeit, in: Focus Nr. 1 (1994).
Kuls, Norbert (2008): Tod der Investmentbanken, in: FAZ vom 20.09.08, Frankfurt a.M., S.12.
Labaton, Stephen (2007): S.E.C. Inquiry Looks for Conflicts in Credit Rating, in: The New York Times vom 27.09.2007, Washington, http://www.nytimes.com/2007/09/27/business/27credit.html?sq=&pagewanted=print [Zugriff am 03.04.08]
Lees, Charles (2006): The German Party System(s) in 2005: A Return to Volkspartei Dominance, in: German Politics, Vol.15, No.4, S.361-375.
Liebert, Nicola (2007): Hedgefonds sollen an die lange Leine, in: TAZ vom 01.02.07, Berlin, S.8.
Lipset, Seymour Martin (1993): The Significance of the 1992 Election, in: Political Science & Politics, Vol. XXVI, Number 1, March 1993, S.7-16.
Lipset, Seymour/ Rokkan, Stein (1967): Party Systems and Voter Alignements, New York.
Lütz, Susanne (2002): Der Staat und die Globalisierung der Finanzmärkte, Frankfurt a.M.
Manow, Philipp (2005): ‚Globalisierung', ‚corporate finance' und koordinierter Kapitalismus: Die Alterssicherungssysteme als (versiegende) Quelle geduldigen Kapitals in

Japan und Deutschland, in: Windolf, Paul (Hrsg., 2005): Finanzmarktkapitalismus. Analysen zum Wandel von Produktions-regimen, Wiesbaden, S.242-275.
Mattauch, Christine (2008): Ab morgen geschlossen!, in: Zeit Online 9/2008, http://www.zeit.de/2008/09/Protektionismus-US-Wahlkampf [Zugriff am 20.05.08]
McKay, David (2004): American Politics and Society, Oxford u.a.
Merkel, Wolfgang (2003): Institutionen und Reformpolitik: Drei Fallstudien zur Vetospieler-Theorie, in: Berliner Journal für Soziologie, Nr. 2/ 2003, Berlin, S. 255-274.
Mester, Volker (2002): Bestnoten für Deutschlands Kreditwürdigkeit. Noch gilt die Bundesrepublik als guter Schuldner. Doch Finanzminister Hans Eichel muss aufpassen, in: Hamburger Abendblatt vom 17.12.2002, Hamburg.
Ministerium der Finanzen des Landes Sachsen-Anhalt (2004): Islamic Bonds auf gutem Weg, Magdeburg, 14.07.04. http://www.asp.sachsen-anhalt.de/presseapp/data/fm/2004/31_2004.htm [Zugriff am 14.08.04]
Mosley, Layna (2000): Room to Move: International Financial Markets and National Welfare States, in: International Organization, Vol. 54, No.4, San Diego, S.737-774.
Mosley, Layna (2004), Government-Financial Market Relations after EMU. New Currency, New Constraints?, in: European Union Politics, Vol. 5, No.2, London u.a., S.181-209.
Mußler, Hanno (2003): Landesbanken geraten immer stärker in die Defensive. Ratingagenturen drohen mit schlechten Als-ob-Ratings. Sparkassen-Gruppe erweitert ihr Haftungssystem, in: FAZ vom 17.11.2003, Frankfurt, S.13.
Neu, Viola (2006): Analyse der Bundestagswahl 2005, Arbeitspapier der Konrad-Adenauer-Stiftung, Nr.157/2006, Sankt Augustin.
Niedermayer, Oskar (2007): Die Entwicklung des bundesdeutschen Parteiensystems, in: Decker, Frank/ Neu, Viola (2007): Handbuch der deutschen Parteien, Wiesbaden, S.114-135.
Niskanen, William D. (1974): Bureaucracy and Representative Government, Chicago.
Nohn, Corinna (2007): Kleine Ursache, große Wirkung, in: Süddeutsche Zeitung vom 12.12.2007, München, S. 26.
Nölke, Andreas (2005): Governance by Coordination Service Firms: The Private Infrastructure of Financial Capitalism, Amsterdam, http://www.arccgor.nl/uploads/File/Governance%20by%20Coordination%20Service%20Firms.doc [Zugriff am 25.03.08].
Norpoth, Helmut (2005): Mission Accomplished: Die Wiederwahl von George W. Bush, in: Politische Vierteljahresschrift, 46. Jahrgang, Heft 1, März 2005, S.3-13.
Norris, Pippa (1993): The 1992 US Elections, in: Government and Opposition, Vol.28, No.1, S.51-68.
o.V. (1993): „Der Alte ist wieder voll da“, in: Focus Nr.12 (1993).
o.V. (2001): Upended, in: The Economist (Online Ausgabe) vom 29.11.01, S.1. http://www.economist.com/re.../PrinterFriendly.cfm?Story_ID=886899&subjectID=96515 [Zugriff am 29.08.03]
o.V. (2001): Wasted Energy. Lessons must be learnt from America's largest corporate bankruptcy, in: The Economist vom 06.12.2001.

o.V. (2002): Deutschland in der Bonitätsfalle?, in: Manager Magazin Online vom 13.12.2002, www.manager-magazin.de/unternehmen/artikel/0,2828,226847,00.html [Zugriff am 16.07.2007]

o.V. (2002): Four Committees in search of a scandal, in: The Economist vom 17.01.02.

o.V. (2002): Ratingagenturen und Welteke beruhigen die Gemüter, in: FAZ vom 17.12.2002, Frankfurt, S.23.

o.V. (2002): Sorgen über die deutschen Banken nehmen zu. Moody´s und S&P stellen schlechte Noten aus. BdB-Präsident Breuer kritisiert Ratingagenturen, in: FAZ vom 13.12.2002, Frankfurt, S.25.

o.V. (2003): „Kultur hat kaum Einfluß auf Rating". Wissenschaftler hält europäische Vorwürfe gegen amerikanische Rating-Agenturen für unbegründet, in: FAZ vom 14.05.2003, Frankfurt, S.23.

o.V. (2003): Berlin zapft verstärkt Kapitalmarkt an, in: Financial Times Deutschland vom 31.01.03, Frankfurt, S.19.

o.V. (2003): Der Schuldner Deutschland behält die Bestnote „AAA". Ratingagenturen läßt der Streit um den Stabilitätspakt kalt. „Höhere Schulden keine Trendwende", in: FAZ vom 15.12.2003, Frankfurt, S.12

o.V. (2003): Deutsche Industrie fordert Schiedsstelle mit Rating-Agenturen. Auch Sanktionen diskussionswürdig. Verbindliche Fixierung von Spielregeln erwartet, in: Börsenzeitung vom 12.08.2003, Frankfurt, S. 1.

o.V. (2003): Druck durch Steuerreform, in: FAZ vom 15.07.2003, Frankfurt, S. 21.

o.V. (2003): Einheitliche Börsenaufsicht geplant, in: Manager-Magazin Online vom 25.02.2002, www.manager-magazin.de/geld/artikel/0,2828,237658,00.html [Zugriff am 16.07.07]

o.V. (2003): Für deutsches „Aaa" sieht Moody´s kaum Gefahr. Ratingagentur lobt traditionell vorsichtige Fiskalpolitik, in: Börsen-Zeitung vom 22.05.2003, Frankfurt, S.3.

o.V. (2003): Gefahr für die Bonität des Bundes. Rating-Agenturen drohen mit Herabstufung, in: Welt am Sonntag vom 25.05.2003.

o.V. (2003): Herabstufung verstärkt Rating-Ärger. Münchener Rück reagiert nicht als einziger Emittent verstimmt. „Emotionale Diskussion", in: FAZ vom 29.08.2003, Frankfurt, S.19.

o.V. (2003): Kritik an Rating-Methoden von S&P. Streit über Bewertung von Pensionsverpflichtungen. Auftragsstudie wirft Agentur Diskriminierung vor, in: FAZ vom 02.12.2003, Frankfurt, S.23.

o.V. (2003): Milliarden für Sarbanes-Oxley, in: FAZ vom 31.07.2003, Frankfurt, S.17.

o.V. (2003): S&P stuft Deutsche Post herab, in: FAZ vom 13.05.2003, Frankfurt, S. 21.

o.V. (2003): Sarbanes-Oxley-Gesetz bei vielen Betroffenen unbekannt, in: FAZ vom 11.08.2003, Frankfurt, S.17.

o.V. (2004): Deutschland behält die Note „AAA". S&P bestätigt Bewertung trotz des Streits um den Stabilitätspakt, in: FAZ vom 21.01.2004, Frankfurt, S.21.

o.V. (2004): Deutschland sammelt als Schuldner Minuspunkte. Steuerausfälle und nachlassender Sparwille beschäftigen die Ratingagenturen. Bestnote ist mittelfristig aber nicht gefährdet, in: FAZ vom 15.05.2004, Frankfurt, S.13.

o.V. (2004): Islamische Anleihe platziert, in: FAZ vom 14.08.04, Frankfurt, S.19.

o.V. (2004): Leitzinssenkung in Ungarn, in: FAZ vom 19.10.04, Frankfurt, S.21.

o.V. (2004): Rentenmarkt entdeckt Inflationsschutz. Erste Emission des Bundes für 2005 erwartet. Volumen auf 500 Milliarden Euro gestiegen, in: FAZ vom 10.11.2004, Frankfurt, S.25.

o.V. (2004): Staatsanleihe mit 34 Jahren Laufzeit, in: FAZ vom 23.04.04, Frankfurt, S.25.

o.V. (2005): "Erst steigt die Inflation, dann der Zins", in: FAZ vom 27.12.2005, Frankfurt a.M., S.11.

o.V. (2005): Grundgesetz erlaubt Pensionsreformen, in: Handelsblatt vom 28.09.05, Düsseldorf, S.6.

o.V. (2006): „Ohne Transparenz können die Hedge-Fonds nicht weiterarbeiten", in: FAZ vom 16.06.2006, Frankfurt a.M., S.25.

o.V. (2006): Berlusconi prescht mit Steuerversprechen vor, in: FAZ vom 05.05.2006, Frankfurt a.M., S.11.

o.V. (2007): Die EU-Finanzminister denken schon an die nächste Krise, in: FAZ vom 04.04.08, Frankfurt a.M., S.12.

o.V. (2007): Merkel und Sarkozy sagen Rating-Agenturen den Kampf an, in: Spiegel-Online vom 10.09.07, http://www.spiegel.de/politik/deutschland/0,1518,druck-504829,00.html [Zugriff am 03.04.08]

o.V. (2007): Scharfe Kritik an den Rating-Agenturen. Späte Reaktion auf die Kursverluste im <<Subprime>>-Sektor, in: NZZ Online vom 12.07.2007, http://www.nzz.ch/nachrichten/wirtschaft/boersen_und_maerkte/scharfe_kritik_an_den_rating-agenturen_1.526746.html [Zugriff am 19.07.2007]

o.V. (2007): Strukturierte Anleihen. Leichen im Keller des Verbriefungsmarktes, in: FAZ vom 04.06.2007 (Online-Ausgabe), http://www.faz.net/s/Rub09A305833E12405A808EF01024D15375/Doc~E80105275351441C597EF76EEB1A4B70F~ATpl~Ecommon~Scontent.html [Zugriff am 19.07.2007]

o.V. (2008): „Je komplexer die Produkte, desto wichtiger werden Rating-Agenturen", in: hib-Meldung vom 13.02.08, http://www.bundestag.de/aktuell/hib/2008/2008_041/03.html [Zugriff am 04.04.08]

o.V. (2008): 85-jährige Bank in zehn Minuten aufgelöst, in: Manager-Magazin vom 30.05.2008, http://www.manager-magazin.de/geld/artikel/0,2828,556731,00.html [Zugriff am 07.06.08].

o.V. (2008): Amerikas Rating ist nicht in Gefahr, in: FAZ vom 24.09.08, Frankfurt a.M., S.12.

o.V. (2008): Benelux-Staaten retten Versicherer Fortis, in: FTD vom 29.09.08, http://www.ftd.de/boersen_maerkte/:Beinahe-Kollaps-Benelux-Staaten-retten-Versicherer-Fortis/419654.html [Zugriff am 03.10.08]

o.V. (2008): Bush unterzeichnet Rettungspaket, in: FAZ vom 04.10.08, http://www.faz.net/s/Rub58241E4DF1B149538ABC24D0E82A6266/Doc~EFB87DC7A4C424A48A6A383127F7718E8~ATpl~Ecommon~Scontent.html [Zugriff am 04.10.08]

o.V. (2008): Dublin gibt 400-Milliarden-Bürgschaft, in: Spiegel-Online vom 30.09.08, http://www.spiegel.de/wirtschaft/0,1518,581575,00.html [Zugriff am 01.10.08]

o.V. (2008): Goldman Sachs und Morgan Stanley werden normale Geschäftsbanken, in: Spiegel-Online vom 22.09.08, http://www.spiegel.de/wirtschaft/0,1518,druck-579553,00.html [Zugriff am 03.10.08]

o.V. (2008): Milliardenverlust trotz Rettung, in: Manager-Magazin vom 27.05.08, http://www.manager-magazin.de/geld/artikel/0,2828,555568,00.html [Zugriff am 04.10.08]
o.V. (2008): Northern-Rock-Chef bekommt eine Million Euro, in: Spiegel-Online vom 31.03.08, http://www.spiegel.de/wirtschaft/0,1518,druck-544507,00.html [Zugriff am 07.06.08]
o.V. (2008): Restructured products, in: The Economist vom 07.02.2008, http://www.economist.com/finance/PrinterFriendly.cfm?story_id=10655009 [Zugriff am 03.04.08]
o.V. (2008): Rettung in letzter Minute für Hypo Real, in: FTD vom 06.10.08, http://www.ftd.de/unternehmen/finanzdienstleister/:Neuer-Milliarden-Kredit-Rettung-in-letzter-Minute-f%FCr-Hypo-Real/422295.html [Zugriff am 06.10.08]
o.V. (2008): Staatsgarantie für sämtliche Einlagen, in: FAZ vom 06.10.08, Frankfurt a.M., S.1.
o.V. (2008): Washington Mutual bricht zusammen, in: FTD vom 26.09.08, http://www.ftd.de/unternehmen/finanzdienstleister/:Milliardenpleite-der-gr%F6%DFten-US-Bausparkasse-Washington-Mutual-bricht-zusammen/418638.html [Zugriff am 03.10.08]
Offe, Claus (1969): Politische Herrschaft und Kassenstrukturen: Zur Analyse spätkapitalistischer Gesellschaftssysteme, in: Kress, Gisela/ Senghaas, Dieter (Hrsg., 1969): Politikwissenschaft: Eine Einführung in ihre Probleme, Frankfurt a.M., S.155-189.
Olson, Mancur (1991): Aufstieg und Niedergang von Nationen. Ökonomisches Wachstum, Stagflation und soziale Starrheit, Tübingen.
Olson, Mancur (2004): Die Logik des kollektiven Handelns. Kollektivgüter und die Theorie der Gruppen, Tübingen.
Opitz, Olaf/ Brüning, Nicola (1994): Der ungeliebte Favorit, in: Focus Nr.19 (1993).
Organisation For Economic Co-Operation And Development (2002): Debt Management and Government Securities Markets in the 21st Century, Paris.
Organisation For Economic Co-Operation And Development (2005): Pension Market in Focus, December 2005, Issue 2, S.4. http://www.oecd.org/dataoecd/44/18/35836532.pdf [Zugriff am 06.02.2006]
Organisation For Economic Co-Operation And Development (2006): OECD Factbook 2006, Paris.
Organisation For Economic Co-Operation And Development (2007): OECD Factbook 2007, Paris.
Osman, Yasmin (2008a): Wie S&P seine Ratings reformieren will, in: FTD vom 07.02.2008, http://www.ftd.de/boersen_maerkte/aktien/314013.html?mode=print [Zugriff am 11.06.08]
Osman, Yasmin (2008b): S&P sieht AAA-Rating der USA bedroht, in: FTD vom 16.04.08, http://www.ftd.de/boersen_maerkte/aktien/343317.html?mode=print [Zugriff am 18.06.08]
Osman, Yasmin (2008c): Aufseher rebellieren gegen EU-Kommissar McCreevy, in: FTD vom 18.09.08.
Osman, Yasmin/ Robisch, Karsten (2008): Finanzkrise bringt Island in Gefahr, in: FTD vom 30.09.08, http://www.ftd.de/politik/international/:Wegen-Bankenschieflage-Finanzkrise-bringt-Island-in-Gefahr/420188.html?mode=print [Zugriff am 04.10.08]

Panetta, Leon E. (2006): Politics of the Federal Budget Process, in: Thurber, James A. (Hg., 2006): Rivals for Power: Presidential-congressional relations, Oxford u.a., S.209-232.
Papier, Hans-Jürgen (2005): Relative Offenheit, in: FAZ vom 24.11.05, Frankfurt a.M., S.8.
Partnoy, Frank (1999): The Siskel and Ebert of Financial Markets?: Two Thumps Down for the Credit Rating Agencies, in: Washington University Law Quarterly, Vol. 77, No. 3, Washington, S. 619-714.
Paul, Manfred (1996): Rating als Instrument des Finanzmarketing, in: Büschgen, Hans E./ Everling, Oliver (Hrsg., 1996): Handbuch Rating, Wiesbaden, S.373-422.
Pech, Gerald (1996): Besteuerung und Staatsverschuldung in der Demokratie: Zur dynamischen Analyse staatlicher Budgetpolitiken, Frankfurt a.M.
Pfeifer, Johannes (2008): Die Finanzmarktaufsicht Italiens: Eine Analyse ihres Entwicklungspfades und ihres Versagens im Parmalat-Skandal, REGEM Analysis No.18, August 2008, Trier University, www.regem.org [Zugriff am 30.09.08]
Pilz, Frank (2004): Der Sozialstaat. Ausbau-Kontroversen-Umbau, Bonn.
Piper, Nikolaus (2007): Hypothekenkrise in den USA verschärft sich, in: Süddeutsche Zeitung vom 19.06.2007, München, S.30.
Plümper, Thomas (2003): Die positive Politische Ökonomie demokratisch verfasster Staaten. Eine Einführung in Mikrofundierung und Modelle, in: Kittel, Bernhard (Hrsg.) u.a. (2003): Politische Ökonomie. Demokratie und wirtschaftliche Leistungsfähigkeit, Opladen , S. 9-45.
Poon, Winnie P.H. (2003): Are unsolicited credit ratings biased downward?, in: Journal of Banking & Finance, Vol. 27, No. 4, o.O., S. 593-614.
Priewe, Jan (2008): Leistungsbilanzdefizit der USA, in: Aus Politik und Zeitgeschichte, Nr.7/2008, 11. Februar 2008, Bonn, S.21-26.
Rehm, Hannes (2005): New Approaches to a Fiscally-Oriented Debt Management Strategy: Objectives, Instruments, and Risks, in: FinanzArchiv, Vol. 61 (2005), Issues no. 4, S.587-608.
Report of the Staff to the Senate Committee on Governmental Affairs ("Watchdogsreport", 2002): Financial Oversight of Enron: The SEC and Private Sector Watchdogs, Washington D.C, http://www.senate.gov/~govt-aff/100702watchdogsreport.pdf [Zugriff am 02.04.08]
Richter, Rudolf/ Furubotn, Erik G. (1999): Neue Institutionenökonomik: Eine Einführung und kritische Würdigung, Tübingen.
Roberts, Geoffrey K. (2006): The German Bundestag Election 2005, in: Parliamentary Affairs, Vol. 59, No.4 2006, Oxford, S.668-681.
Rosenbaum, Jens (2004): Der Einsatz von Rating-Agenturen zur Kapitalmarktregulierung in den USA. Ursachen und Konsequenzen, REGEM Analysis No. 8, February 2004, www.regem.org. [Zugriff am 02.04.08]
Roth, Dieter/ Wüst, Andreas, M. (2006): Abwahl ohne Machtwechsel? Die Bundestagswahl 2005 im Lichte langfristiger Entwicklungen, in: Jesse, Eckhard/ Sturm, Roland (Hrsg., 2006): Bilanz der Bundestagswahl. Voraussetzungen, Ergebnisse, Folgen, Wiesbaden, S.43-70.

Rüb, Matthias (2004): Es ist die Moral, Dummkopf!, in: FAZ vom 05.11.04, Frankfurt a.M.

Rudzio, Wolfgang (2000): Das politische System der Bundesrepublik Deutschland, Opladen.

S&P (2005): In The Long Run, We Are All Debt: Aging Societies And Sovereign Ratings, http://www2.standardandpoors.com/servlet/Satellite?pagename=sp/Page/FixedIncomeBrowsePg&r=1&b=2&f=2&s=17&ig=&i=&l=EN&fr=1&fs=17&fig=&ft=4 [Zugriff am 22.03.05]

S&P (2006): German Federalism Reform Plan Is An Important First Step, in: Rating Direct, Frankfurt, 13.06.2006.

Sachs, Philippe u.a. (2004): Degrees of Excellence: Comparing and Contrasting the Five 'AAA' Rated G7 Economies, in: Standard and Poors RatingsDirect (17.10.2004), Singapore u.a. http://www2.standardandpoors.com/NASApp/cs/ContentServer?pagename=sp/Page/FixedIncomeBrowsePg&r=1&l=EN&b=2&s=17 [Zugriff am 21.10.04].

Saiegh, Sebastian M. (2005): Do Countries have a „Democratic Advantage"? Political Institutions, Multilateral Agencies and Sovereign Borrowing.", in: Comparative Political Studies, Vol. 38, No.4, May 2005, S.366-387.

Sartori, Giovanni (2005): Party Types, Organisation and Functions, in: West European Politics, Vol. 28, No.1, S.5-32.

Schirm, Stefan (2004): Internationale Politische Ökonomie. Eine Einführung, Baden-Baden.

Schmidt, Vivien (2002): The Futures of European Capitalism, New York.

Schmitt-Beck, Rüdiger/ Fass, Thorsten (2006): The Campaign and its Dynamics at the 2005 German General Election, in: German Politics, Vol.15, No.4, December 2006, S.393-419.

Schoen, Harald/ Falter, Jürgen W. (2005): Die Linkspartei und ihre Wähler, in: Aus Politik und Zeitgeschichte, Nr.51-52, 19. Dezember 2005, S.33-40.

Schultz, Kenneth A./ Weingast, Barry A. (2003): The Democratic Advantage: Institutional Foundations of Financial Power in International Competition, in: International Organization, Vol.57, No.1, Winter 2003, S.3-42.

Schultze, Rainer-Olaf (1995): Widersprüchliches, Ungleichzeitiges und kein Ende in Sicht: Die Bundestagswahl vom 16.Oktober 1994, in: Zeitschrift für Parlamentsfragen, Heft 2/95, S.325-352.

Schulz, Bettina (2008): Britischer Staat übernimmt zweite Hypothekenbank, in FAZ vom 29.09.08, http://www.faz.net/s/RubEC1ACFE1EE274C81BCD3621EF555C83C/Doc~EA5526427AA8545CDBFFE3BB7D333830A~ATpl~Ecommon~Scontent.html [Zugriff am 03.10.08]

Securities and Exchange Commission (2003): Report on the Role and Function of Credit Rating Agencies in the Securities Markets, http://www.sec.gov/news/studies/credratingreport0103.pdf [Zugriff am 14.05.08]

Securities and Exchange Commission (2007a): Final Rule: Oversight of Credit Rating Agencies Registered as Nationally Recognized Statistically Rating Organizations, http://www.sec.gov/rules/final/2007/34-55857.pdf [Zugriff am 19.07.2007]

Securities and Exchange Commission (2007b): Press Release: Credit Rating Agencies Apply for Registration as Nationally Recognized Statistical Rating Organizations, 28.06.2007, http://www.sec.gov/news/press/2007/2007-124.htm [Zugriff am 19.07.2007]

Securities and Exchange Commission (2008): Summary Report of Issues Identified in the Commission Staff's Examinations of Select Credit Rating Agencies, http://www.sec.gov/news/studies/2008/craexamination070808.pdf [Zugriff am 04.10.08]

Seher, Dietmar (1994): Bundesrat wird zur Hürde, in: Berliner Zeitung vom 10.6.1994, S.4.

Shell, Kurt L. (2004): Kongress und Präsident, in: Lösche, Peter/ von Loeffelholz, Hans Dietrich von (2004, Hrsg.): Länderbericht USA, Bonn, S.202-245.

Sinclair, Timothy J. (1994): Between state and market: Hegemony and institutions of collective action under conditions of international capital mobility, in: Policy Science, Vol. 27, No. 4, o.O., S.447-466.

Sinclair, Timothy J. (2000): Reinventing authority: embedded knowledge networks and the new global finance, in: Environment and Planning C: Government and Policy, Vol. 18, T.4, London, S.487-502.

Sinclair, Timothy J. (2001): The Infrastructure of Global Governance: Quasi-Regulatory Mechanisms and the New Global Finance, in: Global Governance, Vol. 7, No.4, Boulder (USA), S.441-451.

Sinclair, Timothy J. (2005): The New Masters of Capital. American Bond Rating Agencies and the Politics of Creditworthiness, Ithaka und London.

Smith, Roy/ Walter, Ingo (2001): Rating Agencies: Is There an Agency Issue?, New York. http://www1.worldbank.org/finance/html/credit_report_references.html [Zugriff am 24.03.2008].

Spreemann, Klaus (2002): Zinsen, Anleihen, Kredite, München u.a.

Stanley, Harald/ Niemi, Richard G. (2004): Partisanship, Party Coalitions, and Group Support, 1952-2000, in: Weisberg, Herbert F./ Wilcox, Clyde (2004): Models of Voting in Presidential Elections: The 2000 U.S. Election, Stanford, S.123-140.

Statistisches Bundesamt (o.J.): Laufende Wirtschaftsrechnungen 1994 und 2005, Einkommen und privater Verbrauch des Früheren Bundesgebiet, Wiesbaden.

Steffani, Winfried (1981): Präsidentielles und parlamentarisches Regierungsssytem, Opladen.

Stiglitz, Joseph (2002): Der Schatten der Globalisierung, Bonn.

Strulik, Torsten (2000): Funktionen und Folgen privater Rating-Agenturen im Kontext der Regulierung globaler Finanzmärkte, in: Soziale Welt, 51.Jg., S.443-462.

Struve, Anja/ Wober, Cornelia (2005): Berlin verspielt Kredit, in: Die Welt vom 27.09.2005, Berlin, S.3.

Sturm, Roland (1989): Haushaltspolitik in westlichen Demokratien. Ein Vergleich des haushaltspolitischen Entscheidungsprozesses in der Bundesrepublik Deutschland, Frankreich, Großbritannien, Kanada und den USA, Baden-Baden.

Sturm, Roland (2006): Eine Bilanz mit Schatten? Die Arbeit der rot-grünen Regierung auf zentralen Politikfeldern, in: Jesse, Eckhard/ Sturm, Roland (Hrsg., 2006): Bilanz der Bundestagswahl. Voraussetzungen, Ergebnisse, Folgen, Wiesbaden, S.71-82.

Sturm, Roland/ Pehle, Heinrich (2005): Das neue deutsche Regierungssystem. Die Europäisierung von Institutionen, Entscheidungsprozessen und Politikfeldern in der Bundesrepublik Deutschland, Wiesbaden.

Sylla, Richard (2001): A Historical Primer on the Business of Credit Ratings, New York.

Tetlock, Philip/ Belkin, Aaron (Hg., 1996): Counterfactual Thought Experiments in World Politics. Logical, Methododical, and Psychological Perspectives, Princeton/ New Jersey.

Thaidigsmann, S. Isabell (2004): Sozialstruktur und Wählerverhalten: Das Ende einer alten Beziehung?, Arbeitspapier der Konrad-Adenauer-Stiftung, Nr.126/2004, Sankt Augustin.

The Committee of European Securities Regulators [CESR] (2005): CESR´s technical advice to the European Commission on possible measures concerning credit rating agencies, CESR/ 05-139b, Paris, 56.

The Committee of European Securities Regulators [CESR] (2005): CESR´s technical advice to the European Commission on possible measures concerning credit rating agencies, CESR/ 05-139b, Paris.

The Committee of European Securities Regulators [CESR] (2006): CESR´s Report to the European Commission on the compliance of credit ratings agencies with the IOSCO Report, Paris, CESR/06-545.

The Committee of European Securities Regulators [CESR] (2008a): CESR's Second Report to the European Commission on the compliance of credit rating agencies with the IOSCO Code and The role of credit rating agencies in structured finance, Paris, http://www.cesr-eu.org/index.php?page=groups&mac=0&id=43 [Zugriff am 05.10.08]

The Committee of European Securities Regulators [CESR] (2008b): CESR's response to the consultation document of the Commission on a draft proposal for a Directive/ Regulation on Credit Rating Agencies, Paris, http://www.cesr-eu.org/index.php?page=groups&mac=0&id=43 [Zugriff am 05.10.08]

The Technical Committee of the International Organizations of Securities Commissions (2003a): Report on the Activities of Credit Rating Agencies, http://www.iosco.org/library/pubdocs/pdf/IOSCOPD153.pdf [Zugriff am 02.04.08]

The Technical Committee of the International Organizations of Securities Commissions (2003b): IOSCO Statement of Principles Regarding the Activities of Credit Rating Agencies, http://www.iosco.org/library/pubdocs/pdf/IOSCOPD151.pdf [Zugriff am 02.04.08]

The Technical Committee of the International Organizations of Securities Commissions (2004): Code of Conduct Fundamentals for Credit Rating Agencies, http://www.iosco.org/library/pubdocs/pdf/IOSCOPD180.pdf, [Zugriff am 02.04.08]

Treasury Department (2001): Treasury Department Unveils Patriot Bond on Anniversary of September 11 Attacks, Washington. http://www.ustreas.gov/press/releases/po854.htm [Zugriff am 22.10.04]

Trost, Wolfram (2003): Moody´s bestätigt stabilen Ausblick für Deutschland. Verschuldung trotz Belastungen der Wiedervereinigung im Rahmen, in: Financial Times Deutschland vom 22.05.2003, Frankfurt, S.19.

Tsebelis, George (1995): Decision Making in Political Systems: Veto Players in Presidentialism, Parliamentarism, Muliticamerialism and Multipartyism, in: British Journal of Political Science, Vol. 25, No. 3, Cambridge, S.289-325.
Tsebelis, George (1999): Veto Players and Law Production in Parliamentary Democracies: An Empirical Analysis, in: American Political Science Review, Vol. 93, No. 3, Washington, S.591-608.
Wagschal, Uwe (1996): Staatsverschuldung. Ursachen im internationalen Vergleich, Opladen.
Wagschal, Uwe (2003): Wer ist Schuld an den Schulden?, in: Kittel, Bernhard (Hrsg.) u.a. (2003): Politische Ökonomie. Demokratie und wirtschaftliche Leistungsfähigkeit, Opladen , S.289-320.
Wanner, Claudia (2002): Deutschlands Bonität bleibt erstklassig. Rating-Agenturen bemühen sich um Schadensbegrenzung. Moody´s bestätigt Bestnote. Standard and Poor´s fühlt sich missverstanden, in: Financial Times Deutschland vom 17.12.2002, Frankfurt u.a., S.21.
Wasser, Hartmut/ Eilfort, Michael (2004): Politische Parteien und Wahlen, in: Lösche, Peter/ von Loeffelholz, Hans Dietrich von (2004, Hrsg.): Länderbericht USA, Bonn, S.319-352.
Weiss, Linda (1999): The Myth of the Powerless State, Ithaca.
Westerheide, Peter (2007): Soziale Ungleichheit am Beispiel der Entwicklung und Verteilung des Vermögens privater Haushalte in Deutschland, in: Empter, Stefan/ Vehrkamp, Robert B. (2007): Soziale Gerechtigkeit – eine Bestandsaufnahme, Gütersloh, S.198-230.
White, Lawrence (2001): The Credit Rating Industry: An Industrial Organization Analysis, New York, S. 4; http://papers.ssrn.com/sol3/papers.cfm?abstract_id=267083 #PaperDownload [Zugriff am 29.03.08]
White, Lawrence (2007): A New Law for the Bond Rating Industry, in: Regulation, Vol. 30, No. 1, Spring 2007, Washington D.C, S.48-52.
Willke, Helmut (2001): Atopia. Studien zur atopischen Gesellschaft, Frankfurt a.M.
Windolf, Paul (2005): Was ist Finanzmarktkapitalismus?, in: Windolf, Paul (Hrsg., 2005): Finanzmarktkapitalismus. Analysen zum Wandel von Produktionsregimen, Wiesbaden, S.20-57.
Wolff, Sebastian (2003): Berlin trotz Finanznot kreditwürdig. Rating-Agenturen billigen dem Land hohe Bonität zu, in: Berliner Zeitung vom 09.01.2001, S.28.
Zelle, Carsten (1995): Candidates, Issues and Party Choice in the Federal Election of 1994, in: German Politics, Vol.4, Number 2, August 1995, London, S.54-74.
Zentraler Kreditausschuss (ZKA, 2003): Stellungnahme des Zentralen Kreditausschuss zur Tätigkeit von Rating-Agenturen und ihrer möglichen Regulierung, Berlin, http://www.zentraler-kreditausschuss.de/upload/1061210537.ZKA-StellungnahmeRating-Agenturen.pdf [Zugriff am 12.02.08]
Zohlnhöfer, Reimut (2007): The Politics of Budget Consolidation in Britain and Germany: The Impact of Blame Avoidance Opportunities, in: West European Politics, Vol. 30, No. 5, November 2007, S.1120-1138.

Anhang

Bewertungsskalen der Rating-Agenturen

Moody's	Standard & Poor's	Qualitätskategorie
Aaa	AAA	
Aa1	AA+	
Aa2	AA	
Aa3	AA-	
A1	A+	INVESTMENT GRADE
A2	A	
A3	A-	
Baa1	BBB+	
Baa2	BBB	
Baa3	BBB-	
Ba1	BB+	
Ba2	BB	
Ba3	BB-	
B1	B+	SPECULATIVE GRADE
B2	B	
B3	B-	
Caa	CCC+	
Ca	CC	(close to)
C	C	DEFAULT
	D	

FSC
www.fsc.org
MIX
Papier | Fördert
gute Waldnutzung
FSC® C083411

Kolibri 360 GmbH
Ferdinand-Jühlke-Straße 7
99095 Erfurt, Deutschland
produktsicherheit@kolibri360.de